GERHARD WINKLER

AUFBRUCH IN DIE GRENZENLOSIGKEIT

DIE FREIHEIT
EINES DIABETIKERLEBENS

Die Deutsche Bibliothek – CIP-Einheitsaufnahme

Winkler, Gerhard:
Aufbruch in die Grenzenlosigkeit: die Freiheit
eines Diabetikerlebens / Gerhard Winkler. –
Wien: Winkler, 2000
ISBN 3-9501240-0-4

Bildnachweis:

Seite 37: Silvia Kirschner
Seite 131, 135, 139 (Arbol de Piedra): Thomas Knob
Seite 53, 56, 59, 62 (Zankari-Frauen): Franz Lux
Seite 138: Nicolas Waelchli
Seite 62 (Dalai Lama), 63: Jörg Zuckriegl

Alle übrigen Fotos einschließlich der Umschlagseiten:
Gerhard Winkler

Lektorat: Thomas Knob
Svenja Rösch
Barbara Wöhrer

Layout: Heinrich Rüdisser

Umschlaggestaltung: Heinrich Rüdisser

Druck: Ueberreuter Print und Digimedia GmbH

Printed in Austria – ISBN 3-9501240-0-4

Für meinen Vater

Für meinen Bruder Peter

Größeres wolltest auch du, aber die Liebe zwingt
All uns nieder, das Leid beuget gewaltiger,
Doch es kehret umsonst nicht
Unser Bogen, woher er kommt.

Aufwärts oder hinab! herrschet in heiliger Nacht.
Wo die stumme Natur werdende Tage sinnt,
Herrscht im schiefesten Orkus
Nicht ein Grades, ein Recht noch auch?

Dies erfuhr ich. Denn nie, sterblichen Meistern gleich
Habt ihr Himmlischen, ihr Alleserhaltenden,
Daß ich wüßte, mit Vorsicht
Mich des ebenen Pfads geführt.

Alles prüfe der Mensch, sagen die Himmlischen,
Daß er, kräftig genährt, danken für Alles lern,
Und verstehe die Freiheit,
Aufzubrechen, wohin er will.

Friedrich Hölderlin

INHALT

Vorbemerkung

Die Tage, Wochen und Monate in der Fremde nehmen Gestalt vor meinen Augen an. Noch einmal werden sie durchlebt, werden so zur Heimat meiner Gedanken. Die trockenen Daten und Fakten meiner Tagebücher füllen sich mit Leben. Nur in meinem Kopf existieren sie noch, all die Erlebnisse, Ängste, Freundschaften, Zeiten stets wandelnder Erwartungen. Wie lange noch? Wird die Erinnerung verblassen? Wird eines Tages das spröde Datenmaterial wie ein lebloses Skelett übrigbleiben? Lange schon will ich das im Gerüst der Fakten und Bilder verborgene Leben in Worte fassen, in geschriebene Worte – nur für mich. Untätig schiebe ich diese Aufgabe vor mir her – Jahr um Jahr. Unentschlossenheit? Faulheit? Angst, dem jedesmal neu Durchlebtem Endgültigkeit und Unabänderlichkeit zu verleihen?

Im Jahr 1984 wurde bei mir Diabetes mellitus Typ I festgestellt. Besonders in der letzten Zeit sind in verschiedenen Diabetes-Journalen immer wieder kleine Beiträge von mir erschienen. Und da kamen auch die Ermutigungen mancher Leser, ihre Briefe mit den gutgemeinten Aufforderungen, es weiter zu versuchen, immer Neues aus meinem Leben mit Diabetes zu schreiben.

Zwei Aufgaben! Beide zogen mich an, beide hätte ich gerne erfüllt. Und doch spürte ich in mir die Scheu und das Zögern, auch nur eine von ihnen entschlossen in Angriff zu nehmen.

Beides in einem zu durchleben und zu Papier zu bringen, darin habe ich schließlich einen gangbaren Weg für mich gefunden. In all den Jahren war Diabetes mein ständiger Lebensbegleiter gewesen, auf meinen Reisen, in all den Erlebnissen, Abenteuern, Ängsten und Freundschaften, denen ich mit den Zeilen dieses Buches Leben einhauchen will. Zuweilen war mein Begleiter Hauptperson in meinem Dasein, nahm mich voll in Anspruch, forderte meine intensive Auseinandersetzung, dann stand er wieder irgendwo im Abseits, unbeachtet, einfach nur vorhanden.

Möge meine Lebenssituation in diesem Buch fühlbar werden! Es ist kein Diabetes-Buch mit Lehren und Ratschlägen. Es ist auch kein Abenteuer-Report, der die Gefahren und Schönheiten, die Ängste und Begegnungen eines Lebensabschnittes oder einer Reise zum Thema hat. Es geht um mein Abenteuer mit dem Diabetes. In manchen Abschnitten dieses Buches steht die Auseinandersetzung mit meiner Krankheit im Mittelpunkt - Ängste, Flucht, Hoffnung. In anderen Teilen des Buches wird der Leser nichts von dieser Krankheit hören, er wird vergessen, daß ein Diabetiker diese Texte geschrieben hat.

Für all jene, die gerade in diesen Abschnitten wertvolle Hinweise zu meinem Umgang mit meiner Krankheit vermissen, habe ich die Beiträge des Anhangs geschrieben, in denen ich meine persönlichen Erfahrungen, Probleme und Lösungswege mit meinem Diabetes in konzentrierter Form dargelegt habe.

Einige meiner Freunde sind mir bei der Arbeit an diesem Buch zur unentbehrlichen Hilfe geworden. Mein besonderer Dank gilt meinen Freunden Svenja Rösch, Barbara Wöhrer und Thomas Knob, die bei der Entstehung der Texte jede Zeile mit Ermutigung, wertvoller Kritik und notwendigen Korrekturen begleitet haben, sowie Heinrich Rüdisser, der die Gestaltung des Layouts übernommen hat. Dankbar bin ich auch meinem Hausarzt Dr. Wolfgang Morawec und meiner Diabetes-Ärztin Dr. Kinga Howorka, die mich stets als mündigen Patienten behandelt haben, mir immer die bestmögliche Betreuung angedeihen ließen, ohne in meine für Ärzte manchmal bedenklichen Lebensentscheidungen eingreifen zu wollen.

TEIL I

Abenddämmerung

Weiße Wände, weißes Bettzeug - die Sterilität des Krankenzimmers hat mich endgültig gefangengenommen. Die letzten Tage waren noch recht abwechslungsreich gewesen. Da lag zwar diese unheilvolle Diagnose im Raum, deren Tragweite ich noch nicht recht begriffen hatte, aber da konnte ich noch frei im Haus herumlaufen, wurde von Untersuchung zu Untersuchung geschickt, bekam umheimlich viel Besuch - ich habe das "Anders-geworden-Sein" noch vor mir herschieben können.
Das ist fürs erste einmal vorbei. Nun hänge ich seit einigen Stunden an dieser Dauerinfusion, die mich ans Bett fesselt und durch die mir ständig Insulin in winzigen Dosen zugeführt wird. Auf diese Weise will man meinen Insulinbedarf herausfinden. Kein Davonlaufen mehr - auch nicht vor mir selbst! Drei Tage soll diese Prozedur noch dauern. Ich wünsche mir, daß die Minuten schneller verrinnen, Schluß mit diesem Ruhighalten, aber die Zeiger der Uhr bleiben ihrem Takt treu. "Schäfchen zählen" - das geht bis dreißig gut, dann lasse ich es wieder bleiben. Ich werde ja doch nicht schlafen - so mitten am Tag.
Das Warten zwingt mich in mich hinein. Ich verschränke die Hände unter meinem Kopf, sehe hinauf zur Decke. Sie ist weiß wie alles hier im Raum, weiß wie eine Leinwand. Da ist noch dieses Video, das es nicht auf Kassette gibt, das nur in meinem Kopf existiert. Unscharf entstehen Bilder einer fremden Welt vor meinen Augen, nehmen Konturen an, fügen sich in einen logischen Ablauf - ein Film aus den Tagen der Freiheit.

Den ganzen Tag war ich von Bäumen, Moos und Wurzeln umgeben gewesen, bin durch knöcheltiefen Schlamm gewatet. Jetzt ist es licht über mir geworden, ein kleiner See liegt vor mir. Das Sonnenlicht des herannahenden Abends verwandelt die Wasseroberfläche in tanzende Goldplättchen. Im grünen Dickicht rund um den See erwachen die Urkräfte des Lebens. Vogelschreie durchbrechen die Stille. Die Lebendigkeit des erwachenden Waldes umgibt mich nun ganz nah, und ich kann sie doch nicht sehen. Irgendwo brechen Äste - ein Wildschwein oder ein Baumkänguruh, das vor uns die Flucht ergreift. In der Luft mischt sich der stechende Geruch von Fäulnis mit jenem frisch erblühter Blumen.
Ich sauge die Idylle in mich auf, bleibe sitzen und verweile hier ein wenig. Der Zauber dieses Platzes ist verführerisch - und trügerisch. In weniger als einer Stunde wird sich dieses Paradies von seiner feindseligsten Seite zeigen.
Wir haben noch keinen Rastplatz für die Nacht gefunden. Nicht der leiseste Hinweis auf menschliche Existenz - seit Stunden. Da war

Abendidylle am Lau-See in den Bergen des Laiagam-Dschungels

nur dieser schmale Pfad, dem wir den ganzen Tag lang gefolgt sind. Ich habe ihn kaum erkennen können. Nur meine einheimischen Freunde haben ihn lesen können, die geknickten Äste, die Spuren eines Machetenschlages. Und dieser Pfad gibt Hoffnung, daß es hier im Wald noch andere Menschen gibt. Irgendwo! Irgendwo entlang dieses verwachsenen Weges!

Andere Menschen, eine urzeitliche Kulturinsel inmitten dieser wilden, alles dominierenden Natur, das Flackern eines Feuers, einige Süßkartoffeln, die darin garen, das Gewirr von Stimmen, deren Laute ich wahrnehmen kann ohne ihren Sinn zu verstehen - das ist die Geborgenheit, nach der ich mich jetzt sehne.

Seit geraumer Zeit wiederholt Thomas immer wieder, daß es nicht mehr weit sein kann, daß wir bald die Hütten seiner Verwandten erreichen müßten. Er kennt diesen Teil des Waldes nicht. Noch nie waren er oder seine Freunde von dieser Seite in den Bergdschungel aufgestiegen. Ahnungslos und zielstrebig folgen sie dem kaum sichtbaren Faden, der sich durch die gewaltige Weite dieses Waldes am Laiagam-Fluß zieht - ein Pfad, nur von jenen wenigen begangen, die auf der Suche nach fruchtbarem Boden und freiem Land in die Kälte dieses Berglandes abgedrängt worden sind und hier ein Leben ohne Zäune, aber auch ohne menschliche Gemeinschaft führen.

Angst hat meine drei Freunde auf diesen verwachsenen Pfad in die Berge, hoch über allen Tälern und Dörfern, getrieben. Sie sind Schüler einer Holzverarbeitungsschule in Wanepap, dort habe ich sie kennengelernt. Ein Todesfall in der Familie hat sie gezwungen, in ihr Dorf südlich des großen Laiagam-Dschungels zurückzukehren. Auf den Hauptwegen tobt seit Monaten ein erbitterter Stammeskrieg, der jeden das Leben kostet, der sich von den über das gesamte Gebiet versprengten Kämpfertrupps erwischen läßt. Nur der kaum begangene Weg über die dreieinhalbtausend Meter hohen Berge erschien den jungen Burschen sicher, für mich die Chance mich anzuhängen, einzutauchen in die Unwirklichkeit einer den Menschen gnadenlos trotzenden Natur.

Unzählige solcher Baumstamm-Brücken überspannen die Flüsse der Enga-Provinz. Einige besitzen ein Geländer ohne Tragkraft, um die Hände zur Gleichgewichtserhaltung auflegen zu können. Vielen Brücken fehlt selbst diese psychologische Hilfe.

Der Zauber, die Härten, die Fremdartigkeit dieses Waldes passen vollkommen zum Wesen dieser Insel[1]*, auf der mir immer mehr das Bewußtsein verloren geht, mich noch in der realen Welt zu befinden.*

Irgendwann in den letzten Tagen und Wochen hat die Wirklichkeit um mich herum ihre Kraft verloren, hat ihre scharfen Konturen verschwimmen lassen, konnte mich nicht mehr festhalten. Sie hat meine Verhaltens-

[1] Neuguinea

muster und mein Realitätsbewußtsein aufgelöst, sie hat mich aus der Zeit gestoßen. Haltlos schwebe ich in diesem Land wie ein Getriebener oder Kobold oder Held in einer fantasy world.
Selbst die Angst hat in dieser fremdartigen Umgebung etwas schattenhaft Unwirkliches an sich. Wie ein Geisterwesen greift sie aus dem Nichts nach mir, stoppt mich - für Augenblicke, ich kann hier selbst die Angst nicht mehr als wirklich begreifen, gehe durch sie hindurch wie durch eine Chimäre. Die grasbewachsene Hochfläche, der immergleiche Trott im knöcheltiefen Schlamm - und dann dieser Einschnitt, wie mit einem riesigen Messer in die gleichförmige Landschaft hineingezogen. Zwanzig, vielleicht dreißig Meter tief - die schmale Schlucht des Laiagam! Ein einziger Baumstamm führt über diesen Abgrund - nicht behauen, rund und naß. Teil einer Realität, die für mich längst zum Spiel geworden ist! Einen Augenblick nur halte ich inne, ich bleibe nicht stehen, gehe weiter, nehme den schlammigen Pfad auf der anderen Seite der Schlucht wieder auf - ohne zurückzublicken. Kein Erschaudern, kein Durchatmen, kein Begreifen!

Wochen und Monate später holt mich die Angst ein. Ich lese die Eintragungen in meinem Tagebuch, kann die Projektion meiner Diapositive betrachten, begreife, daß das alles kein Traum war. Nun stockt mir der Atem, wenn ich die Tiefe des Abgrunds und den glitschigen Baumstamm vor mir sehe. Nie wieder über solch eine Brücke, raunt es in mir. Die Angst hat mich zu fassen bekommen. Zu spät! Da sind noch diese Ängste, die nahe bei meinem Krankenbett lauern. Sie sind anders, nicht laut, nicht erschreckend. Sie geben mir Zeit, mich mit ihnen zu beschäftigen. Ruhig umlagern sie mich und suchen Eingang in meine Gedankenwelt zu finden. Zukunftsängste - entstanden durch den Katalog an Geboten und Verboten, der mir mit der Diagnose anvertraut wurde, verstärkt durch die mitleidvolle und erschütterte Anteilnahme meiner Umwelt.
Anfangs traf es mich gar nicht so schlimm, als ich die Diagnose meines Hausarztes hörte: "Diabetes - zuckerkrank!" Zum einen wußte ich damals recht wenig mit dieser Diagnose anzufangen, zum anderen war ich erleichtert, nichts Schlimmeres hören zu müssen. In nur vier Tagen hatte sich mein Sehvermögen derart verschlechtert, daß ich nicht mehr ohne Führung auf der Straße gehen konnte. Richtig befreit war ich, als ich erfuhr, daß keine Augenkrankheit an meinem Zustand schuld war, sondern der extrem hohe Blutzuckerspiegel. Besser Diabetes als Blindheit, das war für mich klar.
Wenige Stunden später war ich im Krankenhaus, wo die nötigen Labortests durchgeführt wurden. Ich wurde ins Arztzimmer gerufen, die Erstdiagnose meines Hausarztes wurde bestätigt. Gleichzeitig erfuhr ich einiges über meinen neuen Lebensbegleiter: die nächsten Wochen werde ich im Spital zubringen, mein ganzes Leben werde ich Insulin spritzen, meinen Lebensstil und -rhythmus werde ich ändern müssen. Das alles klang nicht gerade verheißungsvoll. Was mich aber wirklich "knickte", war der Tonfall, in dem mir das alles mitgeteilt wurde. Gut gemeint war es, ein Versuch persönlicher Anteilnahme an meinem Schicksal, aber dieses langsam gesprochene "Ich muß Ihnen leider mitteilen, daß Sie zu einem der wenigen Fälle gehören, die..." warf mich total zurück. Regelmäßigkeit in der Lebensführung gehörte nicht gerade zu meinen Stärken, ich liebte die dauernde Abwechslung. Sieben Monate war ich in diesem Jahr durch die Welt getingelt, ohne dabei eine geplante Route verfolgt zu haben, die Grenzenlosigkeit eines freien Lebens habe ich genossen. Nun sollte das alles vorbei sein.

Nein, ich werde auch durch diese Ängste hindurchgehen, wie damals an der Schlucht des Laiagam. Hier im Krankenhaus werde ich das Spiel zu Ende spielen. Sie waren alle so nett zu mir, die Ärzte und Schwestern, sie haben meine Sehkraft wiederhergestellt. Ich habe keinen Grund, sie in ihrem Arbeitsstolz zu verletzen, ihnen klarzumachen, daß ihre Diagnosen und Prognosen für mich eben nicht gelten. Hier will ich noch ihren Regeln folgen. Wenn ich wieder nach Hause komme, wird wohl der ganze Spuk zu Ende sein. Solange ich noch in diesem Haus weile, werde ich da sein und doch nicht da sein, werde mir die Unwirklichkeit meiner fernen Insel zur Wohnung meiner Gedanken machen.

Das dichte Gehölz des Waldes hat mich wieder eingefangen. Mein Gesicht streift an den nassen Moosfetzen, die von den Bäumen herabhängen, meine Füße suchen die morschen, abgefallenen Äste auf dem Untergrund zu treffen, um nicht über die Knöchel im Schlamm zu versinken. An allem, was meine Hände zu fassen bekommen, ziehe ich mich über die quer über den Pfad gefallenen Stämme.

Schwer ist es für mich, den Fallen des Waldes bei Tageslicht zu entgehen. Die kurze Dämmerung des Abends gibt mir kaum Zeit, mich auf meine neue Situation einzustellen. In wenigen Minuten herrscht stockdunkle Nacht. Zum Boden hin gebückt, im Schein der Taschenlampe versuche ich, einer Nacht auf dem kalt-feuchten Untergrund zu entgehen.

Wie weit noch? Wie lange noch? Ich komme kaum mehr vorwärts. Tust du einen Schritt, so bist du deinem Ziel wieder ein Stück nähergekommen. Diese banale Weisheit hält mich aufrecht, gibt mir Kraft, geduldig einen Schritt nach dem anderen zu setzen.

Das Blätterdach des Dschungels gibt ein Stück des Himmels frei. Sterne! Aufgeregt leuchte ich den Boden um mich herum mit meiner Taschenlampe aus - eine Lichtung, nicht von der Natur, sondern von Menschen geschaffen. Ich jubiliere. Hier müssen Menschen leben.

Fast wäre ich im Dunkel gegen die Hütte gelaufen. Erst wenige Schritte davor kann ich den schwachen Lichtschein des Feuers erkennen, der zwischen den Balken hindurchschimmert. Boss zwängt seinen Oberkörper in den winzigen Eingang der Hütte. Ein Wortwechsel! Der angenehme und freudige Tonfall dieser Konversation macht mich sicher, daß wir in diesem Meer von kaum durchdringbarem Gehölz genau auf jene Menschen gestoßen sind, die wir gesucht haben.

Ein Mann, knapp an die dreißig, tritt aus der Hütte, vermittelt das Gefühl des Willkommenseins. Ein Tuch, eingezogen in einen Rindengürtel, verhüllt seinen Penis, längliche Blätter sein Hinterteil. Mehr Schutz gegen die frostigen Temperaturen, die nun schon nahe an den Gefrierpunkt gefallen sind,

Meine Gastgeber vor ihrem bescheidenen Heim im unwirtlichen Laiagam-Dschungel

scheint er nicht zu besitzen. Ich will meinen neuen Gastgeber wegen seiner Kälteunempfindlichkeit bestaunen, da streift mein Blick meinen eigenen Körper entlang. Ein Paar zerschlissene Sportschuhe, keine Socken, eine Short, ein T-Shirt! Mein ganzes Hab und Gut baumelt leicht an meiner Schulter - eine kleine Sporttasche mit einem zweiten T-Shirt, einem Sweater, einem Schlafsack, einer Taschenlampe, einem Fotoapparat, einigen Zigaretten, einer Machete. Viel ist mir, dem Wohlstandskind aus Wien, nicht geblieben nach sechs Monaten in Asien und Ozeanien. Die ausgeklügelten Traveller-Utensilien, die vor Monaten meinen Rucksack füllten, sind samt ihrem Behältnis irgendwo auf dem Weg zwischen Pakistan und Neuguinea auf der Strecke geblieben, dem Verschleiß zum Opfer gefallen. Tag für Tag lebe ich aus dem Inhalt meiner kleinen Sporttasche, lasse mich treiben von den Zufälligkeiten einer völlig fremdartigen Welt, weiß nicht, wo ich die nächste Mahlzeit auftreiben kann, weiß nicht, wo ich mich zur Nachtruhe legen kann.

Ich werde sie vermissen, die Spontaneität dieser Tage und Wochen im Busch, die einzig durch den Aufgang und Untergang der Sonne reglementiert wurde. Niemand hier in diesem Krankenhaus will mir meine Spontaneität wiedergeben. Regelmäßige Mahlzeiten, einheitliche Rationen, pünktliches Verabreichen der Insulinspritze - das alles lerne ich hier in Kursen. Tage, die so regelmäßig sein werden, daß sie in ihrer Gleichförmigkeit ihr Antlitz verlieren werden, sich zum Verwechseln ähnlich werden - ja, mit solchen Tagen "darf" ich alt werden.
Morgen werden sie mich wieder fürchten, wenn sie zur Visite in mein Krankenzimmer kommen werden. Aufrecht und frisch wie jeden Tag werde ich sie auf der Bettkante sitzend erwarten. Zu meiner Linken wird ein Stoß von Diabetes-Büchern aufgeschichtet sein. Zu meiner Rechten werden sich malerisch über Bettdecke und Leintuch die bunten Cover von Reisehandbüchern und Abenteuerliteratur verteilen - eine bloße Demonstration, um meinen Ärzten zu zeigen, daß ich nicht gewillt bin einzulenken.
Viel habe ich mir in den letzten Tagen über meine neue Lebenssituation angelesen. Mit unzähligen Fragen ziehe ich tagtäglich die Morgenvisite in die Länge. Was suche ich in den Büchern und den Antworten meiner Ärzte? Wissen und Verständnis über den Umgang mit meiner neuen Lebenssituation? Oder will ich in dieser Unmenge von Zeichen, Seiten und Antworten nicht viel mehr die Nadel im Heuhaufen finden, die mir den Ausweg freimacht? Ja, ich werde so lange lesen, mich weiterbilden und weiterfragen, bis ich diese neue Wirklichkeit ganz einfach wegargumentieren kann.
Das "Anders-geworden-Sein" hat mich zu etwas Besonderem gemacht. Ich spüre es an der Begegnung mit meiner Umwelt. Ungläubig bestaune ich diejenigen, die in solch einem Besonderssein einen Gewinn sehen, die es in den Mittelpunkt ihres Lebens stellen können, um daraus Beachtung und Zuwendung zu erwirken. Ich kann mit meinem Besonderssein nichts anfangen, ich muß es hinausschieben aus meinem Leben.
Damals in der Buschwelt der Papua, da war ich auch etwas Besonderes. Doch wie unterschiedlich war damals das Gefühl, anders als die anderen zu sein. Ich konnte es genießen, konnte damit spielen, in einer fremden Welt dauernde Beachtung hinter mir nachzuziehen.

Der Lichtschein des flackernden Feuers erhellt den Eingang der Hütte. Ich erspähe den Kopf einer Frau in dieser winzigen Öffnung. Unsere Blicke begegnen einander. Ich sehe ihre weit aufgerissenen, staunenden Augen. Für Augenblicke! Sogleich zieht

sie sich wieder ins Innere der Hütte zurück. Ich kann nur noch ihre aufgeregte, sich überschlagende Stimme vernehmen, das Stakkato unheimlich schnell heraussprudelnder Worte. Aus der mir unverständlichen Lautfolge kann ich nur immer wieder die Worte "wait men" heraushören.
Ich muß die Sprache des Enga-Volkes nicht kennen, um die Botschaft der Frau verstehen zu können. Ein Mensch aus einer fremden Welt ist in unseren Wald gekommen, ein Mensch mit heller Haut. Er wird in unsere Hütte kommen.
Das große und stolze Volk der Enga ist durch hohe Gebirgspässe von seinen Nachbarn abgeschnitten. In Jahrtausenden hat es eine Sprache entwickelt, die sich gänzlich von jenen der Nachbarvölker unterscheidet. Für Menschen mit heller Haut haben sie keinen Begriff entwickelt, zu selten benötigen sie einen solchen in ihrer Wirklichkeit. Das englische "white man" ist irgendwie über das Pidgin-English als Lehnwort in die Sprache der Enga gelangt - für den Fall der Fälle.
Ich genieße die Aufregung, die durch meine Ankunft entstanden ist. Hier bin ich willkommen. Freudig aufgenommener Eindringling aus einer Welt, die die Menschen in dieser Hütte wohl kaum je sehen werden!

Eine kleine Rodung inmitten eines fast undurchdringbaren Bergurwalds, eine einfache Holzhütte, umgeben von Süßkartoffel-Pflanzungen - das ist die karge Heimat jener Papua, für die die fruchtbaren Täler nicht genügend Raum gelassen haben.

Verängstigen werde ich hier niemanden. Die Zeiten, als man in Weißen fremdartige Dämonen aus der Welt der Ahnen sah, denen man mit furchtsamen Respekt begegnen mußte, sind längst vorbei. Die Welt ist auch im Bergurwald Neuguineas kleiner geworden. Die Geschichten über die Welt der Weißen haben ihren Weg bis zu den entlegensten Buschhütten gefunden, und es sind keine bösen Geschichten. Die Zeit kolonialer Grausamkeiten war bereits vorbei, als die ersten Weißen bis ins Hochland Neuguineas vordrangen.[2]
Ich dränge zur Wärme im Inneren der Hütte, meine Freunde folgen mir nach. Zwei Frauen und weitere zwei Männer kann ich im Lichtschein des Feuers erkennen, auch ein Mädchen von etwa dreizehn Jahren, in dieser Welt wohl auch schon eine Frau. Es wird eng in der winzigen Hütte. Zu zehnt teilen wir uns den spärlichen Raum um die Feuerstelle.

---

[2] Die gesamte Insel Neuguinea war unter den Kolonialmächten Großbritannien, Deutschland und den Niederlanden aufgeteilt. Im 19. Jahrhundert entstand auch eine begrenzte koloniale Verwaltung der Küstenregion. Die bewaldeten Berge hinter der Küste hielt man für unbewohnt. Erst in den Dreißigerjahren unseres Jahrhunderts kamen erstmals Weiße ins Hochland Neuguineas und mußten festestellen, daß dort wesentlich mehr Menschen als an der Küste leben. Auch heute sind große Teile der Insel noch nie von einem Weißen erreicht worden, besonders im Grenzgebiet Papua Neuguinea/Irian Jaya (Indonesien). Die Welt der Weißen erleben viele Papua erst, wenn sie in eine Stadt wandern, wo der postkolonoiale Einfluß durch weiße Unternehmer und Missionare spürbar ist.

Ich bin angekommen. Den ganzen Weg lang hatte ich mir einen solchen Tagesausklang gewünscht. Gemütliches Verweilen am Feuer, in der Hand eine in der Glut gegarte Süßkartoffel, zusammensein mit Menschen aus einer anderen Welt, sich ausstrecken, ohne das dauernde Prasseln der Regentropfen auf Gesicht und Schlafsack verspüren zu müssen.
Nur kurz währt meine Freude über die wiedergewonnene Geborgenheit. Meine Gastgeber verschließen den Eingang der Hütte mit einem riesigen Brett. Der Rauch des Feuers kann nicht mehr entweichen, füllt den Raum, treibt mir die Tränen in die Augen. Ich beginne zu husten, bekomme keine Luft mehr und stürze hinaus ins Freie. Gleich geht es wieder besser. In dieser Hütte werde ich nicht schlafen können. Für das Leben der Papua bin ich doch nicht wirklich geeicht. Frustriert hocke ich vor der Hütte und begutachte skeptisch den regennassen Untergrund als möglichen Schlafplatz.
Besorgt folgen mir meine Gastgeber ins Freie und sehen nach meinem Befinden. Mit Hilfe meiner Freunde kann ich ihnen meinen Zustand erklären.
Aber da muß es in der Nähe doch noch andere Hütten geben, solche, die nicht mehr bewohnt werden, die langsam in diesem feuchten Regenwald dahinmodern. Im Dschungel bauen die Papua keine dauerhaften Bleiben, ihre Hütten sind dort immer eine Art Provisorium. Die Hoffnung, irgendwann in die fruchtbareren Täler zurückkehren zu können, bleibt bei diesen Menschen zeitlebens bestehen. Wird eine Buschhütte undicht, so bauen die Papua einfach eine neue. Der Aufwand, eine alte Hütte zu erneuern, wäre zu groß. Ich weiß, hier irgendwo in der Dunkelheit des Dickichts vermodert eine verfallene Behausung. Nur hin!
"Habt ihr hier eine alte Hütte, die ihr nicht mehr bewohnt?", will ich von meinen Gastgebern wissen. Natürlich haben sie eine. Meine Gastgeber erklären Thomas den Weg. Leicht findet auch er sich nicht zurecht in dieser Umgebung. Kreuz und quer irren wir über Wurzeln und gefallene Baumstämme durch den Wald, ehe wir vor einem Bretterhaufen stehen, dessen Innenraum noch nicht völlig in sich zusammengebrochen ist. Thomas macht sich auf den Rückweg zu seinen Verwandten. Ich klettere in die Hütte, leuchte das Innere mit meiner Taschenlampe aus und breite meinen Schlafsack auf dem mit Zweigen übersäten Boden aus.
Die Hütte lebt! Es knackst im Gebälk, ich höre das Rascheln vorbeihuschender kleiner Tiere um mich herum. Ich greife zu meiner Taschenlampe. Nein, doch nicht! So genau will ich es gar nicht wissen. Wenn ich all meine Mitbewohner erspähen könnte, würde ich mir vielleicht eine schlaflose Nacht einhandeln. Im Halbschlaf spüre ich, wie eine Ratte im Lauf an meinen Haaren anstreift. Eine Reflexbewegung mit meiner Hand!

Mit einem Mal bin ich hellwach. Mit meinem Handrücken habe ich gegen das Gestänge des Krankenbettes geschlagen. Kaum ein Schmerz, aber ich bin meinen Träumen entrissen.
Es ist völlig still im Zimmer. Meine Zimmergenossen, allesamt Diabetiker, dösen vor sich hin. Wohin mögen sie wohl ihre Träume entführen?
Ich drehe den Kopf, blicke hinter mich zum Fenster. Der Abend dämmert herein, farblos, füllt den Raum mit einem lautlosen Grau.
Zurück in meiner Wirklichkeit! Abenddämmerung! Lautloses Grau meiner Gefühle!
Ich spüre, daß ich irgendwie durchstarten muß, ehe melancholisches Selbstmitleid meine Gedanken erobert. Ich knipse das Licht an, flüchte mich in die einzige Aktivität, die hier an der Nadel für mich möglich ist, ins Lesen. Ich blättere

die Diabetes-Bücher durch, die ich alle schon oft in der Hand gehabt hatte, durchforste sie ein weiteres Mal nach der Lösungsformel für die Heilung.
Nichts! Meine Zukunft läßt sich nicht in meine Erwartungen hineinbiegen. Ich werde morgen meinen Ärzten ohne herausfordernde Fragen und Argumente begegnen müssen. Sprachlos werde ich mich fühlen, wenn sich alles auf den üblichen Small Talk ärztlicher Visiten reduziert.
Ich will die Visite morgen nicht in die Länge ziehen. Meine Ärzte werden mir ja doch nichts anderes sagen können, als das, was ich in den Büchern gelesen habe. Sicher, sie bemühen sich, meinen persönlichen Anliegen zu entsprechen, aber verleugnen können sie sich nicht, und schon gar nicht können sie mich in meinen wirklichkeitsfernen Zukunftsvisionen bestärken.
Langsam muß ich mich fragen, ob ich mit meiner Taktik weiterkomme. Ich dränge meine ärztlichen Ratgeber immer wieder auf die gleiche Schiene, die alsbald in einer Sackgasse endet. Die Diskussionen drehen sich dabei fruchtlos im Kreise, da ich nicht bereit bin zuzulassen, daß dabei etwas anderes herauskommt, als ich hören will.
Ich beginne, mich selbst zu durchschauen. Ist das schon etwa Resignation? Wie wäre es, wenn ich einmal zuhören würde? All dieser Aufwand mit der computergesteuerten Dauerinfusion dient doch nur dazu, meine individuellen Einstellungsalgorithmen für die Insulintherapie herauszufinden. Will ich wirklich dabei bleiben, daß ich mich mit diesen Ergebnissen erst gar nicht befassen muß, da nach dem Krankenhaus sowieso alles anders wird? Ist Zuhören ein Widerspruch zu meinem Ausbrechen-wollen?

Die Nadel[3] ist weg und ich kann mich wieder an der Sonne erfreuen. Lockere, fast erholsame Tage beginnen. Ich kann mich frei bewegen und bin nicht mehr im Netz meiner Gedanken gefangen, die immer wieder um mein neues Leben mit dem Diabetes kreisen.
Heute bin ich bis lange nach Mitternacht im Fernsehraum geblieben. Wie ein Einbrecher muß ich nun durch die totenstillen Gänge des Krankenhauses in mein Zimmer zurückschleichen. Die österreichischen Fußballvereine waren im Europacup engagiert gewesen, und ich habe mit allen mitgezittert. Mein neuer Lebensbegleiter hat keine Chance, mich in meinem Fußballfieber abzulenken. Langsam setzt die Normalisierung meiner Gedanken und Gefühle ein.
Es macht mir richtig Spaß, wieder an den krankenhausinternen Schulungen teilzunehmen und mir endlich die ersten Spritzen selbst verabreichen zu dürfen.
Die Tage werden nun kurzweiliger, bloß mein Körper wird von Tag zu Tag schlapper - völlig unausgelastet und unterfordert durch den bewegungsarmen Krankenhausaufenthalt. Im Rahmen meiner Möglichkeiten beginne ich wieder zu trainieren. Den stationseigenen Heimtrainer betrachte ich bald als mein Privateigentum, der Gang der Krankenstation wird für mich zum Fitneß-Raum, in dem ich zwischen eifrig umhereilenden Krankenschwestern und abgestellten Wäschekörben mit dem Krafttraining beginne. Triefend naß und angenehm ausgelaugt hocke ich nach solchen Trainingseinheiten im Aufenthaltsraum. Nun habe ich es zumindest zum meistduschenden Patienten der Station gebracht.
Kleine Konflikte können bei dieser Art von Zweckentfremdung der geheiligten Krankenhausräumlichkeiten nicht ausbleiben. Das ginge zu weit, sagt man mir, ich würde mit meiner körperlichen Schinderei die mühsam erarbeiteten Einstel-

[3] Dauerinfusion

lungsalgorithmen durcheinander bringen. Meine rhetorische Gegenfrage, was denn all die Ergebnisse wert seien, wenn sie meinen normalen Lebensrhythmus nicht berücksichtigen würden, erscheint meinen Ärzten einleuchtend und bewegt sie zum Einlenken. Und siehe da! Neue Diskussionen - und wir sind wieder auf meiner Schiene gelandet. War das beabsichtigt von mir? Ich fühle mich schuldlos.
Jetzt haben wirklich alle begriffen, wie ernst es mir damit ist, meine körperliche Freiheit zurückzugewinnen. Meine Ärzte geben sich redlich Mühe, bauen verstärkt die Themenbereiche Sport, Reisen, Lebensrhythmus in die Schulungsabende ein, gehen geduldig auf meine unzähligen Fragen ein. Immer wieder betonen sie die Bedeutung sportlicher Aktivität für Diabetiker, aber das hört sich alles eher nach Seniorengymnastik an, für die ich mich noch viel zu jung fühle. Joggen ja, aber nicht zu lang und nicht zu kräfteraubend; schwimmen ja, aber nicht allein; in die Berge gehen ja, aber nicht zu weit entfernt vom nächsten Versorgungsposten, und auf keinen Fall klettern, etc. Ich kann einfach nicht begreifen, was an meinem Körper so anders geworden sein soll, warum ich mit meinen so geliebten Freizeitbeschäftigungen als Diabetiker um so vieles schlechter zu Rande kommen sollte. Durch die Insulinbehandlung ist die wochenlange Mattigkeit, die ich vor meinem Krankenhausaufenthalt verspürt hatte, wie weggeblasen. Ich fühle mich gut, erholt, kein Anzeichen von Schwäche, keiner meiner ärztlichen Ratgeber kann mir klarlegen, warum ich nicht mehr so leistungsfähig wie früher sein soll.
Mein Körper sei unzuverlässig geworden, heißt es, man kann ihm nicht mehr vertrauen, kann seine Reaktionen nicht mehr voraussehen. Die Gefahren von Blutzuckerschwankungen, Hypoglykämien und unsachgemäßer Insulinlagerung werden mir so drastisch vor Augen geführt, daß sie bald auch mein Denken prägen. Ich muß all diese Warnungen glauben, selbst habe ich von diesen Gefahren noch keine erlebt.
Wie sehr war ich vor den Folgeerkrankungen des Diabetes gewarnt worden! In zehn Jahren, in fünfzehn Jahren - die Augen, die Nieren?! Oh nein, viel früher! Schon kurz nach meinen ersten Insulinspritzen hat mich die erste Folgeerkrankung des Diabetes mellitus ereilt: kein physischer Mangel, sie existiert nur in meinem Kopf und flüstert mir zu, daß ich die Freiheit vergangener Tage verloren habe, daß ich bei meinen sportlichen Aktivitäten und bei meinen Reisen Beschränkungen werde hinnehmen müssen - nur weil ich Diabetiker bin. Und wenn ich meinen Abenteuern so folgen will, wie ich es früher getan habe, so bedarf es, das raunt mir dieser Dämon in meinem Kopf zu, einer gewaltig riskanten Mutprobe - nur weil ich Diabetiker bin.
Behindert? Zweifel kommen auf, ob ich all meine Träume, die erst durch die Reisen in den letzten beiden Jahren so greifbar nahe und real geworden sind, verwirklichen werde können. Kann ich irgendjemanden für meine Selbstzweifel verantwortlich machen? Meine Ärzte, die die schwierige Gratwanderung zwischen Betreuung und medizinischer Hilfe auf der einen Seite und Vorsicht und Bevormundung auf der anderen Seite nach bestem Gewissen beschritten haben? Das wäre ungerecht. Ich fühle Dankbarkeit für ihr Bemühen. Aber kann ich den Weg mit ihnen gemeinsam weitergehen? Darf ich Menschen vertrauen, die mir meine Träume nehmen?
Ich werde meine Auseinandersetzung mit dem Diabetes allein durchfechten, werde den Weg einsam gehen. Nur so kann ich Freiräume in meiner Gedankenwelt schaffen, Freiräume für kindliche Sehnsüchte nach Unverwundbarkeit und

Grenzenlosigkeit. Solche Sehnsüchte kann ich mit niemandem teilen, wie weltfremd und lächerlich müssen sie meiner Umwelt erscheinen.

Ich habe sie gelebt - die Tage der Grenzenlosigkeit, gefühlt habe ich sie wie Unantastbarkeit, wie Unsterblichkeit.
Yuribak, ein kleines Dorf in der abgelegenen Enga-Provinz, am Rande der riesigen Kandep-Ebene, in über zweitausend Metern Höhe gelegen! Es ist Endpunkt einer Piste, die früher einmal, als die Straße noch bessere Tage erlebt hatte, mit vierradbetriebenen Fahrzeugen erreichbar gewesen ist.
Ich sitze vor dem Haus des Dorfschullehrers, lasse die angenehme Kühle des herannahenden Abends auf mich wirken, lausche entspannt dem Lachen der Kinder, die im Schulhof Ball spielen. Die rötlichen Risse auf meinen Oberschenkeln erinnern mich an meinen ausgestandenen Kampf gegen die Fallen des Laiagam-Waldes, den langen Abstieg von den einsamen Buschhütten in der Nähe der höchsten Gipfel bis hier herab in diese einladende, von kleinen Bächen durchzogene Ebene.
Die Männer des Dorfes statten mir ihren Besuch ab, einer nach dem anderen oder in kleinen Gruppen. Wie ein König ohne Thron hocke ich auf der Veranda der Lehrerunterkunft und halte Hof und genieße das Treiben, das meine Ankunft in Gang gebracht hat.

Staunen, bei manchen sogar zurückhaltende Fassungslosigkeit! Früher, vor langer Zeit, als die Straße noch befahrbar gewesen war, da waren hin und wieder Weiße ins Dorf gekommen. Aber jetzt? Schon lange nicht mehr![4] Noch nie sei ein Weißer durch den großen Wald des Laiagam zu ihnen in ihr Dorf gekommen. Ich kann ihren Worten nicht ganz glauben.[5]
Knappe hundert Kilometer sind es noch bis Mendi, dort, wo ich wieder Anschluß an eine befahrbare Straße haben werde. Der Weg soll einfach sein. Ich werde keine einheimischen Führer benötigen. Solche würde ich wohl auch kaum in dieser vom Stammeskrieg dominierten Kandep-Ebene finden.
Bei Sonnenschein verlasse ich das gastliche Yuribak. Auf den Feldern sehe ich Frauen mit ihren Grabstöcken bei der

Ein Papua aus der Enga-Provinz
Die für Männer übliche Bekleidung besteht aus dem textilen Lap Lap sowie dem Arschgras (ein Begriff aus der deutschen Kolonialzeit), das sein Gesäß bedeckt.

[4] Der einzige Weiße, den die Menschen hier kennen, ist Pater Peter, ein österreichischer Priester, der die Mariant-Station, etwa einen Tagesmarsch von Yuribak entfernt, betreut.

[5] Spätere Nachforschungen bezüglich dieser Aussage über den Laiagam-Dschungel haben ergeben, daß es früher mehrfach Bestrebungen gab, eine Expedition durch dieses Gebiet zu führen. Diese Pläne wurden aber verworfen, da man diesen Bergwald für unbegehbar hielt. 1975 ist es dann einer größeren australischen Expedition gelungen, das Laiagam-Gebiet zu durchqueren. Diese Gruppe startete ihr Unternehmen aber in Yuribak, durchquerte den Busch also in umgekehrter Richtung. So gesehen hatten die Männer aus Yuribak recht mit ihrer Behauptung, daß ich als erster Weißer aus dem Wald in ihr Dorf gekommen sei. Für mich war es sicher ein Vorteil gewesen, nichts von all den vermeintlichen und tatsächlichen Schwierigkeiten einer Durchquerung zu wissen. Meine unbedarfte Naivität ließ mich ohne großen Aufwand in dieses Abenteuer hineingleiten und es auch ohne nennenswerte Probleme durchstehen.

Feldarbeit, Kinder laufen verspielt hinter mir her. Idylle einer uns völlig fremden Lebenswelt!
Unweit hinter dem Dorf bricht die Szenerie ab. Ich durchwandere ein menschenleeres Land. Ich genieße die Ruhe beim Gehen, kann endlich wieder mit mir allein sein. Bunte Blüten schmücken wie Farbtupfen das saftige Grün der Kandep-Ebene. Kleine Bäche plätschern allerortens dahin, durchziehen wie Adern das fruchtbare Land. Ich lausche den Schreien tropischer Vögel, die das Sumpfgebiet südlich des Weges bewohnen.
Land des Friedens? Ebene der Angst und Verzweiflung - Ebene des Todes! Ich muß das erst begreifen. Todesangst hält die Menschen in ihren Dörfern gefangen, seit Monaten schon, nur dort sind sie vor den kriegführenden Kampftruppen sicher. Der tödliche Konflikt hat das Land von Menschen entleert und das trügerische Bild idyllischer Naturbelassenheit geschaffen.
Allein bin ich übriggeblieben in dieser Welt des Stillstands. Frei, beweglich, ohne Angst - nur ich! Die Farbe meiner Haut ist weiß. Sie schützt mich, sie macht mich unantastbar, ich habe nichts zu befürchten.
Ich begegne einer Gruppe von etwa zehn Männern. Sie hocken am Wegrand. Bis an die Zähne sind sie bewaffnet. Alle tragen Pfeil und Bogen, einige haben Macheten. Die traditionellen Holzschilde haben sie längst gegen Wellblechstücke eingetauscht, die sie von irgendwelchen Hüttendächern entwendet haben.
Ich bin auf einen jener Wächtertrupps gestoßen, die unablässig die Kandep-Ebene durchstreifen und den eigentlichen Schrecken dieses Krieges ausmachen. Wäre das Kampfgeschehen auf das eine große Schlachtfeld mit den beiden Haupttrupps beschränkt, könnten die Menschen in diesem weitläufigen Gebiet ihr Leben fast unbehindert weiterführen. So aber müssen sie, sobald sie die schützende Nähe ihres Dorfes verlassen, ständig fürchten, von einem feindlichen Wächtertrupp aufgegriffen zu werden. Gnadenlos werden sie dann hingemetzelt, hier gibt es kein Entkommen und keine Alternativen.[6]
Wohin ich denn unterwegs sei, wollen die durchwegs jungen Krieger von mir wissen. Nach Mariant, zur Mission, will ich. Sie werfen ein, daß der Weg dorthin gefährlich sei und daß mich die anderen, gemeint sind die Gegner, töten werden. Es sind immer "die anderen", die das Morden wollen. Niemand wird mich töten, ich weiß es, ich spüre meine Unverwundbarkeit in dieser Welt, deren Wirklichkeit mir nicht mehr bewußt ist. Mit einem freundlichen Gruß lasse ich die jungen Krieger am Wegrand zurück und setze meinen Weg zur Mariant-Station fort.
Mein Weg führt mich immer näher an das eigentliche Kampfgebiet heran. Immer häufiger begegne ich Gruppen von Kriegern, die, bewaffnet mit Pfeil und Bogen und diesen "neumodischen" Wellblechschilden, zwischen ihren Dörfern und dem Kampfplatz pendeln. Manche dieser Kämpfer sind kaum älter als zwölf oder dreizehn Jahre. Keiner dieser Jungen will diesen Krieg, doch der Druck des Familienclans und die aus Kampfesverweigerung gefolgerten Zweifel an der Männlichkeit wirken stärker. Frauen und Kinder bekomme ich nicht zu Gesicht. Die Drohung, auch sie zu töten, steht im Raum, auch wenn sie in diesem Krieg bisher noch nicht wahrgemacht worden ist.
Aus der Bewegung der Kämpfertrupps kann ich bald den im Wald verborgenen Platz des Schlachtfeldes erschließen. Kein vorsichtiges Ausweichen! Ich fühle mich

---

6 Als neutral gilt hier niemand, egal wie stark er sich in diesem Krieg engagiert. Nicht die Kampfhandlungen auf dem großen Schlachtfeld fordern die meisten Todesopfer, sondern die Überfälle dahinziehender Wächtertrupps auf Einzelpersonen oder Kleingruppen, die dem feindlichen Lager zugeordnet werden.

sicher, spüre keine Grenzen. Zielstrebig folge ich dem schmalen Pfad, der mich zum Kampfplatz führt.
Bald erreiche ich eine riesige grasbewachsene Fläche, rechteckig in ihrer Form, geneigt, umgeben von Büschen und schütterem Baumwuchs - den Kampfplatz. Zwei Gruppen von Kriegern, jede etwa fünfzig bis sechzig Mann stark, stehen einander in riesiger Entfernung gegenüber. Die Kampftruppen sind an den beiden Breitseiten dieses Rechtecks postiert, schicken immer wieder fünf bis sechs Mann starke Kleingruppen ins Zentrum des Schlachtfeldes, wo sich diese kleine Scharmützel liefern, einige Pfeile auf ihre Gegner abschießen, um sich dann schnell wieder in die mit Schützengräben befestigten Hauptlinien zurückzuziehen. Beherrscht wird der Kampfplatz von lautem Geschrei der beiden Kriegsparteien, die sich wilde Drohungen an den Kopf werfen und ihre Gegner mit den Großtaten ihrer Ahnen einzuschüchtern suchen.
Ich kann die Drohrufe der fanatischen Krieger nicht verstehen, nütze aber ihre Konzentration auf den Gegner. Fast unbemerkt schleiche ich hinter einer der beiden Hauptlinien vorbei, erklimme einen kleinen Hügel, der mich das Geschehen gut überblicken läßt, und setze mich ins Gras.
Lange kann ich auf diesem Aussichtspunkt nicht unentdeckt bleiben. Jugendliche, die die Kämpfer mit Süßkartoffeln versorgen, sehen mich zuerst. Augenblicke später sind die Augen aller Krieger des mir nahe liegenden Hauptlagers auf mich gerichtet. Mittelbar scheint auch die gegnerische Linie von meiner Anwesenheit Wind bekommen zu haben.
Fassungslosigkeit! Die Kämpfe brechen abrupt ab, das Geschrei verstummt. Ich müsse den Platz sofort verlassen, es sei viel zu gefährlich für mich, sagen mir einige der herbeigeeilten Krieger.
Ich spüre keine Gefahr. Gelassen bleibe ich im Gras sitzen und nütze schamlos die unbeholfene Höflichkeit der Papua aus, die es nicht wagen, mich mit Gewalt von meinem Standort zu vertreiben.
Mir fehlt die Einsicht, daß ich hier ein ungebetener Störefried bin. Ich blicke auf das nunmehr leere Schlachtfeld und staune darüber, daß meine Anwesenheit sogar das Kampfgeschehen zum Stillstand gebracht hat. Welche Macht, welchen Einfluß besitze ich bei diesen Menschen?
Geduldig, wie artige Kinder, warten diese schrecklichen Krieger darauf, daß ich endlich verschwinde. Ich tue nichts dergleichen. Nach gut einer Stunde steigen drei ältere Krieger, offensichtlich Führer der mir nahe postierten Kampflinie, zu mir hinauf auf den Hügel und fordern mich höflich, aber bestimmt auf, das Gelände zu verlassen. Ich habe verstanden. Doch nicht allmächtig!
Ich setze meinen Weg zur nahegelegenen Mariant-Mission fort, wo ich herzlich aufgenommen werde und erstmals nach Wochen wieder in einem Bett schlafen kann. In der Nacht höre ich Kriegsgeschrei rund um die Mission. Versprengte Kleingruppen halten ihre Gegner mit nächtlichen Attacken wach.

Wie unverwundbar war ich in der Buschwelt kriegführender Papua gewesen, wie verwundbar bin ich jetzt in der blütenweiß-sterilen Atmosphäre meines Krankenzimmers. Mein Video im Kopf - ein Weg, der Verwundbarkeit und Schwäche zu entkommen! Meine vergangene Stärke halte ich dem Jetzt entgegen. Auch damals war vieles unmöglich erschienen - und doch hatte ich es geschafft.
Für die geistige Bewältigung meiner Gegenwart fehlt mir noch vieles - Wissen, Erfahrung, Selbstbewußtsein und auch Gleichgesinnte. Ich hole mir aus der Erinnerung den Glauben, daß ich wieder auf die Siegerstraße zurückfinden werde.

Und entschwinde in meinen Gedanken in die Nacht in der Mariant-Mission....

Die Unwirklichkeit und Absurdität dieses Krieges will mir nicht aus dem Kopf gehen. Steinzeitliche Kampfführung, verfeinert mit zweckentfremdeten Hilfsmitteln des zwanzigsten Jahrhunderts,[7] *entstanden durch uralte Traditionen männlicher Daseinsberechtigung,*[8] *ausgefochten von teils sehr jungen Kriegern, von denen viele die Grundschule besucht haben, recht gut Englisch sprechen und die nun mit der gewaltigen Kluft zwischen Steinzeit und zwanzigstem Jahrhundert irgendwie zurechtkommen müssen.*[9]
Wie sehr ich in meinem Leben auch pazifistischen Grundsätzen gefolgt bin, wie sehr ich auch Krieg verabscheue, ich muß zurück auf dieses Schlachtfeld. Nach dem Frühstück breche ich zum Kampfplatz auf, ohne jemanden in der Mission von meinem Ziel Bescheid zu geben.
Den Pfad, dem ich gestern gefolgt bin, kann ich heute nicht gehen. Ich will so lange wie möglich unentdeckt bleiben. Verborgen hinter dem Buschwerk schleiche ich mich von der Seite an den Kampfplatz heran, so leise wie nur möglich, wissend,

---

7 Wellblechschilde und Macheten

8 Die erste Aufgabe des Mannes ist es, Krieger zu sein. Erst in zweiter Linie hat er sich um Haus- und Werkzeugbau sowie um das Urbarmachen der Äcker zu kümmern. Durch den Einfluß der kolonialen Zivilisation und Ordnung sind die Stammesfehden stark zurückgegangen, ist der Kannibalismus praktisch verschwunden. Diese Veränderung hat tatsächlich zu einer Sinnentleerung für viele männliche, besonders ältere Papua geführt.

9 Stammeskriege sind im Bergland Neuguineas nach wie vor gang und gäbe, besonders in entlegenen Gegenden, wo der Arm des Gesetzes (Militär und Polizei) nicht hinreichen kann. Die Bezeichnung "Stammeskrieg" an sich ist problematisch. Im allgemeinen sind es nicht zwei verschiedene Volksgruppen, die einander bekämpfen. Die Auseinandersetzungen beginnen stets durch Streitigkeiten zweier Familienclans (territoriale Fragen, Frauen), in welche dann viele andere Familien durch ein gewisses Naheverhältnis zu einer der beiden Streitparteien hineingezogen werden.
In der Verkehrssprache Papua Neuguineas (Pidgin) werden diese Kriege "trabol fait" genannt (vgl. die englischen Worte "trouble" und "fight"). Die Streitparteien verabreden sich für die Auseinandersetzung auf einer freien Fläche und bekämpfen einander dort mit Pfeil und Bogen, manchmal auch mit Speeren. Moderne Schußwaffen kommen nicht zum Einsatz. Anfangs verläuft solch ein Krieg recht fair. Es werden Kampfpausen für das Mittagessen verabredet und auch eingehalten. Da die Pfeile nur dann tödliche Wirkung haben, wenn sie aus kurzer Distanz abgeschossen werden, und da auf diesen gut einsehbaren Kampfplätzen kaum Angriffe aus dem Hinterhalt möglich sind, kommt nur selten ein Kämpfer auf dem Schlachtfeld ums Leben. Oft endet solch ein "trabol fait" schon nach wenigen Tagen, ohne daß ein Mensch dabei sein Leben lassen mußte. Die Streitparteien beenden die Auseinandersetzung mit einem "Sing-sing", einem Fest, bei dem Schweine geschlachtet und in Unmengen verzehrt werden, bei dem gesungen und getanzt wird.
Erbittert und hinterhältig werden solche Kriege erst, wenn es zu keiner frühen Einigung kommt und wenn Menschen dabei den Tod finden. Da auf dem Schlachtfeld das Gleichgewicht des Schreckens erhalten bleibt, bilden sich jene kleineren Wächtertrupps, die das gesamte Gebiet terrorisieren und unbarmherzig ihre Überlegenheit gegen Einzelpersonen oder kleinere, unbewaffnete Gruppen ausspielen.
Der Krieg in der Kandep-Ebene währt nun schon seit sechs Monaten. Ausgelöst wurde er durch den Streit zweier Familien, die denselben Wald für ihr Feuerholz beanspruchen. Etliche Männer mußten in diesem Krieg sterben, vorwiegend durch Überfälle der umherziehenden Wächtertrupps. Mit jedem Todesopfer wird die Chance auf einen dauerhaften Frieden geringer. Das wirtschaftliche Leben der Region wird gelähmt und damit ruiniert. Entgegen der üblichen Gewohnheiten kommen in diesen Krieg nun sogar Giftpfeile zum Einsatz, womit selbst kleine Verwundungen lebensbedrohlich werden.

Zwei blutjunge Krieger, die am Rande des ausgedehnten Schlachtfeldes patroullieren. Sinnlos erscheint auch ihnen dieser Krieg, doch die Angst vor gesellschaftlicher Entmannung wirkt stärker.

daß ich auch hier nicht lange unentdeckt bleiben kann. An den Längsseiten des rechteckigen Schlachtfeldes patroullieren kleine Wächtertrupps, die Angriffe der gegnerischen Seite aus der Deckung der Büsche und Bäume verhindern sollen.

Von einem kleinen Hügel sehe ich das Gebiet gut ein. Die Zahl der Krieger auf dem Schauplatz des Geschehens scheint sich verglichen mit gestern verdoppelt zu haben, die feindlichen Linien stehen einander heute auch wesentlich näher gegenüber. Lautstarkes Kriegsgeschrei auf beiden Seiten, gekämpft wird aber vorerst nicht.

Der erste Pfeil, der abgefeuert wird, ist auf mich gerichtet. Fünf junge Krieger, die ich schon längere Zeit aus meinem Versteck beobachten konnte, wurden durch das Rascheln meiner Schritte im Buschwerk aufgeschreckt und haben sofort auf den vermeintlichen Gegner geschossen. Ich folge mit meinen Augen der Flugbahn des Pfeiles, sehe wie er in der Luft immer langsamer wird und etwa zehn Meter vor mir im hohen Gras verschwindet.

Ich gebe meine Deckung auf, winke den Schützen zu, wünsche einen guten Morgen und setze mich nun wesentlich entspannter ins Gras. Den Streß, unbedingt lautlos sein zu müssen, bin ich los. Zwei der jungen Krieger eilen zu mir auf den Hügel herauf und meinen, daß ich das Gebiet sofort verlassen müsse, da mich die anderen, es sind wieder einmal "die anderen", töten werden. Als sie sehen, daß ich nicht gewillt bin, meinen Platz aufzugeben, setzen sie sich ruhig neben mich ins Gras und beginnen, mit mir zu plaudern. Meine Deckung bleibt, abgesehen von den fünf Burschen, vorerst aufrecht, da wir viel zu weit von den beiden Hauptlagern entfernt sind, als daß diese auf mich oder auf die kleine Wächtertruppe aufmerksam werden könnten.

Die Kampfhandlungen im Zentrum des Feldes flammen wieder auf, genau so, wie ich es schon gestern gesehen hatte: Kleine Gruppen von Kämpfern laufen vor, laufen zurück, schießen Pfeile auf ihre Gegner ab, werfen sich in Deckung hinter kleinen Büschen oder Bodenunebenheiten. Die Szenerie erinnert mich an meine Kindheit, als wir in der freien Natur "Cowboy und Indianer" gespielt haben, aber das hier ist todernst.

Verstehe ich überhaupt noch, was todernst ist? Ist nicht mein Leben in diesem Land zu einem großen Spiel geworden? Die beiden Burschen wollen wissen, woher ich komme. Sie sprechen gut Englisch. Aus Österreich! Natürlich verstehen sie "Australien", aber ich korrigiere sie. Nein, aus Österreich, aus dem Land von Pater Peter! Sie nicken, ohne meine Heimat irgendwo einordnen zu können. Es entwickelt sich

eine angenehme Unterhaltung, während einen Steinwurf weiter die tödlichen Pfeile durch die Luft fliegen.
Mein kleiner Aussichtshügel erweist sich doch nicht als so sicher, wie ich ursprünglich angenommen habe. Eine Gruppe von Kriegern, Gegner der bei mir weilenden Wächter, schleicht sich an "meinen"Hügel heran, will ihn offensichtlich einnehmen. Ich kann sie nicht sehen, nur ihr Rascheln im Buschwerk kann ich hören. Die bei mir weilenden Krieger wollen sich der unsicheren Herausforderung nicht stellen und ziehen sich ins Hauptlager zurück. Ich tue gut daran, mich ihnen anzuschließen.
Meine Deckung ist nun vollends aufgegeben, mein Auftauchen im Hauptlager erweckt aber heute weit weniger Staunen und Aufregung als gestern. Die wenig später einsetzende Kampfpause wird nicht durch meine Anwesenheit verursacht, sondern durch das stetig wachsende Hungergefühl der beiden Kriegsparteien. Mittagspause! Die Atmosphäre ist entspannt. Jeder kaut an seiner Süßkartoffel. Man plaudert mit mir und nimmt meine Anwesenheit als unterhaltsames Kuriosum hin. Ich beschließe, die Waffenruhe zu nützen und auch die gegnerische Linie zu besuchen. Langsam schlendere ich über den leeren Kampfplatz hinunter. Ich bin nur noch etwa vierzig Meter vom Lager entfernt, als plötzlich Unruhe und Bewegung in die Gruppe kommen. Etliche Krieger springen auf, greifen zu ihren Waffen und legen mit Pfeil und Bogen auf mich an. Einige springen sogar in die Schützengräben, ehe sie den Bogen spannen.
Was wollen sie? Halten sie mich für einen Gegner, weil ich aus dem anderen Lager komme? Für einen Augenblick bin ich irritiert. Stehenbleiben und nachdenken kann ich nicht. Davonlaufen kann ich auch nicht. Aber solches kommt mir sowieso nicht in den Sinn. Ist auch das Teil eines großen Spieles? Mein Verlust jeglichen Realitätsbezuges läßt mich intuitiv das Richtige tun. Ich gehe lächelnd weiter und rufe den Kriegern ein freundliches "apinun"[10] zu.
Meine unbeschwerte Offenheit scheint die Burschen zu entwaffnen. Lächelnd lassen sie ihre Bögen sinken, kommen auf mich zu, begrüßen mich wie einen alten Bekannten. Dieser bin ich ja fast auch, denn gestern war ich ja bereits hier bei dieser Gruppe im Hauptlager gewesen. Es entwickelt sich entspannter Small Talk, die jungen Kämpfer erzählen mir sogar einiges über den Krieg. Wenig später bitte ich die Krieger, die kurz vorher noch ihre Pfeile auf mich gerichtet hatten, zum Gruppenfoto Aufstellung

Stolz präsentieren junge Krieger von einer der beiden Hauptlinien ihre Waffen - traditionelle Bögen und Pfeile sowie Schilde aus neuzeitlichem Schrott.

10 Pidgin-Wort, das in etwa mit "Schöner Nachmittag!" übersetzt werden kann

zu nehmen. Viele von ihnen leisten meiner Bitte Folge und bereiten mir damit ein schönes Abschiedsgeschenk.
Irgendwann am Nachmittag verlasse ich zum letzten Mal den Schauplatz des Kriegsgeschehens. Gedankenverloren wandere ich den breiten Weg zur Mariant-Station zurück. In welcher Welt war ich da eben gewesen? Welche mir vertrauten Verhaltensregeln haben hier noch Gültigkeit gehabt?

Ich bin wieder draußen! Man hat mich aus dem Krankenhaus entlassen. Nicht geheilt, aber fähig, nun allein mit meinem neuen Lebensbegleiter zurecht zu kommen. Langsam soll ich den Weg zurück in den Alltag finden.
Ich bin es nicht gewohnt, bin viel zu unruhig, meine Zeit mit Nichtstun zu verbringen. Wenn ich Urlaub mache, so will ich ihn aktiv verbringen, wenn ich arbeite, dann arbeite ich eben. Nun verweile ich im Warten und beobachte meinen Körper. Geschieht alles so, wie ich es erlernt habe, wie ich es erwarten darf? Kein Grund zur Beunruhigung! Zaghaftes Finden meiner neuen Normalität!
Alles ist zaghaft geworden, fast beschaulich. Brav halte ich mich an meine neuen Vorgaben. Habe ich sie akzeptiert? Wollte ich nicht ausreißen? Zurückkehren in meine alte heile Welt?
Ein gedankenschwerer Abendspaziergang führt mich durch die Straßen meines Wiener Bezirkes. Auf einer riesigen Werbefläche wird mit einer imposanten Naturaufnahme für irgendein HiTech-Produkt geworben. Ich sehe nicht den Namen des angepriesenen Erzeugnisses, ich sehe nur die wilde Natürlichkeit der Landschaft auf diesem Plakat. Und sie verändert sich, diese Landschaft, vor meinen Augen - undurchdringbarer Regenwald, eine weite tropische Hochebene...

Der Weg führt steil hinauf auf die Paßhöhe, die die Grenze zwischen der Enga-Provinz und der Southern Highland-Provinz bildet. Ich blicke zurück in das Land, das ich so nicht wieder erleben werde. In der Ferne sehe ich die grün-schwarzen Berge des Laiagam-Dschungels, darunter kann ich am Rand der Ebene das Dorf Yuribak erahnen. Dort links, nahe bei diesem Dorf muß sich der Kampfplatz befinden, und die Mariant-Mission - nein, ich kann sie von hier nicht mehr sehen.
Ich verlasse eine Welt innerhalb unserer Welt, ein Land, das, geschützt durch die

Prachtvoll geschmückt begehen die Papua ihre Feste. Im Dorf Biwat finden sich Tanzgruppen aus mehreren Dörfern entlang des Yuat-Flusses ein, um ihren neu gewonnenen Frieden zu feiern. Solange dieser hält, werden sie nur darum kämpfen, sich bei Festen an Prunk und Schönheit zu übertreffen.

Ein Wigman (Perückenmann) aus den Wäldern am Oberlauf des Yuat-Flusses

Kinder und Frauen müssen für die prächtige, hutähnliche Perücke ihre Haare lassen. Ruß und Schweinefett im Gesicht sollen für ein noch schreckenerregenderes Aussehen sorgen.

umgebenden Bergkämme, eine andere, unserer Zeit völlig fremde Wirklichkeit bewahrt hat und in dem doch meine Sehnsucht zurückbleiben wird.

Wochen später lande ich mit einer Maschine der Air Niugini auf dem Flughafen von Cairns in Nordaustralien. Das Schweben durch eine schaurig-schöne, unwirkliche Welt, in der ich mich unantastbar und unverwundbar bewegen konnte, ist vorbei. Die Farbe meiner Haut ist weiß, wie die Hautfarbe fast aller Menschen hier. Meine Hautfarbe kann mich nicht mehr schützen. Das Leben in Australien erscheint mir so bekannt, so ähnlich der Lebenswelt meiner eigenen Heimat. Kein Gedanke, daß diese Welt nicht wirklich sein könnte!
Die Tage der Grenzenlosigkeit liegen hinter mir. Ich werde sie nicht vergessen. Irgendwann - Wochen, Monate, Jahre später - werde ich aus diesen Erlebnissen Kraft und Hoffnung schöpfen können. Genau dann, wenn ich es brauchen werde!

Trugbild der Heilung

Acht Tage Urlaub gewährt man mir nach meiner Entlassung aus dem Spital. "Krankenstand" lautet die offizielle Bezeichnung für diesen sanften Übergang in ein neues Leben. "Wozu soll ich im Krankenstand bleiben? Ich fühle mich doch gesund." Übereifrige Streberei oder sensible Reaktion auf die angesagte und doch nicht spürbare Behinderung? "Sie werden sie brauchen können, diese Woche, um in die Normalität zurückkehren zu können."
Schon am nächsten Tag finde ich mich an meinem Arbeitsplatz ein, um meine Kollegen zu besuchen. Wohl auch, um mich im vorhinein zu rechtfertigen, warum man mich trotz Krankenstandes auf der Straße, im Park, im Schwimmbad antreffen wird. Betroffen sind sie, meine Kollegen, auch wenn sie es zu verbergen suchen. Sie wollen irgendetwas Nettes, Aufbauendes sagen und bringen doch nichts Rechtes heraus. Mir ginge es nicht anders. Sie scheinen erleichtert zu sein, daß ich gut gelaunt bin. So können wir rasch das Thema wechseln, weg von meiner Krankheit.
Sie wollte mich nicht rügen, gerade heute nicht, aber irgendwie liegt es in ihrer Natur. Seit Jahrzehnten lebt die Sekretärin meines Chefs in Paragraphen und Erlässen. In mütterlich-ermahnendem Ton erklärt sie mir, daß ich nun eiligst nach Hause gehen müsse, denn eigentlich darf man nicht zu seiner Arbeitsstelle kommen, wenn man im Krankenstand ist. "Krankenstand? Davon verstehe ich nichts. Ich war noch nie im Krankenstand. Außerdem bin ich doch gar nicht krank. Man hat mir diese freien Tage doch nur verordnet, damit ich in die Normalität zurückfinden kann."
Welche Normalität meinen die Ärzte da eigentlich? Ich fühle mich stark, mir geht es gut. Da ist nichts! Ich will, daß da nichts ist!

Daheim! Alles ist mir vertraut, alles steht an seinem Platz. Normalität! Und doch ist nichts wie früher. Der gewohnte Griff in die Lade mit den Süßigkeiten! Da ist sie noch, die riesige Tafel Nougat-Schokolade. Nein, nicht vor dem Essen! Nein, überhaupt nicht mehr?!
Der Duft des Mittagessens belebt die Lebensgeister nach all den Tagen der Krankenhauskost. Aber was ist das? Die Speisen kommen nicht einfach auf den Teller. Nein, sie kommen auf die Grammwaage. Ich bestaune das Ding, das ich vor wenigen Stunden selbst gekauft habe. Das darf doch nicht wahr sein! Jetzt muß ich an den Köstlichkeiten herumschnipseln, bis jene Menge auf dem Teller zu liegen kommt, die in meinem grün-weißen Heftchen[11] eingetragen ist.
Verdauungsspaziergang nennt man das, was ich nach dieser Mahlzeit unternehme. Zu verdauen gibt es da nicht viel. Meine Gedanken muß ich verdauen, die nicht mehr loskommen von diesem neuen Regelwerk. Langsam begreife ich, warum man mir diese Galgenfrist vor dem Arbeitsbeginn verordnet hat, bevor wieder alles zur Routine wird.
In drei Tagen bin ich wieder ins Krankenhaus zur Kontrolle bestellt. Ich werde ein ernstes Wort mit meinen Ärzten sprechen müssen. Sie haben mich in meiner

[11] Bei meiner Entlassung aus dem Krankenhaus wurde mir eine Art Diabetes-Tagebuch mitgegeben, in dem von ärztlicher Seite die Anzahl der Mahlzeiten, die jeweiligen Kohlehydratmengen und die Insulindosis eingetragen waren. Zusätzlich gab es freien Raum, in welchen ich die Werte der Blutzuckermessungen einzutragen hatte.

Unwissenheit übertölpelt. So froh bin ich gewesen, als sie mir achtzehn Broteinheiten pro Tag zugestanden haben, anderen sind nur acht genehmigt worden. Nun sehe ich, wieviel das wirklich ist. Das scheint zu einer lebenslangen Fastenkur auszuarten. Ich werde da einiges nachfordern müssen. So ganz ohne Sanctus von oben wage ich es doch nicht, die Eintragungen im grün-weißen Heftchen abzuändern.

Kleine Seitenwege habe ich schon gefunden, um an schmackhaft Süßes heranzukommen. Da sind diese vielen Unterzuckerungen. Schon zwei Tage nach meiner Entlassung aus dem Krankenhaus habe ich wieder mit dem Laufen begonnen, und seither messe ich kaum mehr einen dreistelligen Blutzuckerwert.

Sie müssen ihre Insulindosis halbieren, sagt man mir bei der Kontrolle nach Durchsicht meiner Eintragungen. Heben Sie doch besser meine Broteinheiten an!, werfe ich dauerhungrig ein. Treiben Sie regelmäßig Sport? Ja! OK, vierundzwanzig Broteinheiten! Na ja, damit kann ich fürs erste leben. Eigentlich habe ich dreißig gewollt.

Was sollen all diese Zeilen? Lassen sich die Probleme, die mit dem Diabetes verbunden sind, auf den Verzicht von Naschereien reduzieren? Spricht mir der Amtsarzt fünfzig Prozent Erwerbsminderung zu, weil ich nicht mehr meinen geliebten Eissalon aufsuchen kann? Es mag lächerlich erscheinen: Anfangs sind es weitgehend diese Einschränkungen, die mich am meisten irritieren. Und wahrscheinlich ist es gut für mich, daß ich noch nicht weiter blicken kann.

An das oft genannte Damoklesschwert der Spätschäden[12] will ich nicht denken. Wozu auch? Ich verspüre ja nichts davon. Das Spritzen und Blutzuckermessen wird bald zu einer als Notwendigkeit akzeptierten Routinetätigkeit, wie es das Rasieren und Zähneputzen schon lange sind.

Was bleibt, ist dieses Korsett, diese alles durchdringende Regelmäßigkeit. Um sieben Uhr früh aus den Federn, um elf am Abend ist wieder Nachtruhe angesagt. Diesen Rhythmus soll ich auch an arbeitsfreien Tagen beibehalten. Und ich tue es wirklich. Das Wochenende hätte sich wahrlich einen anderen Zeitplan verdient. Ich habe mich noch nicht zur Freiheit durchgerungen, irgendwo in der Öffentlichkeit Blutzucker zu messen und Insulin zu spritzen. So kehre ich für diese Prozeduren täglich um sieben Uhr abends heim, nehme mein fix dosiertes Nachtmahl ein, und dann neigt sich der Abend ohnehin bald dem Ende zu. Ich habe Äpfel immer geliebt. Jetzt habe ich sie. Täglich einen um sechzehn Uhr! Bei speziellem Verlangen kann ich ihn auch gegen eine Banane eintauschen. Zeitplan eines Roboters! Welch ein Kontrast! Habe ich nicht vor kurzer Zeit sieben Monate lang das schönste Chaos durchlebt, das man sich vorstellen kann? Nicht einmal meine Flugtermine habe ich eingehalten. Aus der Faszination des "Heute" habe ich jeden Tag bestritten. Die Erinnerung an diese Zeit kann mir niemand nehmen.

Es ist unglaublich! Sie sind alle verblüfft, meine Ärzte im Krankenhaus. Knappe drei Wochen sind vergangen seit meiner Entlassung, und wieder einmal finde ich mich mit meinem ordentlich geführten grün-weißen Heftchen zur Kontrolle ein. Nachdenklich geht der junge Arzt meine Eintragungen durch. Allein will er

---

12 Folgeerkrankungen des Diabetes mellitus sind Nierenschädigung, erhöhtes Herzinfarktrisiko, Neuropathie (Nervenschädigung) und Retinopathie (Augenschädigung). Diese sogenannten Spätschäden, die nach langjähriger Diabetesdauer häufig auftreten, beeinträchtigen die Lebensqualität meist mehr als die eigentliche Grundkrankheit.

nichts entscheiden. Hilfesuchend bittet er seine Chefin, meine gesammelten Notizen zu studieren.
Sie brauchen kein Insulin mehr! Das schlägt wie eine Bombe ein. Was soll das heißen? Ihr Körper braucht kein Insulin mehr. Aber spritzen Sie trotzdem täglich ein bis zwei Einheiten Monotard! Ein bis zwei Einheiten, das ist so gut wie nichts. Wozu diese Minidosis, wenn ich sie gar nicht benötige? Sie sollen die Gewohnheit des Insulinspritzens nicht aufgeben. Sie werden wieder mehr Insulin benötigen, in einigen Wochen oder Monaten. Ich will diese Worte nicht hören, bastle in meinen Gedanken schon an einer wunderbaren Heilung.
Was bin ich denn nun wirklich? Bin ich Diabetiker oder bin ich kein Diabetiker? Eine ungewöhnlich ausgeprägte Remissionsphase![13], erklärt mir die Oberärztin. Vielleicht wirkt auch die Sportausübung förderlich dabei mit. Aber Heilung gibt es keine beim Diabetes. Diese Phase wird bald zu Ende sein.
Ich will nichts hören von "Remissionsphase", von der Rückkehr meines Diabetes. Mit einem sportlichen Leben will ich meine Krankheit niederringen. Der Wunsch wächst sich zur Wahnidee aus.
Alle wissenschaftlichen Fakten sprechen gegen mich. Der Wandel in meinem diabetischen Erscheinungsbild läßt sich ausreichend erklären. Ich aber verweile in meinen Träumen, glaube, einen Kampf gewinnen zu können, den niemand gewinnen kann. Die vergangenen Tage im Krankenhaus werden vor meinen Augen lebendig. Wie fest war ich doch damals entschlossen, dem ganzen Spuk ein Ende zu bereiten, sobald ich wieder nach Hause entlassen werde. Nun scheint die Zeit gekommen, nun fühle ich mich meinem Ziel so nahe.
Wochen und Monate läuft mein Leben so ab, als hätte ich nie Diabetes gehabt. Vergessene Krankheit! Nein, nicht wirklich vergessen! Ich wage es nicht, den zarten Hoffnungsschimmer durch forschen Übermut zu gefährden. Die Regelmäßigkeit in meiner Lebensführung und Nahrungsaufnahme behalte ich bei. Soll sie doch für jedermann gesund sein! Ihre beklemmende Enge spüre ich nun kaum mit der Vision des Sieges über die Krankheit vor Augen. Erwartungsvoll, fast ängstlich lese ich täglich meine Blutzuckerwerte ab und wähne meine Hoffnungen bestätigt.
Man wird es nicht glauben: Selbst in der Zeit, in der ich praktisch ohne injiziertes Insulin lebe, habe ich meßbare und fühlbare Hypoglykämien. Weniger Blutzucker als die Gesunden! Wie soll ich da noch Diabetiker sein?

Die Sommerferien nahen – erster Ausbruch in die Flexibilität! Zu viert machen wir uns auf den Weg nach Südamerika. Cuzco, die alte Hauptstadt der Inka, der Titicacasee! Tagelang wandern wir auf verwachsenen Inkapfaden durch den Dschungel und über die Berge in die berühmte Ruinenstadt Machu Picchu.[14] Es ist alles wie früher. Zeitumstellung, täglich sich ändernder Tagesrhythmus, fremdartige Kost, körperliche Anstrengung in großen Höhen – nichts kann mir etwas

---

[13] Wann Diabetes in einem Menschen tatsächlich beginnt, weiß man nicht. Erst wenn die insulinproduzierenden Zellen nur noch 25 Prozent ihrer Leistung bringen, werden die Symptome des Diabetes mellitus fühlbar und meßbar. Diesen Zeitpunkt der Entdeckung der Krankheit nennt man Manifestation des Diabetes. Nach einer ersten Insulintherapie erholen sich die Zellen oft so weit, daß sie wieder für einige Zeit mehr als 25 Prozent leisten und somit der Diabetes scheinbar verschwindet. Diese Phase, die bis zu einem Jahr dauern kann, heißt Remissionsphase. Sie kann durch Diät, regelmäßige Lebensführung und Sport etwas verlängert werden.

[14] All dies sind touristische Highlights im Hochland von Peru.

Bäuerinnen bei der Getreideernte im peruanischen Hochland um Cuzco

anhaben. Die Blutzuckerwerte bleiben tief, wie jene eines Gesunden. Und ich bin zurückgekehrt in meine geliebte Traveller-Welt. Tage der Entspannung in der blühenden Oasenstadt Arequipa! Verträumtes Schlendern über die Plaza de Armas[15] mit ihrem verspielten Kinderlachen, mit den eng umschlungenen Liebespärchen, mit ihren unzähligen Straßenhändlern und den kleinen Buben, die für eine Hand voll Soles[16] eifrig die Schuhe der heimkehrenden Geschäftsleute putzen! Der Platz lädt zum Verweilen ein. Ein Café, Tische im Freien! Ich richte meinen Sessel mit Blick auf die Kathedrale ein. Welch ein Bild! Das palmenbestandene Grün des Platzes, das pompöse barocke Bauwerk, der Turm der Kathedrale, der von den mächtigen Schneebergen des Chachani[17] überragt wird. Fast viertausend Meter erheben sich seine Gipfel über dem trocken-heißen Oasenbecken.

---

15 Hauptplatz

16 Peruanische Landeswährung

17 Erloschener Vulkan, Höhe: 6075 m. Im Winter ist dieses Gebirge mit seinen drei über 6000m hohen Hauptgipfeln bis tief herab mit Schnee bedeckt und bildet eine phantastische Kulisse über der "weißen Stadt" Arequipa.

Machu Picchu – die prächtige Ruinenstadt der Inka

Jedesmal, wenn ich diese allgegenwärtige Bergkulisse über der Stadt erblicke, wächst in mir der Wunsch, auf diese Höhen hinaufzusteigen. Ich suche in Arequipa nach Partnern für eine Besteigung, denn meine drei Reisepartner[18] sind für Gipfelambitionen nicht zu gewinnen. Im Club Andinismo sieht man mich verwundert an. Nein, um diese Zeit steigt niemand auf den Berg. Es ist Winter! Zumindest erhalte ich eine vage Beschreibung der Anstiegsroute und erfahre, daß der Chachani keinen Gletscher und somit auch keine Spalten aufweist. Allein? Einen Sechstausender allein? Meine mich nicht mehr bedrückende Krankheit hebt mich in die Wolken. Ich sehe keine Grenzen mehr.

Meine Freunde werden mich an den Fuß des Berges begleiten, mit mir ein Basislager unterhalb der Eisgrenze einrichten. Wir sitzen inmitten dösender Indios im Morgenbus nach Chivay. Die Straße windet sich in Serpentinen hinauf auf den Altiplano[19], rechts von uns fesselt der El Misti, ein 5800 Meter hoher Bilderbuch-Vulkan, unsere Blicke.

Im Nichts setzt uns der Busfahrer auf der hellbraunen Weite des Altiplano in 4100 Metern Höhe ab. Eine Herde wilder Vicuñas sucht hastig das Weite, irritiert durch die ungewohnte Störung ihrer einsamen Bergunendlichkeit. Stundenlang wandern wir auf der sanft ansteigenden, mit kargem Buschwerk übersäten Ebene auf die schneebedeckten Hänge des Chachani-Massivs zu. In 4800 Metern Höhe erreichen wir eine ebene, vegetationslose Fläche, die sich bestens als Lagerplatz eignet. Mit meinem Eispickel und einer Menge von Plastiksäcken steige ich weiter hinauf zur Schneegrenze. Mit dem Pickel schlage ich große Eisbrocken aus dem Untergrund, verstaue sie in den Säcken und kehre schwer beladen zu unserem Zelt zurück. Der einzige Weg, um Wasser zu gewinnen und etwas zu kochen!

Um drei Uhr früh bringe ich Unruhe in die enge Zeltgemeinschaft. Elektrolytgetränke, Brot und Käse packe ich in den Rucksack, dazu zwölf Stück Traubenzucker und das alpinistische Rüstzeug. Knapp nach vier Uhr mache ich mich im Dunkel der Nacht mit meiner Stirnlampe auf den Weg nach oben. Irgendwo hinter den Gipfeln geht die Sonne auf. Der Himmel verliert sein Schwarz, die Welt um mich herum nimmt Konturen an.

Ich erreiche eine erste Paßhöhe in 5600 Metern Höhe. Augenblicke des Verweilens! Windstill und unendlich kalt! Mein Thermometer, dessen Skala bis minus dreißig Grad reicht, kann diese Temperatur nicht mehr anzeigen. Hier habe ich nur mehr blankes Eis unter meinen Füßen. Ich muß meine Steigeisen anlegen. Binnen Sekunden sind die Finger klamm. Achthundert Höhenmeter habe ich in den letzten drei Stunden gewonnen, vierhundert werde ich nun gleich wieder verlieren. Ich steige in einen Graben hinab, der in Urzeiten wohl der Krater dieses erloschenen Vulkans gewesen sein muß.

Am Grund des Kraters ragen einige Lava-Brocken aus dem Eis. Ein idealer Rastplatz! Mein Blutzucker muß nun sehr niedrig sein. Ich spüre es und krame meinen Proviant aus dem Rucksack. Welch ein Schock! Alles ist tiefgefroren, so als hätte ich es gerade einer Tiefkühltruhe entnommen. Zum Glück habe ich noch meinen Traubenzucker bei mir. Mit den Händen schabe ich etwas Schnee vom eisigen Untergrund und lasse ihn auf der Zunge zergehen.

---

18 Meine Freundin Silvia, meine Schwester Margit und deren Freund Jörg

19 Drei- bis viertausend Meter über dem Meeresniveau liegende Hochebene, die westlich des Andenhauptkamms von Ecuador bis Bolivien verläuft

Weiter! Ich folge dem Graben hinauf auf eine zweite Paßhöhe, die etwa ebenso hoch liegt wie die erste, und erreiche damit die gegenüberliegende Seite des Kraterrandes. Nun geht es steil entlang eines breiten Grates hinauf zum höchsten Punkt. Knapp nach zwölf Uhr liegt die ganze Welt unter mir. Der Gipfel! Die Höhen des Chachani-Gebirges breiten sich unter mir aus, dahinter ragt der formschöne El Misti aus der hellbraunen Weite des Altiplano. Unendlich tief, fast viertausend Meter unter mir fügen sich die weißen Häuser von Arequipa in die fruchtbare Oasenlandschaft. Nur wenige Orte auf dieser Welt gewähren derartige Tiefblicke.[20]

Mein erster Sechstausender! Ich freue mich riesig, obwohl ich weiß, daß noch ein endloser, kräftezehrender Abstieg vor mir liegt. Die Sonne steht nun hoch am Himmel. Jeden freien Fleck in meinem fast gänzlich bedeckten Gesicht verbrennt sie binnen Minuten. Um meinen Proviant aufzutauen, dafür reicht ihre Kraft aber nicht aus. Ich nehme meinen letzten Traubenzucker zu mir.

Als ich gerade vom Kraterrand in den Graben hinabsteige, fühle ich die lähmende Kraft einer Unterzuckerung in mir hochsteigen. Ängstlich frage ich mich, wie ich an mein Ziel kommen soll. Mehr als vier Stunden des Abstiegs liegen vor mir, ein gewaltiger Gegenanstieg wartet auf mich, und ich habe keine verwertbaren Kohlehydrate mehr bei mir.

Wenn ich die steile Kraterwand direkt zur ersten Paßhöhe hinüberquere, könnte ich mir die riesigen Höhenunterschiede ersparen. Ich muß es riskieren! Mein Blutzucker läßt mir keine Wahl. Vorsichtig steige ich in die eisige Steilwand ein. Ein Absturz würde erst vierhundert Meter tiefer von den aus dem Eis ragenden Lava-Brocken gebremst werden. Vierzig, fünfzig Meter komme ich in der Querung voran, doch dann breche ich durch die hartgefrorene Oberfläche durch und spüre Schwimmschnee unter mir. Ein Schneebrett, das sich jeden Moment lösen kann! Ich taste mich einige Schritte weiter in der Hoffnung, die Gefahrenzone zu überwinden. Vergeblich! Immer tiefer gerate ich in diesen Lawinenhang hinein. Zurück! Taumelnd steige ich den Graben hinab und erreiche seinen tiefsten Punkt in 5200 Metern Höhe. Auf einem der Lava-Felsen lasse ich mich nieder. Minuten der Entspannung, die die Symptome der Unterzuckerung nur noch stärker werden lassen! Ausweglos!

Wie soll ich mit meiner unbehandelbaren Hypoglykämie vierhundert Meter Anstieg hinauf auf die Paßhöhe schaffen? Die Lehrstunden im Krankenhaus kommen mir in den Sinn, die vielfältigen Warnungen vor den tödlichen Gefahren eines Hypos. Viel Hoffnung kann ich aus den Schulungsnachmittagen im Krankenhaus nicht gewinnen.

Eine alte Regel gilt immer: Solange ich nicht tot bin, lebe ich! Zehn Schritte bergan, Pause, wieder zehn Schritte! Unendlich langsam arbeite ich mich auf die Paßhöhe hinauf. Immer wieder stütze ich meinen ganzen Oberkörper auf meinem Eispickel ab, um zu rasten. Der erwartete Zusammenbruch bleibt aus. Fast scheint es, als würde die große Anstrengung die Symptome der Hypoglykämie etwas zurückdrängen. Der Blutzucker bleibt spürbar tief, aber der Körper gibt nicht weiter nach.

Um vier Uhr erreiche ich die Paßhöhe. Nun geht es nur noch abwärts. Endlich kann ich mich in meiner Schwäche von der Schwerkraft treiben lassen. Eine

---

20 Mit seiner relativen Höhe von fast viertausend Metern ist der Chachani höher als z.B. der Mount Everest, dessen umgebende Täler eine Höhe von 5200-5400 Metern aufweisen.

Schotterrinne schiebt sich wie eine Zunge in den schneebedeckten Hang hinein. Auf dem losen Geröll komme ich schnell voran. Ich gleite aus, überschlage mich, rutsche vierzig, fünfzig Meter ab und komme unverletzt wieder auf die Beine. Geistig bin ich durch die Unterzuckerung nun schon völlig weggetreten, ich taumle abwärts, aber ich taumle beständig meinem Ziel entgegen.
Silvia und Margit sind mir bis zur Schneegrenze entgegengestiegen. In einem Zug leere ich zwei Flaschen mit Elektrolytgetränken. Geschafft! Fast!
Bald erreichen wir das Zelt, wo Jörg schon für mich kocht. Ich bringe fast nichts runter, muß mich zwingen, ein wenig zu essen. Langsam spüre ich wieder einen Hauch von Kraft in meinem Körper.
In der Dunkelheit der Nacht bauen wir das Zelt ab und machen uns auf den Weg hinunter zur Straße. Nun bin ich das schwächste Glied der Gruppe. Meine schwere Rucksacklast wird mir abgenommen und dennoch stolpere ich den anderen hinterher. Stunden später tauchen wir ein in das Sicherheit vermittelnde Lichtermeer von Arequipa.
Trotz der Freude über den Gipfelerfolg läßt mich dieser Tag der überstandenen Gefahren nachdenklich zurück. Nicht der Diabetiker, der unerfahrene Bergsteiger hat große Fehler während dieser Tour begangen. Außer zweier Besteigungen des Dachsteins[21] habe ich noch nie Touren in Schnee und Eis unternommen. Und dann gleich ein Sechstausender! Allein! Seit zwei oder drei Jahren sehe ich kaum noch Grenzen in dem, was ich zu tun vermag. Mein scheinbar überwundener Diabetes verstärkt noch dieses Gefühl der Grenzenlosigkeit. Heute hat dieses übersteigerte Selbstbewußtsein Risse und Kratzer bekommen, zumindest für einige Tage und Wochen.
Meinen Proviant für derartige Hochtouren werde ich in Zukunft wohl gänzlich anders zusammenstellen und ihn natürlich auch gegen die Kälte isolieren müssen. Alleingänge? Diese Entscheidung sollte ich mir nicht mehr so einfach machen.
Der Kampf mit meiner Hypoglykämie läßt mich an vielem zweifeln, was ich über dieses Thema gehört und gelesen habe. Wie ist es möglich, in eine derartige Unterzuckerung zu fallen, wenn man praktisch kein Insulin spritzt? Wie ist es möglich, vier Stunden größter körperlicher Anstrengung mit einem solch tiefen Blutzuckerwert zu überstehen? Das Fehlen der Antworten zeigt, wie wenig man Diabetiker als normale Menschen betrachtet, die den vielfältigen Anforderungen des Lebens ausgesetzt sein können.

Nach meinen Schwierigkeiten bei der Besteigung des Chachani sollte ich keine Gedanken an weitere Gipfelerfolge verschwenden. Doch so einfach ist das nicht für mich.
Aus den Tiefen des Amazonas-Beckens sind wir heraufgekommen nach Quito, der fast dreitausend Meter hoch gelegenen Hauptstadt Ecuadors. Das angenehme Klima, die hervorragenden Restaurants und das reichhaltige Angebot an Ausflugsmöglichkeiten verführen uns zum Verweilen.
Die Stadt wird bevölkert von Bergsteigern aus aller Welt, die durch Quitos reizvolle Gassen flanieren und hier ihre letzten Vorbereitungen treffen, Ecuadors Paradeberge, den Chimborazo und den Cotopaxi, zu erstürmen.

21 Leichter Kletterberg in den Nördlichen Kalkalpen mit beidseitigem Gletscherzustieg, Österreich, oft begangen, Höhe: 2996 m

Etwas traurig sehe ich den Kletterern in unserem Hotel zu, wie sie ihre Seile auflegen, ihre Karabiner und Gurten sortieren und Aufstiegsrouten durchsprechen. Nein, bei diesen Gletscherriesen kann ich nicht mithalten. Hier muß man angeseilt gehen und die Technik im Eis beherrschen. Welcher dieser eingespielten Seilschaften sollte ich mich als völlig unerfahrener Bergsteiger aufdrängen?
Ich belasse es dabei, gemütliche Touren im Umkreis der Stadt zu unternehmen. Eines Tages nach dem Frühstück breche ich auf zu einem Berg, der sich direkt über der Stadt erhebt und herrliche Fernblicke gewähren soll. Seit Wochen reise ich ständig in drei- und viertausend Metern Höhe und bin nun bestens akklimatisiert. In nur zwei Stunden erreiche ich den fast viertausend Meter hohen Gipfel[22] und sehe dahinter den noch höheren Rucu Pichincha[23] aufragen. Der Gipfel scheint zum Greifen nahe für mich. Ich weiß, daß fast alle Bergsteiger, die in Ecuador ihren Gipfelträumen nachjagen, zuerst diesen Berg ersteigen, um sich für höhere Aufgaben zu akklimatisieren.[24]
Bestens angepaßt ziehe ich in vollem Tempo weiter, vorbei an all den durchtrainierten Bergsteigern, die hier ihre erste Tour unternehmen und sich schwer keuchend in diese für sie noch ungewohnten Höhen hinaufschleppen. Nur vier Stunden nach dem Frühstück erreiche ich den Gipfel des Rucu Pichincha. Ich sehe das Staunen in den Augen der sich mühenden Kletterer, als ich ihnen wenig später beim Abstieg im Laufschritt wieder begegne. Ich beeile mich, habe ich mich doch mit meinen Freunden in einem Restaurant zum Mittagessen verabredet.[25]
Beim Abendessen komme ich mit Hal und Anthony, zwei amerikanischen Bergsteigern ins Plaudern. Den Cotopaxi[26] wollen sie besteigen und danach, wenn möglich, auch den Chimborazo[27]. Den ganzen Abend unterhalten wir uns

Auf dem Indio-Markt von Otavalo (Ecuador)

[22] Cruz Loma, 3945 m

[23] Höhe: 4701 m

[24] Die meisten fahren mit dem Auto auf das Cruz Loma und ersteigen die restlichen achthundert Meter auf den Rucu Pichincha in einer langen Tagestour. Für jene, die direkt aus der Stadt aufsteigen, ist es sogar eine Zweitages-Tour.

[25] Es mag verblüffend erscheinen, daß ich bei der Besteigung des Rucu Pichincha um so vieles schneller bin als all die durchtrainierten Bergsteiger. Die Erklärung ist einfach. Nach fünf Wochen in Höhenlagen bin ich derart gut angepaßt, daß ich auf drei-, viertausend Metern genauso schnell steigen kann wie in tiefen Lagen, also 500 bis 600 Höhenmeter pro Stunde. Für die noch nicht akklimatisierten Bergsteiger, die oft weniger als eine Woche in Quito sind, bedeuten 200 Höhenmeter pro Stunde bereits eine Glanzleistung, selbst wenn sie zur absoluten Spitzenklasse gehören.

[26] Zweithöchster Berg Ecuadors und zugleich der höchste aktive Vulkan der Erde; Höhe: 5897 m, nach anderen Angaben: 6005 m

[27] Erloschener Vulkan, mit 6310 Metern der höchste Berg Ecuadors. Der Gipfel des Chimborazo ist jener Punkt der Erde, der am weitesten vom Erdmittelpunkt entfernt ist (die Erde hat die Gestalt eines Ellipsoids).

bestens und schließlich wage ich die Frage, ob es möglich sei, mich ihrer Seilschaft anzuschließen. "Es ist uns eine große Ehre, wenn du mit uns kommen würdest", lautet die verblüffende Antwort von Anthony. Wie? Was? Das gibt es doch nicht! Ich bin doch ein völlig ungeübter Bergsteiger. Ernst nickend stimmen sie mir bei. "Ja, du hast recht. Im Grunde ist niemand von uns perfekt." Was halten die beiden von mir? Mit wem verwechseln sie mich? "Wir haben dich am Rucu Pichincha gesehen. Es wäre toll, wenn du mit uns eine Seilschaft bilden würdest." Bei so vielen Vorschußlorbeeren will ich nicht weiter widersprechen. Im Club Andinismo von Quito kann ich einen Klettergurt, Karabiner und einige Reepschnüre entleihen.
Zwei Tage später sind wir in einem Jeep auf dem Weg zum Cotopaxi, mit uns zwei himalayaerfahrene spanische Höhenbergsteiger. Gemeinsam steigen wir zur 4800 Meter hoch gelegenen Jose Ribas-Hütte auf, in der sich schon etliche Bergsteigergruppen aus aller Welt und auch das ecuadorianische Militär eingefunden haben.
Hal und Anthony haben Probleme mit der großen Höhe und beschließen, ihre Gipfelpläne zu verschieben. So stehe ich wieder ohne Seilpartner da. Schüchtern wende ich mich an Elias und Leopoldo, die beiden Spanier. Erfreut meinen sie, daß ich eine große Verstärkung für ihr Team wäre. Ich bin fassungslos. Wie das? "Wir haben gesehen, wie schnell du an uns vorbei auf den Rucu Pichincha gestiegen bist." Hervorragend, was dieser Run auf den Vorstadtgipfel von Quito alles bewirken konnte!
Nur drei, vier Stunden des schlaflosen Ruhens! Um Mitternacht kommt Bewegung in die Hütte. Jede Seilschaft arbeitet für sich an den letzten Vorbereitungen für den Aufstieg. Verstohlen blicke ich zu den anderen hinüber, um ja nichts falsch zu machen. Gewisse Fragen wage ich einfach nicht, um mich nicht völlig bloßzustellen.
Um ein Uhr brechen acht Seilschaften zum Gipfel auf, darunter zwei Gruppen der ecuadorianischen Gebirgsjäger. Das Lichtermeer der Stirnlampen bewegt sich wie eine Schar riesiger Glühwürmchen langsam den Hang hinauf. Der Weg führt quer über einen breiten, immer steiler werdenden Gletscherbruch. Der Berg liegt in völliger Dunkelheit. Nur die vor uns liegenden Spalten können wir im Schein unserer Lampen erkennen. Wie froh bin ich doch, daß ich als letzter ins Seil eingebunden bin! Ich würde wohl kaum den Weg durch dieses Gewirr von Spalten und schmalen Eisbrücken finden.

Meine beiden spanischen Seilpartner Leopoldo und Elias bei einer Rast während des Aufstiegs auf den Cotopaxi

Um sechs Uhr morgens erreichen wir eine sanfte Gratschulter, die zur Rast einlädt. Das erste Tageslicht färbt den Himmel grau-blau und kündigt schlechtes Wetter für die nächsten Stunden an. Wir haben nun eine Höhe von 5600 Metern erreicht und müssen feststellen, daß nur noch wir drei und eine der beiden Seilschaften des Militärs auf dem Weg nach oben sind. Alle anderen haben aufgegeben und sind zur Hütte zurückgekehrt. Auch Leopoldo will den Rückzug antreten, eine ausgedehnte Frühstückspause läßt ihn aber Kraft und Motivation zurückgewinnen.
Der Anstieg wird immer steiler, der Gipfel verbirgt sich hinter unzähligen Kuppen. In der Spur der Soldaten kämpfen wir um jeden Höhenmeter. Hinter jeder Kuppe erhoffen wir den Gipfel und müssen dann doch wieder den nächsten Steilaufschwung in Angriff nehmen. Um zehn Uhr erreichen wir schließlich den höchsten Punkt. Vorsichtig wagen wir uns an den eisüberwächteten Kraterrand heran, blicken hinein in das qualmende, von Schwefeldampf erfüllte Loch. Mit einem Mal reißt der milchige Nebel auf und läßt uns für Minuten den Gipfelsieg bei herrlicher Sicht genießen, ehe wir wieder, in Wolken und Schneetreiben eingehüllt, den Weg in die Tiefe suchen.

Antonio hält seinen Jeep am Rand der Straße an. Begeistert springen wir aus dem Auto. Vor uns erhebt sich Ecuadors höchster Berg über dem Altiplano, der 6310 Meter hohe Chimborazo. Ein einsamer Riese! Kein anderer Berg weit und breit! Stolz überragt er die Hochebene um dreieinhalbtausend Meter. Für die Menschen aus Ecuador ist er der Berg der Berge, der höchste Gipfel dieser Welt.[28]
Noch vor wenigen Tagen hätte ich nicht im Traum daran gedacht, eine Besteigung dieses Berges zu wagen. Der problemlose Aufstieg auf den Cotopaxi, die bewundernden Worte anderer Bergsteiger – all das hat mein bergsteigerisches Selbstbewußtsein gestärkt. Mit Antonio, dem einheimischen Bergführer, und mit Hal und Anthony will ich noch in dieser Nacht

Eindrucksvoll ragt der Chimborazo aus der Ebene des Altiplano.

28 Mißt man die Höhe der Berge vom Erdmittelpunkt aus, so ergibt sich folgende Rangordnung:
1. Chimborazo (Ecuador)
2. Huascaran (Peru)
3. Cotopaxi (Ecuador)
Dies erklärt sich durch die Ellipsoid-Gestalt der Erde, wodurch äquatornahe Gebiete einen größeren Abstand vom Erdmittelpunkt haben als äquatorferne Gebiete. Der Gipfel des Mount Everest ist bei dieser Betrachtungsweise um 2200 Meter niedriger als der Chimborazo.

durch die steile Südwestwand steigen. Im ersten Tageslicht wollen wir jene sanften Firnhänge begehen, die von hier wie Zuckerguß auf diesem mächtigen Berg wirken und auf denen wir den Gipfel zu erreichen hoffen.
Im Abendrot der untergehenden Sonne erreichen wir die Edward Whymper-Hütte[29] auf fünftausend Metern Höhe. Leer! Keine Menschenseele! Nur die Tür der Hütte steht offen. Für einige Stunden finden wir Schutz vor dem immer stärker werdenden Wind.[30]
Knapp nach Mitternacht verlassen wir die Hütte. Ich habe Mühe, mich auf einem einen Meter breiten Schuttgrat zu halten. Der orkanartige Wind droht mich umzureißen. Wie froh bin ich, als wir die Steilaufschwünge der Südwestwand erreichen, wo uns der Sturm nicht mit voller Kraft treffen kann. Antonio führt uns auf dem kürzesten Weg durch diese Wand. Eine Kaminklettrei, kaum eine Seillänge lang! Ich folge Antonio auf Schritt und Tritt, setze meine schweren Bergschuhe genau dort, wo auch er Halt gefunden hat. Hal und Anthony ist die Sache nicht ganz geheuer. Sie verlangen nach dem Seil, um gesichert durch diesen Kamin klettern zu können. Antonios Finger sind klamm vor Kälte. Unbeholfen hantiert er mit dem Seil, läßt es im Dunkel der Nacht zu den beiden Amerikanern hinunter und baut eine Standsicherung. Unglaubliche eineinhalb Stunden verstreichen mit dieser ganzen Prozedur, ehe auch Hal und Anthony aus dem Kamin klettern. Ich habe zu diesem Erfolg wenig beigetragen und bei der beißenden Kälte still vor mich dahingezittert.
Unendlich langsam steigen wir weiter bergan. Wir sind alle eingefroren. Lange dauert es, bis wir wieder unseren Rhythmus finden. Der Tag bricht an. Es ist halb acht, und wir befinden uns noch immer in steilem, kombiniertem Gelände[31]. Die ersehnten Firnhänge liegen noch hoch über uns. In mehr als sieben Stunden haben wir gerade einmal 750 Höhenmeter bewältigt. Ich sehe unsere Gipfelchancen dahinschwinden.
Hal und Anthony sind völlig fertig und beschließen, auf einem leichteren, wenn auch längeren Weg zur Hütte zurückzukehren. Antonio und ich steigen weiter, erreichen bald das Blankeis, finden hier leichter zu unserem Rhythmus und kommen nun zügiger voran. Der knietiefe Schnee auf dem Firnhang stellt ein letztes Hindernis dar, doch um zehn Uhr erreichen wir eine sanfte Kuppe, fallen uns in die Arme, können endlich unsere Jubelfotos auf dem Gipfel machen.
Ich bin todmüde beim Abstieg und doch luftig leicht. Ich genieße diesen Gipfelsieg wie keinen anderen in meinem Leben. Das Hochgefühl trägt mich wie im Flug die steilen Hänge hinunter. Knapp vor der Hütte halte ich an und setze mich auf einen Stein. Fast eine Stunde bleibe ich hier hocken und schaue nur hinauf

---

[29] Der berühmte englische Bergsteiger Edward Whymper bestieg 1880 als erster Mensch den Chimborazo. Whymper war auch der Erstbesteiger des Matterhorns. Die nach ihm benannte Hütte liegt nicht auf der von ihm gewählten Aufstiegsroute.

[30] Der Chimborazo wurde im August 1985 nur von wenigen Bergsteigergruppen in Angriff genommen. Viele Seilschaften waren in dieser Zeit am Cotopaxi gescheitert und wagten es nicht, den schwierigeren Chimborazo zu versuchen. Sie zogen es vor, einen zweiten Versuch am Cotopaxi zu unternehmen oder einen niedrigeren Fünftausender zu besteigen, um nicht ohne Gipfelerfolg heimkehren zu müssen. Insgesamt erreichten in diesem Monat nur vier ausländische Bergsteiger und ein ecuadorianischer Bergführer den Gipfel des Chimborazo. Es muß erwähnt werden, daß Juli und August nicht als ideale Zeit für die Besteigung dieser Berge gelten.

[31] Fels und Eis gemischt

Auf dem Gipfel des Chimborazo

zu "meinem" Berg, auf die Route, der wir gefolgt sind, spiele die Besteigung oft in meinen Gedanken durch.
Noch heute will ich nach Quito zurückkehren. Die lange Fahrt soll mir nichts ausmachen. Ich will feiern. Vielleicht die ganze Nacht hindurch!
Auch Antonio sehnt sich nach seinem Zuhause. Noch vor Einbruch der Nacht holpern wir auf Schotterserpentinen dem Altiplano entgegen, erreichen bald ein kleines Indio-Städtchen, suchen etwas zu essen. In einer belebten, kaum beleuchteten Imbißstube können wir unseren ersten Hunger stillen. In diesen Augenblicken der Ruhe will ich den Gipfelerfolg genießen, will ihn feiern. Heftige Zahnschmerzen verderben mir die Mahlzeit, zerstören die Hoffnung auf Momente, in denen ich die Mühen der vergangenen Stunden entspannt von mir abgleiten lassen kann.
Die Zahnschmerzen kommen in Wellen. Ich kann sie mit Medikamenten niederdrücken. Sie kommen wieder. Tagelang geht es so auf und ab, ehe die großen Schmerzen langsam abklingen und ich die Welt um mich herum, die Sonne an den Stränden von Atacames[32] wieder genießen kann.
So hoch oben bin ich gewesen, dort auf dem Gipfel des Chimborazo! So tief unten liege ich jetzt! Bei meiner Rückkehr vom Berg beträgt mein Blutzucker 300 mg/dl. Die Zahnschmerzen! Es muß die Entzündung sein. Ich beginne zu fasten, bin ich doch viel zu ungeübt, meine Insulintherapie auf diese neue Situation einzustellen.
Die Schmerzen klingen ab, der Blutzucker bleibt hoch. Meine Galgenfrist, die mir mein Diabetes fast ein Jahr lang gewährt hat, scheint abzulaufen. Ich will es nicht wahrhaben. Nach meiner Rückkehr nach Österreich lasse ich meine Zähne behandeln. Es wird wieder alles gut werden, rede ich mir ein. Mit Diät und Sport will ich meine Krankheit noch einmal besiegen. Tage und Wochen vergehen, in denen ich die Augen vor dieser neuen Realität verschließe. Ich trainiere täglich härter und verbissener. Zuletzt laufe ich schon mehrmals am Tag, bis hin zur körperlichen Erschöpfung. All diese Schinderei! Und doch sinkt mein Blutzucker kaum mehr unter 200 mg/dl. Game over!
Ich laufe und laufe und laufe meinem Diabetes davon. Ohne Chance! Er holt mich ein. Wenige Wochen nach meiner Rückkehr aus Südamerika finde ich mich schließlich wieder im Krankenhaus ein. Neueinstellung ist das Wort der Stunde. Neueinstellung auf ein Dasein mit Insulin! Meine Ärzte erarbeiten die Richtlinien für meine weitere Therapie. Neueinstellung auf ein völlig anderes Leben! Den Weg dahin werde ich selbst finden müssen.

---

32 Nach der kalten Bergtour auf den Chimborazo haben wir einige Tage Ruhe und Wärme am Strand von Atacames und Sua in der Nähe von Esmeraldas, etwa sieben Stunden von Quito, gesucht.

Die Macht der Dämonen im Kopf

Die Wissenschaft gegen meine Träume! Die Träume sind zerronnen. Das Leben geht weiter. Ich kann nicht ewig trauern um die verlorengegangene Freiheit. Ohne Auflehnung gehe ich meinen neuen Weg. Zahm bin ich geworden. Gewissenhaft bemühe ich mich, meine neuen Vorgaben zu beachten.
Einmal recht, immer recht? Das ist die Frage, die mich bewegt und bedrückt. Sie haben recht gehabt, die Ärzte, mit meiner Rückkehr des Diabetes. Alles habe ich dieser düsteren Prognose entgegengeworfen und bin doch chancenlos geblieben. Jetzt ist fürs erste der Dampf bei mir draußen. Werde ich auch all die Warnungen für bare Münze nehmen müssen, die das Ende meiner Flexibilität bedeuten? Noch bitter klingen die Worte aus den Schulungsnachmittagen im Krankenhaus nach, diese umfangreichen Kataloge von Anweisungen, Geboten und Verboten, dieses durch und durch gebändigte Leben bis zur Bahre.
Niemand wollte uns Diabetiker damals im Krankenhaus frustrieren. Auf jeden von uns wurde persönlich eingegangen. Wir hörten jene Lehren der Diabetesforschung, die unser Leben mit Sicherheit umgeben sollen. Nicht ohne Preis!
Sie wollten mich ermutigen, betonten immer wieder, wie wichtig Sport im Leben eines Diabetikers sei. Die vielen "Aber" waren es, die mich psychisch geknickt haben. Alles dosiert, alles vorsichtig! Noch habe ich jenes Bild von geregelter Seniorengymnastik vor Augen, das an die Stelle spontaner Abenteuerlust und Freude an Bewegung treten sollte und das ich durch meine lange Remissionsphase für ein Jahr vergessen durfte.
Ich suche nach Auswegen in der Diabetes-Literatur, nach einem Schlupfloch in die Freiheit. Vergebens! Ich stolpere nur noch tiefer hinein in das feinmaschige Netzwerk aus Geboten und Verboten.
Insulin muß kühl gelagert werden. Zwischen zwei und acht Grad Celsius! Ewige Gebundenheit an eine Welt mit Strom und Kühlschränken! Warum halten sie uns derart an der kurzen Leine? Die medizinische Forschung hat schon damals gewußt, daß Insulin weit höhere Temperaturen über einen langen Zeitraum verträgt, ohne seine Wirkung zu verlieren. Man hat es uns ganz einfach verschwiegen. Warum? Sind wir Behinderte für unsere Autoritäten, denen man keinen Ausflug in eine Welt jenseits unserer modernen Zivilisation gewähren kann? Bevormundung durch selektive Freigabe von Information?!
Der Lobpreis auf sportliche Aktivitäten in der Diabetes-Literatur wirkt auf mich wie blanker Zynismus, fördert er doch mit jedem Satz den Glauben an die eigene körperliche Unzulänglichkeit, an die Behinderung. Niemand vermag wirklich zu erklären, warum der Körper eines Diabetikers weniger leistungsfähig sein soll als der eines Gesunden, aber Schlagworte wie "Hypoglykämie" und "Blutzuckerschwankungen" verfehlen nicht ihre einschüchternde Wirkung. Bis heute sind diese Faktoren im Rahmen der Sportmedizin wenig durchleuchtet worden. Warnen und bremsen, weil man nichts weiß, weil man nur ja nichts riskieren will?!
Ein Netz von Vorsichtsmaßnahmen soll jegliche Sportausübung umspannen. Für eine etwa zweistündige Aktivität in einer Standardsportart werden drei bis vier Blutzuckermessungen "obligatorisch" vorgeschrieben. Eine knapp vorher, eine bei Halbzeit, eine knapp danach und einige Stunden später noch eine vierte Blutzuckermessung! Wo bleibt die spontane Freude an körperlicher Bewegung? Selbst die Formen der Kohlehydratzufuhr unterliegen strengen Regelungen.

Unter bestimmten Umständen Milch, in anderen Fällen Obstsäfte oder Bananen! Welch organisatorischer Aufwand, um dem Körper einen Hauch von spielerischer Freiheit zu gewähren! Was liegt näher als auf die Sportausübung ganz einfach zu verzichten?
Vielen geliebten Tätigkeiten muß ich "Lebewohl" sagen. Da sind die Berge! Wie soll ich stundenlang in einer Eiswand klettern, in der ich stets nur eine Hand freibekomme? Wie soll ich dort die vielen Blutzuckermessungen durchführen, wo soll ich plötzlich Milch und Obstsaft herzaubern?
Mein großer Fehler! Ich füge mich hinein in dieses Regelwerk, bin diesem Vorschriftenkatalog schließlich sogar dankbar, daß er mir einen Rest von Körpergefühl und sportlicher Bewegung ermöglicht. Mein Widerstand ist durch die Rückkehr des Diabetes gebrochen. Die weltfremden Träume der Heilung! Der Zusammenbruch einer Scheinwelt! Nicht noch einmal will ich eine solche Niederlage riskieren.
Mein großer Fehler? So sehr konzentriere ich mich auf meinen Diabetes, daß ich der Entstehung einer neuen Krankheit nichts entgegensetzen kann, einer Krankheit, die nur in meinem Kopf existiert, die meine Einstellung zum eigenen Leben grundlegend verändert!
Ich gebe ihnen Raum in meinem Denken, diesen flüsternden Dämonen, die mir in all meinem Tun eine Behinderung vorgaukeln, eine Behinderung, die mich bremst, die mich schwächt, an die ich letztlich selbst glaube.
Sie wirken überzeugend - diese Dämonen! Kann ich mich ihrer Kraft widersetzen, wenn alle um mich herum ihnen recht geben – die Ärzte, die Lehrbücher, die Gesellschaft, auch die anderen Diabetiker? Sie flüstern mir zu, daß mein Leben nun in gänzlich anderen Bahnen verlaufen müsse, und, was noch schlimmer ist, daß es überhaupt in Bahnen verlaufen müsse, daß die Grenzen eng geworden seien – nur weil ich Diabetiker bin. Bei meinen sportlichen Aktivitäten, bei meinen Reisen werde ich Beschränkungen hinnehmen müssen – nur weil ich Diabetiker bin. Wage ich einen Ausbruch in mein altes Leben, so wird es einer gewaltig riskanten Mutprobe bedürfen – nur weil ich Diabetiker bin.
Die Dämonen haben sich in meinem Kopf festgesetzt. Sie lähmen meine Entschlußkraft, wirken auf meinen Körper ein, beeinflussen ihn so stark, daß er ihnen schließlich recht gibt. Ein ganz normaler Campingurlaub quer durch Griechenland wird fast zum Stolperstein für mich. Riesige Blutzuckerschwankungen, ohne daß ich dafür eine Erklärung finden kann!
Ohne jedes Risiko gehe ich in diesen Urlaub. Die griechische Kost ist in ihrer Kohlehydratmenge relativ leicht berechenbar, mein Insulin halte ich stets kühl gelagert, mein Blutzucker-Meßgerät ist in Ordnung. Ich beachte alle Regeln und bekomme meinen Diabetes doch nicht in den Griff.
Ich starte eine Radtour mit einem normalen Blutzuckerwert, kämpfe mich schweißtriefend auf eine Paßhöhe hinauf und muß einen Blutzuckerwert von über 300 mg/dl messen. Wider jede Lehrmeinung, wider all meine bisherigen Erfahrungen! Ratlosigkeit und Unsicherheit haben mich ergriffen. Ich bin ganz im Bann von Zahlen, Zahlen in Form von Blutzuckerwerten. Kann die Insulintherapie ausgleichen, was die Dämonen in meinem Kopf an Schaden anrichten? Erst einen Monat nach meiner Rückkehr aus Griechenland kommt etwas Ruhe in mein diabetisches Chaos.
Oh ja, meine Dämonen im Kopf! Sie können nun aktiv werden. Was soll ich ihnen auch entgegensetzen? Nicht einmal einen normalen Campingurlaub in Griechenland vermag ich nunmehr durchzustehen. Die Erinnerung an meine Aben-

teuer im Busch von Neuguinea, meine wochenlangen Wanderungen durch die Berge des Himalaya! Niemand kann mir diese Erinnerungen nehmen, doch sie verschwimmen weich im Schleier der Vergangenheit und Nostalgie.
Wie soll das weitergehen? Soll es im Laufe der Jahre etwa noch schlimmer werden? Bliebe dann nicht zu wenig für meine Träume und Sehnsüchte übrig?
Bin ich undankbar? Verlange ich zu viel vom Leben? Zu bedrückend empfinde ich die Enge, die sich wie ein Netz über meine Pläne und Sehnsüchte gelegt hat. Soll ich all meine Therapie über den Haufen werfen? Zu gut weiß ich bereits über meine Krankheit Bescheid. Bis vierzig Gas geben, und dann "aus"! Ist das alles, was mir dazu einfällt? Ist das der einzige Pfad aus der Beschränkung?
Nach Auswegen suchen, meinen Körper und meine Therapie erforschen! Riskieren, ja! Aber in kleinen Schritten will ich riskieren, mich langsam wieder an meine alten Träume herantasten. Solche Gedanken erfüllen mich mit Hoffnung. Irgendwo und irgendwann muß ich damit beginnen.
Von allen Neujahrsvorsätzen in meinem Leben habe ich keinen wirklich durchgehalten, und dennoch fasse ich einen neuen. Mit dem 1. Januar 1987 beschließe ich, es noch einmal zu versuchen, mein Leben in die von mir gewünschte Richtung zu lenken. Ich bin bereit, einiges dafür zu tun, will mich auf die Suche nach meinem verlorenen Körper machen. Ich beginne mit konsequentem Lauftraining, um körperliche Ausdauer aufzubauen.
Bisher war ich stets fünf bis sechs Kilometer gelaufen, und das recht schonend, um einen Hypo in jedem Fall zu vermeiden – streng nach Vorschrift. Mehr sei nicht drin für einen Diabetiker, hat man mir gesagt, die körperlichen Reaktionen seien zu unzuverlässig.
Schon nach wenigen Wochen merke ich, daß ich ohne weiteres 14-15 Kilometer durchhalten kann, und das in immer zügigerem Tempo. Als ich dann im März bereits dreißig Kilometer ohne Probleme und ohne Hypo bewältige, entscheide ich mich, die Nennung für den im April stattfindenden Wien-Marathon abzugeben. Nun soll es also über 42 Kilometer im größtmöglichen Tempo gehen, und da will ich doch noch medizinischen Rat einholen. Gefühlsmäßig weiß ich, daß ich meine Insulindosis reduzieren muß, aber keine Schulung hat Auskunft darüber gegeben, in welchem Ausmaß man dies bei einer Marathon-Veranstaltung machen muß. Ich rufe in meiner Klinik an, erzähle meinem Arzt, daß ich nächsten Sonntag den Wien-Marathon bestreiten werde, und bitte ihn um eine Dosisanpassung. Seine Antwort ist klar und ohne Umschweife: "Sie haben keine Chance, das zu überleben!" Zu spät kommt dieser ärztliche Einspruch, zu fest bin ich entschlossen zu starten, und schließlich habe ich auch schon meine Nennung abgegeben. Er will mich dazu bewegen, mich von einem Sanitätswagen begleiten zu lassen und mehrfach während des Rennens Blutzuckermessungen durchzuführen. Ich antworte ihm lachend, daß ich den Marathon wie jeder andere bewältigen will und auch in einer akzeptablen Zeit ins Ziel zu kommen hoffe. Mein Arzt sieht, daß er mich nicht von meinem Vorhaben abbringen kann und empfiehlt mir etwas zähneknirschend an diesem Tag nur die halbe Insulinmenge zu spritzen. Ich halte mich an seine Anweisung, treibe kurz vor dem Start den Blutzucker noch auf etwa 200 mg/dl hinauf und laufe den Marathon ohne wirkliche Probleme durch. Das Wiener Heldentor, die letzten Meter vor der Ziellinie! Die elektronische Zeitmessung über mir zeigt 3:22 Stunden an. Keine Spitzenzeit, gerade noch im ersten Drittel! Und dennoch ist es für mich in diesen Augenblicken eine Siegerzeit. Ein Sieg über düstere Prognosen, ein Sieg über die Endgültigkeit einer künstlich geschaffenen Behinderung!

Wenige Tage später erscheine ich mit einem säuberlich geführten Protokoll in der Diabetes-Abteilung des Allgemeinen Krankenhauses. In allen Einzelheiten sind der Tag vor dem Marathon, der Wettkampftag und der Tag danach beschrieben. Die Ärzte laufen aus den verschiedensten internen Stationen zusammen. Alle wollen sie teilhaben an dem, was nach Aussage meines behandelnden Arztes eine medizinische Sensation darstellt.[33] Diskussionen und Beratungen folgen, bei denen ich die schweigende Hauptperson bin. Jeder äußert Bewunderung für mich, doch die Ärzte kommen zum Schluß, daß dieser Bericht unter keinen Umständen an die Öffentlichkeit gelangen darf. Welch Katastrophe könnte entstehen, wenn ein weniger trainierter Diabetiker auf ähnliche Gedanken wie ich kommen würde! Im Moment kann ich die Entscheidung meiner Ärzte akzeptieren. Später kommen mir Zweifel an einer derartigen Ideologie. Müssen Informationen zurückgehalten werden, Informationen, die auch das "Wie" und "Aber" beschreiben? Wird jeder Diabetiker "das Rad von neuem erfinden" müssen?

Was hat sich durch das Erreichen der Ziellinie für mein Leben verändert? Lange vor dem Rennen redeten mir die Dämonen im Kopf ein, daß ein Diabetiker keinen Marathon laufen könne. Meine Trainingserfolge, meine feste Entschlossenheit minderten ihre Kraft, doch gelang es ihnen, mir zumindest Skepsis einzuimpfen, das Gefühl, daß ich etwas Unmögliches, etwas Riskantes versuchen wolle.

Das Rennen ist gelaufen, das Werk der Dämonen ebenso. In Sachen Marathon werden sie sich nie wieder zu Wort melden. Bei meinen nächsten Marathonläufen verschwende ich nicht den geringsten Gedanken an den Umstand, daß ich ihn als Diabetiker laufe.

Der Marathon bleibt für mich wie wohl für jeden Teilnehmer eine besondere Leistung. Diese Leistung ist aber um nichts beachtenswerter durch die Tatsache, daß ich sie als Diabetiker vollbracht habe. Warum sollte ich als Diabetiker schlechter laufen als ein Nichtdiabetiker? Den Umgang mit möglichen Unterzuckerungen habe ich, fast nebenbei, in der Trainingsphase erlernt. Die Bewunderung, die von allen Seiten auf mich einströmt? Labsal für mein angekratztes Selbstbewußtsein, und doch grundfalsch! Manifestiert sie doch den Glauben an die eigene Behinderung, hebt sie doch die Leistung nur deshalb so in den Himmel, weil sie von einem Diabetiker stammt!

Einmal recht, immer recht? Diese Frage stellt sich von neuem, und diesmal unter gänzlich anderen Vorzeichen. Die Allmacht der Wissenschaft hat Risse bekommen. Weiterhin blindes Vertrauen, blinden Gehorsam? Einmal habe ich nun recht behalten. Einmal habe ich all die Lehrmeinungen widerlegt. Rückblickend betrachtet war es für mich nicht schlecht gewesen, daß mich mein Arzt mit seiner wohl weit übertriebenen Aussage "Sie haben keine Chance, das zu überleben!" von meinem Vorhaben abbringen wollte. Daß ich es dann trotz dieser Prognose geschafft habe, gibt mir Mut, immer Neues zu versuchen.

Fernreisen wie früher – eine nicht mehr für möglich gehaltene Perspektive! Schon entfleuche ich in Gedanken in alle Weltteile. Mein Tisch ist bedeckt mit

---

[33] Mein behandelnder Arzt war der Meinung, daß ich europaweit der erste Diabetiker gewesen sei, der einen Marathon durchgelaufen ist. Jahre später erfahre ich, daß dies bereits 1986 einem Diabetiker in Deutschland gelungen ist. Und vielleicht auch einigen anderen! Die Informationen sind äußerst spärlich. Erst das Internet erlaubt es dem einzelnen Diabetiker, selbst, ohne Hilfe der Wissenschaft, die in der Welt verstreuten Informationen in mühevoller Kleinarbeit zu sammeln.

Kartenmaterial und Reiseberichten. Neues riskieren in kleinen Schritten! Der erste Schritt hat sich in vollem Maße gelohnt. Nur ja nicht stehenbleiben!
Die Dämonen im Kopf? Habe ich sie zum Verstummen gebracht? Keine Chance! Sie leben weiter, so als hätten sie nie einen Rückschlag hinnehmen müssen. Marathon ist für sie kein Thema mehr. Doch schon haken sie sich in meine Fernreise-Träume ein, ziehen mich psychisch herunter, beugen meine neu erwachte Selbstsicherheit, spielen alle möglichen Probleme und Gefahren vor meinen Augen ab. Ewiges Schwanken, bevor ich mich an Neues heranwage!
Gerne würde ich andere für das Wirken der Dämonen verantwortlich machen – die Ärzte, die Wissenschaft, die Gesellschaft. Es wird noch Jahre dauern, bis ich die Taktik dieser Dämonen durchschauen werde, bis ich erkenne, daß ich selbst sie am Leben erhalte. Ihr Spiel können sie nur treiben, weil ich immer noch im Diabetes eine einschränkende Behinderung sehe. Das gibt ihnen Nahrung. Spiegelbilder meiner Einstellung zu meinem Ich mit Diabetes – das ist ihr Leben!

Gehversuche in die Freiheit

Die Euphorie des durchgelaufenen Marathons hält an, wird mich noch lange auf den Wolken halten. Könnte ich diesen Triumph derart genießen, wenn man mir nicht diesen flüsternden Dämon ins Ohr gesetzt hätte? "Sie haben keine Chance, das zu überleben!" Wie soll ich nun all die anderen Warnungen beurteilen, die man mir mit auf den Weg gegeben hat? Gut gemeint, und unendlich beklemmend! Werde ich auch sie in den Wind blasen können? Ich will nicht alles abwägen. Ich will mir all die Freiheiten zurückholen, die ich in den letzten drei Jahren habe aufgeben müssen.
Große Pläne, große Worte, und ein Bodensatz von Bauchweh! Wird mich die Welle ewig nach oben spülen? Egal! Ich will raus! Will wieder reisen wie in alten Tagen! Côte d'Ivoire, Burkina Faso![34] Weg von Europa, weg vom Tourismus, weg von den Pfaden, die Sicherheit gewähren! Reisepartner? Nein, für diese touristisch wenig attraktive Welt hat sich niemand gefunden. Allein! Die neue Herausforderung hat auch etwas Faszinierendes an sich. Verrückt! Je weniger Rückversicherung dieses Reiseziel bietet, desto mehr kann ich mich dafür begeistern. Werde ich in Westafrika Probleme bekommen mit meinem Sortiment an Spritzen und Medikamenten? In einer Welt, in der man als Drogenhändler schnell am nächsten Baum oder in der Regierungsetage landet![35] Das Generalkonsulat von Burkina Faso in Wien stellt mir eine Bescheinigung aus, daß ich Diabetiker bin und daß ich Spritzen und Insulin für mein Überleben benötige. Ich werde es noch brauchen können, dieses Papier.
Ich hasse schwere Rucksäcke. Wozu auch in einer feuchtheißen, äquatorialen Welt? Fünf Kilogramm Gepäck sollten wohl ausreichen. Die Hälfte für mich, die Hälfte für meinen Begleiter Diabetes! Den größten Raum nimmt eine Styroporbox ein, in der ich mein Insulin verstaue und in die ich zwei Kühlelemente einschieben kann. Erste Gehversuche in die Freiheit – weltfremdes, unbeholfenes Stolpern! Diesen Kasten hätte ich mir sparen können. Die Box wird mein Insulin genau zwölf Stunden kühl halten, und dann vier Wochen nicht mehr. Kein Zugang zu Kühlschränken, oft nicht einmal zu Elektrizität!
Der Flug nach Abidjan[36] führt über Barcelona, Madrid und Las Palmas. Bis zu den Kanaren keine Spur von Aufregung! Hier gibt es überall gemachte Betten für

---

[34] Die beiden Staaten Côte d'Ivoire (früher: Elfenbeinküste) und Burkina Faso (früher: Obervolta) liegen in Westafrika und spielen für den europäischen Tourismus kaum eine Rolle. Das arme Burkina Faso, das sich gegen Einflüsse von außen und auch gegen den Tourismus eher verschließt, besitzt im ganzen Land nur ein Drei Sterne-Hotel!

[35] Der hier angesprochene Vorwurf der Korruption in Regierungskreisen galt zu jener Zeit nur für die Côte d'Ivoire, nicht aber für Burkina Faso. Der engagierte Diktator Thomas Sankara griff scharf gegen jede Art von Korruption in den Behörden durch. Nach seiner Ermordung im Herbst 1987 glich sich dieses Land aber bald wieder seinen wenig vorbildlichen Nachbarn an.

[36] Abidjan ist die einzige Millionenstadt der Côte d'Ivoire. Die Stadt ist das wirtschaftliche Zentrum, nicht aber die Hauptstadt des Landes. Abidjan besitzt mondäne Stadtviertel, riesige Glaspaläste für die internationalen Investoren, daneben aber auch ausgedehnte Armenviertel und Slums. 1983 bestimmte der ekzentrische Präsident Houphouët-Boigny sein winziges Heimatdorf Yamoussoukro zur Hauptstadt des Landes und ließ dort neben den Rundhütten der Bewohner Prachtstraßen, Kathedralen und Regierungspaläste errichten, die eine unwirkliche Insel in dieser Buschwelt bilden.

entgleisende Diabetiker. Der Flug von Las Palmas über die lichterlose Weite der Sahara und des Sahel läßt mir zu Bewußtsein kommen, daß da unten eine Welt existiert, der meine Krankheit weitgehend unbekannt ist, in der Diabetiker ohne Kenntnis einer Diagnose rasch dahingerafft werden. Ich spüre die Aufregung, die bisher unter Aktivität und Reisevorbereitungen verdeckt geblieben war. Unsicherheit vor der ersten Begegnung mit diesem unbekannten Land! Mein Selbstbewußtsein muß mächtig gelitten haben in den letzten drei Jahren. So selbstsicher war ich früher durch die Welt gereist. Sie fliegen mit, diese Dämonen im Kopf.

Knapp nach zweiundzwanzig Uhr setzt die Maschine auf dem Flughafen von Abidjan auf. Gut eine Stunde dauern die für jedermann unangenehmen Grenzformalitäten. Alle paar Meter baut sich eine andere Uniform als vermeintliches Hindernis auf meinem Weg auf – Paßkontrolle, Visum, Befragungen, das Gepäck wird Stück für Stück auseinandergenommen. Nein, hier in dieser Weltstadt machen sie mir keine Schwierigkeiten wegen meiner Spritzen.

Es ist fast Mitternacht, als ich das Flughafengebäude verlasse. Der feuchtwarme Atem des nächtlichen Afrika berührt mein Gesicht. Es regnet.

Bus? Nein, Bus fährt heute keiner mehr. Nicht um diese Zeit! Ich werde ein Taxi brauchen, um in die Stadt zu gelangen. Schnell werde ich so meine ersten CFA[37] los, obwohl ich den Preis des Taxifahrers mächtig drücken konnte. Ein landesübliches Spiel, bei dem beide Seiten gewinnen!

Wohin ich denn wolle, will der Taxifahrer von mir wissen. Mein knappes Budget läßt mir wenig Wahl. Treichville![38] Ob ich denn eine bestimmte Adresse in Treichville habe? Nein, habe ich nicht! Ich werde schon etwas für die Nacht finden. Verwundert sieht mich der Fahrer an. Treichville, um diese Zeit? Soll ich mich durch dieses zweifelnde Staunen einschüchtern und umstimmen lassen? Verdammt! Ich kann mir die teuren Buden da oben in Plateau[39] nicht leisten. Ja, Treichville!, gebe ich leicht genervt zurück.

Auf palmenbestandenen Alleen fahren wir in Richtung Stadt. Das noble Ambiente verliert sich, sobald wir die Asphaltstraßen verlassen. Auf holprigen, durch Pfützen aufgeweichten Erdstraßen geht es im Schrittempo weiter, vorbei an einfachen Häusern und Baracken. Treichville! Wohin ich denn wolle? Wirklich einladend wirkt hier nichts. Irgendwohin, wo es einige Hotels gibt!

Vor einem kleinen Hotel läßt mich der Fahrer aussteigen, um sich so schnell wie möglich aus dem Staub zu machen. Alles finster! Ich klopfe an die Tür. Nichts rührt sich. Geschlossen! Ich muß weitersuchen in diesem tristen Viertel! Keine Straßenbeleuchtung! Ich könnte nicht einmal den unzähligen Pfützen ausweichen, wären da nicht die vielen Lagerfeuer der Obdachlosen, die unter Plastikplanen Schutz vor dem Regen suchen und mir wortlos mit ihren Blicken folgen. Ich komme an einigen kleinen Hotels vorbei. Geschlossen! Alle! Um diese Zeit will man hier niemandem mehr öffnen.

---

[37] Franc-CFA ist die gemeinsame Währung eines Staatenbundes westafrikanischer Länder, die aus dem französischen Kolonialreich hervorgegangen sind. 1987 stand der Franc-CFA im festen Verhältnis zum französischen Franc (1 Ff = 50 Francs-CFA).

[38] Treichville ist ein Stadtteil von Abidjan mit typisch afrikanischer Atmosphäre. Treichville wird von den ärmeren Bevölkerungsschichten bewohnt, beherbergt viele Bordells und Vergnügungslokale und gilt besonders in der Nacht als nicht sehr sicher.

[39] Plateau ist der Name des mondänen Geschäftsviertels von Abidjan. Breite Geschäftsstraßen, riesige Bürogebäude in hochmodernen Wolkenkratzern, luxuriöse Hotels – ein Viertel, wie man es in Afrika nicht vermuten würde!

Geschäftiges Treiben in Treichville, dem Armenviertel von Abidjan

Schließlich lande ich in einem Bordell. Eine dicke Afrikanerin öffnet mir die Türe. Ein Zimmer für eine Nacht? Sie führt mich in einen großen gemauerten Raum, in den eine Menge von oben offenen Kojen aus dünnen Holzwänden hineingebaut sind. Ich bin mit allem zufrieden. Keine Frau? Nein, keine Frau! Ich will nur schlafen. Das Glück ist auf meiner Seite. Das Bordell scheint heute schlecht zu gehen, und so kann ich eine ungestörte Nacht verbringen.

Nichts geht über einen guten Schlaf. Neue Lebensgeister sind in mir erwacht. Das gestern so triste Treichville zeigt sich heute mit seiner Schokoladenseite. Buntes afrikanisches Leben, allerorts Markttreiben, Autogehupe, köstliches Essen an winzigen, aus wenigen Brettern aufgebauten Straßenständen! Ich bin begeistert.

Mein Weg führt mich hinauf in den mondänen Stadtteil Plateau zum Centre d´Accueil Missionaire[40]. Dort erwarte ich Ärzte oder Schwestern anzutreffen, die auch über Diabetes Bescheid wissen. Zur Sicherheit habe ich mehr Insulin aus Österreich mitgenommen als ich für diese vier Wochen in Afrika benötigen werde. Einer europäischen Krankenschwester erkläre ich mein Problem und bitte sie, einige Fläschchen Insulin für mich im Kühlschrank aufzubewahren.[41] Für den Fall der Fälle! Falls ich irgendwo im Land mein Insulin unfreiwillig loswerde, will ich so schnell wie möglich an diesen Ort zurückkehren und werde dann ohne stressige Suche nach einer adäquaten Krankenhausbehandlung weiterleben können.

Ich schlendere zum Gare Treichville [42]. Mit dem Zug will ich nach Bouaké fahren, der ersten größeren Stadt auf dem Weg nach Norden. Als ich den Fahrplan

---

40 Unterkunft für durchreisende Missionare und Entwicklungshelfer

41 Einem der großen Krankenhäuser von Abidjan will ich mein Insulin nicht anvertrauen, da ich fürchten muß, daß man dort nach etlichen Dienstwechseln sehr bald vergessen wird, wem diese Fläschchen gehören.

42 Zentraler Zugbahnhof von Abidjan

sehe, frage ich mich, ob ich mit Joggen nicht schneller ans Ziel käme. Na gut, versuchen wir es mit dem Bus!
Der Busbahnhof im Stadtteil Adjané ist ein riesiger Markt und Umschlagplatz zugleich. Alles wird hier auf die Busdächer verladen: Möbelstücke, riesige geflochtene Körbe mit lebenden Hühnern und Gemüse, dazwischen werden einige Schafe auf den Dachträger geschnallt.
Der Busfahrer will auch meinen Rucksack da oben in eine freie Lücke pferchen. Bereitwillig reiche ich ihm das leichte Gepäckstück hinauf und will in den Bus einsteigen. Moment! Meine ganze Lebensversicherung da oben auf dem Busdach zwischen Schafen und Hühnern? Mir ist nicht wohl bei diesem Gedanken. Wie oft wird der Fahrer anhalten müssen, Gepäck auf- und abladen, ohne daß ich es kontrollieren kann? Rasch klettere ich an der Rückseite des Busses die Leiter hoch, wühle mich auf diesem riesigen Gepäcksträger zu meinem Rucksack durch und hole die Kühlbox mit meinem Insulin heraus.
Der Bus ist gerammelt voll, auf zwei Sitzplätze drängen sich stets drei Personen. Ich versuche, mich so schmal wie möglich zu machen und hüte meine mit einer Lederimitation umgebene Styroporbox wie einen Schatz auf meinen Oberschenkeln. Ob das der Weisheit letzter Schluß ist? Ich komme mir vor wie eine überspannte Jet-Setterin, die unentwegt ihr überdimensionales Beauty-Case mit sich herumträgt. Meine Art, wie ich Insulin durch das Land führe, werde ich wohl noch gehörig überdenken müssen.
Der Busfahrer macht ziemlich Tempo. Wir sind schon weit ins feuchte Grün des Regenwaldes vorgedrungen, da hätte die Eisenbahn wohl noch nicht einmal die Stadtgrenze von Abidjan erreicht. Ich lerne eine neue afrikanische Regel kennen: Die Durchschnittsgeschwindigkeit hängt hier nicht vom Gaspedal, sondern von der Anzahl der Polizeikontrollen ab.
Wieder einmal werden wir gestoppt, und dieser Typ scheint es ganz genau wissen zu wollen. Alles Gepäck herunter vom Dach! Und solche Mühe hat sich die Buscrew beim Stapeln gegeben. Der Polizist durchstöbert jeden Korb und jede Tasche, sein Begleiter hält sich ruhig mit einer Waffe im Hintergrund. Überall scheint dieser Raubritter etwas Verbotenes zu finden, und er läßt sich diese Entdeckungen von den verzweifelt gestikulierenden Passagieren auch gehörig bezahlen. Ich kann in keiner Weise nachvollziehen, was all die erbarmungswürdigen Fahrgäste angestellt haben sollen, daß sie derart zur Kasse gebeten

Traditioneller Bauernhof der Mossi im zentralen Burkina Faso

werden. Ich muß noch lernen. Es gibt in diesem Land zwei Fahrpreise: den Nettofahrpreis, den man dem Busfahrer zahlt, und den Bruttofahrpreis, der die unvorhersagbare Höhe der Strafzölle für nichts und wieder nichts beinhaltet.
Die unsympathische Figur macht sich auch über meinen Rucksack her. Schnell findet er Spritzen und Insulinfläschchen. Er riecht fette Beute. Höflich kalt erklärt er mir, daß es verboten sei, Spritzen und solch eine Menge an Medikamenten mit sich zu führen, wenn man nicht Arzt sei, und erwartet, daß ich einige Scheine in seine Hand hinübergleiten lasse. Nein Bursche, du wirst keine Kohle von mir sehen! Das Spiel werde ich durchstehen. Ich nenne ihm den Namen meiner Krankheit, die er ohnehin nicht kennt, und erkläre ihm, daß ich diese Medikamente täglich für mein Überleben benötige. So schnell läßt er sich aber nicht abwimmeln. Überlegenheit vortäuschend zeige ich ihm die Bescheinigung, die mir das Konsulat in Wien ausgestellt hat. Viele Stempel scheinen das einzige zu sein, womit man sich solch miese Ratten vom Hals schaffen kann. Er läßt ab von mir, will auch gar nicht mehr die restlichen Gepäckstücke anderer Passagiere sehen und verschwindet mit seinem Begleiter. Der Bluff ist gelungen. Daß dieses Schreiben an die Behörden von Burkina Faso und nicht an jene der Côte d'Ivoire gerichtet ist, hat er offensichtlich nicht mitbekommen.

Ein Meer an Farben und Gerüchen –
Markt von Férkéssedougou (Côte d'Ivoire)

"La vie africaine"[43] oder "Schleuderkurs für Diabetiker"! Schauplatz: Ferkéssédougou! Mit einem Taxi brousse[44] bin ich von Bouaké in diesen nördlichsten Verkehrsknotenpunkt des Landes, knapp vor dem Grenzübergang nach Burkina Faso, gelangt. Diese Ansammlung einfacher Bretterbuden und Verkaufsstände scheint ein einziger riesiger Markt zu sein. Ein Paradies für Fotografen! Jede Art von Obst und Gemüse wird hier feilgeboten, Gewürzhändler haben ihre Köstlichkeiten in kleinen Häufchen auf dem Boden aufgeschichtet, von der Hitze verfärbtes Fleisch hängt an Haken befestigt von einem Hüttendach herab. Aus alten Autoreifen hergestellte Pantoffeln finden reißenden Absatz, bunte Stoffballen werden aufgerollt, Plastikgeschirr wird hier zur kaum schlagbaren Konkurrenz für die traditionellen Tonwaren. Zwischen den Waren krabbeln nackte Kinder, Hunde beschnuppern neugierig das reichhaltige Angebot. Afrikanische Frauen

---

43 Zu deutsch: das afrikanische Leben

44 Wörtlich übersetzt: Buschtaxi. Dabei handelt es sich meist um abgediente Kombis französischer Herkunft (meist Peugeot), in welche man zwölf bis achtzehn Fahrgäste pfercht, die wesentlich flexibler verkehren als die Busse und auch kaum teurer sind.

in langen, bunten Gewändern schlendern gustierend durch die Marktstände, feilschen und lachen. Ich kann mich kaum losreißen von der Vitalität und Ursprünglichkeit dieses afrikanischen Gemäldes.
Zu meinem Erstaunen muß ich feststellen, daß ich in diesem Ort keine Bleibe für die Nacht finden kann. Nach Korhogo möge ich fahren, dort gebe es viele Hotels. Das liegt aber sechzig Kilometer abseits meiner geplanten Route. Nein, ich werde versuchen, noch heute eine Fahrgelegenheit nach Burkina Faso aufzutreiben. Hinter dem Getreidemarkt finde ich zwischen Säcken von Hirse ein Taxi brousse mit Destination Banfora in Burkina Faso. Ja, dort will ich hin! Einige Männer und Frauen mit Unmengen erworbener Waren stehen beim Fahrzeug und warten geduldig auf die Abfahrt. Wann er denn abzufahren gedenkt, frage ich den Fahrer. Um vier Uhr nachmittags! Das paßt gut, das ist in weniger als einer Stunde. Wie lange die Fahrt nach Banfora dauern wird, will ich mit europäischer Gründlichkeit wissen. Drei bis vier Stunden! Um acht Uhr werden wir in Banfora sein? Ja, bis acht schaffen wir es leicht. Das klingt gut! Ich werde keine Rücksichten auf meinen Diabetes nehmen müssen, mein Insulin werde ich bis zum Zielort gar nicht benötigen. Optimistisch verstaue ich meinen Rucksack mitsamt Insulin im Warenlager auf dem Autodach.
Um vier Uhr sind neun Fahrgäste in und um das Fahrzeug versammelt, von Aufbruch kann keine Rede sein. Wann wir denn nun endlich losfahren? Wenn das Taxi voll ist!, lautet die wirtschaftlich einleuchtende Antwort. Das kann zäh werden. Die meisten Marktbesucher sind bereits heimgekehrt, nur mehr wenige stehen in Gruppen und unterhalten sich, während neben ihnen die Stände abgebaut werden.
Zwei Stunden später haben sich drei weitere Fahrgäste eingefunden, doch nichts bewegt sich. Für afrikanische Verhältnisse sind wir noch lange nicht voll. Der Fahrer ist verschwunden. Hat offensichtlich Hunger bekommen! Ich beginne zu rechnen. Um acht Uhr sollte ich zu Abend essen und mein Insulin spritzen. Zu dieser Zeit sind wir möglicherweise dichtgedrängt auf der Fahrt. Und nachher? Wann ist dieses Nachher? Heute noch?
Besser, ich bringe die ganze Prozedur jetzt noch hinter mich. Zwei Stunden Abweichung von den üblichen Essens- und Spritzzeiten, das muß mein Körper auszuhalten lernen.[45] Ich krame meinen Rucksack unter den Warenmengen auf dem Autodach hervor, ziehe auf einem staubigen Hirsesack vor meinen staunenden Mitfahrern die Show der Blutzuckermessung ab, spritze mein Abendinsulin und kümmere mich um eine adäquate Mahlzeit. Erstmal Ruhe bis zum nächsten Morgen!
Um acht Uhr abends macht sich Optimismus breit. Nun sind wir siebzehn Fahrgäste, kleine Kinder nicht mit eingerechnet. Es geht ans Verstauen von Menschen und Gepäck. Unser Peugeot-Kombi besitzt anstatt der hinteren Sitzreihe zwei Bänke an den Längsseiten des Fahrzeuges, die jeweils fünf oder sechs Personen Platz bieten sollen. In der Mitte werden einige Passagiere am Boden Platz nehmen. Sie haben immerhin den Vorteil, durch die Knie der auf den Bänken Sitzenden während der Fahrt gut abgestützt zu sein. Die Heckklappe unseres Peugeot-Kombi gibt es nicht mehr. Erstickte Fahrgäste tragen nicht gerade zur besten Reputation bei.

---

[45] Im Jahr 1987 folgte ich noch der wenig flexiblen Konventionellen Insulintherapie. Näheres dazu im Anhang!

Um halb neun ist das Taxi endlich beladen und wir machen uns langsam auf den Weg. Wohin? Nach Burkina Faso? Nein, wir fahren zum Haus des Fahrers. Er muß erst seine Sachen packen und sich von seiner Frau verabschieden. Dann versucht unser Fahrer in Privathäusern etwas Benzin aufzutreiben, denn die Tankstelle hat schon lange geschlossen. Erstaunlich, daß wir uns bereits um neun Uhr wirklich auf den Weg machen. Ich habe mir wohlweislich einen Sitz am luftigen Ende der Bank gesichert und kämpfe dort gemeinsam mit einer Ziege, durch die Bewegungen und Schwankungen im Wageninneren nicht aus dem Fahrzeug gedrängt zu werden.
Aus der Karte weiß ich, daß es von Ferkéssédougou nach Ouangolodougou, der letzten Stadt vor der Grenze, eine gut ausgebaute Asphaltstraße gibt. Unser Fahrer scheint nichts davon zu wissen. Stundenlang holpern wir über schmale Feldwege und Ackergrenzen, passieren winzige Dörfer mit Rundhütten, deren Umrisse ich im Schein der Lagerfeuer erkennen kann. Ich sauge genüßlich den Duft der nächtlichen Savanne in mich hinein, und komme nicht weiter.
Erst nach Mitternacht erreichen wir Ouangolodougou, knapp vierzig Kilometer von unserem Ausgangspunkt entfernt. Dort erhalten wir auch den Ausreisestempel. Wir befinden uns nun wieder auf der Hauptroute, und ich entwickle bald größtes Verständnis für den hinter uns liegenden Zickzack-Kurs durch die nächtliche Savanne. Auf den verbleibenden zwanzig Kilometern bis zum Grenzbalken passieren wir elf Polizeikontrollen. Einige Male führt der Fahrer selbst eine Art Kollekte unter den Fahrgästen durch und übergibt die Bestechungsgelder gesammelt an die Beamten, um die Prozedur zu beschleunigen. Meist aber müssen wir alle aussteigen, die Fahrgäste müssen sich in einer Reihe vor einem Beamten aufstellen und dort persönlich ihren Obolus für eine ungehinderte Weiterfahrt abliefern. Mir geht es besser als den Afrikanern. Ich werde von den Raubrittern verschont. Sie bitten mich ans Lagerfeuer, verwickeln mich in Gespräche und sind peinlichst darum bemüht, daß ich von der ganzen korrupten Prozedur nichts mitbekomme.
Um drei Uhr früh erreichen wir endlich den Grenzbalken. Dort ist bereits alles dicht. Wir breiten einige Tücher auf der staubigen Sandpiste aus, legen uns auf den Boden und versuchen, ein wenig zu schlafen oder klatschen uns die Moskitos aus dem Gesicht.
Um halb acht Uhr morgens öffnet der Grenzposten von Burkina Faso. Jetzt sollte ich eigentlich frühstücken und mein Morgeninsulin spritzen. An ein Frühstück hätte ich früher denken müssen. Hier werde ich so bald keines finden. Ich simuliere ein Frühstück mit der entsprechenden Menge an Kohlehydraten in Form von Traubenzucker, spritze mein Morgeninsulin und bleibe hungrig.
Erst nach neun Uhr haben wir alle unsere Einreisestempel und verlassen den kleinen Grenzort Niangoloko. Im sauberen Burkina Faso haben wir nun nicht mehr mit abkassierenden Polizeibeamten zu rechnen. Nun kann uns nichts mehr halten. Banfora, wir kommen!
Wenige Kilometer hinter Niangoloko bleibt der Wagen liegen. Das Benzin war zu knapp bemessen gewesen. Fatalistisch hocken wir uns im staubigen Gras neben der Straße zusammen, rauchen einige Zigaretten, plaudern und zeigen kaum mehr Ärger über die neuerliche Unterbrechung. Längst sind wir alle in dieser langen Nacht zu einer verschworenen Gemeinschaft zusammengewachsen.
Ein Jeep hält am Straßenrand. Ein freundlicher Franzose fragt, ob er uns helfen kann. Nein, Benzin hat er keines bei sich. Er bietet unserem Fahrer an, ihn zur Tankstelle nach Banfora zu bringen. Auch mir bietet er eine Mitfahrgelegenheit

an, die ich gerne annehme. Zu Mittag erreiche ich Banfora und nehme erstmal ein kräftiges, na ja, nennen wir es "Frühstück" zu mir.
Meine mir ans Herz gewachsenen Mitfahrer kommen drei Stunden später in Banfora an, knapp vierundzwanzig Stunden nach unserer geplanten Abfahrtszeit. C´est la vie africaine![46]

Hirsespeicher in einem Gehöft der Senufo, einem Volk, das im Grenzgebiet von Burkina Faso und der Côte d´Ivoire lebt

Und mein "Schleuderkurs" in Sachen Diabetes? Der ist gar nicht so schlecht gelaufen. Da waren schon einige Rutschpartien dabei gewesen, aber rausgeflogen bin ich nie. In Schlangenlinien in Richtung Freiheit! Das Stolpern und Staunen der ersten Tage in der Côte d´Ivoire, die mühsam erworbenen Erfahrungen in einer fremden Lebenswelt! Bald ging alles leichter. Vieles wurde zur Routine. Und die Dämonen, die mir so lange zugeflüstert hatten, daß diese Reise für einen Diabetiker nicht machbar sei? Ihnen scheint der Schleuderkurs nicht gut bekommen zu haben. Sie müssen irgendwo auf einer staubigen Wellblechpiste in Burkina Faso aus dem Fahrzeug gefallen sein. Für einige Zeit werden sie mich in Ruhe lassen. Später, wenn ich mich neuen Herausforderungen zuwenden werde, werden sie wieder auf den Plan treten, um mich erneut mit Unsicherheit und Selbstzweifeln zu belasten.

46 Zu deutsch: Das ist (wahres) afrikanisches Leben!

Rückkehr in die Zukunft

Die österreichischen Tageszeitungen haben es wieder einmal gut gemeint mit uns Diabetikern, so knapp vor dem Urlaub. Auch uns soll ein schöner Sommer beschieden sein, auch wir sollen dem magischen Dreieck, bestehend aus unserer Wohnung, unserem Arbeitsplatz und der Diabetesklinik, für kurze Zeit entkommen können. Können wir uns einen solch waghalsigen Ausbruch leisten? Ja! Die Tageszeitung macht es möglich! Eine ganze Serie hat man uns Diabetikern gewidmet. Zum Ausschneiden und Aneinanderkleben! Eine endlos lange Liste möglicher und unmöglicher Problemfälle samt Lösung – zum Sammeln! Wenn wir die zehn Tafeln mit den hundert Geboten treulich beachten, dann dürfen wir – wirklich raus in den Urlaub.

Gemütlich habe ich mich am Boden ausgestreckt. Die Sonne brennt mir ins Gesicht, kalter Wind weht über meinen Körper und kühlt die heiß gewordene Haut. Ich könnte stundenlang hier liegenbleiben und die letzten Tage und Monate und Jahre Revue passieren lassen. Urlaub! Die Fremdheit in mich einsaugen! Die Anstrengung der letzten Stunden aus meinem Körper gleiten lassen!
Mir kommen die gut gemeinten Urlaubs-Ratschläge der Diabetiker-Serie in den Sinn. So verschieden jede einzelne Problemstellung auch begann, sie endeten alle gleich. Innerhalb der nächsten ein bis zwei Stunden einen Internisten oder ein Krankenhaus aufsuchen! Ich muß lachen bei dem Gedanken an so viel Flexibilität. Urlaub – Verschiebung aus einer Gebundenheit in die nächste! Diese Ratgeber wollen uns einige Tage der Freiheit ermöglichen und umhüllen uns mit einer Wolke von Bedenken und Ängsten.
Es wird kühl unter meinem Rücken. Ich stehe auf, versuche die Welt zu überschauen, aus der ich gekommen bin, genieße die Aussicht, die sich im Süden auftut. Berge, so weit das Auge reicht! Sanfte Gipfel, helles Braun, durchzogen von weißen Streifen! Schneefelder, die der Frühsommer noch nicht zur Schmelze gebracht hat! Keine Straßen, keine Häuser! Die weichen Züge dieser Landschaft sind von unserer Zivilisation noch unberührt. Keine Kanten, keine geraden Linien! Saftige Wiesen, kleine Bäche, die unendliche Weite und Stille!

Bauernhaus in Zanskar

Malerischer Lagerplatz in der Berg-Einsamkeit, Kargya Chu-Tal, Zanskar

Irgendwo hinter diesen Bergen, da liegt Indien.[47] Ich kann es nicht sehen. Das letzte Dorf ist schon vor Tagen meinen Blicken entschwunden. Einige wenige rußverschmierte Steinhütten am Endpunkt einer Schotterstraße! In acht Tagen kann ich dieses Dorf erreichen. Zu Fuß! Das nächste Krankenhaus? Weitere vier Tage mit dem Bus, wenn dieser die häufig blockierten Bergstraßen passieren kann! Innerhalb der nächsten ein bis zwei Stunden einen Internisten oder ein Krankenhaus aufsuchen! Wie absurd wirkt ein solcher Rat auf der Höhe des Phirtse La[48].

Im Norden sehe ich eine andere Welt. Die Landschaft wird schroffer, die Berggrate schmaler und steiler, alles wirkt akzentuierter und härter. Mein Ziel liegt verborgen hinter den schwarz-grauen Bergen auf den weiten Ebenen des tibetischen Hochplateaus. In zwei Tagen hoffe ich die ersten Gehöfte zu erreichen, Oasen in einer öden Gebirgswüste. Eine Woche werde ich noch durch enge Täler wandern, werde die mächtigen Gipfel dicht neben und über mir fühlen, ohne an sie herankommen zu können. Zum Greifen nah und unerreichbar! Dann werde ich diesen mächtigsten Gebirgszug der Erde hinter mir lassen und die weiten Ebenen der tibetischen Welt[49] erreichen. Padum, Hauptort des winzigen

---

47 Der nordindische Bundesstaat Himachal Pradesh schließt im Süden an die Himalaya-Hauptkette an. Trotz der größeren Höhenlage und der damit verbundenen veränderten Lebensbedingungen ist dieses Gebiet Indien im eigentlichen Sinn, sowohl was die Bevölkerung, als auch was die Kultur und den Lebensstil betrifft.

48 Die Himalaya-Hauptkette kann auf mehreren Pässen, die allesamt höher als viereinhalbtausend Meter sind, überquert werden. Mein Weg führt über den 5450 Meter hohen Phirtse La (La: tibetisches Wort für Paß).

49 Die tibetische Welt erstreckt sich nördlich der Himalaya-Hauptkette. Der größte Teil liegt auf chinesischem Territorium bzw. ist von China besetzt. Kleinere tibetische Gebiete befinden sich auf nepalesischem und indischem Territorium. Mein Weg wird mich in die kleinen tibetischen Königreiche Zanskar (zur Gänze auf indischem Staatsgebiet) und Ladakh (teilweise indisches, teilweise chinesisches Staatsgebiet) führen.

Königreiches Zanskar! Das Dorf ist Endpunkt der Überschreitung des Himalaya und Anfangspunkt einer unbefestigten Straße, die mich zurück in meine Welt führen wird.
Alles begann vor vielen Jahren und doch erst vor einigen Monaten. Tibet – nicht bloß ein anderes Land, eine andere Welt! Sehnsüchte, die unsere westliche Welt nicht zu stillen vermag – dort, im fernen Hochland, erhält der nach Erfüllung Dürstende eine neue Chance. Die Antworten, die unsere Wissenschaft und unsere Kirchen nicht geben können, sind sie hinter verborgenen Pässen und in abgelegenen Klöstern in Tibet zu finden? Glaube ich an diesen Mythos? Egal! Das Geheimnisvolle, das sich um das Zauberwort "Tibet" rankt, zieht auch mich an. Vor Jahren habe ich diese Welt in Nepal gestreift, berührt, und ich wußte, daß ich eines Tages wiederkehren werde.[50] Im kleinen Königreich Ladakh auf indischem Territorium hoffe ich, Tibet noch relativ unverfälscht erleben zu können.[51] Bald sind wir zu viert, die wir alle den Hauch dieser anderen Welt verspüren wollen.[52] Ladakh, ein Geheimtip, der längst zur Schlagzeile geworden ist! Verbesserte Infrastruktur, von westlichen Touristen und indischen Händlern überschwemmt! Da ist noch dieses schwer erreichbare Königreich Zanskar. Zu Fuß über den Himalaya von Himachal Pradesh nach Zanskar! Ich liebe es, diesem Wunsch nachzuhängen, vergesse die Bedenken der Diabetes-Ratgeber.
Hat sich nicht manches geändert in den letzten Wochen? Ich bin ein zweites Mal den Wien-Marathon gelaufen. Es war anders als beim ersten Mal. Völlig unbeschwert bin ich in dieses Rennen gegangen. Kein Gedanke, daß ich durch meinen Diabetes behindert sein könnte! Die Dämonen in meinem Kopf sind in Sachen Marathon endgültig verstummt. Kann ich es wagen, nach den Sternen, nach meinem alten Leben zu greifen?
Ich werde kühn in meinen Plänen. Mehr als zweihundert Touristen gehen jährlich von Himachal Pradesh über den Shingo La nach Zanskar.[53] Ich will dieser immer populärer werdenden Trekkingroute ausweichen, suche nach einer Alternative der Einsamkeit.
Viele Stunden verbringe ich in der Nationalbibliothek und durchstöbere alte Expeditionsberichte. Schließlich finde ich eine brauchbare Karte der Briten aus dem Jahr 1906, eine Route über den Himalaya, die schon vor vielen Jahren aufgegeben wurde. Eine uralte Karte, das gewaltigste Gebirge dieser Erde, keine

---

50 Auf meinem dreiwöchigen Marsch rund um das Annapurna-Massiv im Jahr 1983 weilte ich einige Tage bei der tibetischen Volksgruppe der Bhotia im Gebiet um Manang.

51 Die tibetische Kultur wurde durch die (damals) drei Jahrzehnte währende chinesische Besatzung teilweise verfälscht und zerstört. Indien und Nepal erweisen ihren tibetischen Minderheiten gegenüber mehr Respekt und nehmen kaum Einfluß auf deren kulturelles und religiöses Leben, sodaß man dort eher "das wahre Tibet" finden kann.

52 Meine Reisekameraden sind mein Arbeitskollege Franz, meine Schwester Margit und ihr Freund Jörg.

53 Der kürzeste Weg von Himachal Pradesh nach Zanskar, genauer gesagt die Verbindung der Orte Darcha und Padum führt über den 5100 Meter hohen Shingo La. Dieser Weg, für den man neun bis zwölf Tage einplanen muß, wird von allen Trekkern benutzt. Entlang dieses Weges hat sich eine bescheidene touristische Infrastruktur entwickelt (Tragtiere, Rasthäuser, kleine Geschäfte), was immer mehr westliche Reisende anzieht, 1988 waren es etwa 250. Auch die Einheimischen verwenden fast ausschließlich diesen kürzesten Weg über den Himalaya. Andere Wege über das Gebirge sind möglich, sie sind aber länger und kräfteraubender, praktisch weglos und über weite Strecken menschenleer.

vorgegebenen Pfade – die neue Herausforderung fasziniert mich und auch meine Reisekameraden. Der Plan nimmt Gestalt an, reift Stück für Stück heran. Aufbruch in die Menschenlosigkeit, Aufgabe jeder für Diabetiker scheinbar so notwendigen Rückversicherung! Den Dämonen im Kopf begegne ich mit dem Glauben an meine eigene Unzerstörbarkeit.

Der Bus windet sich über unglaubliche Bergstraßen, die bei uns unter der Bezeichnung "Höhenwanderweg" laufen würden. Mehrere hundert Meter tiefe Steilabbrüche ohne Befestigung! Der Blick aus dem Fenster: das Nichts unter uns! Dreiundzwanzig Kilometer in sechs Stunden! Erdrutsche verhindern ein Weiterkommen. Dynamitsprengungen, um den Weg frei zu bekommen! Im Steinschlag hetzen wir über die abrutschenden Hänge. Der Bus kann nicht passieren. Weiter zu Fuß!

Mani-Steine – Zeichen tibetischer Frömmigkeit – werden für den Wanderer auf den weglosen Hochflächen zu wertvollen Orientierungshilfen.

Irgendwann erreichen wir Darcha, das letzte Dorf vor den Bergen. Einige wenige Hütten, die Wände brüchig, die Mauern aus losen Steinen mit Erde als Mörtel zusammengeklebt, winzige, teilweise nur kopfgroße, unverglaste Fenster!
Die Tür zu einem winzigen Raum wird aufgestoßen. Kein Bett, kein Einrichtungsgegenstand, stockfinster, hier finden wir unsere Bleibe für die Nacht. Wir müssen uns beim Checkpost melden. Unter einem Vordach können wir im Schein des Feuers einen Polizisten erkennen. Seine klebrig verschmutzte Uniform hat sich den ihn umgebenden rußverschmierten Wänden angeglichen.
Lange studiert er unsere Pässe, dann trägt er Zeile für Zeile unsere Daten ein. Er fragt nicht nach unserer Route, sie scheint klar zu sein. Ich bin froh, daß ich mit ihm nicht über unseren ungewöhnlichen Weg über den Phirtse La reden muß. Das hätte sicher Komplikationen zur Folge. Einwände, Diskussionen, Fragen nach Genehmigungen, die wahrscheinlich hier gar nicht erteilt werden können! Einheimische bieten uns Pferde an, die unsere Lasten über den Shingo La tragen sollen. Wir wehren sie ab. In keinem Fall wollen wir, daß unsere geplante Route bekannt wird. Wir wollen einfach aus dem Dorf verschwinden und dann sehen, wie es weitergehen soll.
Der Regen des nächsten Morgens zwingt die Menschen in ihre kargen Behausungen hinein. Ingendwann stehlen wir uns unbemerkt davon und geraten schnell außer Sichtweite. Schon nach wenigen Kilometern wissen wir, daß unser Gepäck zum Hauptproblem auf diesem zweihundert Kilometer langen Marsch werden wird. Ausgerüstet für einen Monat in der menschenleeren Bergwelt müssen wir 125 Kilogramm über den Himalaya tragen. Der Weg ist anfangs breit und leicht begehbar, man kann ihn sogar mit Vierradantrieb befahren. Fünfhundert Meter höher liegt ein indisches Militärlager. Ein Armee-LKW bietet uns eine Mitfahrgelegenheit an, die uns einige Kilometer harten Aufstiegs erspart.

Ein Hirte, unsere Gruppe – Zusammentreffen in der Abgeschiedenheit einer menschenleeren Welt

Schon am nächsten Tag überqueren wir im Schneetreiben den 4900 Meter hohen Baralacha La. Zweihundert Meter unterhalb der Paßhöhe schlagen wir am Yunan-See unser Nachtlager auf. Die ungewohnte Höhe läßt uns kaum schlafen, zwingt uns, einen Akklimatisationstag einzulegen. Unweit unseres Lagerplatzes entdecken wir Hütten. Es ist kein Dorf, es ist nur eine vorübergehende Unterkunft für indische Bauarbeiter, die hier eine Straße über den Himalaya, von Darcha nach Leh[54], entstehen lassen.

Wir verlassen diese Straße der Zukunft, wenden uns Richtung Norden und folgen auf unendlich weiten Grasflächen dem Flußlauf des Yunan.

Wir kommen extrem langsam voran. Die tiefen Einschnitte der Nebenflüsse des Yunan und des Lingi Chu kosten enorm viel Kraft und Zeit. Am Beginn jeder Rast fürchten wir den Augenblick, in dem wir wieder unsere schweren Lasten auf den Rücken hieven müssen. Die weiten, hügellosen Grasebenen machen es möglich, daß wir am Abend zu jenem Ort zurückblicken können, an dem wir am Morgen aufgebrochen waren.

Wir hätten uns wohl noch tagelang bei sinkender Motivation über diese endlosen Hochflächen gekämpft, hätte nicht ein unwirklich wirkendes Ereignis unseren weiteren Marsch ins Stocken gebracht. Drei Pferde erscheinen am Horizont, galoppieren auf uns zu, entdecken uns, machen kehrt und verschwinden wenig später im Nichts. Eine Vision? Ich zweifle an meiner Wahrnehmungsfähigkeit und frage meine Freunde, ob sie das gleiche gesehen haben. Alle haben es gesehen! Wirklichkeit?

Pferde fern jeder menschlichen Ansiedlung? Es muß hier irgendwo Menschen geben. Wir lassen alles liegen und stehen und machen uns auf die Suche. Nach einigen Stunden haben wir Erfolg. Wir finden einige Hirten aus Mandi[55], die ihre Tiere hierher auf diese entlegene Sommerweide geführt haben.

Einen dieser Hirten können wir überzeugen, daß er das Geschäft seines Lebens macht, wenn wir unsere Rucksäcke auf zwei seiner Pferde schnallen können und er uns mit den Tieren über den Himalaya begleitet.

---

[54] Leh ist die Hauptstadt des Königreiches Ladakh. Bisher ist Ladakh nur über Kaschmir zu erreichen. Das ehrgeizige Straßenbauprojekt von Manali über den Himalaya nach Leh (ca. 500 Kilometer) wurde schon in den Siebzigerjahren realisiert. Die Straße erwies sich dann aber als unbefahrbar. Nun soll ein zweiter Versuch unternommen werden, die beiden Orte zu verbinden. Unsere teilweise einem Wanderweg ähnelnde Straße von Manali nach Darcha ist Teil dieser Streckenführung, die auf den ersten Kilometern identisch mit unserer geplanten Trekkingroute ist, dann aber weit östlich von dieser verläuft.

[55] Mandi: indische Kleinstadt, etwa siebzig Kilometer südlich von Manali gelegen, etwa 150 Kilometer von unserem derzeitigen Standort entfernt

Unser Pferdehirte aus Mandi bei der Ankunft auf dem Phirtse La - auch er wird hinter der Paßhöhe eine für ihn völlig unbekannte Welt kennenlernen.

Am nächsten Morgen sind wir mit leichtem Tagesgepäck unterwegs. Wie im Flug kommen wir voran. Nichts kann uns bremsen. Drei Stunden später kommen wir keinen Schritt mehr weiter. Gerade erst haben wir ohne beschwerende Rucksäcke unsere Kraft neu entdeckt, da sind wir bereits am frühen Nachmittag wieder zum Nichtstun verurteilt.
Die reißenden Wasser des Kamirup, von den Gletschern im Norden gespeist, stellen ein unüberwindliches Hindernis dar. Mit dem Skistock versuche ich seine Tiefe auszumachen. Schon an seinem Rand mehr als ein Meter! Wieviel mag es in der Flußmitte sein? Aus dem Tosen des Wassers ist Donnergrollen zu hören. Der Fluß reißt Unmengen an Steinen mit sich, manche so groß wie Volleybälle. Wir haben schon etwas vom Zauber der Einsamkeit in uns aufgesaugt. Kein Ärger über den weiteren Zeitverlust! Gelassen bauen wir unser kleines Zeltlager auf, schichten Steine aufeinander, um einen Windschutz für unsere Feuerstelle und unseren Pferdehirten zu bieten. Wir suchen die Gegend nach Tierkot ab, den wir als Brennmaterial verwenden, um Gas zu sparen. Beim Wasserholen merke ich, daß der Kamirup weiter an Tiefe zunimmt und immer reißender wird. Im Licht der Abendsonne erscheinen die Wellen wie der Tanz von Millionen winziger Goldplättchen. Kaum zu glauben, daß diese Wassermengen bis zum Morgen so weit abschwellen sollen, daß wir den Fluß passieren können.[56]
Ruhig, fast träge wirkt der Kamirup am nächsten Morgen. Der Wasserstand ist erheblich geringer. Wir beeilen uns, diese Chance zu nützen. Die Wassertiefe übersteigt nun an keiner Stelle achtzig Zentimeter. Dennoch bleibt uns durch die aufspritzenden Wellen ein Vollbad bei vier Grad Celsius nicht erspart. Die Strömung ist noch immer stark. Wir fünf müssen uns bei den Händen halten, um nicht abgetrieben zu werden. Kurz entgleitet uns meine Schwester, droht von den Wassermassen mitgerissen zu werden. Wir bekommen sie wieder zu fassen. Schmerzhaft spüren wir die Steine, die von der Strömung gegen unsere Unterschenkel geschleudert werden. Unsere beiden Pferde werden zwanzig, dreißig Meter abgetrieben, tauchen für Sekunden mitsamt unseren Rucksäcken im Wasser unter, retten sich in Panik ans andere Ufer. Nach der Durchquerung des Flusses lassen wir uns und unser Gepäck in der Sonne trocknen. Das ruhig dahinglei-

---

[56] Flüsse, die von umliegenden Gletschern gespeist werden, werden während des Nachmittags tiefer und immer reißender. Dies liegt daran, daß die starke Sonneneinstrahlung das Eis des Gletschers zum Schmelzen bringt. Am Abend fällt die Temperatur unter den Nullpunkt. Alles gefriert wieder, wodurch der Zufluß aus den Gletschern geringer wird und der Wasserstand über Nacht deutlich abnimmt.

Meine Schwester – wie verloren in der unendlichen Weite des tibetischen Hochplateaus

tende Wasser läßt nichts von seiner inneren Unruhe vermuten.
Wir folgen dem Flußlauf des Lingi Chu. Das Tal wird immer enger. Teilweise müssen wir im Wasser des nun quellnahen Flusses waten, um vorwärts zu kommen. Zuletzt überqueren wir den Lingi Chu auf einer Schneebrücke, erklettern die andere Seite des Einschnitts über Blockgestein und erreichen eine weite Grasfläche. Sie wird von den Zanskari Chumik Marpo genannt und gelegentlich als Sommerweide genutzt. Diese Yak- und Pferdealm ist Ausgangspunkt für die Überschreitung des 5450 Meter hohen Phirtse La, des höchsten Punktes unserer Wanderung. Ein letztes Mal können wir das saftige Grün der Südabhänge des Himalaya genießen. Nördlich der Bergkette wird uns die vegetationslose Gebirgswüste des tibetischen Hochlandes erwarten.
Der Aufstieg zur Paßhöhe gestaltet sich wesentlich leichter als befürchtet. In nur zweieinhalb Stunden bewältigen wir die 850 Höhenmeter zum Phirtse La. Ein kleiner Steinhaufen, vor langer Zeit von vorbeiziehenden Hirten aufgeschichtet, zerschlissene, im Wind wehende Gebetsfahnen - Zeichen tibetischer Gläubigkeit! Sie kündigen uns den Eintritt in eine andere Welt an.
Jeder von uns fühlt Erleichterung an diesem Wendepunkt unseres langen Weges. Nun geht es nur noch abwärts. Viele Pässe habe ich schon in meinem Leben überschritten. Dieser Paß ist aber für mich der erste, der mich auf einem Fußweg von einer Weltkultur in eine andere führt. Aus dem Lebenskreis der Inder waren wir aufgebrochen, schon morgen werden wir Tibeter sehen, ihre Dörfer, ihre Lebenswelt.

Das Erreichen dieser Paßhöhe bedeutet noch mehr für mich – viel mehr! Während ich die Rast in der Mittagssonne genieße, laufen die letzten Tage wie ein Film vor meinen Augen ab. Es ist alles wie früher, wie in den Tagen ohne Diabetes. Ich muß nicht länger meiner Vergangenheit nachlaufen. Die Lebensqualität früherer Tage – ich habe sie wiedergewonnen. Die Wehmut über den Verlust meiner lebensintensiven Vergangenheit hat hier in fünfeinhalbtausend Metern Höhe für immer ein Ende gefunden. Ich habe zurückgefunden in meine eigene Zukunft.

An der Nordseite des Passes geht es steil bergab. Wir rutschen auf Geröllhalden und Schneefeldern ab und kommen so recht schnell voran. Der Weg führt hinunter an das Ufer eines kleinen Flusses, wo sich ein guter Platz für unser Nachtlager findet.

Ausgestreckt in meinem Schlafsack will ich die Rückkehr in meine Zukunft begreifen, verarbeiten, genießen. Ich kann es nicht. Da war noch etwas. Ein entrücktes Vorhaben, das mich jetzt psychisch belastet.
Mein Gepäck ist schwerer als das der anderen. Steigeisen, Eispickel, Ausrüstung für eine Eistour in großer Höhe! In den langen Stunden in der Nationalbibliothek habe ich nicht nur eine Route über den Himalaya gesucht, ich habe auch nach einem Traumberg Ausschau gehalten, an dessen Besteigung ich mich heranwagen wollte.
Der 7087 Meter hohe Kun im Norden Zanskars ist für mich zur fixen Idee geworden. Ein leichter Siebentausender im Alleingang?[57] Die Granden des österreichischen Alpinismus haben mir vehement von dieser Tour abgeraten. Technisch gesehen stellt der Berg keine großen Anforderungen, doch ist er extrem spaltenreich. Manche dieser unumgehbaren Spalten sind viele Meter breit und nur über unsichere Schneebrücken zu passieren. Eine tödliche Falle für Alleingänger!

Gebetsfahnen auf der Paßhöhe des Phirtse La – Übergang in die Welt der Tibeter, für mich der Übergang in eine Zukunft ohne Beengung

Warum habe ich all diese ernstzunehmenden Warnungen in den Wind geschlagen und doch an einem Besteigungsversuch festgehalten? Immer noch klammere ich mich an diese Wahnsinnsidee, will sie nicht aufgeben. In dieser Nacht wälze ich mich im Angstschweiß, sehe mich für immer in einer Gletscherspalte verschwinden, beginne das sinnlose Ende zu fürchten.
Angst? Erst jetzt begreife ich, daß ich in den letzten beiden Jahren ohne Angst gelebt habe. Intellektuelle Bedenken hatte ich hin und wieder, aber keine Angst. Von welcher Lebensphilosophie war diese Zeit getragen?
Alles oder nichts! Ich habe viel riskiert in den letzten Jahren. Ich wollte raus aus dem Gefängnis, das durch meine Krankheit um mich herum aufgebaut worden ist. Zu wenig war das Leben, das mir die diabetologische Lehrmeinung übriggelassen hat. Ich hatte nur wenig zu verlieren.
Nun habe ich alles wiedergefunden, was für immer verloren schien. Mein Leben ist wieder unendlich kostbar geworden. Ich habe viel, habe alles zu verlieren. Die Rückkehr der Angst als Preis für die Rückkehr in meine Zukunft!
Welch eine Fülle lebensprägender Selbsterfahrungen an diesem ersten Tag auf tibetischem Boden! Mag es Zufall sein, daß gerade in diesem Land mein Denken

57 Meine drei Freunde sind weder an Gipfelbesteigungen interessiert, noch darauf vorbereitet.

Rast vor dem Abstieg in das erste Dorf der Zanskari – Gebetsfahnen kündigen den Eintritt in den tibetischen Kulturkreis an.

frei wird, mich selbst zu erkennen? Habe ich hoch gepokert in den letzten Jahren? Habe ich mit Glück gewonnen? Nicht wirklich! Ich habe nur daran angeschlossen, wozu ich früher schon fähig gewesen war. Das Risiko schien nur deshalb so hoch, weil dieses Bild der Behinderung um mich herum entstanden ist. Ein Bild, das ich vehement ablehnte und an das ich doch in den Tiefen meiner Psyche zu glauben geneigt war.

Die Tage der Selbsterfahrung haben mein Denken frei gemacht, haben mich herangeführt an mein eigenes Leben, an meine eigenen Möglichkeiten. Sie haben mich losgelöst von den Zwängen, daß ich mein Dasein so sehen muß, wie es andere, so gut sie es auch meinen, für mich erdacht haben. Ein Sieg über die Dämonen im Kopf? Noch lange nicht! Nur ein großer Schritt in diese Richtung!

Die Rückkehr der Angst hat mein Urteilsvermögen geschärft. Ich kann nun unterscheiden zwischen Risken, die es nicht gibt, die nur aus dem Glauben an die eigene Behinderung entstehen, und solchen, die mein Leben tatsächlich in eine unkontrollierbare Gefahr bringen, wie etwa die Alleinbegehung eines spaltenreichen Gletscherberges.

Ich freue mich nicht über die Rückkehr der Angst. Sie wirkt lästig und beklemmend auf mich. Ich bin hin und her gerissen und unglaublich stur. Noch immer will ich an einem Besteigungsversuch festhalten, obwohl noch nie ein Mensch den Kun im Alleingang bestiegen hat, obwohl ich weiß, daß meine Überlebenschancen kaum fünfzig Prozent übersteigen. Habe ich noch immer nicht begriffen, wie kostbar mein Leben geworden ist?

Mein Geist ist uneins mit sich selbst, mein Körper führt die Entscheidung herbei. Er rebelliert gegen den Wahnsinn.

Eine Oase inmitten der öden Gebirgswüste! Der Weg ist eingesäumt vom saftigen Grün der Felder, kleine Mäuerchen sind überwachsen von einer violetten Blütenpracht. Minuten später erreichen wir das idyllische Dorf Tetha im Tal des Kargya Chu. Die weißgetünchten Häuser sind ineinander verschachtelt, lassen ein Labyrinth schmaler Wege entstehen, auf den Dächern sind Unmengen von

Verwaiste Häuser im Zanskari-Dorf Tetha – Die Bewohner sind auf dem Weg nach Padum, wo sie den Dalai Lama erwarten.

Der Dalai Lama – betend vor dem fast vollzählig versammelten Volk der Zanskari

Festlich gekleidete Frauen lauschen den Worten ihres religiösen Oberhauptes. Der mit kostbaren Steinen besetzte Kopfschmuck stellt den wertvollsten Besitz jeder Zanskari-Frau dar.

Feuerholz aufgestapelt. Doch dem Dorf fehlen die Menschen. Der Dalai Lama[58] wird in den nächsten Tagen Padum besuchen. Alle sind auf dem Weg, seine Predigten und Gebete zu hören. Karawanen von Tibetern ziehen in ihrer kostbaren Festtagstracht mit uns in Richtung Padum und lassen ihre Dörfer entleert zurück. Nur wenige alte Menschen, die den beschwerlichen Marsch nicht mehr auf sich nehmen können, bleiben in ihren Häusern. Wir halten Rast. Ein alter Mann gibt uns Ziegenjoghurt zur Stärkung. Ich bin durstig und trinke gierig aus einem kleinen Bach, an dem wir uns niedergelassen haben. Zu spät erkenne ich, daß oberhalb Tiere weiden. Wenig später erbreche ich alles. In den nächsten Tagen behalte ich keine Nahrung, werde immer schwächer, verliere täglich an Gewicht und kann schließlich auf diesem leichten Wanderweg kaum mehr mit meinen Freunden mithalten. Als ich Tage später in Padum eintreffe, ist der Kun für mich gelaufen. Und ich bin erleichtert, daß diese Krankheit den Ausschlag gegeben hat, daß nicht ich selbst diese Entscheidung habe treffen müssen. Tagelang sitzen wir in Padum fest. Jeden Morgen wird die Ankunft eines Busses aus dem Norden angekündigt, der uns nach Ladakh bringen soll und der dann doch nicht ankommt. Jeden Abend werden wir auf den nächsten Tag vertröstet. Mir macht das Warten nichts aus. Langsam gewinnt mein Körper wieder etwas an Kraft zurück.

"Ich werde mir den Gott der Tibeter geben!", sage ich mit westlich-materialistischer Überheblichkeit zu meinen Freunden. Ich wandere über die weite Ebene zum Zanskar-Fluß, wo der Dalai Lama seine Gläubigen versammelt hat.

---

[58] Der Dalai Lama ist das geistige Oberhaupt der Tibeter.

Die Kleinen sind noch nicht für Predigten zu gewinnen, sie spielen lieber bei unseren Zelten.

Rund dreitausend Zanskari haben sich eingefunden und beten mit ihrem geistigen Oberhaupt.[59] Eine ungewöhnliche Mischung von meditativer Einkehr und Volksfeststimmung! Die Mönche haben sich in der Nähe des Dalai Lama niedergelassen, die Frauen tragen ihren kostbaren Kopfschmuck, Kinder tollen zwischen den Betenden umher, etwas abseits stehen Männer in Gruppen und plaudern miteinander.
Ich kann es nicht lassen, diese eindrucksvollen Bilder mit meiner Kamera zu verewigen. Immer näher schleiche ich mich durch die Menschenmenge an den Dalai Lama heran, bis ich nur noch wenige Meter von ihm entfernt bin. Ich hebe die Kamera an, drücke zwei-, dreimal ab. Er blickt zu mir herüber, und lächelt. Welch ein Lächeln! Ich werde es nie vergessen. Für Sekunden überträgt er seinen inneren Frieden auf mich. Gedankenverloren wandere ich nach Padum zurück. Dieses Lächeln! Diese Ausstrahlung! Ist er der Gott der Tibeter? Mein fester Unglaube wird fortan nie mehr ganz frei von Zweifeln sein.

Wochen später verlasse ich die tibetische Welt, in der ich meine Zukunft wiedergefunden habe. Am Ziel? Mehr habe ich nie gewollt! Nur den Anschluß an mein früheres Leben wollte ich finden. Will ich wirklich nicht mehr? Werde ich je am Ziel sein oder wird das Ziel mit dem Weg, den ich gehe, weiterwandern?

Die nächsten Jahre führen mich in alle Weltgegenden – ohne Unruhe, ohne Selbstzweifel. Wie einst beim Marathon, so verstummen die Dämonen nun auch bei meinen Reiseplanungen. Ich weiß, daß ich nichts zu befürchten habe. Ich wandere durch die unwirkliche Dschungelwelt des Ruwenzori-Gebirges[60] und besuche Naturvölker auf schwer erreichbaren philippinischen Inseln. Allein wandere ich weglose hundertfünfzig Kilometer durch die Einsamkeit der algerischen Südsahara. Bei keinem dieser Abenteuer verspüre ich Unsicherheit wegen meines Diabetes.
Lange Zeit war mein Ringen um Freiheit eine Auseinandersetzung mit der medizinischen Lehrmeinung gewesen. Nicht selten war es ein fast feindseliger Kampf gegen das Stigma der Behinderung. Und doch verdanke ich der Diabetesforschung unheimlich viel. Nicht weniger als mein Leben!
Seit einiger Zeit höre ich von neuen, flexiblen Methoden der Insulinbehandlung. Die Argumente wirken überzeugend, kommt doch diese Therapie meinem

59 Das kleine Königreich Zanskar hat knapp neuntausend Einwohner. Etwa zwei Drittel der Zanskari sind nach Padum gekommen, um den Dalai Lama zu sehen. Natürlich waren nie alle sechstausend gleichzeitig auf dem Versammlungsort.

60 Das Ruwenzori-Gebirge liegt an der Grenze von Uganda und Kongo (ehem. Zaire). Dieses Gebiet gilt als der schönste Bergurwald der Welt, überragt von schneebedeckten Gipfeln von mehr als 5000 Metern Höhe. Die oftmals auch in Europa bekannten Pflanzen erreichen dort gigantische Ausmaße und vermitteln das Gefühl, sich in der Welt der Riesen zu bewegen.

Wunsch nach einer unbehinderten Lebensführung sehr entgegen. Auf der Basis einer einwöchigen Einschulung stelle ich mein Leben auf die Funktionelle Insulintherapie[61] um. Mein rebellisch abenteuerliches Leben hat nun auch von seiten der medizinischen Forschung das Einverständnis gefunden. Meine Blutzuckerwerte sind besser denn je zuvor.
Mein Beruf[62] ermöglicht es, mir Wünsche zu erfüllen, die ich mir früher einfach nicht leisten konnte. Ich beginne mit dem Tauchen, erwerbe die Grundlizenz, muß aber, zumindest vorerst, meinen Diabetes verleugnen. Ich erlerne das Paragleiten und bestehe die Prüfungen für den Grundschein, später auch jene, die für den Sonderpilotenschein erforderlich sind. Für andere eine reine Formalität, für mich eine nervenzehrende Hürde auf dem Weg zum Ziel: das amtsärztliche Gutachten, das vom Bundesamt für Zivilluftfahrt für die Ausstellung des Sonderpilotenscheins gefordert wird!
Der Fliegerarzt steht vor einem für ihn völlig neuen Problem, als er meine Tauglichkeit bescheinigen soll. Ich lege ihm die fein säuberlich geführten Protokolle mit Blutzuckerwerten, Kohlehydratmengen und Insulindosierung vor[63] und füge die Laborbefunde bei, die mir eine gute Diabetes-Einstellung bescheinigen. Bewundernd gibt er zu, daß er mit diesen neuen Methoden der Insulintherapie bisher noch nicht in Berührung gekommen sei, und meint, daß sie eine befreiende Wende im Leben aller Diabetiker bewirken können. Er legt mir keinen Stein in den Weg und stellt mir ein positives Gutachten aus.
Mein Ansuchen um Pragmatisierung[64] holt mich auf den Boden einer tristen Realität zurück. Einige Diabetologen waren vorgeprescht und haben Methoden gefunden, die Diabetikern ein vollkommen freies Leben ermöglichen. Doch sie haben das Bild dieser Krankheit in der Gesellschaft nicht verändern können,

---

61 Diese neue Methode der Insulintherapie wird "Funktionelle Insulintherapie", kurz FIT, oder "Normoglykämische Insulinsubstitution", kurz NIS, genannt. In einer etwa einwöchigen Einschulung werden durch genaueste Beobachtung Einstellungsalgorithmen für jeden einzelnen Diabetiker herausgearbeitet. Es wird der basale Insulinbedarf, d.h. die Insulinmenge, die man unabhängig von Mahlzeiten benötigt, festgestellt, weiters die Insulinmenge, die man pro Broteinheit (12 Gramm Kohlehydrate) benötigt. Basales Insulin wird morgens und abends injiziert, Normalinsulin wird in entsprechender Menge jeweils zu den Mahlzeiten zugeführt. Vier oder fünf Blutzuckermessungen täglich sollen sicherstellen, daß der Blutzuckerwert nahe dem eines Gesunden bleibt. Diese Methode erfordert mehr Insulininjektionen und mehr Blutzuckermessungen, ermöglicht aber eine Insulinzufuhr, die der Insulinproduktion eines Gesunden sehr nahekommt. Dadurch ist der Diabetiker flexibel in seiner Lebensführung und in seinen Mahlzeiten und auch nicht an eine bestimmte Diät gebunden. Durch diese Insulintherapie ist das Leben eines Diabetikers keinen Beschränkungen unterworfen, was aber noch nicht wirklich ins Bewußtsein der Betroffenen und der Ärzte übergegangen ist.

62 Lehrer an einem Wiener Gymnasium

63 Diabetiker, die auf der Basis von FIT leben, sollen täglich Protokolle führen, in die sie ihre basale Insulinrate, ihre Mahlzeiten samt Kohlehydratmenge (Broteinheiten), die zu den Mahlzeiten injizierten Insulinmengen und ihre Blutzuckermeßwerte, alle mit zeitlicher Angabe, eintragen. Diese Arbeit ist zwar lästig, ist aber Grundlage für größtmögliche Flexibilität. Aufgrund dieser Protokolle lassen sich sowohl für den behandelnden Arzt, als auch für den Diabetiker selbst Probleme leichter erkennen und sinnvolle Gegenmaßnahmen einleiten.

64 Pragmatisierung ist die Übernahme in den Beamtenstand. Lehrer sind am Anfang ihrer Tätigkeit Vertragsbedienstete des Bundes und können nach einigen Jahren um Übernahme in den Beamtenstand ansuchen. Diese wurde damals meist genehmigt, sofern die leistungsmäßigen Voraussetzungen erbracht wurden. Heute ist dies für jedermann wesentlich schwieriger.

Das Lama-Kloster Phuctal – religiöses Zentrum der Zanskari und malerisches Kleinod fernab der Touristenströme

auch nicht in der breiten Masse der Ärzte. Keine Pragmatisierung für Diabetiker! Mein Ansuchen wird aufgrund eines amtsärztlichen Gutachtens abgelehnt, obwohl ich die pädagogischen und dienstrechtlichen Anforderungen erbracht habe. Wut über diese Zurücksetzung von seiten der Obrigkeit! Ich werde diese Niederlage nicht stillschweigend hinnehmen. Ich werde mein Ziel erreichen. Später! Jahre später![65]

Wie soll ich mein Leben weiter aufbauen? Planlos! Ich will alles auf mich zukommen lassen, keinen vordefinierten Zielen nachjagen.
Wie soll ich mein Buch im weiteren aufbauen? Auch hier werde ich planlos sein. Ich werde die Chronologie der Ereignisse aufgeben. Der zeitliche Ablauf der Geschehnisse hat seine Bedeutung verloren. Ich will erzählen von der Freiheit eines Diabetikerlebens, von Begegnungen und Abenteuern, die möglich geworden sind durch die neuen Wege der Insulintherapie, die möglich geworden sind durch das Vertrauen in die eigene Gesundheit.

---

[65] Als ich 1990 um Pragmatisierung ansuchte, wurde dies aus dem einzigen Grund abgelehnt, daß in Wien kein Diabetiker Beamter werden kann. Auch ein anderer Wiener Kollege war von diesem Urteil betroffen. Es begann ein langer Kampf gegen die Behörde. Schließlich konnten wir Universitäts-Gutachten den amtsärztlichen Gutachten entgegenhalten. Ehe es zu einem Rechtsentscheid kam, gab die Behörde auf. Wir beide wurden 1993 pragmatisiert.

TEIL II

SÜDSEE-IMPRESSIONEN

Wosats verlorene Welt

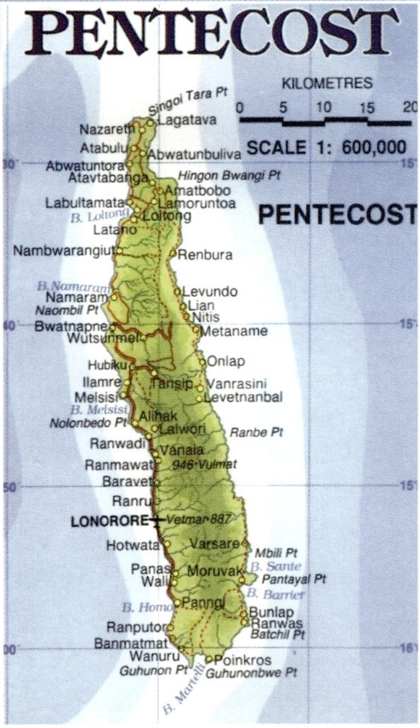

Ausschnitt aus der zentralen Inselwelt Vanuatus mit den von mir bereisten Inseln Ambrym, Malekula, Espiritu Santo und Pentecost

Das Dorf Bunlap liegt im Südosten der Insel Pentecost.

Ich hatte mir weiße Sandstrände erwartet, mit Palmen im Hintergrund, ich hatte auf farbenfrohe Riffe und aufregende Tauchgänge gehofft. Darum war ich in die Südsee geflogen, in den kleinen Inselstaat Vanuatu.

Ich fand tatsächlich alles, was ich mir von diesem Land erhofft hatte. Und ich fand etwas, womit ich vorher nicht gerechnet hatte. Es gibt in Vanuatu auch eine Welt über dem Wasser, oft fernab von den weißen Stränden, in den Bergen, überwuchert von schier undurchdringbarem Regenwald. Diese Welt über dem Wasser war nicht immer einfach zu erreichen, oft mußte ich viele Stunden und Tage zu Fuß gehen, aber jede Stunde war es wert gewesen.

Der dichtbewachsene Hang fällt steil ab, darunter das Meer, eine Bucht mit Riffen. Ich lasse das Meer hinter mir und steige einen breiten Weg bergan. Rechts und links des Weges sind die Schmalseiten länglicher, rechteckiger Hütten angeordnet, die Blätterdächer hängen tief, teilweise fast zum Boden herab. Die winzigen Eingangsöffnungen sind durch verkrüppelte Baumstämme halb versperrt, sodaß das Eintreten in solch eine Hütte fast einer Kletterei gleichkommt. Kinder springen um mich herum, lachen, gestikulieren, wollen mir dies und jenes zeigen. Auch zwei ältere Knaben begleiten mich. Sie sind meine eigentlichen Führer durch das Dorf, können mir Antwort auf viele Fragen geben, können mir einiges erklären. Immer wieder begegne ich Erwachsenen. Obwohl ich erst seit zwei Tagen im

Dorf bin, bin ich kein Fremder mehr. Alle kommen auf mich zu, begrüßen mich, wechseln einige Worte mit mir. Ich steige weiter den Hang hinauf.
Bebe, einer der beiden Jungen, hält mich am Arm und sagt: "Wosat will dich sprechen!" Ich stocke kurz. Was heißt das? Jeder, der mich sprechen wollte, ist zu mir gekommen. Und auch alle anderen sind zu mir gekommen, alle Männer des Dorfes. Stundenlang sind sie bei mir gestanden und haben nur dem Treiben zugeschaut, während Häuptling Varisul und einige Männer, die Bislama, die Verkehrssprache Vanuatus beherrschen, mit mir geplaudert haben.
Bis spät in die Nacht bin ich dann mit den Männern des Dorfes im Nakamal, im Männerhaus, versammelt gewesen. Wir haben Yams-Knollen gegessen und Kava, das stimulierende Rauschgetränk der Melanesier, getrunken. Sie haben mir viel von ihrem Dorfleben erzählt. Bei ihrem Gebet um eine gute Yams-Ernte stürzen sich die Männer kopfüber aus 20-25 Metern Höhe von einem Holzgerüst in die Tiefe. An ihren Fußgelenken sind genau bemessene Lianen befestigt, die den Fall wenige Zentimeter vor dem Boden abrupt stoppen. Nur wenn die Haare der Männer dabei den Boden berühren, kann die Yams-Ernte gut werden. Sie tun dies seit Hunderten von Jahren, lange bevor wir Westler das Bungy-Jumping erfunden haben.

Häuptling Varisul beim abendlichen Treffen der Männer im Nakamal

Ich habe den Männern von Bunlap viel von der Welt da draußen erzählen müssen. Stundenlang haben sie gefragt, und ich habe versucht Antworten zu geben, die sie auch haben verstehen können. "Geri, ist es wahr, daß ihr Weißen in Häusern lebt, die so hoch wie Berge sind?" "Geri, wie heißt das Meer, an welchem du lebst?" Ich habe ihnen erklärt, daß mein Land Österreich keine Meeresküste besitzt. Sie sind erstaunt gewesen. Nur Arme leben in Gebieten, die weit von der Küste entfernt sind, dort, wo man noch besitzerloses Land urbar machen kann. "Also lebst du mitten im Busch!", haben sie fast ungläubig gefolgert. Ich bin Diabetiker. Nachdem ich hier im Dorf nie allein bin, habe ich meine Insulinspritze vor den Augen der Bewohner setzen müssen. Lange Stille, Staunen! Irgendwann hat Häuptling Varisul das Wort ergriffen und gesagt: "Geri, meine Leute wollen dich bitten, daß du ihnen auch so eine Spritze gibst." Es ist nicht leicht gewesen, ihnen klarzumachen, daß das Insulin, das für mich so wichtig ist, für sie sehr schädlich wäre.
Ja, das war die Nacht im Nakamal, aber nun bin ich vor der Hütte von Wosat, der mich rufen läßt. Er ist gestern nicht im Nakamal gewesen, ich habe ihn auch noch nicht gesehen, obwohl ich in diesem kleinen Dorf wohl schon jeden Weg gegangen bin. Wer ist Wosat?

Champagne Beach – einer der vielen vom Tourismus noch kaum berührten Traumstrände Vanuatus

Ich gehe auf seine Hütte zu. Sie ist dunkler als die anderen Hütten, ihr Blätterdach ist schon längere Zeit nicht erneuert worden. Ich klettere über die vielen Baumstämme vor der Hütte durch den winzigen Einlaß in den dunklen Innenraum. Rechts neben dem Eingang sitzt eine alte Frau auf dem Boden und bereitet ein Mahl aus Yams-Knollen zu. Ich begrüße sie freundlich, doch sie beachtet mich kaum – ein starker Kontrast zu der in diesem Dorf sonst so überschwenglichen Anteilnahme an meiner Person. Ich bin etwas verunsichert.

Über eine kleine Erdstufe steige ich in den leicht erhöhten hinteren Teil der Hütte, der von Frauen nicht betreten werden darf. Auf dem Boden glost ein Feuer, darauf liegen zwei an ihren Enden verschlossene etwa sechzig Zentimeter lange Bambusrohre, das Kochgeschirr der Menschen von Bunlap. Neben dem Feuer hockt ein alter Mann, in sich versunken blickt er in die Glut, so als ob er schon längst wieder vergessen hätte, daß er mich hat rufen lassen. Er ist genauso "bekleidet" wie alle anderen Männer in Bunlap auch. Ein Blatt bedeckt seinen Penis, das durch einen Gürtel aus Rinde festgehalten wird. Er wirkt unserer Zeit weit mehr entrückt als die anderen Menschen dieses Dorfes. Mit seiner rechten Hand umklammert er einen schwarzen Holzstab, der am oberen Ende verdickt ist und feine Schnitzereien aufweist. Mit einem freundlichen Gruß wecke ich Wosat aus seiner Gedankenverlorenheit. Er versteht kein Bislama. Ein junger Mann, der sich ebenfalls in der Hütte befindet, übersetzt meinen Gruß. Wosat antwortet mir in seiner lokalen Sprache, und ich glaube, dabei einen

Wosat an der Feuerstelle in seiner Hütte

Anflug von Lächeln auf seinem Gesicht erkennen zu können. Normalerweise fällt es mir nicht schwer, ein Gespräch zu beginnen. Aber Wosat lebt im Schweigen, und so hocke ich mich einfach ihm gegenüber ans Feuer, blicke auf ihn, blicke in die Glut.
Langsam beginne ich auch das wahrzunehmen, was Wosat umgibt, das Innere seiner Hütte, die Gegenstände, die umherliegen. Einige aus Kokosnüssen hergestellte Trinkgefäße liegen am Boden verstreut, in der Ecke steht ein Gefäß, in dem die Kava-Wurzeln gestampft werden, an der Wand steht eine Liege, aus verkrüppelten Ästen hergestellt, eines Fakirs würdig. All das findet sich auch in anderen Hütten, auch dort, wo ich derzeit wohne. Aber in allen Hütten habe ich irgendetwas gefunden, was der Neuzeit zugehört, einen Topf aus Metall, ein T-Shirt, eine Short, eine Machete. Ein junger Mann besitzt sogar ein altes Transistor-Radio. Nichts von all dem in Wosats Hütte! Seine Hütte hätte vor zwei- oder dreitausend Jahren nicht anders ausgesehen. Hier ist nichts, was an das 20. Jahrhundert erinnern könnte. Wirklich nichts? Wosat kramt in einem Behältnis, das er aus Blättern gefaltet hat. Er findet etwas, hält es mir entgegen. Es ist eine Münze. Ich sehe sie genauer an. Es ist eine englische Münze aus dem Jahr 1912 mit dem Bildnis von König George V. Sie ist mehr als achtzig Jahre alt, älter als Wosat. Er muß sie sein ganzes Leben lang hier aufbewahrt haben, seine einzige Verbindung zur Welt der Weißen. Mein bewunderndes Staunen scheint Wosat Freude zu bereiten. Wosat und seine Münze - beides Relikte aus einer Zeit, die es eigentlich nicht mehr gibt, die schon längst verlorengegangen ist.
Fein säuberlich verpackt Wosat wieder seine Münze und greift erneut zu seinem geschnitzten Stab, umfaßt ihn fest mit seiner Rechten. Fragend fixiert mein Blick diesen Stab, ich wage die Frage. Überraschend freimütig gibt mir Wosat Auskunft: Der verdickte, geschnitzte Knauf dient dazu, den Schädel von Gefangenen zu zertrümmern, bevor man sie verspeist. Das darf doch nicht wahr sein! Die letzten Fälle von Kannibalismus in dieser Gegend liegen wohl schon über zwanzig Jahre zurück, aber Wosat hält seinen Stab noch immer fest in seiner rechten Hand.

Häuptling Varisul mit Töchterchen
Der Kleinen scheint meine Hautfarbe ganz und gar nicht geheuer zu sein.

Ist die Neuzeit nur ein störendes Intermezzo, wird die alte Zeit zurückkommen, oder wird die Zeit Wosat endgültig fallenlassen? Wosat verläßt kaum noch seine Hütte, nur sehr selten besucht er das Nakamal, nur hier in seiner Hütte ist ihm alles vertraut.

Seit geraumer Zeit bin ich nun bei Wosat. Draußen höre ich die Stimmen vieler Dorfbewohner. Sie haben erfahren, daß ich bei Wosat bin und wollen das irgendwie miterleben. Aber sie wagen sich nicht in die Hütte. Nur einer kommt herein. Es ist Häuptling Varisul, mit seiner Tochter am Arm. Er bleibt im vorderen Teil der Hütte stehen, denn auch ein kleines Mädchen darf nicht in den erhöhten Teil der Hütte.
Es ist Zeit, Wosat zu verlassen. Varisul und ich steigen aus der Hütte. Im Eingang drehe ich mich noch einmal um. Wosat lächelt und hebt die Hand. Seine Frau blickt auch bei meinem Abschied kaum auf. Ich werde Menschen wie Wosat und seiner Frau nicht mehr oft in meinem Leben begegnen, die Zeit wird sie unbarmherzig auslöschen.
Ich kann kaum meinen Blick von diesem alten Paar losreißen - ein vergilbtes Bild von Adam und Eva in ihren letzten Jahren. Wenn sie sterben, wird ein Kapitel der Geschichte geschlossen werden, und ich war dann wohl einer der letzten, der noch darin hatte lesen dürfen.
Ich steige ins Freie und sehe die vielen Menschen von Bunlap um mich herum: die Kinder splitternackt und lachend; die Frauen barbrüstig, nur mit einem Grasrock bekeidet; die Männer mit der Namba, dem Blatt, das den Penis bedeckt. Und doch fühle ich mich wieder zurück in der Neuzeit nach dieser Begegnung mit Wosat, diesem Ausflug in die Vergangenheit.
Was ist das für ein Dorf? Die wenigen Güter aus der neuen Zeit, Messer, T-Shirts, Töpfe, liegen irgendwo in den Hütten, sie fallen dem Besucher nicht gleich auf. Ist das vielleicht die Steinzeit? Weit gefehlt!
Varisul steigt nun vor mir den steilen Weg durchs Dorf bergan. Er ist der Häuptling, und doch ist er nackt wie all die anderen. Aber an seinem Handgelenk trägt er eine Armbanduhr mit Digitalanzeige. Die Menschen von Bunlap, im besonderen die Männer, waren schon dort draußen in der anderen Welt. Einige waren sogar schon in der Hauptstadt Port Vila. Sie sind dort über asphaltierte Straßen geschlendert oder auf der Ladefläche eines LKWs mitgefahren. Sie haben dort Menschen gesehen, die nicht mit Kava-Wurzeln bezahlen, auch nicht mit Geld, sondern mit Kreditkarten. Einige wenige haben sogar in der Hauptstadt gearbeitet, haben billige T-Shirts und Shorts getragen und in einem Bretterverschlag abseits der Hauptstraße geschlafen. Irgendwann sind sie dann heimgekehrt in

ihr Dorf, haben ihr Gewand ausgezogen, ein Blatt über den Penis gestülpt und sind geblieben. Einige Mitbringsel aus der Stadt liegen nun in den Hütten herum, Erinnerungen an die Zivilisation, in die sie wohl nie mehr dauerhaft zurückkehren werden.

Bunlap hat als eines der wenigen Dörfer Vanuatus das Christentum nie angenommen. Um gegen den Strom schwimmen zu können, müssen diese Menschen stark in ihrer eigenen Tradition verankert sein. So ignorieren die Dorfbewohner auch weitgehend die anderen Segnungen der Zivilisation. Schulen gibt es keine in Bunlap, Lehrer sind wie bisher die Eltern und die Alten. Einige Bewohner besitzen Textilien, sie ziehen diese aber nur an, wenn sie die Welt da draußen besuchen. Nur metallene Töpfe und Messer genießen bei den Menschen von Bunlap einige Wertschätzung.

Varisul und ich sitzen auf einer Bambusstange, mit dem Rücken an die Wand einer Hütte gelehnt. Er blickt zufrieden auf seine Uhr, blickt dann auf meine Uhr. Plötzlich scheint ihn etwas zu beunruhigen. Er bemerkt, daß es auf meiner Uhr bereits 11:49 Uhr ist, während seine Uhr erst 11:45 Uhr anzeigt. Sieht er nur den Unterschied in der Anzeige oder kann er die Zahlen wirklich lesen? "Geri, kannst du meine Uhr richtigstellen?" Nicht einen Gedanken verschwendet er an die Möglichkeit, daß vielleicht meine Uhr falschgehen könnte. Innerlich muß ich lachen. Varisul ist der Häuptling eines Volkes, das noch keine Maßeinheiten für die Zeitnehmung kennt. Man zählt keine Stunden, man zählt keine Tage. Nur die Nächte zählt man, denn die Anzahl der Nächte ist bei längeren Aufenthalten außerhalb des Dorfes das einzige zu bewältigende Problem in bezug auf die Zeit. Und dieser Varisul macht sich nun Sorgen um vier Minuten Zeitdifferenz auf unseren Uhren. Mit wenigen Handgriffen stelle ich seine Uhr auf meine Zeit ein. Ich spüre seine Bewunderung.

Meine Zeit in Bunlap ist abgelaufen. Es ist ein Uhr und ich muß aufbrechen, um noch bei Tageslicht die Westküste der Insel zu erreichen. Viele Fragen über meine Welt da draußen hat mir Varisul während meiner Tage in Bunlap gestellt. Wie zum Abschied stellt er mir eine letzte Frage: "Geri, yu save, sapos Jesus i stap antap?" Ich zucke innerlich zusammen. Was für eine Frage! "Geri, weißt du, ob Jesus ganz oben steht?" Seit der ersten Berührung mit der europäischen Zivilisation vor mehr als hundert Jahren haben sich Bunlap und die kleinen Nachbardörfer beharrlich gegen das Christentum gestellt. Und dann diese Frage an mich!

Ein steiler Aufstieg führt mich aus dem Dorf, vorbei am Nakamal, vorbei an der Wasserstelle. Varisul und viele Dorfbe-

Häuptling Varisul von Bunlap – standesgemäß trägt er eine Armbandluhr am linken Handgelenk.

Voll Mystik präsentieren sich die Kultplätze Bunlaps dem Besucher am Ausgang des Dorfes: Nakamal (Männerhaus) und Natsaro (Tanzplatz).

Nur über diesen verwachsenen Dschungelpfad läßt sich das Dorf Bunlap erreichen.

wohner begleiten mich ein Stück des Weges. Ein riesiger Banyan-Baum verstellt den Weg, seine breitgestellten Wurzeln bilden einen riesigen Tunnel, durch den man hindurchgehen muß. Wir erreichen eine Lichtung, jenen Platz, wo im April das Naghol stattfindet. So nennt man das Fest, bei dem die Männer kopfüber in die Tiefe springen, um eine gute Yams-Ernte zu erbitten. Hier heißt es Abschied nehmen von meinen Freunden aus Bunlap.
Nun bin ich allein mit John auf dem Dschungelpfad. John stammt aus der Gegend um Bunlap, wohnt aber schon seit Jahren an der Westküste der Insel und hat dort, wie man an seinem Namen erkennen kann, das Christentum angenommen. Er hat mich auch den Weg von der Westküste nach Bunlap geführt. Obwohl der Weg durch den Dschungel nicht allzu schwierig ist, weist er doch so viele Abzweigungen auf, daß ich mich alleine sicher nicht zurechtgefunden hätte.
Weiter steigt der Weg steil an, bis wir nach etwa zwei Stunden den 500 Meter hohen Hauptkamm erreichen, der die Insel wie ein Rückgrat von Nord nach Süd durchzieht. Es ist ein zauberhafter Urwald. Riesige Bäume mit hochaufragenden Stämmen, umwuchert von Lianen. Zwischen diesen Stämmen kämpfen Millionen von Farnen, Sträuchern und Dornen, ewig nach Licht strebend, um ihr Überleben. Der Überfluß der Natur hat hier ein feuchtes Chaos geschaffen, in dem ich mich keine zehn Meter ohne Weg bewegen könnte. Ein nächtlich-düsteres Grün, das immer wieder von den leuchtenden Farben der Orchideen aufgehellt wird. Eine kleine Lichtung gibt den Blick auf einen kleinen Küstenstreifen tief unter mir frei. Fast hätte ich vergessen, daß es noch eine Welt jenseits der Gigantomanie dieses Waldes gibt.
Knapp vor Einbruch der Dunkelheit erreichen wir Salap, das erste Dorf an der Westküste. Ich gehe auf die Hütte zu, in der ich schon vor einigen Tagen geschlafen habe. Es ist keine Wohnhütte von Einheimischen, es ist eine Bauhütte. Ich schlafe auf einem Arbeitstisch, der Boden ist zu schlammig. Vom Airfield in Lonorore bis nach Salap gibt es schon eine Straße. Noch gibt es keine Autos auf der Insel, nur die katholische Mission im Norden besitzt zwei Pick-Ups.
Und die Bauhütte? Man will die Straße weiterbauen, über die Berge, von Westen nach Osten, nach Bunlap. Nein, nicht wirklich nach Bunlap! Die Ältesten des Dorfes haben dem Bau einer Straße in ihr Gebiet nicht zugestimmt. Das Dorf Ranon, auch Bay Barrier genannt, nur etwa eineinhalb Stunden zu Fuß von Bunlap entfernt, hat dem Bau der Straße zugestimmt.
Bisher hat Bunlap noch nicht viele Besucher gehabt, vielleicht einmal im Jahr, vielleicht auch drei- oder viermal. Die Menschen dort freuen sich über jeden dieser Besucher, sie lassen ihre Arbeit ruhen, versuchen so viel Zeit wie möglich mit dem Fremden zuzubringen.

Irgendwann in den nächsten Jahren wird die Straße zur Ostküste fertiggebaut sein. Dann werden Touristengruppen am Airfield in Lonorore landen, sie werden in einem mehr oder weniger bequemen Allradfahrzeug nach Ranon rumpeln und dann nach einem wenig anstrengenden Marsch die unwirkliche Welt von Bunlap erreichen. Nein, man muß dann nicht mehr in einer dieser urzeitlichen Hütten Bunlaps übernachten, man wird Bunlap als Tagesausflug buchen können.
Verrate ich zu viel von dieser anderen Welt? Sicher nicht! Die Tourismusmanager in Port Vila, der Hauptstadt von Vanuatu, wissen schon längst Bescheid, und sie warten auf die Fertigstellung der Straße.
Viele Gedanken gehen mir durch den Kopf, während ich auf diesem Arbeitstisch versuche einzuschlafen. Wird sich Bunlap verändern, wenn die Touristen kommen? Und Wosat, der alte Mann in seiner dunklen Hütte? Wie wird er mit diesen Veränderungen umgehen können? Wird er sich in eine der Hütten zurückziehen, die tief im Busch bei den Pflanzungen als Behelfsquartiere dienen, wird er dort seine letzten Tage verleben?

Mein Gastgeber in Bunlap – Kleine Kinder begleiten ihre Eltern auf allen Wegen und zu allen Arbeiten. Das ist ihre Schule.

Am nächsten Tag wandere ich in Richtung Norden zum Lonorore Airfield. Zehn Kilometer leichter Weg, einige Flußdurchquerungen, nach zweieinhalb Stunden sehe ich einen Windsack, eine große Wiese und ein kleines gemauertes Haus, das "Airport-Building".
Etliche ni-Vanuatu, so heißen die Bewohner Vanuatus, sind hier schon versammelt. Sie warten wie ich auf die Ankunft der Twin Otter, die uns nach Port Vila bringen soll. Die meisten von ihnen tragen einfache dunkle Stoffhosen, sauber gewaschene weiße Hemden, einige halten einen Aktenkoffer in der Hand. Ihr Großgepäck befindet sich in fest verschnürten großen Kartons.
Ich unterhalte mich mit einigen dieser Menschen. Sie sprechen mit mir in tadellosem Englisch, sie sind in die Schule gegangen, sie wissen über meine Welt in Europa Bescheid.
Ich kann den Kontrast kaum begreifen. Waren die letzten Tage nur ein Traum oder gibt es wirklich, nur acht Fußstunden von hier entfernt, eine längst vergangene Welt?

Das Losglück des Peter Wallit

Es ist eine jener üblichen Werbeaussendungen, die millionenfach die Haushalte überfluten und die, erstellt mit Hilfe einer Serienbrieffunktion, doch unglaublich persönlich wirken. "Dear Mister Wallit, ..." - "Lieber Herr Wallit! Da Sie uns als guter Kunde bekannt sind (bei wem mag dies wohl nicht stehen), übermitteln wir Ihnen...". Es handelt sich um das Angebot einer norddeutschen Klassenlotterie, die Preise für ein ganzes Los, ein Viertellos, ein Achtellos, die Aufschlüsselung der Gewinne und Gewinnchancen, wobei die Millionentreffer fein säuberlich und werbewirksam durch Fettdruck hervorgehoben sind.
Einige Männer des Dorfes sind zu mir gekommen, haben mir das bereits geöffnete Schreiben in die Hand gedrückt und mich gebeten, ich möge ihnen dessen Inhalt erklären. Nein, sie können nicht sehr gut Englisch, nur Bruchstücke dieser Aussendung haben sie entschlüsseln können. Daß man hier etwas gewinnen kann, das haben sie verstanden. Die großen, im Fettdruck dargestellten Zahlen der Hauptgewinne, die haben sie neugierig gemacht. Die Höhe der Gewinne ist in Deutschmark angegeben, eine Umrechnung in US-Dollar ist beigefügt, die lokale Währung bleibt unberücksichtigt.

Der Raum ist dunkel. Nur schwer kann ich die Buchstaben beim flackernden Lichtschein entschlüsseln. Die Männer sitzen dicht gedrängt um mich herum, einige vor mir zu meinen Füßen am Boden, andere hinter mir recken ihre Köpfe neugierig über meine Schultern. Einige Minuten dauert es, bis ich die zwei Seiten dieser Werbeaussendung durchgegangen bin, immer wieder muß ich das Schreiben zwischen den Köpfen der Männer gegen das flackernde Feuer halten. Still und geduldig harren sie neben mir aus, aber ich spüre ihre elektrisierende Spannung.
Ungläubig halte ich noch immer das Schreiben in meinen Händen, versuche meine Überraschung, meine Fassungslosigkeit in den Griff zu bekommen. In einfachen Worten erkläre ich den Männern um mich herum den Inhalt dieser Zeilen, rechne überschlagsmäßig die genannten Beträge in die lokale Währung um. Ich erläutere ihnen, daß die geforderten Einsätze für sie recht viel Geld bedeuten, daß ein Achtellos eben nur ein Achtel des angegebenen Gewinnes einbringt, daß die Mehrzahl der Gewinne nur eine Rückerstattung des Einsatzes ist und daß die Chance auf einen der Haupttreffer sehr, sehr gering ist. Ihre Augen hängen fasziniert an den Zahlen mit den unendlich vielen Nullen. Ich merke, daß sich meine Zuhörer unter der Höhe der genannten Geldbeträge nichts vorstellen können. Daß es sich um unheimlich viel Geld handeln muß, das begreifen sie und dokumentieren dies durch fortwährendes Schnalzen mit der Zunge - ein Zeichen sichtlicher Aufregung und Überraschung.
Wie mag dieser Brief wohl hierher gekommen sein? Welch eine Adresse: Mister Peter Wallit, Lawa Village, Middle Bush, SW-Malekula, Vanuatu - nein, das kann nicht der bevorzugte Kundenkreis dieser Klassenlotterie sein. Wie kann solch eine Adresse in die Dateiverwaltung dieses Unternehmens gelangt sein? War Peter Wallit in der Hauptstadt gewesen und dort mit einem Keiler zusammengetroffen, hat er ihm seine Adresse hinterlassen? - Unwahrscheinlich! Welcher

Keiler dieses Unternehmens mag sich nach Vanuatu verirrt haben? Ist es das Werk eines Witzboldes, der irgendwann das relativ leicht erreichbare Dorf Lawa besucht hat? Genau das will ich von den Männern des Dorfes in Erfahrung bringen. Sie haben keine Ahnung.

"Ja, wer von euch ist denn nun Peter Wallit?" "Peter Wallit ist nicht hier", geben mir die Männer zur Antwort. Peter Wallit hat dieses Schreiben noch gar nicht gesehen, er war schon lange nicht mehr in Lawa gewesen. Briefgeheimnis scheint es hier wohl keines zu geben. Jeder der hier so selten einlangenden Briefe ist Sache des Dorfes.

Wo ist er denn nun, dieser Peter Wallit? Irgendwo im Busch soll er sein, im Busch, der von offizieller Seite "Middle Bush" genannt wird. Schon lange hat man nichts mehr von ihm gehört.

"Wie soll denn Peter Wallit an dieses Schreiben gelangen?", wage ich zu fragen. Erwartungsvoll sehen mich die Männer an. Sie wissen, daß ich am nächsten Tag in den Dschungel aufbrechen will, daß ich den gesamten Middle Bush bis zur Ostküste der Insel Malekula durchqueren will. "Und wie soll ich Peter Wallit finden?" Sie sagen, ich möge in den Dörfern auf dem Weg nachfragen, ob irgendjemand in letzter Zeit Peter Wallit gesehen habe. Wenn dies der Fall ist, soll ich den Brief in diesem Dorf hinterlassen. Auf diese Weise wird Peter Wallit ihn sicher irgendwann bekommen. Und irgendwann, vielleicht viel später, wird er auf einen jener wenigen Männer im Middle Bush stoßen, die ein wenig Englisch lesen und ihm den Inhalt des Schreibens klarmachen können.

Meine Route verlief entlang der Küste von Wintua nach Lawa und dann in nordöstlicher Richtung durch den Middle Bush nach Rerep. Die Dörfer des Middle Bush sind noch nicht kartographisch erfaßt.

Ich stecke die Werbeaussendung in das Kuvert und packe alles fein säuberlich in eine Plastikfolie. Ich weiß, der Weg durch den Busch wird sehr naß werden. Meine neue Rolle als Buschbriefträger belustigt mich, dennoch nehme ich sie sehr ernst.

Noch vor wenigen Tagen hätte ich nicht im Traum an eine Durchquerung des Middle Bush gedacht. Wie abschreckend sind doch die Berichte über die Bewohner dieser Region. "Small Nambas" werden sie von den Ethnologen genannt. Namba, das ist ein Blatt, mit dem die Männer ihren Penis bedecken und das sie mit Hilfe eines Rindengürtels am Körper fixieren. Da die Bewohner des südlichen Teils der Insel Malekula dafür ein kleineres Blatt verwenden als jene des Nordens, entstand die Unterscheidung in "Small Nambas" und "Big Nambas". Als aggressiv und feindselig werden die "Small Nambas" selbst in jüngsten Publikationen beschrieben. Will man in den Middle Bush vordringen, soll man die Zustimmung aller für dieses Gebiet verantwortlichen Dorfchefs benötigen. Und wie ist diese zu bekommen, wenn man diese Dorfchefs gar nicht erreichen kann? Eine langwierige, wohl kaum realisierbare Prozedur! "Möglicherweise noch kannibalisch!", tönt es von offizieller Seite aus der Hauptstadt Port Vila. Welch eine Vorstellung haben doch die Bewohner der Hauptstadt von ihren Landsleuten im Middle Bush! Welch tiefer Graben ist innerhalb weniger Jahrzehnte entstanden zwischen jenen Melanesiern, die in der Stadt einen Verwaltungsposten bekleiden und am Abend mit ihrem Aktenkoffer in ihr kleines Appartment zurückkehren, und jenen Menschen aus dem gleichen Volk, die in den Bächen nach Krabben jagen und dem dichten Regenwald einige Quadratmeter abgewinnen, um dort Yams, Taro oder Bananen[66] anzubauen! Unzähmbare, menschenfressende Wilde - solche Gerüchte werden gepflegt. Scheinbar objektive Berichte lassen die Bewohner des Middle Bush im Nebel mystischer Urzeit entschwinden.

Wer von all jenen, die solche Berichte schaffen und solche Gerüchte pflegen, hat den Middle Bush schon selbst kennengelernt? Viele waren es bisher nicht gewesen. Da war ein Australier, einige Melanesier aus der Hauptstadt, die vergeblich versucht hatten, die "Small Nambas" in ein Impfprogramm einzubinden, und da war natürlich Karl Waldeback. Karl ist ni-Vanuatu[67] weißer Hautfarbe. Er besucht immer wieder Volksgruppen in schwer zugänglichen Buschregionen und versucht, das unvermeidliche Zusammentreffen mit der westlichen Zivilisation, die ja schon in viele Teile des Inselstaates vorgedrungen ist, für diese Menschen zu erleichtern. Er versucht, ihnen einen Zugang zur Geldwirtschaft und zu gewissen Zivilisationsgütern zu ermöglichen, ohne daß sie dafür ihre eigene Kultur aufgeben müssen.[68] Karl habe ich vor wenigen Tagen auf der Insel Ambrym getroffen. Er hat mir ein völlig neues Bild von den "Small Nambas" vermittelt, und er hat mir auch die nötigen Informationen gegeben, um diesen Trip in Angriff nehmen zu können.

Lawa ist für mich das Tor in den Middle Bush: ein kleines Fischerdorf, malerisch in der South West Bay gelegen, einfache Hütten, ein palmenbestandener Strand, reißende Bäche im umgebenden Tropenwald.

Noch vor wenigen Jahren war dieses autarke kleine Paradies am südwestlichen Ende der Insel Malekula völlig von der Außenwelt abgeschnitten gewesen. Alle paar Monate legte ein Schiff hier in der Bucht an und tauschte die Früchte des Landes gegen einige Metalltöpfe, T-Shirts oder Macheten. Das war alles, was die

---

66 Yams und Taro stellen die Hauptnahrungspflanzen in der Inselwelt Vanuatus dar. Verzehrt werden die Knollen, beim Taro darüber hinaus auch die spinatähnlichen Blätter. Die nicht süße Kochbanane ist eine wesentliche Ergänzung vieler Mahlzeiten, in Restaurants wird sie häufig als Beilage zu Fleischspeisen serviert.

67 Die Bürger Vanuatus werden ni-Vanuatu genannt. Der Großteil sind Melanesier, etwa 2% sind Weiße.

68 Schon in den Zwanzigerjahren unseres Jahrhunderts trat der britische Forscher Bernard Deacon mit den "Small Nambas" in Kontakt und veröffentliche seine Erfahrungen in dem Buch "A Vanishing People in the New Hebrides". 1970 besuchte Charlene Gourguechon einzelne Gruppen im Middle Bush, worüber sie in ihrem Buch "Charlene Gourguechon´s Journey to the End of the World" berichtet. Mit der Öffnung des Airstrips in Wintua kamen auch Touristen nach Wintua und Lawa, vereinzelt besuchten sie auch nähergelegene Dörfer im Middle Bush. Eine wirkliche Durchquerung des Gebietes der "Small Nambas" wurde nur von oben genannten Gruppen des Medical Service, ihnen angeschlossen Karl Waldeback, und einem australischen Touristen (1993) unternommen.

Fischerboot am Lava-Strand von Ambrym, Vanuatu

Bewohner von der "Welt da draußen" kennenlernten. Gerüchte gingen um, eine vage Ahnung breitete sich bei den Leuten aus, daß diese Welt gänzlich anders sein soll, daß die Menschen dort Güter besitzen sollen, die hier noch nie jemand gesehen hat. Neugierde entstand, einzelne nahmen die lange Schiffsreise in die Hauptstadt in Angriff, kehrten wieder oder blieben dort.

Die Zeit der Veränderung kam ganz schnell, und sie erfaßte das Dorf wie eine Sturmflut. Nur wenige Kilometer von Lawa entfernt wurde eine Hochfläche über dem Meer gerodet und ein kleiner Airstrip angelegt. Seither landet die Twin Otter der Vanair zweimal wöchentlich hier, bevor sie ihren Flug von der Hauptstadt nach Santo fortsetzt. Lawa und Wintua sind so an die "zivilisierte Welt" angeschlossen worden. Immer mehr Schiffe fanden den Weg in diese abgelegene Bucht. Unmengen von Gütern aus der Hauptstadt gelangten auf diese Weise in die South West Bay.

Die Maschinen der VANAIR lassen die jahrhundertelang in der Isolation lebenden Volksgruppen Vanuatus zusammenrücken. Ein engmaschiger Flugplan sorgt dafür, daß die Graspisten der Inselwelt regelmäßig versorgt werden.

In nur wenigen Monaten wurden die Menschen hier von riesigen Veränderungen erfaßt, fast wöchentlich mußten sie ihr gerade erst erworbenes neues Welt- und Lebensbild nachbessern und umorientieren.
Ein kleines Geschäft ist in Lawa entstanden. Es gibt dort Kerzen, Streichhölzer, Töpfe und Corned Beef zu kaufen. Für die Menschen reicht es nun nicht mehr, ihre Früchte gegen andere Dinge einzutauschen, sie müssen auch irgendwie an Bargeld herankommen.
Die Kinder spielen nicht mehr nackt mit Steinen und Muscheln am Strand. Sie brauchen kleine Hemden und Hosen, um ihre unbekümmerte Freiheit mit einer Schulbank eintauschen zu können.
Die Menschen in der South West Bay haben auch ihre Namen verloren. Sie heißen nun nicht mehr Teslo oder Bobo oder Peri. Männer aus der Hauptstadt waren gekommen und haben ganz neue Geschichten über die Entstehung der Welt und über das Leben der Ahnen erzählt. Sie waren gerade zur rechten Zeit gekommen. Ein nicht enden wollender Krieg hatte die Menschen hier zerrüttet, das Leben rund um die Dörfer lahmgelegt, und er war noch nicht lange vorbei. Jahrzehntelang schwelte der Konflikt innerhalb des Volkes, dann führte er zu einem grausamen, zwei Jahre andauernden Abschlachten im Middle Bush. Niemand war sicher. Die Kämpfe ließen die Familien männerlos zurück, Frauen und Kinder konnten sich nur sehr langsam von der alles lähmenden Verängstigung loslösen. Die Menschen hier waren der alten Mythen müde geworden. Zu erbarmungslos war die Deutung, daß jedes natürliche Unheil mit der Tat eines Lebenden in ursächlichen Zusammenhang gebracht werden mußte - ein nie enden wollender Kreislauf von Schuldsuche und Rache war entstanden. Die neuen Mythen brachen diese beklemmende Gesetzmäßigkeit auf. Ein anderer hatte alle Schuld auf sich genommen, und er war auch dafür getötet worden. Um in diesen neuen befreienden Mythen leben zu können, brauchte man nur ins Meer zu steigen, den Kopf unter das Wasser zu tauchen, und schon erhielt man einen neuen Namen - John oder Peter oder Mary.
Die Sturmflut, die das Leben der Menschen in der South West Bay erfaßt hatte, war verebbt. Vieles ließ sie verändert zurück, aber entwurzeln hat sie diese Menschen nicht können.
Ich sitze mit Paul am Boden vor seiner Hütte. Neben sich hat er einen Stoß von Bananenblättern aufgeschichtet. Unendlich langsam teilt er jedes Blatt in der Mitte, löst den Blattstengel von den beiden Hälften. Die Blatthälften legt er gefaltet um den stangenartigen Stengel. Dünne Fäden reißt er von den Blättern ab und verbindet damit die lose aneinandergefügten Blatteile zu großen Matten. Bedeutsam zeigt er auf das Dach seiner Hütte. Es besteht aus kunstfertig aneinandergefügten Matten, solchen, wie sie Paul gerade herstellt. Im Laufe der Zeit haben sie sich bräunlich verfärbt und sind undicht geworden. Nun soll seine Hütte ein neues Dach bekommen.
Paul trägt nur eine zerschlissene Short. Selten verlangt das Klima

Paul, mein Gastgeber in Lawa, bei der Herstellung neuer Matten für das Hausdach

hier mehr an Bekleidung. Ja, er besitzt auch zwei T-Shirts, aber die trägt er nur selten. Am liebsten läuft er nur mit seiner Short herum. Nur wenn es sehr naß ist, legt er wieder die "Namba" an, um seine Kleidung zu schonen.
Paul erinnert mich an die Aussendung der Klassenlotterie. Er würde gern einen dieser großen Gewinne machen. Viel Geld muß er immer wieder auftreiben, und das sei recht mühsam für ihn. Verwundert sehe ich ihn an. In seiner Hütte liegen einige Metalltöpfe, Messer und Löffel, ein bißchen Kleidung, eine Taschenlampe. Wozu braucht er das viele Geld? Paul erzählt mir, daß sein ältester Sohn die High School in der Hauptstadt Port Vila besucht und daß er dafür jährlich 60000 Vatu[69] bezahlen muß. Unheimlich viel Copra[70] und Cacao muß er anbauen, ernten und verkaufen, um dieses Geld zusammenzubekommen.
Ich habe Pauls Worte wohl verstanden, aber so richtig begreifen kann ich das alles hier nicht. In welch eine Welt bin ich da hineingeraten? Irgendwo hier im Wald lebt ein Buschmann, der Post von einer deutschen Klassenlotterie erwartet. Neben mir sitzt ein Mann, dessen Leben noch fast vollständig der Jungsteinzeit zuzuordnen ist und der sich darum bemüht, daß sein Sohn erlernt, Binärzahlen in Hexadezimalzahlen umzuwandeln. Welch eine Gelassenheit, mit dem Jahrtausende-Sprung umzugehen!

Wir sitzen am Kiesstrand des Matanoi-Flusses und halten Rast. Bisher hat uns der Dschungelpfad nicht viel Mühe bereitet. Der ausgetretene Weg hat uns an vielen gerodeten Flächen vorbeigeführt. Hier besitzen die Bewohner Lawas ihre "Gärten", wie sie ihre kleinen Pflanzungen nennen, hier bauen sie Yams, Taro und Bananen an.
Der Fluß, an dem wir rasten, scheint eine Art Demarkationslinie zu sein. Auf unserer Seite - lichter Wald, Ackerland. Auf der anderen Flußseite sehe ich nur eine grün-schwarze Wand, undurchdringbarer Tropenwald, der sich die Berge hinaufzieht. Abweisend sieht diese Wand aus. Wie soll hier ein Mensch durchkommen können? Nicht den kleinsten Durchschlupf kann ich von meinem Rastplatz aus erkennen.
Mein Plan ist es, die Insel vom Südwesten aus durch den Middle Bush bis hin zur Ostküste zu durchqueren. Mark aus Lawa wird mich auf diesem Weg führen. Er mag etwa fünfundzwanzig Jahre alt sein, ist unheimlich kräftig gebaut, ein echter Buschmann. Oft bleibt er wochenlang im Dschungel, geht auf die Jagd, sucht nach Krabben, fischt in den Bächen und ernährt sich im Wald von Knollen und Früchten, die in unserer Welt möglicherweise noch gar keinen Namen haben. Wie seine Vorfahren lebt er in vollkommener Einheit mit der ihn umgebenden Natur, ohne auf irgendwelche Güter unserer Zivilisation angewiesen zu sein. Aber er hat sich dieser "Welt da draußen" nicht verschlossen. Als die großen Veränderungen in seinem Volk eingesetzt haben, muß er etwa acht bis zehn Jahre alt gewesen sein. Damals ist er auch getauft und von seiner Familie in die Volksschule geschickt worden. Im Gegensatz zu seinen älteren Brüdern spricht er ein wenig Englisch. An seinem Handgelenk prangt eine Digitaluhr, in seiner Hütte in Lawa steht ein uraltes Transistorradio, an der Wand hängt eine wohl noch ältere Flinte. Nun träumt er von einem Rucksack, wie ich ihn besitze und wie er ihn schon bei Karl Waldeback gesehen hat.

---

69 ca. 400 Euro

70 Getrocknetes Fruchtfleisch der Kokosnuß, das zu Öl für Margarine und Seife verarbeitet wird.

Meine Begleiter bei der Rast am Matanoi-Fluß in Malekula - Mark trägt die traditionelle "Tracht" seines Volkes. Diese "Bekleidung" kommt heute nur noch bei Schlechtwetter zum Einsatz, um die Textilien zu schonen.

Komplettiert wird unsere kleine Gruppe durch Jonathan und seine kleine Tochter Rochina, die er auf seinen Schultern durch den Busch tragen muß. Jonathan, einige Jahre älter als Mark, ist der Intellektuelle im Middle Bush. Er kann schreiben und liest Bücher. Als Halbwüchsiger war er erstmals mit dem Christentum in Kontakt gekommen. Bald war der helle Junge zum Liebkind der Missionare geworden, sie sorgten dafür, daß er eine höhere Schulausbildung bekam. Heute ist er Leiter der Presbyterianer-Gemeinde in Melgene am Ostrand des Gebietes der "Small Nambas". Die Liebe zu den Traditionen seines Volkes hat ihm nie jemand nehmen können, auch wenn diese nicht immer mit der neuen Weltsicht harmonisierte. Er ist zu intelligent, um nicht zu begreifen, daß ein Volk, das seine Traditionen über Bord wirft, bald auch seine Identität verliert. Und Jonathan bedauert es, daß die einfacheren Leute seines Dorfes nun über viele Jahre hinweg diesen Zusammenhang nicht begreifen wollten und sich gar unkritisch der neuen Lebensweise geöffnet haben.
Mit seiner Stellung genießt Jonathan großes Ansehen innerhalb der neuen Strukturen seines Dorfes, reich kann er damit aber nicht werden. Wie alle anderen Dorfbewohner muß auch er seine Gärten bestellen. Oft sind seine Tätigkeiten in der Kirche mit beträchtlichem finanziellem Aufwand verbunden. Dann kann er nur hoffen, daß seine Gemeinde etwas von den geringen Geldmengen, die im Dorf kursieren, locker macht, oder aber er muß selbst tief in die Tasche greifen. Auch Jonathans Frau ist in der Gemeinde tätig. Gestern ist sie von Wintua nach Port Vila zu einer Tagung der Presbyterianer geflogen. Jonathan und Rochina haben sie zwei Tage lang von Melgene durch den Busch bis in die South West Bay begleitet, nun gehen sie den gleichen Weg wieder zurück. Auf meine Frage, warum denn seine Frau nicht von Lamap, das nahe bei Melgene liegt, abgeflogen sei, antwortet mir Jonathan, daß von dort der Flug um 1000 Vatu teurer sei. Vier

harte Tage durch den Middle Bush, um 1000 Vatu[71] einzusparen, und das in einem Land, in dem das Preisniveau ebenso hoch ist wie bei uns in Europa.

Einige Zeit müssen wir im Wasser des Matanoi waten, da es hier keinen anderen Weg nach Norden gibt. Plötzlich zweigt Mark nach rechts ab. Erst aus zwei Metern Entfernung kann ich den winzigen Durchlaß durch diese Wand aus fauligem Gehölz, Blättern und Farnen erkennen. Von hier zieht sich ein schmaler Schlammpfad hinauf in die Berge.
Meine Augen haften nur an den Widrigkeiten des Weges. Ausrutschen, über Wurzeln stolpern, sich an abbrechenden Ästen hochhanteln - vorerst überwiegt der Kampf. Mit der Zeit gewöhnen sich meine Bewegungsabläufe an die Fremdartigkeit des Terrains, mein Blick wird frei für die faszinierende Schönheit des Waldes. Neben mir ergießt sich in drei riesigen Abstürzen ein Wasserfall in die Tiefe. Knapp zweihundert Meter Höhe, sagt mir mein Höhenmesser, als ich den oberen Rand des Falles erreiche. Ein kleines Naturwunder, das noch in keinen Fremdenverkehrs-Prospekt Eingang gefunden hat.
Eine Stunde später erreichen wir das kleine Dorf Lawinawat. Darf man diese winzige Ansammlung von Hütten überhaupt Dorf nennen? Hier leben nur Marks Bruder James mit seiner Frau und John aus Lebombom mit seiner Familie, und auch diese beiden Familien leben nur zeitweilig hier. Mark hat sich hier ebenfalls eine Hütte zum Schlafen errichtet.
Es ist typisch für die Menschen im Middle Bush, daß sie nicht eindeutig einem Dorf zuzuordnen sind. Sie wohnen nirgends und überall. Die Familien der "Small Nambas" besitzen nicht bloß eine Wohnstätte, sie besitzen deren stets mehrere über das Gebiet ihres Volkes verteilt. Überall dort, wo eine Familie dem Urwald einige Quadratmeter Landes entreißt und es urbar macht, legt sie sich auch einen Platz zum Wohnen an.
Der Wohnplatz einer Familie besteht aus zwei oder drei Hütten. Eine dient als Schlafplatz, die zweite zum Kochen, Essen und Beisammensitzen. Manchmal wird die Kochstelle in einer eigenen Hütte angelegt und somit vom Eßplatz abgetrennt. Die in der anthroplogischen Literatur erwähnte strenge Trennung der Schlafplätze für Männer und Frauen kann ich während meines Aufenthalts bei den "Small Nambas" nicht mehr feststellen.
Mark besitzt mehrere Hütten im Middle Bush. Einige davon habe ich selbst gesehen und auch benutzt, nirgends konnte ich jedoch eine Hütte zum Kochen entdecken. Mark scheint als Single immer irgendwo zum Essen unterzukommen. Auch ich konnte von seinem Status profitieren, denn ich wurde während meines Aufenthalts von ihm stets als Gast zu anderen Familien mitgebracht. Die "Small Nambas" sind trotz der langanhaltenden Kriege in der Vergangenheit zu einer riesigen Familie geworden, wo jeder jeden kennt und offensichtlich auch als Freund oder willkommenen Gast betrachtet. Eigentumskonflikte kann es hier kaum geben, da bisher nur der kleinste Teil des Waldes urbar gemacht worden ist. Jeder, dem seine Pflanzungen zu klein geworden sind, ist frei, sich ein Stück des Dschungels anzueignen und dort einen Garten anzulegen.
Lawinawat - eine paradisische Oase inmitten des dichten, zum Himmel aufragenden Tropenwaldes. Einige Hütten, ein idyllischer Gebirgsbach plätschert vorbei, ein kleiner ebener Platz ist mit einigen Bänken zum gemütlichen Verweilen ausgestattet. An einigen Stellen sind Büschel von Bananen aufgehängt, derer sich

71 ca. 7 Euro

jeder Vorbeikommende für den kleinen Hunger bedienen kann. Hinter den Hütten liegen die Pflanzungen, wo man sich vom Überfluß, den dieser kleine Garten Eden zu bieten hat, überzeugen kann.
Wie in Lawa werde ich auch hier von allen besonders herzlich aufgenommen. Jeder gibt mir zu essen, man lädt mich in die Hütten ein und zeigt mir alles, was es in diesem kleinen Dorf zu sehen gibt. Aus welcher Zeit mögen die Berichte stammen, die die "Small Nambas" als extrem fremdenfeindlich bezeichnen? Wer das Glück habe, in ein Dorf Einlaß zu finden, dürfe dort nur wenige Minuten bleiben und müsse für jedes Foto eine Menge Geld bezahlen - so steht es selbst noch in der neuesten Vanuatu-Ausgabe des *lonely planet*. Ein Beweis dafür, daß die scheinbar so gut informierten Autoren nie in dieser Gegend gewesen sind und sich mit einigen alten anthropologischen Studien und den in der Hauptstadt kursierenden Gerüchten begnügt haben. Die Melanesier erwarten im allgemeinen ein Gegengeschenk oder eine Bezahlung für jede erbrachte Leistung oder Wohltat, sowohl von ihren Landsleuten als auch von Fremden. Einzig bei den "Small Nambas" hat man von mir nie auch nur einen Vatu verlangt, nicht fürs Essen, nicht für den Schlafplatz und auch nicht für die Führung durch den Busch.
James und seine Frau bereiten das Essen für den Abend vor. Sie kochen Yams und Bananen in Kokosmilch und raspeln das Fleisch einer Kokosnuß. Mark, Jonathan und ich gehen auf die Jagd nach Flußkrabben. Das sieht so aus, daß Mark und Jonathan behende eine Krabbe nach der anderen in den Topf wandern lassen, während ich als touristisches Beiwerk den Bach entlang stolpere und keines der köstlichen Tierchen wirklich zu fassen kriege. Als Ausgleich für meinen mangelhaften Jagderfolg steuere ich aus meinen Beständen Nudeln, Kekse und Tee zur Mahlzeit bei.
Der Regen prasselt unaufhörlich auf das Blätterdach, während wir auf einer Art hölzerner Plattform halb liegend unser Abendessen einnehmen. Krabben mit

James und seine Frau bei der Zubereitung eines köstlichen Mahles – in the middle of nowhere

Nudeln, Yams und Kochbananen in Kokosmilch, darüber Kokosstreusel, zum Dessert gibt es süße Bananen, Kekse und Tee. Welch ein Menü in diesem Stückchen Regenwald am Ende der Welt! In den Luxusrestaurants Port Vilas hätte ich es wohl kaum besser treffen können.
Der Rest des Abends vergeht wie bei allen "Small Nambas" mit endlosen Gesprächen, die bis tief in die Nacht hinein andauern. Mit mir als Gesprächspartner führen diese Unterhaltungen immer wieder zu Themen, die die Verschiedenartigkeiten unserer beiden Welten betreffen.
Stolz weist James auf den ausgeschlagenen Vorderzahn seiner Frau hin, sie lächelt fast beschämt. Wenn ein Mann mit seiner Frau sehr zufrieden ist und ihr eine große Ehre erweisen will, so schlägt er ihr im Rahmen einer großen Zeremonie mit einem Stein einen Vorderzahn aus. Ob wir auch unsere Frauen derart ehren und lieben, will James von mir wissen. Ich kann ein Schmunzeln kaum verbergen. Irgendwie merke ich an, daß die Frauen in unserem Land diese Art von Verehrung nicht so richtig zu schätzen wissen.
James ist trotz seines Namens und der damit verbundenen Taufe in den Traditionen seines Volkes verwurzelt geblieben. Auch in seiner Lebensweise unterscheidet er sich kaum von jener seiner Väter und Urväter. Große Teile des Jahres lebt er hier mit seiner Frau in Lawinawat, abgeschnitten von allem, was die moderne Welt bieten kann. Aus Lawa hat er gerade einmal einige Töpfe und ein bißchen Kleidung heraufgebracht. Selbst das Feuer entfacht er noch durch Reiben eines kleinen Holzstabs in der Einkerbung eines größeren Holzstocks. Bei allen Männern des Middle Bush ist er als ausgezeichneter Fährtensucher anerkannt. Ein Buschmann, par excellence!
Ein Buschmann, der sich an diesen entlegenen Ort Lawinawat zurückgezogen hat, um sich mit den großen Veränderungen, die vor allem Lawa und Wintua erreicht haben, nicht weiter auseinandersetzen zu müssen? Ein Buschmann, der von der "Welt da draußen" nicht viel weiß und nicht viel wissen will?
Wer ihn derart einschätzt, irrt gewaltig. Hin und wieder steigt er den Schlammpfad hinunter zur Küste nach Lawa, zieht dort sein bestes Gewand an und besteigt in Wintua eine der kleinen Maschinen der Vanair in Richtung Hauptstadt. Dort konferiert er im Namen seines Volkes mit den Granden des Cultural Centre[72]. Es geht um Bewahrung und Weiterentwicklung. James versucht, für sein Volk Zugänge zu Bargeld und Tauschwaren zu öffnen, ohne daß es aus seiner traditionellen Verwurzelung heraustreten muß. Danach verläßt er wieder die "plastic money"-Gesellschaft von Port Vila und tauscht sein Bett im Hotel gegen das Holzgestell seiner Hütte in Lawinawat ein - und das mit einer Selbstverständlichkeit, wie ein anderer abends vom Büro in seine Wohnung zurückkehrt.

Sorgenvoll drehe ich den Kopf aus dem Schlafsack. Seit gestern mittag hat es nicht aufgehört zu regnen. Längst ist die Feuchtigkeit über den Erdboden in die Hütte eingedrungen und hat alles mit einer zähen Schlammschicht überzogen.

---

72 Das Cultural Centre ist die offizielle staatliche Stelle, die für die Angelegenheiten der Naturvölker bzw. naturbelassenen Völker zuständig ist. Hier studiert man deren Kultur, bemüht sich um die Bewahrung der Traditionen und befaßt sich mit den Problemen, die auf diese Völker durch das Zusammentreffen mit der modernen Zivilisation zukommen. Das Cultural Centre sollte auch über momentane Entwicklungen und Probleme bei diesen Völkern am laufenden sein. Somit gilt es als Anlaufstelle für jene Touristen, die die ausgetretenen Pfade des australischen Package-Tourismus verlassen wollen. Bei meinem Besuch erwies sich dieses Amt allerdings als nicht sehr informiert.

Längst schon habe ich die Ränder meines Zweimann-Biwaksacks aufstellen müssen, um wenigstens meine Schlaffläche einigermaßen trocken zu halten. Während der Nacht war es in der nach einer Seite hin offenen Hütte recht munter zugegangen. Die Kleintiere des Waldes haben hier offensichtlich auch Schutz vor dem Wetter gesucht. Von der berüchtigten Aggressivität der Ratten, die sogar im Schlaf befindliche Menschen anfallen sollen, habe ich glücklicherweise nichts bemerken können.

Mit der ersten Helligkeit stehen wir auf und machen uns marschbereit. Jonathan und Mark wollen heute noch Melgene erreichen. Mit acht Stunden haben sie diese Wegstrecke bemessen, und das bei trockenen Verhältnissen. Nur zwei Dörfer werden wir auf diesem langen Marsch passieren: Lebombom, das wir schon nach zwei Stunden erreichen sollten, und Lambre, das knapp vor Melgene liegt.

Ich will mich so schnell wie möglich auf den Weg machen. Der Pfad ist durch den Regen ungleich schwerer geworden. Ich befürchte, bei der zu erwartenden Schlammschlacht auf dem Trail irgendwo zwischen Lebombom und Lambre in die Nacht zu kommen. Und dann wird ein Buschpfad in jedem Fall zur Tortur, ganz gleich, ob man weiterzugehen versucht oder sich irgendwo unter dem faulig-nassen Gehölz zum Schlafen einnistet.

Stunden des Wartens beginnen für Jonathan und mich. Kein Aufbruch! Was war geschehen? Mark hat sich vor längerer Zeit in ein Mädchen aus Levitampas, etwa sechs Fußstunden von hier, verliebt. Die beiden wollen heiraten.

In allen Teilen Melanesiens ist es üblich, daß sich Mann und Frau zwar in freier Partnerwahl finden, daß aber der Mann bei der Hochzeit einen Brautpreis an die Familie des Mädchens entrichten muß. Dieser ist meist so hoch, daß er die jungen Männer in beträchtliche Schwierigkeiten bringt. Bis vor wenigen Jahren wurde der Brautpreis fast ausschließlich in Form von Schweinen entrichtet. Heute besteht er etwa zur Hälfte aus Schweinen, zur anderen Hälfte aus Bargeld.

Irgendwann in der Nacht ist ein Bruder des Mädchens aus Levitampas nach Lawinawat gekommen. Nun sitzen er, Mark und James zusammen, handeln den Brautpreis aus und besprechen die Einzelheiten für die Hochzeit. Gegen neun Uhr kommt Mark zu uns - er wirkt nachdenklich. Zum einen ist er bedrückt über die Höhe des Brautpreises, zum anderen froh darüber, endlich zu wissen, wie er dran ist. 70000 Vatu[73] und drei Schweine muß Mark der Familie des Mädchens bezahlen. Er hat keine Ahnung, wie er diese Summe auftreiben soll und hofft auf die Mithilfe seiner Brüder.

Obwohl sich Mark in derartiger Geldnot befindet, wird er später für seine zahlreichen Dienste und Hilfestellungen, wodurch meine Durchquerung der Insel Malekula erst möglich geworden ist, nichts verlangen. Umso leichter wird es mir damit natürlich fallen, mich, quasi in Form eines Hochzeitsgeschenks, am Brautpreis zu beteiligen.

"Menschenfeindlicher Tropenwald!", hämmert es in meinem Kopf. Das bezaubernde Antlitz dieses Dschungels ist durch den fortwährenden Regen grimmig und abweisend geworden.

Vermochte ich nicht in den letzten Tagen die Schönheiten dieser Natur in mich aufzusaugen? Wie sehr habe ich mich doch begeistern können an diesem Ineinanderwachsen von mächtigen Stämmen, fauligen, bemoosten Rindenstücken, Farnen, die sich irgendwo hindurchzwängen und sich den wenigen durchdrin-

[73] ca. 450 Euro

genden Sonnenstrahlen entgegenstrecken, zarten, blühenden Orchideen. Ein ewiger Kreislauf des Vergehens und Entstehens auf Vergangenem! Eine kleine Lichtung, die das alles bedeckende Blätterdach aufreißt, ein wenig Licht und Wärme hereinläßt, ein kleiner Bach, der sich in Kaskaden in die Tiefe stürzt, die Klangwelt des Dschungels, die den Reichtum des Lebens erahnen läßt, ohne daß ich ihn zu Gesicht bekomme. "Ort des Friedens", "Garten Eden" - all diese Assoziationen haben meine Wahrnehmungen in den letzten Tagen begleitet.
Heute - alles wie weggeblasen! Seit Stunden kämpfe ich auf diesem zur Schlammbahn gewordenen Pfad. Für die Schönheiten des Waldes bin ich empfindungslos geworden, krampfhafte Aufmerksamkeit, um nur den nächsten Schritt ohne Sturz, ohne Ausgleiten meistern zu können. Jedes Geräusch wird unterdrückt von dem fortwährenden Prasseln der Wassertropfen auf das Blätterdach. Dieser scheinbare Schutz vor dem Regen gibt unter seiner Last nach und ergießt die Wassermassen auf uns und unseren Weg.
Rast im Dorf Lebombom! Kurzes Durchatmen! Hat irgendjemand Peter Wallit gesehen? Nein, niemand hier hat ihn gesehen, schon lange nicht. Weiter! Bald ist der höchste Punkt des Pfades erreicht, achthundert Meter über dem Meeresspiegel. Und dann geht es auf der Ostseite der Berge alles wieder hinunter.
Haben für den Aufstieg zwei Beine gereicht, so reichen für den Abstieg deren vier nicht mehr aus. Mit den Händen halte ich mich an allem, was ich fassen kann, fest. Trotzdem finden meine Tritte kaum Halt, gleite ich immer wieder aus, versuche ängstlich den nächsten Schritt. Die Haut ist übersät von Kratzern und Rissen vom ewigen Festklammern, vom Ausrutschen, von den in den Weg hereinragenden Dornen. Ein feines Geflecht von roten Schnitten, darüber das Schwarzbraun der anhaftenden Schlammschicht. Welch erbärmliches Bild eines ziemlich hilflosen Kämpfers in diesem Urwald!
Meine Freunde Mark und Jonathan steigen den Pfad locker hinab wie wir es auf einem ausgetretenen Wanderweg tun. Geduldig warten sie immer, bis auch ich mich wieder herangekämpft habe.
Mulmig wird mir bei dem Gedanken, daß wir möglicherweise das Dorf Lambre nicht vor Einbruch der Dunkelheit erreichen können. Hier auf diesem abschüssigen Pfad übernachten, wo es kein waagrechtes, ebenes Stück gibt, der Boden von Schlamm, Wurzeln und Dornen überzogen ist? Wasser von unten, Wasser von oben! Na ja, irgendwie kann ich das schon schaffen. In den Biwaksack hineinkauern und sich irgendwie zwischen den Wurzeln verspreizen, um nicht in diesem Gelände abzurutschen. Erholsam kann das nicht sein.
Mark kann ich nur bestaunen, ihn und alle Buschleute dieses Waldes. Oftmals bleibt er mehrere Tage oder gar Wochen hier im Dschungel, ohne in einer Hütte zu übernachten. Wie kann man in dieser Welt überleben? Hier kann ich nichts finden, was ich zum Leben brauche. Nicht einmal den Pfaden kann ich wirklich folgen. Manchmal sind sie derart verwachsen, daß ich den weiteren Verlauf nicht erkennen kann. Um mich herum höre ich zuweilen die Tiere des Waldes, zu Gesicht bekomme ich kein einziges. Früchte und eßbare Knollen? Ich kann nichts erkennen als Wurzeln, Farne, Dornen und Moos.
Für Mark hat diese Natur nichts Beengendes, nichts Abweisendes, auch nicht bei diesem Wetter. Der Wald ist sein riesiger Garten, der alles im Überfluß bietet, wo er sich vollkommen frei bedienen kann. Selbst seine Bekleidung bezieht er nun aus dem Busch. Um sein Gewand zu schonen, verstaut er es in seinem Gepäck und legt die Namba an. Frei und leicht fühlt er sich hier in "seinem Garten", gut gelaunt steckt er sich Orchideenblüten ins Haar.

Mark spürt, daß ich mich hier nicht mit derselben Empfindung bewegen kann, daß ich ganz schön hart in dieser seiner schönen Welt zu kämpfen habe. Ständig ist er bemüht, mich am Reichtum dieses Waldes teilhaben zu lassen. Immer wieder deutet er in eine Richtung, wo ich nur grün-braunes Dickicht erkennen kann, schlägt mit der Machete hinein, fischt eine Frucht heraus oder gräbt eine Knolle aus. Laufend beschenkt er mich mit Köstlichkeiten aus diesem Wald, deren Namen ich nicht kenne, von denen ich nicht einmal sicher bin, daß unsere Sprache sie benennen kann. Ich beginne zu erahnen, wie frei man in dieser unverfälschten, wilden Natur leben kann, und muß doch begreifen, daß ich in diese Umwelt nie mehr hineinzuwachsen vermag.
Gegen alle bösen Befürchtungen erreichen wir die Niederungen des Pankumu-Flusses noch bei Tageslicht, wenig später auch das große Dorf Melgene. Anders als die Dörfer im Busch, wo auf engem Raum die Hütten zwischen das umgebende Dickicht des Dschungels gepfercht sind, liegt Melgene weitläufig in einer offenen Flußebene vor uns. Dieses Dorf hat ebenso wie Lawa schon Anschluß an die moderne Zivilisation. Nur drei Stunden sind es auf einem leichten Weg bis zur Ostküste, wo man auf eine von Lastwagen befahrene Piste stößt.
Jonathan führt mich durch sein Dorf. Vor uns liegt ein weiter, ebener Platz, rundherum gruppieren sich die Hütten der Bewohner. Auf dem großen Platz wurden mit geraden Stämmen Fußballtore errichtet, aber während meines gesamten Aufenthalts in Melgene habe ich nie jemanden Fußball spielen gesehen. Melgene hat das gleiche Problem wie viele andere Dörfer in Vanuatu. Mit viel Liebe hat man einen Fußballplatz angelegt, aber es gibt keinen Ball. Das Innere des Stammes der Kokospalme enthält eine weiche Holzmasse. Diese wird kugelförmig herausgeschnitten und dann so lange als Fußball verwendet, bis sie völlig zerfällt. Der Luxus eines Plastik- oder gar Lederballs wird nur wenigen Dörfern zuteil. Die Freude darüber hält dann meist auch nicht lange an. Sobald die Luft draußen ist, fehlt die Pumpe.
Am Rand dieses Platzes liegen und stehen fast unscheinbar einige Tamtams[74] im Gras. Einige Männer des Dorfes finden sich hier mit kleinen Holzstöcken ein und schlagen die Tamtams. Jedes dieser Instrumente hat einen eigenen Klang. So entsteht die für die "Small Nambas" eigene Musik, die man wohl nur in diesem Ambiente verstehen und lieben kann.
Die kleine Gruppe von Musikern wird angeführt von einem alten Mann, der auf einem aufrecht stehenden, mit einfachen Schnitzereien verziertem Tamtam den Rhythmus vorgibt. Der alte Mann mit seinem Bart, mit seinem zähen, ausgemergelten Körper strahlt Würde aus. Er scheint über viele Jahre eine Kunst bewahrt zu haben, die die jüngeren Männer um ihn herum nun erst wieder erlernen wollen. Fast nackt hockt er vor uns, ein rundgewachsener Schweinezahn schmückt sein Handgelenk.
Still lauschen wir dem Spiel der Tamtams. "Das ist Peter Wallit!", wirft Jonathan beiläufig ein und deutet auf den alten Mann. Da ist er nun endlich. Tagelang habe

---

[74] Das Tamtam ist das wahrscheinlich wichtigste traditionelle Musikinstrument der Melanesier in der Inselwelt Vanuatus. Ein etwa mannshohes Stück eines Baumstammes wird ausgehöhlt. Ein etwa fünf Zentimeter breiter Spalt bleibt fast über die gesamte Länge des Instruments offen. Das obere Ende des Tamtams wird häufig mit Schnitzereien versehen, die einen Menschenkopf darstellen. Mit kurzen, etwa fünf Zentimeter dicken Holzstücken schlagen die Spieler links und rechts des Spaltes auf das Tamtam und erzeugen so den jedem Instrument eigenen Klang.

ich seinen Brief durch den Dschungel getragen, habe in den Dörfern immer wieder vergeblich nach ihm gefragt. Nein, so habe ich mir Peter Wallit nicht vorgestellt. Er wirkt auf mich wie jemand, der sein ganzes Leben in den Traditionen seiner Vorfahren verwurzelt war und der nun im Alter davon einiges an die jüngere Generation weitergibt. Er erhält Zuschriften einer deutschen Klassenlotterie?

Ich eile in Jonathans Hütte, um den Brief aus meinem Gepäck zu holen. Diensteifrig überreiche ich dem alten Mann den so sorgsam aufbewahrten Umschlag. Peter wirkt nicht sonderlich überrascht über den Empfang des Briefes. Mit einem Nicken nimmt er das Kuvert entgegen, legt es, ohne es aufzumachen, neben sich auf den Boden und spielt weiter. Erst viel später befragt er Jonathan und mich nach dem Inhalt des Schreibens.

Nach Tagen der Suche habe ich ihn schließlich doch gefunden: Peter Wallit (im Vordergrund) beim Schlagen des Tamtam.

Neben dem alten Mann liegt eine Art Krückstock. Erst später erkenne ich, daß Peter Wallit Kinderlähmung gehabt haben muß, daß er sein linkes, verkürztes Bein gar nicht auf dem Boden aufsetzen kann. So wie er hier über den ebenen Platz humpelt, muß er sein ganzes Leben über die glitschigen Pfade des Middle Bush gehumpelt sein. Nur schwer kann ich das begreifen, habe ich doch mit zwei gesunden Beinen und freien Armen so viel Mühe auf dem Weg gehabt.

Nun ist Jonathan unser Gastgeber, und er erweist sich als höchst großzügig. Selbst Fleisch, ein seltener Luxus für die Menschen im Middle Bush, treibt er für unsere gemeinsamen Mahlzeiten auf. Anderntags muß er uns allerdings verlassen. Ein dringendes Telefongespräch mit Kirchenführern aus Port Vila steht an. Das nächste Telefon gibt es im Ort Tisman an der Ostküste. Sechs Stunden Fußweges wird Jonathan für dieses Telefonat auf sich nehmen müssen.

Faszinierender Zusammenprall verschiedener Zeitalter: Mark beim Feuermachen, sein linkes Handgelenk wird von einer modernen Digitaluhr geziert. Hinter der einfachen Wand der Hütte verbirgt sich Jonathans sehenswerte Bibliothek.

Buschmann und Intellektueller! Jonathan lebt im Spannungsfeld zweier weit auseinanderliegender Kulturen. Wenn er das Essen zubereitet, entfacht er das Feuer nach uralter, steinzeitlicher Tradition mit dem Holzstock. Andererseits ist er bereits von der Existenz eines Telefons abhängig, auch wenn er für ein Gespräch einen Tagesmarsch auf sich nehmen muß. In seiner einfachen Hütte finden sich viele Bücher. Der intellektuelle Anspruch dieser kleinen Hausbibliothek übersteigt bei weitem das Niveau der meisten Hausbibliotheken in unseren Landen.

Abends nehmen wir stets die Mahlzeit in Jonathans Hütte ein, halb liegend auf einer riesigen, etwa fünfzig Zentimeter hohen Plattform aus Holz, ganz in der Tradition der "Small Nambas". Viele Männer des Dorfes finden sich zu unseren Mahlzeiten ein. Alle wollen sie mich sehen, ein paar Worte mit mir wechseln oder zumindest an den Gesprächen zuhörend teilhaben. Als Weißer bin ich eine kleine Sensation in diesem Dorf, zu selten waren bisher solche Besuche gewesen. Da ist aber auch Peter Wallit. Auch er ist nur zu Gast in Melgene. Die Autorität, die er bei seinem Volk genießt, kann wohl nicht von großen kriegerischen Taten herrühren. Seine Behinderung hat ihn zeit seines Lebens vom großen Kampfgeschehen ausgeschlossen. Peter verkörpert viel mehr die Weisheit und Tradition seines Volkes, er hat in all den Zeiten der großen Veränderungen seine Identität bewahrt. So ist er für die Jüngeren zu einem Fixpunkt geworden, durch den sie nun zur Identität ihrer selbst zurückfinden wollen.

Die bis in die Nacht hinein währenden Gespräche zentrieren sich dann auch stets um Peter und um mich. Die anderen Männer werfen nur hin und wieder einen Satz ein, hören aber umso aufmerksamer der Unterhaltung zu. Auch der redegewandte Jonathan nimmt sich neben dem alten Mann zurück und hilft nur hin und wieder mit Übersetzungen, wenn meine beschränkten Bislama-Kenntnisse[75] für die komplexeren Gedankengänge nicht mehr ausreichen.

Peter Wallit spricht mit mir über die Vergangenheit seines Volkes und nicht ohne Sorgen auch über dessen Zukunft. Er hat nie eine Schule besucht, von der Welt

---

75 Vanuatu besitzt bei einer Bevölkerung von 160000 Einwohnern 105 verschiedene Sprachen. Am Ende des 19. Jahrhunderts arbeiteten viele Melansier auf Plantagen in Queensland, Australien. Da sie kaum miteinander kommunizieren konnten, entwickelten sie aus dem Englisch ihrer Vorgesetzten ein einfaches Pidgin-English, das sie später in ihr Heimatland zurückbrachten. In Vanuatu entwickelte sich aus diesem Pidgin mit Einbeziehung französischer Worte die Sprache Bislama, die nun offizielle Landessprache geworden ist und eine Kommunikation über die alten Stammesgrenzen hinweg ermöglicht. Auch nach hundert Jahren der sprachlichen Entwicklung ist Bislama weiterhin dem Pidgin-English der Salomonen und Papua Neuguineas sehr ähnlich.

jenseits der Strände seiner Insel weiß er nur wenig. Dennoch hat er begriffen, daß sein Volk in die Zivilisationsfalle geraten ist.
Eine neue Lebensweise hat, von den Hauptinseln Efate und Espiritu Santo[76] kommend, die größeren Orte an der Ostküste Malekulas erreicht, und sie hat auch an die Tore des Middle Bush geklopft. Fasziniert haben besonders die jüngeren Menschen aus dem Volk der "Small Nambas" Anschluß an diese neue Welt gesucht. Schnell haben sie mit den Traditionen ihrer Väter gebrochen und ihren Blick nach draußen gerichtet. Anschluß an die Welt ihrer fortschrittlichen Landsleute haben sie gesucht, aber es blieb bei einem Hinterherhinken. Die Anforderungen der westlichen Zivilisation konnte von Menschen, deren Freiheit von den Härten des Buschlebens eingeengt wird, nicht erfüllt werden. Schnell gerieten die Menschen hier in eine Abhängigkeit vom Bargeld. Es hat mit einigen T-Shirts und Macheten begonnen, aber bald waren es Außenbordmotoren für die Boote oder das Schulgeld für die Kinder. Der Brautpreis mußte zumindest teilweise in Cash entrichtet werden. Die jungen Männer konnten kaum mehr heiraten, da die Familien der Mädchen die Geldforderungen in unrealistische Höhen getrieben haben.
Peters Volk braucht Geld. Er bettelt nicht, er fragt mich um Rat. Die Möglichkeiten des Gelderwerbs sind ziemlich ausgeschöpft. Die Menschen produzieren Produkte für den Verkauf, für die sie in ihrem eigenen Lebensbereich kaum Verwendung haben: Copra und Cacao. Für eine weitere Steigerung der Produktion fehlen die Abnehmer.
Tourismus ist das neue Schlagwort, das in den Köpfen der "Small Nambas" geistert. Viele Menschen aus Australien kommen auf die Inseln Efate, Tanna und Espiritu Santo und lassen dort auch eine Menge Geld. In den größeren Dörfern an der Ostküste Malekulas waren kleine Hotels entstanden. Touristen bleiben dort einige Tage, sehen Vorführungen traditioneller Tänze und eine teilweise vorgegaukelte ursprüngliche Lebensweise.
Virambat, der große Häuptling der "Big Nambas", der mit seinem Volk in den Bergen im Norden Malekulas gewohnt hat, hat in seinem Alter erleben müssen, wie einer nach dem anderen aus seinem Volk seine ursprüngliche Lebensweise über Bord geworfen und sich an der Küste niedergelassen hat, auch seine eigenen Söhne und Töchter. Zuletzt bestand das Volk der "Big Nambas" nur noch aus Virambat selbst und seinen sechs Frauen. Doch Virambat empfing viele Fremde an seinem Wohnplatz. Jeder Tourist, der in einem der Hotels in Malekula verweilte, wollte diesen letzten Vertreter eines Urvolks kennenlernen. Und Virambat ließ sich das gut bezahlen. Stolz präsentierte er sich in seiner steinzeitlichen Häuptlingspracht und verstand es, für jedes Foto eine Menge Geld von den Fremden herauszuholen.
Virambat ist vor kurzem gestorben. Das Volk der "Big Nambas" gibt es nicht mehr. Nun gibt es nur noch die "Small Nambas", geographisch im Abseits, im Begriff, ihre eigene Identität zu verlieren, und mit der abschreckenden Reputation der Fremdenfeindlichkeit behaftet.

---

[76] Die beiden Inseln Efate und Espiritu Santo sind seit langem in engem Kontakt mit der westlichen Zivilisation, besonders durch die großen amerikanischen Stützpunkte während des Zweiten Weltkriegs. Der Lebensstil in den beiden einzigen Städten des Landes, Port Vila auf Efate und Luganville auf Espiritu Santo, ist mit dem einer australischen Kleinstadt zu vergleichen. Internationaler Tourismus, moderne soziale und bildungsmäßige Infrastruktur, Kreditkartenwesen, ausgebaute Handelswege - der Bruch zu den Buschdörfern auf den oft nur wenige Kilometer entfernten Inseln kann kaum größer sein.

"Wie können wir Touristen in unsere Dörfer bekommen?", fragt mich Peter. Ein flaues Gefühl kommt da bei mir doch auf, als ich diese Frage höre. Soll ich etwa Touristen für den Middle Bush gewinnen? Als Österreicher habe ich kaum Möglichkeiten, die Fremdenverkehrszahlen in Vanuatu zu steigern. Würde ich das überhaupt wollen? Die "Small Nambas", ein naturverwurzeltes Volk, wurden mittelbar durch ihre eigenen Landsleute mit der westlichen Zivilisation in Kontakt gebracht, sind aber bisher von den "Westlern" gänzlich abgeschnitten gewesen. Von den Gefahren der Überfremdung und der stark steigenden Preise durch den Tourismus wissen die Menschen hier noch nichts. Darüber kann ich mit den Männern in der Hütte kaum diskutieren, auch habe ich als Tourist kein Recht zu solchen Einwänden. Schließlich habe ich selbst den Egoismus aufgebracht, in diese ihre abgeschiedene Welt einzudringen. Nun sollte ich es den Männern hier vermiesen, daß andere es mir gleichtun können?
Der Spielraum dieses Volkes ist recht beschränkt. Nur die Früchte der Gärten und das Öffnen des schwer zugänglichen Middle Bush für Besucher können das erforderliche Bargeld einbringen. Eine Rückkehr in die Jungsteinzeit wird diesen Menschen nicht mehr gelingen, sie werden eine solche auch nicht wollen. Ich erwähne, daß weiße Besucher kaum an einem Volk interessiert sind, das seine eigene Identität aufgibt und die Wertewelt seiner Besucher übernimmt. Peter scheint diese kritische Anmerkung zu erfreuen. Er erzählt mir, daß die Jungen erkannt haben, daß die "Welt da draußen" auch ihre Grenzen hat, auch nicht alle Sehnsüchte erfüllen kann. Nun wollen sie die Bräuche ihrer Väter wieder kennenlernen, die Identität der eigenen Gemeinschaft wiederfinden. Sollte die Aussöhnung mit der naturverbundenen Lebensweise den angenehmen Nebeneffekt besitzen, Besucher anzuziehen?
Ich beginne zu begreifen, warum Peter solch große Autorität bei seinem Volk genießt. Er kennt noch die Traditionen der Vorzeit. Er ist mit ihnen aufgewachsen, und er lebt noch in ihnen. Es freut ihn, nun einiges davon an die Jüngeren weitergeben zu können. Aber Peter ist für die "Small Nambas" mehr als ein alter Mann, der die Vergangenheit hochhält. Der alte Buschmann hat eine Gesamtsicht der Situation der Menschen im Middle Bush vor Augen. Er steht für die Weisheit seines Volkes. Peter hat erkannt, daß sein Volk nur überleben kann, wenn es mit den Ansprüchen der modernen Zivilisation zu Rande kommt. Er ist alt, aber er will mit seinen Leuten gemeinsam den Weg in die Zukunft gehen. Wenn es sein muß, wird er, wie dieses Gespräch zeigt, auch vorangehen.
Die jüngeren Männer hier im Raum haben den Beginn der großen Veränderungen als Kinder oder Jugendliche miterlebt, sind also mit dem Eindringen der modernen Zivilisation aufgewachsen. Peter Wallit ist einer der wenigen, die den Jahrtausendsprung im Mannesalter bewußt durchlebt haben. Er kann mir viel von der jüngeren Geschichte seines Volkes erzählen.
Zur Zeit, als Peter ein Kind war, das muß wohl in den Vierzigerjahren gewesen sein, lebte das Volk der "Small Nambas" auf recht engem Raum zusammen, dort wo sich heute das Dorf Lebombom befindet. Mitten im Busch! Die Küsten waren praktisch unbesiedelt.
Warum errichteten die Menschen an dieser herrlichen Küste mit ihrem Fischreichtum und dem ebenen Gelände keine Dörfer? Lebte dort ein anderes Volk? Nein, auch die Küstenabschnitte rund um den Middle Bush gehörten dem Volk der "Small Nambas". Doch wer an der Küste wohnte, wurde bald krank. Bei der so gefürchteten Krankheit handelt es sich um Malaria, die sich sonderbarerweise nie in den Buschregionen ausbreiten konnte. In der Abgeschiedenheit ihres

Waldes blieben die Menschen nicht nur von der Zivilisation der Kolonialmächte[77] unberührt, sie waren auch von den anderen Völkern der Insel abgeschnitten.
Nach außen gerichtete Kriege führten die "Small Nambas" in dieser Zeit nicht. Dafür reifte während Peters Kindheit innerhalb des Volkes ein Konflikt heran, der die Lebenswelt jedes einzelnen gewaltig verändern sollte.
Vermutlich standen am Anfang Clan-Streitigkeiten um eher unbedeutende Besitzansprüche. Was mit kleinen Kompensationszahlungen in Form von Schweinen leicht zu bereinigen gewesen wäre, sollte nicht bereinigt werden. Stattdessen wurde der Ahnenkult mit seiner erbarmungslosesten Seite ins Spiel gebracht. Für jedes noch so natürliche Unheil mußte ein Schuldiger gefunden werden, und das Unheil mußte an ihm oder seiner Familie gerächt werden. Die Alten, die das Wissen um die Ahnen tradierten, hatten das Sagen, und sie taten es ohne Weisheit. Religion als mythische Rechtfertigung irdischer Ansprüche - ein bekanntes Phänomen! Schnell hatte sich das konkret Faßbare der einzelnen Streitigkeiten in nebulosen mythischen Deutungen und bösartigen Verfluchungen verloren. Jeder war nun involviert, auch Frauen und Kinder. Die Menschen führten ihr Dasein in ständiger Angst, lebten doch die Feinde im eigenen Dorf. All das entlud sich in einem fürchterlichen Krieg, der viele Todesopfer in diesem kleinen Volk forderte. Frauen und Jugendliche waren auch in die Auseinandersetzung involviert, leisteten sie doch Hilfsdienste bei den Kampfhandlungen und beteiligten sich an den Mahlzeiten, bei denen das Fleisch der getöteten Feinde verzehrt wurde. Das Volk der "Small Nambas" wurde über das ganze Gebiet des Middle Bush versprengt, auch die Küste wurde besiedelt. Winzige Pflanzungsgebiete wie Lawa, Melgene oder Lendombwey wurden erst in dieser Zeit zu wirklichen Dörfern.
Die folgenden Jahre relativer Ruhe waren eher ein Waffenstillstand als ein echter Friede. Mitte der Siebzigerjahre kulminierten die alten Animositäten in einem neuerlichen Krieg.[78] Wie bei den meisten bewaffneten Konflikten in Ozeanien waren es die alten Männer, die die Sache des Krieges vorantrieben. Die Jüngeren waren oft nur halbherzig dabei, konnten aber dem sozialen Druck, der vom Clan ausging, nicht entfliehen.
Dieser letzte große Krieg muß ein wahres Abschlachten gewesen sein. Ganz offen sprechen die Männer über die Grausamkeiten, über die Hinterlist, auch darüber, wie sie die Toten bei festlichen Gelagen verspeist haben. Ich blicke erstaunt in die Runde, ist doch das Sprechen über Kannibalismus bei anderen Völkern Ozeaniens ein striktes Tabu. "Und ihr habt damals alle eure toten Feinde verspeist?", will ich wissen. Die Männer nicken, auch Jonathan. Er konnte damals kaum älter als zwölf Jahre alt gewesen sein. Nur Mark durfte an diesen Mahlzeiten nicht teilnehmen. Als Kind war es ihm verboten, Menschenfleisch zu essen.
Kann das wahr sein? Welch unglaubliche Situation! Ich sitze hier mitten unter Kannibalen, Kannibalen außer Dienst, aber immerhin Kannibalen. Und worüber unterhalten wir uns? Über steinzeitliche Jagdtechniken oder die Macht, die vom

---

[77] Bis 1980 wurde Vanuatu (früher: New Hebrides) gemeinsam von den Kolonialmächten Großbritannien und Frankreich regiert. Diese Form gemeinsamer Verwaltung, die Anfang des 20. Jahrhunderts zur Wahrung gemeinsamer Interessen ins Leben gerufen wurde, erhielt den Namen "Condominium".

[78] Dieser Krieg ist das erste wichtige Ereignis in der Geschichte der "Small Nambas", das zeitmäßig ziemlich klar datierbar ist. Er muß in den Jahren 1973 und 1974 stattgefunden haben.

lehmbeschmierten Leichnam eines verstorbenen Häuptlings ausgeht? Nein, wir erörtern die Möglichkeiten der Entwicklung einer touristischen Infrastruktur für das Gebiet der "Small Nambas". Vom steinzeitlichen Kannibalismus zum Tourismusmanagement - und das in einem halben Menschenleben! Ich will an die Flexibilität dieser Menschen denken, wenn mich das nächste Mal die neue Version eines Computerprogramms wegen geringfügiger Neuerungen wieder einmal zum Fluchen bringt.

Erst jetzt wird mir bewußt, was mich schon lange erstaunt hat. Es gibt bei den "Small Nambas" kaum Männer im Alter von vierzig oder fünfzig Jahren. Frauen gibt es viele in diesem Alter, aber so gut wie keine Männer. Hat dieser Krieg eine ganze Generation von jungen Männern dahingerafft?

Nach all den Jahren ständiger Angst und Trauer hatte die nachfolgende Generation so sehr genug von den düsteren Seiten ihrer eigenen Tradition, daß es ein leichtes war, sie für eine neue Ideenwelt zu gewinnen. Die Missionare der Presbyterianer, die ab 1979 die versprengten und damit leichter erreichbaren Familien der "Small Nambas" besuchten, brauchten ihre Schäfchen nur einzusammeln. Alle wandten sich in nur wenigen Jahren dem Christentum zu.

Wie stets brachte das Christentum auch Güter der westlichen Zivilisation ins Land. Diese waren für die Menschen viel faszinierender als die alten Kunstfertigkeiten und Rituale. Erst heute, viele Jahre später entsteht bei den Jungen wieder das Bedürfnis, die Identität des eigenen Volkes wiederzufinden.

Ich blicke auf Peter. Er ist einer der wenigen Männer, die die alte Zeit noch erlebt haben. Ihm habe ich den Brief der deutschen Klassenlotterie gebracht, der ihm das große Losglück verspricht. Nie werde ich die Umstände erfahren, welche ihn zum Adressaten dieser ungewöhnlichen Werbeaussendung gemacht haben.

Peters Behinderung? Ist sie zu seinem großen Losglück geworden? Minderwertig, kein vollwertiger Krieger, wie die Frauen nur zu Hilfsdiensten befähigt, toleriert - so ist er durch den Krieg gekommen. Und hat überlebt!

Peters Rolle in der Gemeinschaft hat sich völlig geändert. In wesentlichen Entscheidungen orientieren sich die Menschen hier nun an diesem behinderten, alten Mann, fühlen sich erst sicher, wenn auch er eine Entscheidung gutheißt, hoffen, daß das Losglück des Peter Wallit auch zum großen Los für das Volk der "Small Nambas" werden kann.

BERGTRÄUME - TRAUMBERGE

Auf den Zinnen der Götter

Hillary-Step, Khumbu–Eisfall, Silbersattel, Borotkin-Pfeiler![79] Zauberworte aus der Bergsteiger-Literatur! Jeder, der in den Hausbergen seiner Heimat die Freizeit verbringt, alte und neue Routen begeht, kennt diese Namen, hat die Fels- und Eispassagen plastisch vor Augen, ist von ihnen magisch angezogen, auch wenn er vielleicht nie in ihre Nähe gelangen wird.
Ehrfurchtsgebietend klingen ihre Namen, wenn in einer urigen Berghütte in den Alpen die Gespräche um die Großtaten der wenigen Auserwählten auf den Bergriesen dieser Welt kreisen. Welch geheimnisumwitterte Botschaften sind von der kleinen Schar der Höhenbergsteiger, die den Weg in diese ferne Wirklichkeit gefunden haben, zu uns in die Niederungen der Normalität gedrungen!
Was verzückt uns so, wenn wir solch unendlich mühevolle Gipfelgänge in unseren Gedanken nachvollziehen? Wähnen auch wir überirdische Wesen auf diesen entrückten Felszacken und Schneegraten, die den Bewohnern dieser Bergregionen so lange verbotenes Land waren? Der Thron der Götter! Unberührbar! Wer sich anmaßt, ihn zu erklimmen, wird sterben!
Der Mythos hat Risse bekommen, als die ersten Europäer und bald auch Männer des eigenen Volkes unbeschadet von diesen Höhen zurückgekehrt sind.[80] Doch die Zinnen der Götter bleiben geheimnisvoll und unbegreifbar. Daß dort oben alles anders ist als in unserer Welt, daran wagt niemand zu zweifeln - nicht der in seinen Traditionen erschütterte Bauer, der das enge Land am Fuße dieser Bergriesen bebaut, nicht der wissenschaftsgläubige Europäer, der in den Erzählungen derer liest, die von diesen fernen Höhen zurückgekehrt sind.
Die Welt ist kleiner geworden. Auch für mich! Einigen dieser sagenumwobenen Schlüsselstellen bin ich schon recht nahe gekommen, habe sie mit eigenen Augen gesehen. Von weit unten, aus den tiefen Einschnitten mit den winzigen, steinbegrenzten grünen Feldern, den Lamaklöstern, den Rhododendronblüten und den sanften Moränenhügeln!
Worin liegt das Geheimnis dieser Zauberworte? Ehrfurchtsvoll blicke ich hinauf zu den Stellen, deren Überwindung mit der Aufnahme in den Olymp der Bergsteigerwelt belohnt wird. Sind sie schreckenerregend, gefährlich, unüber-

---

[79] Hillary-Step: ca. 15 Meter hohe Schlüsselstelle auf der Südroute des Mount Everest (Nepal/China, höchster Berg der Welt mit 8846 Metern) in etwa 8800 Metern Höhe
Khumbu-Eisfall: steiler, zerrissener Gletscherbruch am Beginn der Südroute des Mount Everest
Silbersattel: Passage auf der Erstbegeher-Route auf dem Nanga Parbat (Pakistan, 8125 Meter)
Borotkin-Pfeiler: ein etwa 2000 Meter hoher Pfeiler, der bei der Besteigung des Pik Kommunismus (Tadschikistan, 7482 Meter) zu begehen ist

[80] Die Völker des Himalaya sahen in den Gipfeln ihrer Bergriesen den Wohnort der Götter, den die Menschen nicht betreten dürfen. 1950 gelang den Franzosen mit der Besteigung der Annapurna der erste 8000er-Gipfel, die einheimischen Träger sahen die Fremden unversehrt wiederkehren. 1953 erlebte das Volk der Sherpa in Nepal, daß zwei Menschen den Gipfel ihrer Sagarmatha (= Mount Everest) erreichten. Auch ein Mann ihres Volkes war dabei - der Sherpa Tensing Norgay, der gemeinsam mit dem Neuseeländer Edmund Hillary den höchsten Punkt der Erde erreichte. Heute ist die Scheu der Einheimischen vor den Gipfeln ihres Landes stark gemindert. Dennoch gibt es Berge, die aus religiösen Gründen noch nicht bestiegen wurden und auch nicht zur Besteigung freigegeben werden (Kailash in Tibet, Machapuchare in Nepal).

windlich? Nicht wirklich! In vielem unterscheiden sie sich nicht von den Zinnen, Graten und Gletscherbrüchen unserer Alpen. Doch sie liegen nicht in unseren Bergen. Sie liegen in einer anderen Welt. Einer Welt, die dem Menschen kein Verweilen gestattet, einer Welt, die den Menschen an die Grenzen seines Seins drängt![81]

Ungewollt und ungeplant finde ich mich auf einer kleinen Moränenzunge wieder. Links und rechts bin ich umgeben von den riesigen Strömen des Moskwin- und Waltergletschers. Einige Zelte! Bergsteiger in ihrer gelassenen Unruhe vor dem Aufstieg! Kein anderes Leben weit und breit! Wo mag es Grünland mit Hirten und Herden geben? Wo mag das nächste Dorf liegen? Ich weiß es nicht. Der Hubschrauber hat mich an diesem Platz abgesetzt, der wohl kaum je menschliche Besucher beherbergen würde, gäbe es da nicht auch die Bergsteigerträume. Nirgendwo geht es hinunter, nirgendwo kann man grüne Wiesen mit Bächen und Blumen und Schmetterlingen finden. Die mächtigen Gletscherströme bilden die karge Ausschließlichkeit dieses Talgrunds, dieser Welt – so weit das Auge reicht. Zu allen Seiten geht es steil hinauf in die Eiswände und auf die Schneegrate und Zinnen der Bergriesen, in jene hoch über mir liegende Wirklichkeit, der ich immer ehrfurchtsvoll Abstand haltend nahezukommen trachtete. Hier kann ich nirgendwo hinunter, hier kann ich nur hinaufsteigen in die Flanken dieser Eisausschließlichkeit, deren Fremdartigkeit mir stets Rätsel aufgegeben hat, und an deren Unbegreifbarkeit ich nun rühren muß, will ich nicht zum Stillstand auf dieser kleinen Schuttinsel verurteilt sein.

Ungeplant bin ich hierher geraten. Aber ungewollt? Kann ich das selbst glauben? Habe ich mich etwa willenlos Schritt für Schritt hierher treiben lassen? Unrealistischen Sehnsüchten bin ich gefolgt und bin nun mittendrin und nicht mehr nur nahe dabei.

Kirgisien und Tadschikistan! Zentralasiatische Sowjetrepubliken, die man als Individualtourist kaum bereisen kann![82] Mit der Option, die Siebentausender dieser beiden Länder besteigen zu können, und das alles um wenig Geld![83] So stand es in der Ausschreibung. Da konnte ich nicht wirklich widerstehen.

Ich sah mich schon tagelang über endlose grüne Hochflächen am Fuße der weißen Bergketten wandern, vorbei an Yak- und Pferdeherden, sah mich bei Brot und Kumis[84] in den Jurten kirgisischer Nomaden verweilen.[85]

---

[81] Der Hauptunterschied zwischen dem Höhenbergsteigen und dem Bergsteigen in tiefer gelegenen Schnee- und Eisregionen liegt im geringeren Luftdruck in großen Höhen. Die dünne Luft hat für den Bergsteiger vielfältige Auswirkungen, die allesamt seine Aufgabe bedeutend erschweren (Schwächung des Körpers selbst in Ruhephasen, Dehydration, lange Zeit am Berg durch notwendige Akklimatisationsphasen und langsames Steigen, spartanische Bedingungen in den Hochlagern, Todesgefahr bei Auftreten der Höhenkrankheit). Hinzu kommen im allgemeinen härtere Witterungsbedingungen.

[82] Ich bereiste diese Republiken im Juli und August 1991, knapp vor dem Putsch gegen Mihail Gorbatschow, also noch bei Bestehen der Sowjetunion.

[83] Kirgisien: Pik Lenin, 7134 Meter
Tadschikistan: Pik Kommunismus, 7482 Meter, höchster Berg der Sowjetunion,
Pik Korshenewskaja, 7105 Meter

[84] Vergorene Stutenmilch

[85] Eine Jurte ist ein solides Wohnzelt mit etwa sechs Metern Durchmesser. Früher war dies die übliche Behausung des Nomadenvolkes der Kirgisen. Heute leben diese Menschen nur mehr während des Sommerhalbjahres als Nomaden in ihren Jurten. In den kalten Wintern ziehen sie sich in tiefere Regionen zurück, wo sie alle in irgendwelchen mehrgeschossigen Betonbunkern eine Wohnung besitzen.

Und dann sitze ich in der Maschine nach Osch[86] inmitten von Bauern, die ihre Wassermelonen auf den Märkten von Moskau zu Barem gemacht haben, und inmitten von Bergsteigern aus aller Welt, die um der höchsten Gipfel willen diese selten besuchten Sowjetrepubliken bereisen. Einige sind bereits zu Teilen jener bestaunten Erzählungen von den Berggiganten dieser Welt geworden, andere, wie auch ich, haben an Fünf- und Sechstausendern ein Vorgefühl der Faszination gewonnen und wollen nun am Geheimnis um das kompromißlose Verschmelzen mit dem Berg rühren. Ich lasse mich von ihnen treiben, widerstandslos, weil ich im Grunde meines Herzens diesen Zielen gar nichts entgegensetzen will.

Familie kirgisischer Halbnomaden – Im Sommer leben diese Menschen in ihren Jurten am Fuße des Pik Lenin, im kalten Winter ziehen sie sich in mehrgeschossige Sozialbauten in tiefer gelegenen Orten und Städten zurück.

Die fremdartige Wichtigkeit, die wir bei unserer Ankunft in Kirgisien genießen! Hochrangige Politiker empfangen uns beim Verlassen der Maschine. Die Flughafenhalle ist umgestaltet zu einem riesigen Buffet mit den Köstlichkeiten Zentralasiens – für die "Helden" der Berge der Sowjetunion. Zehn Stunden lang wird unser klappriger Reisebus von einem Polizeiwagen mit Blaulicht bis an den Fuß des Pik Lenin eskortiert. Die Betreiber des Bergsteigerlagers Atschik Tasch[87] ziehen bei unserer Ankunft die österreichische Fahne auf. Kann ich mich bei all den Vorschußlorbeeren einfach absetzen und die grünen Täler Kirgisiens durchwandern? Die Begeisterung um die Gipfel reißt auch mich mit, obwohl ich weiß, daß ich mit meinem dürftigen Erfahrungsschatz dort oben nichts verloren habe.

---

86 Osch: zweitgrößte Stadt Kirgisiens, ca. 200000 Einwohner

87 Atschik Tasch: Hauptlager aller Touren auf den Pik Lenin und damals auch Durchgangslager für die beiden Siebentausender Tadschikistans. Es liegt am Fuß des Pik Lenin in 3600 Metern Höhe.

Hubschrauberflug ans Ende der Welt, ins Bergsteigerlager Moskwin – all inclusive! Ich will solch ein Angebot nicht ausschlagen. Nur wenige Minuten sehen wir grüne Ebenen unter uns, eine Schotterstraße am Horizont, Jurten so klein wie Punkte. Dann tauchen wir ein in eine unbelebte Gebirgswelt aus grau-schwarzen Felsgraten und riesigen, bläulich-weißen Gletscherströmen. Binnen kurzem habe ich jegliche Orientierung verloren und würde kaum den Weg zurück in die belebte Welt finden. Dann landet der überdimensionale Transporthubschrauber der Aeroflot auf der kleinen Moränenzunge zwischen dem Moskwin- und dem Waltergletscher, wird binnen Minuten entladen und entschwindet bald zwischen den Steilwänden der Berggiganten meinen Blicken.[88]

Hätte man mich nicht mitten in einem belebten Basislager abgesetzt, ich würde meinen, mich am einsamsten Ort dieser Erde zu befinden. Selbst bei meiner Wanderung durch die algerische Südsahara habe ich mich der menschlichen Welt nicht so entrückt gefühlt wie hier.

Ein wenig hilflos achte ich peinlichst darauf, genau das zu tun, was die anderen auch machen. Akklimatisation heißt die Losung der Stunde, und das bedeutet weitgehendes Nichtstun, um dem Körper Zeit zu geben, sich an 4000 Meter Höhe als Lebensbasis zu gewöhnen. Beschauliches Spazierengehen in dem engen Dreieck zwischen Gletschern und Felswand! Ich entdecke rot-gelbe Flechten und winzige grau-weiße Blumen in der scheinbaren Leblosigkeit. Kraftsparendes Schlendern auf dem Blockgestein entlang der haushohen Eistürme des Moskwin-Gletschers!

Die Lagertoilette – ein Unikum für Adrenalin-Freaks! Gehorsam folge ich am nächsten Morgen dem internationalen Zeichen "00", immer erstaunter, je länger sich der Pfad über den Moränenwall zum Gletscher emporschlängelt. Nach zehn Minuten erreiche ich eine riesige, gut fünf Meter breite Gletscherspalte, malerisch überragt von einem haushohen Serac[89], der jeden Moment in die Spalte zu kippen droht. Dort heißt es weitere kritische Minuten zu warten, Schlange zu stehen vor zwei soliden Brettern, die nebeneinander über die Spalte gelegt sind. Eines liegt etwa einen halben Meter höher als das andere, um eine Sitzgelegenheit zu bieten, und enthält zwei kreisrunde Löcher. Unser "Zwei-Zylinder"! Bei sagenhaftem Tiefblick in die gähnende Spalte verbindet man hier das menschlichste aller Bedürfnisse mit der Vergnügung eines entspannenden Morgenplausches mit seinem Sitznachbarn.

Im Zusammenfluß der beiden Gletscherströme erhebt sich vor dem Lager der Pik MFTI[90], ein Zwerg zwischen den beiden Bergriesen. 5700 Meter hoch! Eine Besteigung dient der Höhenanpassung, tönt es aus Expertenkreisen, und solch eine Chance sollte man nicht auslassen. Viele machen sich auf den Weg, nur zwei erreichen den höchsten Punkt. Noch hat kaum jemand von uns ausreichend Zeit gehabt, sich an eine solch große Höhe zu gewöhnen. Auch ich mache dreihun-

---

88 Das Lager Moskwin liegt in 4000 Metern Höhe zwischen dem Walter- und dem Moskwingletscher. Jenseits des Waltergletschers steigt auf der einen Talseite der Pik Kommunismus an, ihm gegenüber erhebt sich über der anderen Talseite der Pik Korshenewskaja.

89 Seracs (frz.) sind Eistürme, die oft bizarre Formen annehmen und bisweilen Höhen von über zwanzig Metern erreichen. Man findet sie vornehmlich in Gletscherbrüchen, die durch ihre höhere Fließgeschwindigkeit große Zerrissenheit aufweisen.

90 Die Berge des Pamir tragen meist die Namen wichtiger Vertreter, Einrichtungen oder Errungenschaften des sowjetischen Sozialismus. MFTI ist die Abkürzung für Moskauer Physikalisch-Technisches Institut.

Abgang einer Lawine von den Steilabbrüchen des Pik Kommunismus

dert Meter unter dem Gipfel schlapp und bin nicht einmal sonderlich enttäuscht darüber. Die faszinierenden Einblicke in die zum Greifen nahen Steilwände des Pik Kommunismus bieten volle Entschädigung.
Die Spaziergänge auf unserer kleinen Moränenzunge verlieren zunehmend an Attraktivität und erinnern bald an die täglichen Rundgänge von Häftlingen in einem Gefängnishof. Nur das immer wiederkehrende Abgehen mächtiger, donnernder Lawinen von allen Seiten rund um unser Lager, hervorgerufen durch die wärmende Sonne des fortschreitenden Tages, stellt ein faszinierendes Schauspiel dar, das uns jedes Mal von neuem in seinen Bann zieht.
Doch selbst diese Showeinlagen der Natur können die Bergsteiger nicht mehr länger im Lager halten. Sie drängen unweigerlich nach oben. Der Pik Kommunismus ist im frühen Juli noch unbesteigbar, so wenden sich alle dem Pik Korshenewskaja zu. An die dreißig Alpinisten aus den verschiedensten Teilen der Welt nehmen innerhalb von 48 Stunden diesen Berg in Angriff. Ein solcher Massenauftrieb verleiht einem Newcomer wie mir ein Gefühl von Sicherheit. Da will ich gerne ein wenig mitschwimmen, so weit es geht.
Staunend betrachte ich die kleinen, kompakten Rucksäcke der in den sowjetischen Himmel strebenden Bergsteigerkollegen. Wollen sie dort oben nichts essen? Wollen sie etwa ohne Zelt auskommen? Ich habe keine Ahnung von Akklimatisationsplänen, vom schrittweisen Aufbau der Hochlager,[91] von der mehrmaligen Rückkehr ins Basislager, um dort neue Lasten aufzunehmen und dem Körper ein wenig Erholung zu bieten.[92] Auch die Bedeutung der Teamarbeit habe

91 Für die Besteigung des Pik Korshenewskaja sind meist drei Hochlager vorgesehen: Lager I in 5000 Metern Höhe, Lager II in 5800 Metern Höhe und schließlich das Sturmlager in 6300 Metern Höhe.

92 Erreicht man während eines Aufstiegs Höhen, an die sich der Körper noch nicht anpassen konnte und schläft man dann in diesen Höhen, so baut man selbst im Schlaf Kräfte ab. Nur der zwischenzeitliche Aufenthalt in tieferen Lagen kann den Körper so weit aufbauen, daß ein weiteres Höhersteigen möglich wird.

ich noch nicht durchschaut. Jeder übernimmt innerhalb der Gruppe eine Teilaufgabe zum Aufbau der Lagerkette, deren Infrastruktur dann von allen Teilnehmern dieser Expedition genützt werden kann.
Wie dem auch sei - ich gehöre zu keiner Gruppe, bin hier als Einzelkämpfer und will mich an diesen Berg heranwagen. Eine zwischenzeitliche Rückkehr ins Basislager kommt mir nicht in den Sinn. Ich will hinauf, so weit es geht, und dann wieder hinunter. Wenn alles gut läuft, bleibe ich eine gute Woche am Berg. Für diese Zeit packe ich alles in den Rucksack, was ich da oben brauchen kann. Das Ergebnis kann sich sehen lassen – in seiner Monstrosität! Der 85-Liter-Rucksack ist zum Bersten voll, die Liegematte ist locker außen festgeschnallt und hält meine Last bei jedem Schritt in unrhythmischer Bewegung, meine Trinkflaschen baumeln an Schnüren zu beiden Seiten des Rucksackes herab und verursachen bei ihrem Aufschlagen auf härtere Gepäcksteile ein ständiges Klappern. Ein Bild wie bei einem 16-jährigen, der meint, auf seiner ersten Interrail-Reise[93] den halben Haushalt durch Europa schleppen zu müssen.
Im beruhigenden Gefolge einiger erfahrener Alpingrößen steige ich in ein facettenreiches Abenteuerspiel ein, dessen brutale Ernsthaftigkeit mir lange Zeit gar nicht bewußt ist. Die erste Hürde stellt gleich hinter dem Lager der Moskwin-Gletscher dar, der in seiner ganzen Breite, etwa ein Kilometer, zu durchqueren ist. Das ist kein Gletscher, wie ich ihn aus den Alpen oder den Anden kenne. Das ist ein Labyrinth aus haushohen Eistürmen und endlos tiefen Spalten. Zum Glück dreht der Wind nicht. Ich würde binnen Minuten jegliche Orientierung in diesem eisigen Chaos verlieren, das nur selten den Blick auf die Außenwelt freigibt. So können wir uns an der gleichförmigen Zugrichtung der Wolken und vereinzelten, kaum sichtbaren Steigeisenspuren orientieren.

Hier am Rande des Moskwin-Gletschers kann man nur erahnen, welch faszinierendes Chaos aus Spalten und mächtigen, oft haushohen Eistürmen sich dem Bergsteiger bei der Durchquerung dieses Gletscherstromes darbieten wird.

Nach einigen Stunden wenig abwechslungsreicher Schinderei über Geröll und Blockgestein folgt des Tagwerks zweite Sonderprüfung – die Orgelpfeifen. Welch Attraktivität verheißender Name für diese Sonderform des Russischen Roulette! An einem Steilabbruch, der in einem Bachbett ausläuft, hängt das Ende des Zeitlin-Gletschers einige Meter über. Die bizarre Eisformation erinnert an stark verschmutzte Orgelpfeifen. Alle Augenblicke brechen kleinere, aber auch zentnerschwere Eisbrocken aus dieser Formation heraus, stürzen ins Bachbett und werden mit rasender Geschwindigkeit von einem Felsen

93 Interrail: preisgünstiges Bahnticket für Jugendliche, mit dem man einen Monat lang, ähnlich wie bei einer Netzkarte, durch Europa touren kann.

zum nächsten geschleudert. Die Route führt unterhalb der Orgelpfeifen durch das Bachbett auf die orographisch rechte Seite des Zeitlin-Gletschers.
Von den Bergsteiger-Profis, in deren Gefolge ich mich durch den Moskwin-Gletscher gearbeitet habe, bin ich längst abgerissen. Nun bin ich auf einige Koreaner aufgelaufen, die knapp vor mir diese Stelle erreichen und sich zögernd an diesen Adrenalin-Fix heranwagen. Langsam nähern sie sich dem etwa zwanzig Meter breiten Bachbett. Dann hastet einer nach dem anderen los, läuft, so schnell er mit dem Rucksack kann, zur anderen Seite hinüber, ohne zu schauen, ohne sich auf Ausweichbewegungen einzustellen, nur hoffend, vom grausamen Spiel der Natur verschont zu bleiben. Ich folge herzklopfend dem Beispiel meiner asiatischen Kameraden und bleibe wie sie im Glück.
Genug der Aufregungen für den ersten Tag! Eine Stunde später erreiche ich einen flachen Moränenhügel neben dem Zeitlin-Gletscher in 5000 Metern Höhe, wo sich schon einige Zelte befinden.
Schon will ich mein winziges Ein-Mann-Zelt aufbauen, da bemerke ich voll Staunen, daß sich die meisten Ankömmlinge bald wieder mit leeren Rucksäcken in Richtung Basislager aufmachen. Brauchen sie täglich ihre Orgelpfeifen? Ich nicht! Zudem habe ich keinerlei Lust, die gewonnenen tausend Höhenmeter gleich wieder zu verschenken. So niste ich mich parasitär in einem leerstehenden Zwei-Mann-Zelt ein.

Der erste Lagerplatz bietet herrliche Ausblicke auf den Pik Kommunismus. Mit 7495 Metern ist er der höchste Gipfel der ehemaligen Sowjetunion (heute: Tadschikistan). Die Aufstiegsroute führt über den markanten, im Vordergrund liegenden Borotkin-Pfeiler.

Der nächste Tag bringt dichten Schneefall und völligen Stillstand am Berg. Tags darauf will ich mit meinem unvermindert schweren Rucksack die Felswand über

den steilen Firnhängen erreichen, wo Platz für einige Zelte – Lager II – sein soll. Schon wenige Meter hinter den Zelten findet das Abenteuerspiel seine Fortsetzung. Ein eineinhalbstündiger Nervenkitzel, der jede morgendliche Müdigkeit im Nu vertreibt! Der Aufstieg erfolgt durch eine steile, schmale Rinne. Zur Linken erhebt sich eine senkrechte Felswand, auf der rechten Seite drohen die bis zu fünfzehn Meter hohen Seracs des Zeitlin-Gletschers jederzeit in die Aufstiegsroute zu kippen. Bricht ein solcher Eisturm in sich zusammen, so haben in der Rinne befindliche Bergsteiger kaum eine Chance.[94]
Oberhalb des Gletschers muß ich, schon ziemlich erschöpft, erkennen, daß ich die fehlenden dreihundert Höhenmeter bis Lager II heute nicht mehr schaffen kann. Welch ein Greenhorn ich doch bin! Mit Sack und Pack steige ich wieder zu Lager I ab, anstatt die nach oben geschafften Lasten zu deponieren.
Meine Dummheit hat zumindest den Vorteil, das Mitgefühl der Kundigen zu erregen. Reinmar[95] bietet mir an, mich an seine Fersen zu heften. Ich werde ihm nicht mehr von der Seite weichen.
Im Gefolge des Routiniers komme ich am nächsten Tag recht zügig voran. Der abschließende Steilhang unter den Felsen bleibt durch einige unvermittelt auftretende Blankeisstellen recht spannend, die Natur hat aber an diesem Tag noch weit größere Überraschungen für uns bereit. Mit einem Mal meine ich, den Hang abzurutschen, und bleibe doch an derselben Stelle. Der Grund unter mir ist in Bewegung. Erschreckt drehe ich mich weg vom Hang. Ein Amphitheater steiler Firnwände! Von allen Seiten donnern mächtige Lawinen in das Gletschertal, nur unser Hang bleibt verschont. Ein Erdbeben! Staunend und lachend rufe ich Reinmar zu: "Wir leben?!" Noch wenige Meter unterhalb der Felsen kann ich mir nicht vorstellen, wo man in diesem steilen Gelände Zelte aufstellen soll. Erst beim Ausstieg erkenne ich, daß die Felswand einen Überhang bildet, unter dem der steile Firnhang in einer etwa drei Meter breiten, waagrechten Fläche ausläuft. Lager II! Ein Adlerhorst kann nicht luftiger sein. Ich baue mein Ein-Mann-Zelt auf, das einem Sarg ähnelt und auch

Rast während des Aufstiegs zu Lager II am Pik Korshenewskaja – Im Gefolge routinierter Bergkameraden verliere ich die Unsicherheit am Berg und füge mich bald in die Teamarbeit ein.

---

94 Wenige Tage später kommt hier ein georgischer Bergsteiger auf diese Weise ums Leben.

95 Reinmar Joswig aus Bremen war einer der bekannten deutschen Höhenbergsteiger. Er hatte damals bereits drei Achttausender bestiegen. 1993 erreichte er den Gipfel des K2, kam aber beim Abstieg ums Leben.

Luftiger kann ein Lagerplatz kaum sein: Lager II am Pik Korshenewskaja in 5800 Metern Höhe.

kaum größer als ein solcher ist. Die Zeltschnüre am Fußende muß ich im 300 Meter abfallenden Steilhang festmachen. Nichts für Schlafwandler!
Ein endloser, langsam ansteigender Quergang in einer steilen Firnflanke erwartet uns am nächsten Morgen. 50-55 Grad Neigung, behaupten die Experten. Sowjetische Alpinisten haben große Teile dieser Querung mit Fixseilen versichert. An einigen Stellen haben sich die Verankerungen dieser Fixseile aus dem Hang gelöst. Ein kleiner Stau von ratlosen Bergsteigern bildet sich vor den nunmehr ungesicherten Abschnitten. In mühsamer Kleinarbeit befestigt Reinmar die lose in den Abgrund hängenden Fixseile und macht die Route wieder begehbar. Ich warte, friere, bestaune, was es so alles auf Expeditionsbergen zu tun gibt, und leiste einfache Handlangerdienste.
Am Ende der Querung fehlen die Fixseile gänzlich. Toli, ein bärenstarker kasachischer Alpinist,[96] steigt von oben herab und versichert gemeinsam mit Reinmar die letzten hundert Meter des Steilhanges.
Der Gipfelgrat ist erreicht und empfängt uns gleich mit seinem wildesten Aufschwung. Eine fast senkrechte Felsrippe, die Griffe und Tritte mit einer dicken Eisschicht überzogen! Bin ich froh über die Fixseile, die diese luftige Passage überspannen! Mit einer Steigklemme zu klettern beruhigt fast ebenso wie ein auf eine Computersimulation reduziertes lebensgefährliches Abenteuer.
Reinmar werkt in der Tiefe an der Straffung der durchhängenden Fixseile, während ich versuche, allein weiterzukommen. Einige Meter, und dann ist Endstation! Eigenverantwortliches Klettern an Siebentausendern scheint noch nicht ganz meine Sache zu sein. Der Himmel hat beschlossen, dicht zu machen – drei Meter Sicht! Ich habe einen messerscharfen Firngrat erreicht und kann die gähnende Tiefe zu beiden Seiten nur erahnen. Kein Schritt weiter! Nervenflattern! Irgendjemand hat hier im Schnee einen Firnanker vergessen. Ich binde mich zur Selbstsicherung mit einer Reepschnur ein und warte und friere und warte, bis Reinmar schlußendlich doch aus der Tiefe auftaucht. In seiner sicher getretenen Spur steige ich weiter wie in einem Treppenhaus. Wir erreichen eine deutliche Verbreiterung des Gipfelgrates, auf der einige Zelte stehen – der Platz für das Sturmlager.
Ich frage mich, wo sie alle geblieben sind, die erfahrenen Bergsteiger aus aller Welt, die etwa zur gleichen Zeit wie ich den Berg in Angriff genommen haben.

96 Anatoli Boukreev war einer der besten und auch schnellsten Höhenbergsteiger der Welt. Er hat elf der vierzehn Achttausender bestiegen. 1993 bestieg er gemeinsam mit Reinmar Joswig, den er hier im Pamir kennengelernt hatte, den schwersten Berg der Welt, den K2. Reinmar überlebte damals den Abstieg nicht. Im Mai 1996 wurde Tolis Name weltweit durch die tragischen Ereignisse am Mount Everest bekannt. Mehrere Bücher und Filme berichten von diesem Drama am höchsten Berg der Welt. Im Herbst 1997 starb Anatoli Boukreev in einer Lawine an der Annapurna.

Manche von ihnen haben sehr langsam gewirkt. Waren sie nicht stark genug? Andere haben sich ohne merkbare Schwäche wieder ins Basislager zurückgezogen. Habe ich da vielleicht etwas Wesentliches übersehen?
Mein Körper rebelliert. 6300 Meter Höhe sind in solch kurzer Zeit entschieden zu viel für ihn. Und dann gleich schlafen in dieser Höhe! Schlafen? Daran ist bei meinen rasenden Kopfschmerzen nicht zu denken. Mit einem Brummschädel wie nach einer durchzechten Nacht erwarte ich sehnlichst den Anbruch des Tages. Nein, ich will den Protest meines Körpers nicht hören. Ich bin im Sturmlager. Nur noch 800 Meter bis zum höchsten Punkt! Gegen alle Gefühle mache ich mich für den Aufstieg bereit. Mit mir werden zwei Deutsche, Reinmar und Helge[97], der Kasache Toli, der erst vor wenigen Wochen den Dhaulagiri[98] bestiegen hat, und ein Russe den Gipfel in Angriff nehmen.
Ohne es zu wissen, bin ich hier in eine der stärksten Seilschaften, die derzeit auf der Welt möglich sind, hineingeraten. Lange kann ich mit dieser Supertruppe nicht mithalten. Schon nach einer Stunde muß ich erkennen, daß ich zum Hindernis für meine Kameraden werde, und kehre enttäuscht ins Sturmlager zurück. Es ist schon finstere Nacht, als die vier mit der Meldung des Erfolges zu unseren Zelten zurückkehren. Von vierzehn beinharten Stunden sprechen sie, von kräftezehrender Spurarbeit. Es war die erste Besteigung des Pik Korshenewskaja in diesem Jahr.[99] Am nächsten Tag können wir alle die Meldung des Triumphes im sowjetischen Rundfunk hören. Vier Namen! Leider nicht fünf!
Noch vor wenigen Tagen wollte ich bloß über die endlosen Ebenen Kirgisiens wandern. Jetzt, wo ich so nahe am Ziel gewesen bin, fühle ich nur eines: g e s c h e i t e r t! Ich begreife nicht einmal, daß bisher alles normal gelaufen ist, daß von Scheitern keine Rede sein müßte. Ich bräuchte nur abzusteigen, dem Körper in tieferen Lagen Zeit zur Regeneration geben und dann mit guten Erfolgschancen neuerlich zum Gipfelsturm aufbrechen.[100] Ich habe keinen Sinn für das mehrmalige Auf und Ab. Kann ich einen Gipfel nicht erreichen, dann steige ich

---

97 Helge Spindler, damals knapp dreißigjährig, gehört zur Gruppe der aufstrebenden Bergsteiger Deutschlands. Er hat unzählige alpinistische Erfolge in den Alpen und Anden aufzuweisen. 1994 gelingt ihm der Gipfelsieg auf dem Cho Oyu, dem sechsthöchsten Berg der Welt, in einem Jahr, in dem kaum jemand diesen Gipfel erreichen konnte.

98 Dhaulagiri – mit 8167 Metern Höhe der siebenthöchste Berg der Welt, Nepal

99 Eine Jahreserstbesteigung ist kaum leichter als eine Erstbesteigung. Diese Spitzenleute haben vierzehn Stunden benötigt. Ist einmal eine gute Spur vorhanden und sind schwierige Stellen versichert, benötigen durchschnittliche Höhenbergsteiger bloß 6-8 Stunden für diesen Gipfelgang.

100 Waren mir wirklich alle Kriterien des Höhenbergsteigens unbekannt? Während meines Aufenthaltes in diesem Alpinistenkreis erfuhr ich einiges über Akklimatisationspläne und die Besteigungsphilosohie an hohen Bergen. Diese Vorstellungen paßten damals aber in keiner Weise zu meiner Konzeption des Bergsteigens. Für mich war ein Gipfel ein Reiseziel wie jedes andere, dem ich nicht unbedingt den gesamten Erlebnisgehalt meiner Reise unterordnen wollte.
Sicher orientierte ich mich in meiner Hilflosigkeit zu sehr am allzeit hilfsbereiten Reinmar Joswig. Er war als Spitzenalpinist unheimlich schnell am Berg unterwegs. Er erfüllte sehr wohl die üblichen Pläne des Auf- und Absteigens, allerdings in extrem kurzer Zeit. Insgesamt war er kaum länger am Berg gewesen als ich. Als ich gezwungenermaßen bei meinem verunglückten Vorstoß zu Lager II dieses Auf und Ab mitmachte, war ich am nächsten Tag unheimlich stark. Durch die Tatsache, daß ich als Einzelgänger am Berg agierte, mußte ich auf die Infrastruktur einer Expedition verzichten. Ich mußte alles, war für die Besteigung des Berges notwendig war, stets in meinem Rucksack mit mir tragen und konnte mich so kaum an einem Akklimatisationsplan, der auf einer durch die Gruppe geschaffenen Lagerkette aufbaut, orientieren.

Das Sturmlager am Pik Korshenewskaja in 6300 Metern Höhe. Nur 800 Höhenmeter trennen mich hier vom Gipfelerfolg. Für den letzten Aufstieg fehlt mir schließlich die Kraft.

eben ab und wende mich dem nächsten Ziel zu. Mir fehlt das Bergsteigerherz, das geduldig nur für diesen Berg schlägt, das doppelte Mühsal und immer Gleiches erträgt, um letztlich doch irgendwann auf dem höchsten Punkt zu stehen. Selbst in diesem erlesenen Kreis von Alpinisten bleibe ich zu sehr der Traveller, der auf der Suche nach steter Abwechslung durch die Welt reist. Ich dränge nach unten. In einem langen Tag erreiche ich das Basislager und warte auf den nächsten Hubschraubertransport nach Atschik Tasch.[101]
Am Fuße des Pik Lenin beziehe ich Quartier. Nur kurz! Ein neuer Berg! Ein neues Ziel! Da die Besteigung als technisch leicht gilt, habe ich wenig Bedenken, mich wieder alleine auf den Weg zu machen.
Stationen der Mühsal und Schinderei! Stationen des Genusses! Orte des Stillstandes und der Reflexion, der Begegnung mit meinem Ich, der Begegnung mit der Endgültigkeit! Viele Bergsteiger kämpfen um diesen Gipfel, und doch ist es ein Aufbruch in die Einsamkeit, in das Alleinsein mit mir selbst.
Der Weg über das saftige Grün der Zwiebelwiese, vorbei an den Yak-Herden mit ihren kirgisischen Hirten – die Überschreitung des Passes der Reisenden – der Kampf mit kleinen, reißenden Bächen – die Wanderung über den weitläufigen, kaum geneigten Lenin-Gletscher!
Nunmehr gut akklimatisiert komme ich gut voran. Einstieg in die fast 3000 Meter hohe Lenin-Nordwand – 600 Meter in der Direttissima über verschneite Spalten – ein endloser Quergang bis unterhalb des langen Nordost-Grates! Gedankenschwere Schritte über den Platz der Toten! Vor einem Jahr war eine mächtige Lawine abgegangen und hat hier ein Lager mit vierzig schlafenden Bergsteigern

101 Die Route auf den Pik Kommunismus ist im Frühsommer infolge der Tiefschneemassen noch unbegehbar.

unter sich begraben. Ihre Leichen liegen noch heute unter den Schneemassen dieser Querung.
Einige Zelte! Lager II in 5200 Metern Höhe! Eine winzige, vom Eis überwächtete Quelle! Hundertfünfzig Meter höher, am Ende einer steilen Rinne, haben zwei Schweizer ihr Zelt aufgebaut. Mitten in der Nacht stapfen sie los, hinaus in den Schnee, ohne Schuhe, ohne warme Kleidung. Niemand weiß, wo sie geblieben sind. Vielleicht auf Jahre hinaus! Was mag sie so ungeschützt in die menschenfeindliche, eisige Dunkelheit hinausgetrieben haben? Geheimnisvolle Dämonen des Berges!
Optimal nach Plan erreiche ich nach drei Tagen den Gipfel des Pik Razdelny[102], wenig später einen breiten Sattel, auf dem ich mein Zelt neben anderen aufbauen kann. Von hier aus will ich versuchen, am nächsten Tag den Gipfel zu erreichen.
Unerbittliche Naturgewalt! Diesmal hätte ich es schaffen können. Mit einem Mal verschließt sich der Berg den Menschen, für Tage, läßt uns als erbärmliche Winzlinge in den Hochlagern um Schutz ringen, bringt alle alpinistischen Bemühungen am Berg zum Erliegen.
Schon in der ersten Nacht wird mein Minizelt durch den Schneesturm unbewohnbar. Von oben wird es durch die Neuschneemassen bis zum Grund zusammengedrückt, von der Seite bläst der Wind die Flocken unter dem Überzelt hindurch in das Innenzelt, dessen Fliegengitter nicht verschließbar ist. Mit einem Tropenzelt auf einen Siebentausender! Ich werde umdenken müssen. Der Schlafsack – mein einziger Schutz! Ich drehe mich vollends hinein. Erst am Morgen kann ich das ganze Chaos dieser Sturmnacht überschauen. Eine zehn Zentimeter dicke Schneeschicht im Innenzelt! Eiskristalle an der Innenseite der Zeltwände! Jede Bewegung in dieser winzigen Hülle führt zu einem kleinen, nassen Schneesturm. Kein Ankleiden! Kein Kochen! Stillstand und warten! Es ist eisig geworden am Berg. Die Temperaturen im Zelt sind trotz meiner Körperwärme auf minus 19 Grad gefallen. Erstmals muß ich wieder daran denken, daß ich Diabetiker bin. Niemals das Insulin irgendwo im Zelt herumliegen lassen, und sei es auch nur für wenige Minuten! Immer am Körper halten! Es darf nicht gefrieren! Sonst ist alles aus!
Zwei Spanier nützen eine Sturmpause und treten die Flucht in tiefere Regionen an. Ich kann daraus Kapital schlagen und niste mich in ihrem komfortablen Zwei-Mann-Zelt ein. Nun wird das Warten aushaltbar, aber es wird nicht kurzweiliger.
Drei lange Tage in diesem kalten Gefängnis! Durch die große Höhe von 6100 Metern wird der Körper trotz Ruhens immer schwächer, immer trockener. An der windabgewandten Seite halte ich den Zelteingang stets ein wenig offen. Stundenlang liege ich regungslos am Rücken und sehe nur die Spitzen meiner Hartschalenschuhe und durch das kleine, lichte Dreieck die verhangene Lenin-Nordwand. Alle Probleme der Welt denke ich hier oben durch und für alle finde ich eine Lösung. Bei meiner Rückkehr ins Basislager weiß ich von all dem nichts mehr. Es ist eine andere Welt in dieser Höhe und es sind andere Gedanken, die sich hier denken lassen, Gedanken, die in den Niederungen der Städte und Dörfer nicht mehr möglich sind.
Meine Nahrungsmittel gehen langsam dem Ende zu. Während des Vormittags des vierten Tages tritt Wetterbesserung ein. Nur heute geht es noch, dann sind

102 Vorgipfel des Pik Lenin, 6148 Meter

meine Vorräte endgültig erschöpft. Überhasteter Aufbruch! Auf 6400 Metern Höhe mache ich ohne zwingenden Grund kehrt. Angst vor der eigenen Courage! Der späte Aufbruch und mein langsames Gehtempo lassen eine Rückkehr in der Dunkelheit vermuten. Allein! Ich wage es nicht. Noch am selben Tag steige ich in die sicheren Gefilde des Lenin-Gletschers ab.

Die Zinnen der Götter bleiben mir verwehrt, doch an ihrem Geheimnis habe ich rühren können. Vieles ist mir klar geworden, das nur in diesen das Leben abweisenden Höhen erfahrbar ist. Lehrzeit in einer anderen Welt! Ziele jenseits der Grenzen meiner selbst – in der Einsamkeit, im Ausgesetztsein, in der Kompromißlosigkeit einer alles beherrschenden Natur! Verschmelzen mit der Rohheit des Berges als einzige Überlebensstrategie! Sehnsucht?! Unbegreifbare Erfahrbarkeit!

Der Vater der Eisberge

Nachdem ich zweimal bei dem Versuch, den Gipfel eines Siebentausenders zu erreichen, gescheitert war, habe ich das Höhenbergsteigen innerlich abgehakt. Bei beiden Besteigungsversuchen war ich nicht schlecht vorangekommen. Dennoch mußte ich in Höhen aufgeben, die kaum über jenen lagen, die ich schon vor Jahren in Südamerika erreicht hatte.[103] Knapp jenseits der 6000 Meter scheint meine physische Grenze zu liegen.
Zwei Jahre später unternehme ich eine sechswöchige Rucksackreise nach Mittelamerika.[104] Mit Bussen und Schiffen von Ort zu Ort, Land und Leute, Tauchen! Berge spielen bei diesen Erwägungen kaum eine Rolle. Für den Fall der Fälle packe ich noch meine Bergschuhe, meine Steigeisen und den Eispickel ein. Man weiß ja nie!
Kaum bin ich in Mexico City angekommen, zieht mich die Nähe der drei Fünftausender unwiderstehlich an.[105] Schon am dritten Tag entfliehe ich dem Smog der Zwanzig-Millionen-Stadt und steuere mit Bussen und auf der Ladefläche von LKWs die weißen Vulkane des mexikanischen Hochplateaus an. Wunderbare Tage in dieser Bergwelt! In knapp mehr als einer Woche ersteige ich sie alle, den Popocatepetl, die Iztaccihuatl, den Malinche[106] und schließlich auch den etwas anspruchsvolleren Pico de Orizaba, den höchsten Berg Mittelamerikas. Dann tausche ich Pickel und Steigeisen gegen Taucherbrille und Sauerstoffflasche und verschwinde in den Riffen der Karibik. Fern der eisbedeckten Hänge staune ich noch immer, wie leicht es mir gefallen ist, die höchsten Gipfel Mexikos zu erreichen. Diese Erlebnisse lassen die Mühen und das Scheitern in den Bergen des Pamir, den ausgezehrten Körper, die Tage der Gefangenschaft im winzigen Zelt schnell vergessen. Mein Denken wird wieder frei für Bergträume und Traumberge.

Für den folgenden Sommer plant eine deutsche Bergsteigergruppe eine Expedition zum Muztagh Ata, einem 7546 Meter hohen Berg in der chinesischen Provinz Sinkiang. Ich habe rechtzeitig von der Ausschreibung gehört und suche um Aufnahme in das Expeditionsteam an. Schon vor Jahren habe ich Berichte über die Besteigung dieses Berges gelesen, habe auf Fotos die majestätische Schönheit des Muztagh Ata bewundert, eines eisbedeckten Giganten, der um mehr als viertausend Meter die ihn umgebende Jambulak-Steppe überragt.
Der Wunsch ist vorhanden, doch meine Hoffnung, in die Gruppe aufgenommen zu werden, ist recht gering. Dem eigentlichen Antrag muß eine Liste der Bergerfolge der letzten Jahre sowie ein ärztliches Attest beigefügt werden. Ich habe in den vergangenen Jahren fünf Gipfel mit mehr als 6000 Metern Höhe erstiegen,

---

103 Vgl. Kapitel "Trugbild der Heilung"

104 Diese Reise im Jahr 1993 führt mich nach Mexiko, El Salvador, Guatemala und Honduras.

105 In Mittelamerika gibt es drei Berge, deren Höhe 5000 Meter übersteigt. Es sind die beiden aktiven Vulkane Pico de Orizaba (5760 m) und Popocatepetl (5452 m) sowie der erloschene Vulkan Iztaccihuatl (5286 m). Alle drei Berge liegen in unmittelbarer Nähe von Mexico City.

106 Mit 4461 Metern Höhe der fünfthöchste Gipfel Mexikos

und das ist keine schlechte Ausgangsposition für die Antragstellung. Doch wie soll das mit meinem ärztlichen Attest klappen?
Welch eine Überraschung! Plötzlich habe ich es mit Menschen zu tun, die nur mich beurteilen, und nicht mich minus Diabetes. Da ist zuallererst mein Hausarzt, der im Attest betont, daß ich alle Sechstausender als Diabetiker bestiegen habe und er deshalb meine Teilnahme an der Muztagh Ata-Expedition befürwortet.
Einige Wochen vor dem Start der Unternehmung treffe ich mit Ekkehard Radehose, dem Leiter der Expedition, zusammen. Er nimmt meine Mitteilung, daß ich Diabetiker sei, recht gelassen auf. "Du lebst seit zehn Jahren mit dieser Krankheit und hast all diese Berge bestiegen. Du mußt wohl gut mit deinem Diabetes umgehen können. Die Entscheidung für oder gegen den Aufstieg mußt du, wie jeder andere auch, alleine treffen." Solche Worte machen Mut. Welch positive Lebenseinstellung schwingt da im Gespräch mit! Bergsteiger sind keine "Was ist, wenn...passieren könnte"-Typen. Sonst dürften sie einen Aufstieg wie jenen auf den Muztagh Ata erst gar nicht in Betracht ziehen. Jeder dreißigste, der diesen oder einen ähnlichen Gipfel versucht, bleibt für immer am Berg. Kein Mensch ist für 7500 Meter geschaffen. An solch einem Berg ist jeder "behindert". Ob er nun Diabetiker ist oder nicht, ist eine nebensächliche Feinheit.

Die Besteigung eines Siebentausenders ist wesentlich aufwendiger als die Besteigung eines Sechstausenders. Drei meiner fünf Sechstausender habe ich in nur zwei Tagen, Auf- und Abstieg, bewältigt. Für das geplante Mehr an 1200-1500 Höhenmetern muß ich mit der zehnfachen Zeit rechnen – mit mindestens zwanzig Tagen. Die ersten 10-14 Tage werden damit vergehen, Lasten in höhere Regionen zu tragen und die Hochlager aufzubauen.[107] Durch diese Aktivitäten soll die notwendige Anpassung des Körpers an die große Höhe erfolgen – die Akklimatisation. Dazwischen müssen wir immer wieder ins Basislager absteigen. Nur dort können wir uns von den Strapazen und von der durch die Sauerstoffarmut hervorgerufenen körperlichen Schwäche erholen. Danach soll der eigentliche Auf- und Abstieg in fünf bis sieben Tagen erfolgen.

Schon in Deutschland hat Ekke, unser Expeditionsleiter, folgenden Besteigungsplan erarbeitet:[108]

01. August: Fahrt von der Stadt Kashgar zum Karakul-See in 3600 Metern Höhe

02. August: Fußmarsch vom nahegelegen Dorf Shubash (3650 m) ins Basislager des Muztagh Ata in 4400 Metern Höhe, Lastentransport mit Kamelen, Einrichten des Basislagers

03. August: Akklimatisationstag im Basislager

04. August: Akklimatisationstag im Basislager

05. August: Aufstieg mit Lasten zu Lager I in 5330 Metern Höhe, Aufbau dieses Lagers mit vier Zelten, Rückkehr ins Basislager

---

107 Wir wollen die Besteigung ohne Zuhilfenahme einheimischer Hochträger durchführen. Das heißt, daß wir ab dem Basislager alle Lasten selbst auf den Berg hinauf- und natürlich auch wieder heruntertragen.

108 Die Erstellung durchdachter Besteigungspläne ist bei Gipfeln über 7000 Metern üblich. Im wesentlichen ähneln sich all diese zeitlichen Planungen.

06. August: Ruhetag im Basislager

07. August: Aufstieg mit weiteren Lasten zu Lager I, Übernachtung in Lager I

08. August: Aufstieg mit Lasten zu Lager II in 6200 Metern Höhe, Aufbau des Lagers mit zwei Zelten, zwei weitere Zelte sollen dort zwischengelagert werden, Rückkehr ins Basislager

09. August: Ruhetag im Basislager

10. August: Aufstieg zu Lager I, Übernachtung in Lager I

11. August: Aufstieg zu Lager II, Übernachtung in Lager II

12. August: Aufstieg mit Lasten zu Lager III in 6870 Metern Höhe, Übernachtung in Lager III

13. August: Abstieg von Lager III ins Basislager

14. August: Ruhetag im Basislager

15. August: Beginn des eigentlichen Gipfelangriffs, Aufstieg zu Lager I, Übernachtung in Lager I

16. August: Aufstieg zu Lager II, Übernachtung in Lager II

17. August: Aufstieg zu Lager III, Übernachtung in Lager III

18. August: Aufstieg zum Gipfel (7546 m), Abbau von Lager III und Abstieg zu Lager II

19. August: Abbau von Lager II und Abstieg ins Basislager

20. August: Ruhetag im Basislager, bei Bedarf Lasten aus Lager I holen

21. August: Ruhetag im Basislager, bei Bedarf Lasten aus Lager I holen

22. August: Abstieg vom Basislager nach Shubash, Abtransport des Gepäcks mit Kamelen, Fahrt nach Kashgar

23. August: Reservetag

Die Chinesen, die das Basislager errichtet haben und dieses auch betreuen, weisen jeder Expedition zwei große Armeezelte zu. Die mit Lager I, Lager II und Lager III bezeichneten Plätze sind der Erfahrung nach günstige und sichere Plätze, um Zelte aufzustellen. Da wir zeitlich gesehen nicht die erste Gruppe am Berg sein werden, erwarten wir, an diesen Stellen bereits Zelte anderer Expeditionen vorzufinden.
Dieser Besteigungsplan ist nur ein grober Rahmen für die eigene Besteigungsstrategie, die jeder für sich selbst wählen muß. Es wäre sogar unmöglich, daß sich alle an diesen Plan halten, da wir in Lager I vier Zelte, in Lager II und Lager III aber nur jeweils zwei Zelte vorgesehen haben. Jedes Zelt bietet zwei, im Notfall drei Personen Platz.
Diese Planung zeigt aber auch die Problematik solcher Expeditionen, die mit einem zeitlichen Minimum auskommen wollen. Nur ein einziger Reservetag! Gelingt der Gipfel nicht beim ersten Versuch, so ist aus Zeitgründen keine zweite Chance möglich. Mehrtägiges Schlechtwetter könnte zur Folge haben, daß kein einziger von uns den Gipfel erreicht. Keine Zeit, auf besseres Wetter zu warten! Möge uns Schlechtwetter nur an Ruhetagen treffen!

Grafische Darstellung des ewigen Auf und Ab

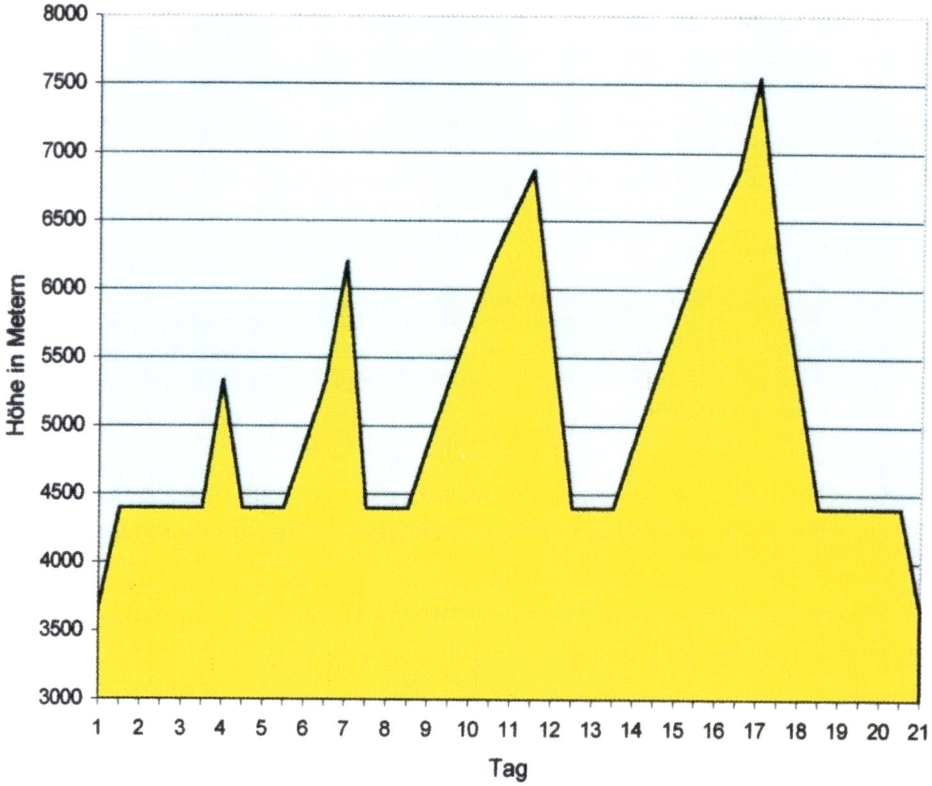

Der Tag vor der Abreise! Ich liege auf einer Wiese im Döblinger Schwimmbad, mein Sohn Markus tollt mit anderen Kindern beim Becken herum. Ich lese den Bericht von Reinhold Messners K2-Besteigung. Im Lesen der Zeilen spüre ich die Mühsal und die Kälte, die er und Michl Dacher beim Aufstieg erlebt haben, während mir die Sonne auf den Rücken brennt. Hier kann ich nichts zur Besteigung meines Traumberges beitragen, hier bin ich in erwartungsvolles Nichtstunkönnen hineingezwängt. Ich empfinde es als nervend, es macht mich unruhig. Gelassen bin ich heute wirklich nicht. Da sind Ängste und Befürchtungen, dann wieder unrealistische Wünsche und Hoffnungen. Tiefschneemassen drücken auf meine Tagträume. Passe ich nicht doch besser in ein Sonnenbad? Der Aufbruch zu einer Expedition ist anders als der Abschied zu einem Strandurlaub. Nicht ein Stau auf der Autobahn oder überfüllte Hotelzimmer können die Freude trüben. Die totale Kompromißlosigkeit der Naturgewalten wird zwischen mir und meinem Ziel liegen und letztlich auch über Erfolg und Mißerfolg entscheiden. Das ist mir jetzt jede Minute bewußt und hält meine Gedanken gefangen. Die letzten Stunden vor meiner Abreise will ich mit meinen Eltern und meinem Sohn verbringen, will ihnen noch einmal nahe sein und bin doch kaum noch vorhanden - nervös, fahrig, mit meinen Gedanken längst im fernen Zentralasien.

Hektisches Treiben am Frankfurter Flughafen! In letzter Minute treffen alle aus verschiedenen Himmelsrichtungen am Gate für den Flug nach Almaty[109] ein. Unsere Gruppe besteht aus elf Bergsteigern, zwei Frauen und neun Männern. Die meisten von ihnen sehe ich hier zum ersten Mal. Einige sind als langjährig eingespielte Kletterpartner angereist, andere als Einzelgänger wie ich zur Gruppe gestoßen. Während des siebenstündigen Fluges versuchen wir, einander näherzukommen und jene Basis aufzubauen, die wir benötigen, um am Berg als verschworene Gemeinschaft agieren zu können.
Eine kirgisische Reiseagentur holt uns mit ihrem deutschsprachigen Leiter vom Flughafen ab - mit einem uralten städtischen Linienbus aus Deutschland, der nach dem Fall des Eisernen Vorhangs für wenige Mark an die GUS[110] abgestoßen wurde und nun auf den Sandstraßen Zentralasiens sein mühsames Pensionistendasein fristet. Harte Dollars, dezent in die Abfertigungspapiere eingelegt, wirken auch in Almaty Wunder. In nur vier Stunden können wir unser Expeditionsgepäck aus der trägen Maschinerie des kasachischen Zolls loseisen. Mit nur 650 Kilogramm für elf Leute entsprechen wir vollends dem Trend des modernen Höhenbergsteigens: Minimalgepäck, um der Flexibilität des Alpenbergsteigens nahezukommen, kein Bedarf an Hochträgern, kein künstlicher Sauerstoff.
Zwei lange Tage schaukeln wir im klapprigen Reisebus der chinesischen Grenze auf dem Torugart-Paß entgegen.[111] Keine Zeit, die Schönheiten des Landes zu genießen! Wie in einem Dokumentarstreifen erleben wir durch die Scheiben des Busses, wie die zentralasiatische Szenerie an uns vorüberfliegt, kleine kirgisische Bauerndörfer, vermengt mit den Bausünden des sowjetischen Sozialismus, eingebettet in eine grandiose, wenn auch karge Berglandschaft. Die Zeit drängt. Am frühen Nachmittag des zweiten Reisetages müssen wir den chinesischen Grenzübergang erreichen, da der folgende Tag, der 1. August, ein wichtiger Feiertag in China ist. Kleine Grenzübergänge wie der Torugart-Paß werden in dieser Zeit geschlossen sein.
In sensationellen zwei Stunden schaffen wir die Grenzabfertigung auf der kirgisischen Seite. Einige Dollarnoten haben diesen Prozeß erheblich beschleunigt. Wir fahren die letzten Kilometer zur Paßhöhe hinauf und halten vor einem riesigen Torbogen, einem chinesischen Pendant zum Arc de Triomphe in Paris – der Grenze zu China in 3730 Metern Höhe. Nur wenige Meter von uns entfernt warten ein chinesischer Bus und ein LKW darauf, uns mitsamt unserem Gepäck zu übernehmen. Es herrscht lustiges Treiben auf dem Torugart-Paß. Die chinesischen Grenzsoldaten veranstalten gerade mit ihren kirgisischen Amtskollegen ein Wettschießen. Alle sind derart betrunken, daß es sich empfiehlt, in der

---

109 Früher Alma Ata, die zwei Millionen Einwohner zählende Hauptstadt von Kasachstan

110 GUS ist die Abkürzung für "Gemeinschaft unabhängiger Staaten", der zu diesem Zeitpunkt alle ehemaligen Sowjetrepubliken mit Ausnahme der drei baltischen Staaten Estland, Lettland und Litauen angehören.

111 Unsere Anfahrt zum Muztagh Ata führt von Almaty über die kasachisch-kirgisische Grenze nach Bischkek, der Hauptstadt des jungen Staates Kirgisien. Von dort aus durchqueren wir dieses Land, vorbei am riesigen Issyk-Kul-See, hinauf auf die von Nomaden bewohnten weiten Hochflächen, ehe wir am 3700 Meter hoch gelegenen Torugart-Paß die chinesische Grenze erreichen. Von dort geht es hinunter ins Tiefland in die geschichtsträchtige Stadt Kashgar an der alten Seidenstraße. Danach folgen wir dem knapp zwanzig Jahre alten Karakorum-Highway, wo sich etwa hundert Kilometer vor der pakistanischen Grenze östlich der Straße der Muztagh Ata erhebt.

Deckung des Busses zu bleiben. Als die Grenzer uns und die damit verbundene Arbeit erblicken, suchen sie schnurstracks das Weite und lassen die Grenze verwaist zurück. Geschlossen! Für zwei Tage!
Das darf doch nicht wahr sein! In der Einsamkeit des kirgisischen Hochplateaus müssen wir nun zwei Tage auf bessere Zeiten warten, ohne Hotel, ohne Restaurant, ohne Wasser. Denkt denn niemand an unseren engbemessenen Besteigungsplan? Wir trösten uns mit der Tatsache, daß wir unsere Wartezeit in dreieinhalbtausend Metern Höhe absitzen dürfen und daß dies unserer Akklimatisation zuträglich sein wird. Wir bauen unsere Zelte auf, machen uns auf die Suche nach einer Quelle und werden sogar fündig. Die Versorgungslage bleibt allerdings gespannt. An unseren Hochlagerrationen wollen wir nicht rühren. Schließlich finden wir eine einsame Baustelle, die einmal ein Hotel war oder die eines werden soll, wo wir etwas Buchweizen und undefinierbare Innereien zu essen bekommen. Das Frühstück wird zum flüssigen Desaster. Mangels anderer Nahrungsmittel erhalten wir jeder von Slava, unserem kirgisischen Begleiter, einen Viertelliter Wodka. Gängige Kalorienzufuhr nach dem Zerfall der Sowjetunion!

Zwei Tage Wartezeit vor dem chinesischen Grenzübergang am Torugart-Paß – Ausflüge zu den kirgisischen Nomaden sorgen für etwas Kurzweil.

Den Tag des Wartens lassen wir beschaulich verstreichen. Wir wandern über das saftige Grün der endlosen Hochfläche und stoßen auf zwei kirgisische Familien, die hier in ihren Jurten leben. Gastfreundlich bewirten sie uns mit Brot und Kumis[112], womit wir unseren Gaumen endlich wieder versöhnen können.
Am Morgen des 2. August finden wir uns neuerlich auf dem kirgisischen Grenzposten ein. Ein Hoch auf die Bürokratie! Sie arbeitet gründlich. Unsere Grenzabfertigung von vorgestern zählt nicht mehr. Die ganze Prozedur beginnt von neuem. Doch nichts mehr kann uns bremsen. In "nur" sechseinhalb Stunden bewältigen wir erfolgreich den kirgisisch-chinesischen Grenzübertritt und werden von Ardil, dem Begleitoffizier unserer Expedition, in Empfang genommen. Die Fahrt nach Kashgar, dem alten Juwel an der Seidenstraße, wird zum touristischen Highlight. Bizarre Sandsteinformationen säumen die idyllischen Täler, in denen kirgisische und uigurische Dörfer liebliche Oasen inmitten der kargen Landschaft bilden. Alles wirkt hier gepflegter und einladender als jenseits der Grenze, und es gibt hier auch wieder jede Menge zu kaufen. Vorerst geben wir uns damit zufrieden, uns mit Bier und Wassermelonen zu laben.

---

[112] Vergorene Stutenmilch

Kashgar – keine Zeit, die alte orientalische Stadt voll überraschender Fremdheit zu besichtigen.[113] Auf dem Markt besorgen wir frische Lebensmittel für das Basislager. Zwei Stunden später fahren wir im Bus auf dem Karakorum-Highway[114] nach Süden. Lange Zeit geht es eben dahin durch eine wüstenartige Landschaft. Sanddünen zu beiden Seiten der Straße, kleine grün-braune Oasen, einige Hütten und Traktoren, Kamelherden! Die westlichen Ausläufer der Takla Makan, der größten Sandwüste der Erde!

Unsere Bergambitionen lassen uns nur wenig Zeit, in das geschäftige Treiben von Kashgar, dem Juwel der alten Seidenstraße, einzutauchen.

Unvermittelt beginnt der Anstieg ins Gebirge. Ein enge Schlucht, ein reißender Fluß, grau-weiße Gischt, die Berge - metallenes Grau, düster, menschenlos! An vielen Stellen ist die Straße von den Wassermassen weggespült. Unsere vierradbetriebenen Fahrzeuge müssen an ihre Grenzen gehen, um weglos die zerstörte Trasse zu umgehen.
Die tosende Schlucht – abweisende Zutrittspforte in eine paradiesische Welt! Auf dreitausend Metern Höhe wird alles ruhig und weit und beschaulich. Riesige Seen, kein Windhauch zerzaust die Stille der spiegelglatten Wasser, grüne Wiesen! Das Gras steht hoch, kleine Bäche plätschern den großen Seen entgegen, Blumen aller Farben vollenden dieses Gemälde der Natur. Weidende Yaks genießen den Überfluß des Landes. In der Weite des Horizonts säumen namenlose Berge dieses Bild der Stille.
Ein Raunen geht durch den Bus, zwingt den Fahrer, an der Straße zu halten. Einsam steht er vor uns! Einsam überragt er die grün-braune Weite der Hochebene.

---

[113] Auf dem Rückweg nach Almaty bleiben wir einen vollen Tag in Kashgar und können das Versäumte nachholen.

[114] Der Karakorum-Highway verbindet die pakistanische Hauptstadt Islamabad mit der chinesischen Stadt Kashgar. Dieses ehrgeizige Straßenbauprojekt, das über den fast 5000 Meter hohen Karakorum-Paß führt, wurde in den Siebzigerjahren realisiert. Diese Straße ist extrem der Unbill des Wetters ausgesetzt und immer wieder in Abschnitten zerstört.

Yaks auf den saftigen Weiden am Fuße der Eisgipfel

Ein weißer Gigant ohne Nachbarn, ohne Trabanten! Viereinhalbtausend Meter ragt der Berg über uns auf, sein Gipfel scheint am Himmelsdach zu rühren.

Als Sven Hedin am Ende des letzten Jahrhunderts, vermutlich als erster Europäer, den einsamen weißen Riesen erblickte, fragte er seine einheimischen Begleiter nach dem Namen dieses stolzen Berges. Muztagh Ata! Vater der Eisberge, in unserer Sprache!

Mit dem letzten Tageslicht erreichen wir den Karakul-See in dreieinhalbtausend Metern Höhe. Erst der nächste Morgen gibt die einzigartige Schönheit dieses Ortes preis. Kleine Wölkchen spiegeln sich in den tiefblauen Wassern. Sanfte, rundliche Berge reihen sich in braunen Stufen übereinander um dieses Zentrum der Stille. Am östlichen Horizont ragt der Kungur[115] in einer Flucht schneebedeckter Gipfel bescheiden über seine Trabanten hinaus. Im Süden sehen wir den mächtigen Schnee- und Eiskegel des Muztagh Ata, der sich über unbedeutenden, staubig-braunen Hügeln erhebt und sein Spiegelbild malerisch auf die Oberfläche des Karakul-Sees wirft. Das Faszinierende an dieser Landschaft sind die weiten Horizonte, der Saum leicht umwölkter Bergketten, das raffinierte Farbenspiel in dieser kargen Gegend. Die Felsen und der ausgedörrte Boden weisen tausend Schattierungen von braun, rot und grau auf, und aus der Nähe erkennt man, daß sie voller Leben sind. Primeln und Zwergiris sammeln sich im Bett kleiner Flußläufe und kommen jetzt, nach der Schneeschmelze, überall zum Vorschein.

---

115 Der Kungur Tagh ist mit 7709 Metern der höchste Gipfel des gesamten Pamir. Er weist große technische Schwierigkeiten in seiner Gipfelpyramide auf und wurde erst zweimal bestiegen. Er liegt, umgeben von unzähligen Sechs- und auch einigen Siebentausendern, etwas verborgen am Ostrand des Gebirges. Was seine relative Höhe von 6500 Metern anbelangt - im Osten fällt das Gebirge bis in die 1200 Meter hoch gelegene Takla Makan-Wüste ab - ist der Kungur nach dem Nanga Parbat, der sich 7000 Meter über dem Industal erhebt, der höchste Berg der Erde. Der etwas niedrigere und auch leichter zu besteigende Muztagh Ata wirkt durch seine isolierte Stellung wesentlich imposanter als der Kungur.

4. August bis 13. August, die ersten zehn Tage am Berg:

Der kleine Friedhof am Fuße der bräunlichen Ausläufer des Muztagh Ata! Kein Fotograf kann an der vollendeten Idylle dieses Totenplatzes mit seinem eisgekrönten Wächter vorbeikommen. Hier beginnt der Aufstieg ins Basislager. Unser Gepäck wird mitsamt der vom CMA[116] bereitgestellten Lasten für das Basislager auf dem Rücken der Kamele festgemacht. Ardil, unser Begleitoffizier, wird die nächsten drei Wochen weitgehend untätig

Das Uiguren-Dorf Shubash ist Ausgangspunkt der Besteigung des Muztagh Ata. Im Hintergrund ist in der Flucht der Eisberge der Kungur Tagh zu sehen, mit 7709 Metern der höchste Gipfel der Kun Lun-Kette.

Still wacht der mächtige Eisgipfel des Muztagh Ata über dem Friedhof von Shubash.

116 CMA – Chinese Mountaineering Association: Zentralistisch verwaltet diese Organisation alle bedeutenden Bergunternehmungen des Landes, vergibt Besteigungsgenehmigungen, unterhält die wichtigsten Basislager, schreibt die Projektbedingungen vor, stellt den Begleitoffizier und die Mannschaft für das Basislager zusammen. Die Infrastruktur, die die CMA beim Transport ins Basislager und im Lager selbst unterhält, ist nicht unangenehm und erspart den Expeditionen recht viel eigene Organisationsarbeit. Natürlich sind diese Leistungen von den ausländischen Bergsteigern entsprechend zu bezahlen.

Kamele tragen die Ausrüstung der Expeditionen bis ins Basislager.

mit uns am Fuße des Berges zubringen müssen. Während des Jahres unterrichtet er Englisch an der Universität von Urumchi. Hier bessert er in seinen Ferien das bescheidene Lehrersalär auf. Für ihn ist es der Eintritt in eine unbekannte Welt. Es macht ihn etwas unsicher. Er läßt ein riesiges Bettgestell samt Federnrost und Matratze auf die Kamele schnallen. Ganz will er nicht auf die Annehmlichkeiten seines Zuhauses verzichten.

Vorbei an den Serac-Türmen des Jambulak-Gletschers steigen wir auf einem ausgetretenen Pfad in das 4400 Meter hoch gelegene Basislager auf. Ein angenehmer Wanderweg! Die chinesische Lagermannschaft weist uns zwei Großzelte zu, eines dient als Gemeinschaftszelt, eines als Schlafzelt. Wenige Meter entfernt fließt ein Gletscherbach am Lager vorbei. Ich nütze die Gelegenheit, mich gründlich zu waschen. Das mache ich nur einmal. Diesen kühlen Luxus werde ich in den nächsten zwanzig Tagen besser bleiben lassen.

Den Aufbau der Hochlager beginnen wir mit rasendem Elan. Was bleibt uns auch anderes übrig? Wir müssen die beiden Tage einbringen, die wir an der chinesischen Grenze verloren haben. Es gelingt uns. Vorerst! Am 7. August steht Lager I, alle Lasten für die oberen Hochlager haben wir bereits an diesen Platz geschafft. Ganz wie es unser Besteigungsplan aus dem fernen Deutschland vorsieht!

Auf unserer Jagd nach dem Plansoll müssen wir unsere Ruhephasen auf ein Minimum beschränken. Die Strafe folgt auf dem Fuß. Keiner von uns erreicht auf Anhieb den für Lager II vorgesehenen Platz in 6200 Metern Höhe. Auf halbem Wege[117] müssen wir entkräftet aufgeben, müssen unsere Ausrüstung für die oberen Hochlager in einer Gletscherspalte deponieren und hoffen, daß einige von uns am nächsten, übernächsten oder überübernächsten Tag die Kraft aufbringen, die hinterlegten Lasten weitere 400 Meter nach oben zu tragen und dort zwei Zelte zu errichten. Erst am 11. August gelingt es uns, Lager II vollständig aufzubauen und damit liegen wir bereits drei Tage hinter unserem Plan. Das ist zuviel! Wir müssen wichtige Akklimatisationsschritte aufgeben, um die Chance auf den Gipfel zu wahren. Ohne weitere Ruhephase versuchen wir weiter zu Lager III in 6870 Metern Höhe vorzustoßen. Nur drei von uns[118] schaffen es und stellen dort ein Zelt auf. Alle anderen müssen bereits in Lager II oder knapp darüber aufgeben und den Rückzug in tiefer liegende Regionen antreten. Das zweite Zelt für Lager III verbleibt in einem Depot in knapp 6500 Metern Höhe.

Die meisten Menschen mögen in unserem Wunsch, diesen lebensfeindlichen Gipfel zu erreichen, eine waghalsige, lustvolle Suche nach dem absoluten Nervenkitzel sehen. Adrenalin-Freaks? Welch ein Trugschluß! Um solche Begierden

---

[117] Wir erreichen den unteren Rand des Gletscherbruches in 5770 Metern Höhe, etwa die Hälfte des Weges zwischen Lager I in 5330 Metern Höhe und Lager II in 6200 Metern Höhe.

[118] Hans-Peter, Elisabeth und Kurt

Rast in einer Gletscherspalte in knapp 5800 Metern Höhe – Dort müssen wir auch unser Materialdepot anlegen, nachdem wir für den weiteren Aufstieg vorerst zu schwach sind.

zu befriedigen, lassen wir uns mit dem Gleitschirm hinaus in die Lüfte, unternehmen eine Motorrad-Spritztour oder klettern durch eine schwierige Felswand. Die Besteigung des Muztagh Ata hat mit all dem nichts zu tun.
Oberhalb der Annehmlichkeiten des Basislagers verwandelt sich solch eine Expedition in ein recht spartanisches Unternehmen. Kaum jemand wird ernsthaft behaupten können, daß das Leben in großen Höhenlagen ein Vergnügen ist – ein Vergnügen im üblichen Sinn des Wortes. Qualvolles Schinden und Schuften auf dem Weg nach oben! Dumpf atmende Befriedigung nach der Bewältigung einer Geländestufe oder der Ankunft in einem Hochlager! Bis zum Gipfel schwebt das Damoklesschwert des unbekannten Unerreichten über uns.
Welche Verkehrung meiner Sehnsüchte zieht mich hinauf auf diesen Berg? Bittersüßer Grenzgang! Wieviel Schmerz und Entbehrung kann ich aushalten? Kann diese Fragestellung je Sinn machen? Hier am Schreibtisch, in den Niederungen der Wohlstandsgeborgenheit, muß ich ratlos still bleiben. Aber dort oben im Gletschereis finden sie sich, die Antworten, der Sinn, die Begeisterung. Faszination der Totalität![119]
Ständig bewegter Spannungsbogen zwischen Mühsal und Vergnügen! Ja, es gibt sie, das Vergnügen und den Genuß in der ausgedörrten Atemlosigkeit, im nassen Ruhen auf dem groben Eis, im minutenlangen, hechelnden Lehnen auf dem Pickel oder den Skistöcken.
Die Aussicht in die tief unter uns liegende Ebene, die Seen und Flußläufe, der Blick auf die Berge Tadschikistans, Afghanistans und Pakistans – all das entschädigt in Augenblicken für die Mühen eines mehrstündigen Aufstiegs.

---

119 Höhenbergsteigen stellt vermutlich die komplexeste Herausforderung für Körper und Psyche dar: große körperliche Anstrengung, entbehrungsreiche Lebensverhältnisse, große Kälte, Mangel an Sauerstoff durch die dünne Luft, kaum Erholung durch Schlaf und Ruhen, Dehydration – und all das mehrere Wochen lang.

Eisbruch des Jambulak-Gletschers auf der Route zwischen Lager I und Lager II (Höhe: ca. 5800 Meter)

Der Gletscherbruch, an dessen ungefährlichem Rand wir uns emporarbeiten - ständig wechselnde Einblicke in dieses eisige Chaos, ein bläulich-weiß schimmerndes Gewirr aus Seracs, hausgroßen Eisquadern und Spalten!
Die fast völlige Windstille eines herannahenden Abends vor unseren Zelten! Links und rechts neben uns laufen mächtige Gletscherzungen in die Tiefe, bizarre Gebilde aus spitzen Eistürmen in einem Gewirr tiefer Spalten. Das uns umgebende Land scheint unendlich weit unter uns zu liegen. Außer den Zelten des Basislagers können wir nichts Menschliches erblicken. Die bräunlichen Häuser von Shubash und am Karakul-See heben sich nicht von ihrem gleichfarbenen Untergrund ab. Das endlose Weiß, das uns nun umgibt, verstärkt das raffinierte Farbenspiel der Natur und läßt uns nur dasitzen und schauen und genießen. Das Licht der Abendsonne verwandelt die verzweigten Flußläufe in ein goldfarbenes Glitzerspiel inmitten der staubig-braunen Ebene. Im Süden ragen einige kleine Zacken aus der weiten Flucht der Schneeberge heraus. Der K2, der Broad Peak, die Gasherbrum-Gipfel?! Eine andere Welt, eine neue Herausforderung, ein Morgen für das Bergsteigerherz!
Und ich? Meine ersten zehn Tage am Berg? Ich fühle mich täglich besser in der sauerstoffarmen Luft. Zuletzt steige ich in nur fünf Stunden von Lager I zu Lager II auf und arbeite dann mehrere Stunden hart an dessen Aufbau mit. Den harten, eisigen Untergrund mit Pickel und Lawinenschaufel für das Zelt einebnen, eine Kochnische aushacken, Schnee

Rast beim Aufstieg zu Lager II – Die Bekleidung zeigt, daß die Temperaturen während des Tages auch in einer Höhe von 6000 Metern recht moderat sein können.

schmelzen, kochen! Endlich fühle ich mich so richtig gut in Form. Optimismus! Der nächste Tag – Lager III?
So rosig hat alles ausgesehen, und dann zwingt mich am folgenden Morgen eine schmerzhafte Zahnentzündung zum eiligen Abstieg ins Basislager. Meine Gipfelchancen haben einen schweren Rückschlag erlitten. Ich weiß, daß mir die wichtige dritte Zacke des Akklimatisationsplanes fehlt, eine Nacht in Lager III. Ich weiß auch, daß ich keine Möglichkeit mehr haben werden, diese noch vor einem möglichen Gipfelsturm nachzuholen. Auf ein schnelles Wunder hoffend, beginne ich, mich mit einem Zahnantibiotikum zu behandeln.
Ruhe im Basislager! Äußere Ruhe! Innerlich finde ich keine Ruhe mehr. Es ist die Ruhe vor dem Sturm. Noch versuche ich, an die Kraft meiner Medikamente zu glauben, noch will ich meine Gipfelchance nicht so ohne weiteres dahingeben. Ich fühle eine enorme Anspannung in mir, spüre Hoffnung und Aussichtslosigkeit im Wechseltakt. Das Antibiotikum beginnt zu wirken, es macht mich aber ziemlich müde.
Zu sechst sind wir im Basislager vereint. Alle gescheitert beim Versuch, Lager III zu erreichen! Meine fünf Kameraden richten ihre Blicke nach oben. Morgen wollen sie den Gipfelvorstoß in Angriff nehmen. Ich fühle mich leer. Ein Aufstieg scheint mit jeder Stunde des Schmerzes in immer weitere Ferne zu rücken.

14. August, der 11. Tag am Berg:

Alles läuft schief! Das Wetter wird zunehmend schlechter, die Prognose gibt uns keine guten Karten, in den nächsten Tagen den Gipfel erreichen zu können.
Mir geht es mit meiner Zahnentzündung nicht gut. Die Schmerzen werden nicht besser und auch nicht schlimmer, aber die Antibiotika machen mich unendlich müde. Ich weiß, daß ich so den Aufstieg nicht wagen darf, und fürchte den Augenblick, wenn meine fünf Kameraden den endgültigen Angriff auf den Gipfel starten. Allein im Basislager, ohne Chance, den höchsten Punkt zu erreichen – wie frustrierend wird das sein! Und so gut hatte doch alles noch vor drei Tagen ausgesehen!
Am Nachmittag starten Marga, Manfred und Hanns ihren Aufstieg zu Lager I. Ich fühle mich fast erleichtert, daß sich Günter heute noch nicht für den Gipfelsturm bereit fühlt und daß sich Ekke dazu entschließt, noch eine Nacht mit ihm im Basislager zuzuwarten.
Hans-Peter, Kurt und Elisabeth steigen neuerlich zu Lager III auf und wollen dort auf ihre Gipfelchance warten. Jürgen und Karl versuchen das gleiche, ohne Erfolg.

15. August, der 12. Tag am Berg:

Heute werden auch Ekke und Günter ihren Gipfelsturm beginnen. Dann werde ich endgültig allein im Basislager zurückbleiben. Mir geht es nicht gut bei diesen Aussichten. Game over! Frustriert sitze ich auf einem Felsen vor dem Zelt und starre gedankenverloren auf die rot-gelben Muster der Flechten, deren Schönheit ich im Moment nichts abgewinnen kann. Auch für die hübsche, junge Chinesin, mit der es immer so nett zu plaudern war, habe ich keine Augen und keinen Kopf mehr. Sie arbeitet als Begleitoffizier für die japanische Expedition. Mit ihrem mit Kunstblumen bekränzten, weitkrempigen Strohhut paßt sie eher auf die Strandpromenade eines südfranzösischen Nobelortes als in ein Lager stoppelbärtiger, ungewaschener Bergfexen.

Gegen Mittag ist es so weit.[120] Ekke und Günter sammeln ihre Ausrüstung für den Gipfelaufstieg zusammen und packen ihre Rucksäcke. Eine Entscheidung aus dem Bauch heraus! Ich will nicht alleine im Basislager zurückbleiben. Bis Lager I werde ich es wohl noch schaffen. Ich werde meine Freunde dorthin begleiten. Das Wetter ist den ganzen Tag über immer schlechter geworden. Für jene, die sich im unteren Teil des Berges aufhalten, ist dies nicht so dramatisch. Für Hans-Peter, Kurt und Elisabeth jedoch beginnt in Lager III eine nervenzehrende Zeit des Wartens. Sie haben keine Chance, zum Gipfel aufzusteigen, und müssen eine weitere Nacht in der sauerstoffarmen Luft zubringen, in der der Körper selbst im Ruhen noch Kräfte abbaut.
Nur zu dritt werden wir die Nacht in Lager I zubringen. Jeder kann für sich ein ganzes Zelt in Anspruch nehmen. Die Nacht wird mörderisch. Schon am Abend beginnt der Schneefall, dann stürmt und schneit es die ganze Nacht hindurch. Ein Gewitter zieht auf. Lange verweilt es direkt über unserem Lagerplatz. Blitz und Donner ohne zeitlichen Abstand! Eine halbe Stunde lang! Ich weiß, wie gefährlich Gewitter in großer Höhe sind. All das Metall des Bergsteigerlebens in und um das Zelt verteilt! Unentwegt muß ich an Friedl Mutschlehner, einen der großen Südtiroler Bergsteiger, denken, der auf diese Weise auf dem Manaslu den Tod gefunden hat. Angst! Lange andauernd, zehrend! So allein im Zelt kann ich sie nicht einmal mit jemandem teilen.

16. August, der 13. Tag am Berg:

Weiße Pracht! Beim Öffnen des Zeltes glaube ich, mich in einer anderen Welt zu befinden. Alles ist tief verschneit, bis hinunter ins Basislager, bis hinunter in die Ausläufer des Berges, dort wo sich das Dorf Shubash befinden muß. Siebzig Zentimeter Neuschnee! Als Bergsteiger können wir uns an solchen Tiefschneemassen kaum erfreuen, sie kündigen den Beginn unendlich mühsamen Spurens an. Hinauf oder hinunter? Das ist die Frage, die sich für mich jetzt stellt, während Ekke und Günter die Skier anschnallen, um im Tiefschnee besser voranzukommen. Vieles spricht für den Abstieg. Gestern ist mir der Aufstieg sehr schwer gefallen. Mit leichtem Gepäck habe ich ebenso lange gebraucht wie am ersten Tag, als ich noch nicht akklimatisiert war. Die Neuschneemengen verheißen auch nichts Gutes für die Situation im oberen Teil des Berges. Der Schneefall hat nun zwar etwas nachgelassen, von einer Wetterbesserung kann aber keine Rede sein. Und doch kann ich nicht anders, ich muß mich gegen die Vernunft entscheiden. Ich greife zu meinen Tourenskiern, die ich am ersten Tag hier herauf geschafft habe, fixiere die Harscheisen und steige in den Jambulak-Gletscher ein. Habe ich nicht vor einigen Tagen Lager II in fünf Stunden erreicht? Heute werden es elf! Gut die Hälfte des Weges trage ich meine Skier am Rucksack festgeschnallt auf dem Rücken statt an den Füßen. In den schwierigeren Passagen nahe dem Gletscherbruch fehlt mir die Übung, um sicher auf Skiern voranzukommen. Oberhalb des Eisbruches begegne ich Elisabeth und Hans-Peter, die zerknirscht ins Basislager absteigen. Zwei Tage und Nächte haben sie im Sturmlager ausgeharrt, ohne daß das Wetter besser geworden wäre. Längere Aufenthalte in dieser

[120] Mancher wird sich wundern, warum wir immer so spät mit dem Aufstieg beginnen. Alle in diesem Text angeführten Zeitangaben beziehen sich auf die in diesem Land gültige Pekinger Zeit. Peking liegt allerdings 30 Längengrade östlich vom Muztagh Ata, wodurch dort die Sonne um zwei Stunden früher auf- bzw. untergeht. Daher haben wir am Muztagh Ata von 8 Uhr 30 bis etwa 22 Uhr 30 Tageslicht.

Höhe hält der Körper nicht aus. Ihre erste Gipfelchance ist dahin. Wird ihnen der Berg noch eine zweite geben? Werden sie dann die Kraft haben, sie zu nützen? Unendlich langsam kämpfe ich mich Meter für Meter, oder besser Zentimeter für Zentimeter zu Lager II vor. Erst nach 22 Uhr erreiche ich unsere Zelte, falle total erschöpft in den Schlafsack und habe nicht einmal mehr die Kraft zu essen.[121]

Lange Zeit liege ich regungslos im Schlafsack, versuche mich aufzuwärmen, zögere Minute um Minute meine Insulinspritze hinaus und fürchte gleichzeitig, ohne Injektion einzuschlafen. Alle Konzentration muß ich aufbringen, um meine Insulinfläschchen stets am wärmenden Körper zu halten. Neben dem Schlafsack würde das Insulin in kürzester Zeit gefrieren und unbrauchbar werden. Schließlich gebe ich mir selbst den entscheidenden Ruck. Ich ziehe den Schlafsack über den Kopf, drehe mich mit der Stirnlampe in die warmen Daunen hinein und setze im Lichtschein meine Spritze. Augenblicke später falle ich in einen nicht endenwollenden Erschöpfungsschlaf.

Wie normal sind diese Prozeduren für meine Bergkameraden geworden. Keiner verliert ein Wort darüber, keiner mißt meiner Zuckerkrankheit eine besondere Bedeutung zu, und das ist sehr angenehm für mich. Sie sehen mich im Zelt beim Blutzuckermessen oder im Eis, wenn ich ein Stückchen Haut freimache, um die Spritze zu setzen – und es ist für sie genauso normal, wie wenn ich an meinen Steigeisen herumhantiere.

17. August, der 14. Tag am Berg:

Ich kann meine Glieder kaum rühren, so kaputt bin ich am nächsten Morgen. Keine fünfzig Meter weit würde ich heute kommen. Der Aufstieg ist zu Ende. Für uns alle ist er heute zu Ende! Das Wetter zeigt sich von seiner schlechtesten Seite. Den ganzen Tag über stürmt und schneit es. Alle Aktionen am Berg sind zum Stillstand gekommen. Keine Sicht! Selbst der Abstieg ist unmöglich geworden. Ich muß in Lager II bleiben und rühre mich kaum aus meinem Schlafsack heraus.

Meine Zähne? Der Schaden hält sich in Grenzen. Vor zwei Tagen habe ich mein Antibiotikum abgesetzt, um nicht noch müder zu werden. Die Schmerzen sind nicht besser, sie sind aber auch nicht schlimmer geworden. Ich kann damit leben.

Am Abend läßt das Unwetter plötzlich nach, blaue Streifen sind im fahlen Grau des Himmels zu erkennen. Sollten wir morgen eine Chance erhalten? Unsere Gespräche kreisen um diese Hoffnung.[122]

18. August, der 15. Tag am Berg:

Vor wenigen Tagen hätte ich nie und nimmer daran gedacht, bis hierher gelangen zu können. Lager III – 6870 Meter Höhe! Bis Lager II hatte ich meine Freunde nur begleitet, um der trostlosen Einsamkeit im Basislager und dem Nichtstunkönnen zu entfliehen. Als ich heute morgen nach der Zwangspause mit

---

[121] Hanns befindet sich auch in Lager II. Er war heute mit Marga und Manfred zu Lager III aufgestiegen, konnte aber nur bis 6400 Meter mithalten und ist dann umgekehrt. Kurt, der zwei Nächte mit Elisabeth und Hans-Peter im Sturmlager ausgeharrt hat, ist ebenfalls hier. Jetzt ist er so geschwächt, daß er nicht einmal mehr den Abstieg fortsetzen konnte.

[122] Marga und Manfred haben heute in Lager III zuwarten müssen.

Lager II während unseres entscheidenden Gipfelangriffs – Neuschneemassen drücken auf die Zelte und auf das Gemüt.

frischen Kräften aufwache und den wolkenlosen Himmel sehe, fühle ich ein inneres Drängen, das mich nach oben zieht und mich den geplanten Abstieg vergessen läßt.
Mit meinen Skiern steige ich in den Steilhang hinter dem Lager ein. Schon nach hundert Metern muß ich erkennen, daß ich im tiefen Schnee kaum vorankomme. Wütend schnalle ich meine Skier ab und ramme sie in den Hang. Da erblicke ich eine Russenspur[123], die schnurgerade den Steilhang hinaufführt. Ich hasse Russenspuren. Es ist aber immer noch weniger anstrengend, diesen Tritten zu folgen, als selbst eine Spur in den knietiefen Schneehang zu legen. Ohne Steigeisen, ohne Pickel – sie liegen irgendwo in den unteren Lagern – setze ich meinen Aufstieg fort durch eine immer flacher und gleichförmiger werdende Landschaft. Prägnante Konturen fehlen der weißen Endlosigkeit und vermitteln so den Eindruck des Stillstands, obwohl ich seit Stunden unaufhörlich Schritt um Schritt höher komme. Um 19 Uhr tauchen auf einem winzigen Plateau einige Zelte auf – das Sturmlager. Wenig später sehen wir Marga und Manfred, wie sie sich völlig erschöpft dem Lager nähern. Sie kommen von oben, sie haben heute den Gipfel erreicht. Tee statt Sekt, um den Erfolg zu feiern![124]
Unsere Freude über das Ende des mühsamen Tagwerks und den Gipfelsieg unserer beiden Kameraden wird getrübt durch die Tatsache, daß wir nur ein Zelt unseres Teams vorfinden. Die Zelte der Japaner können wir nicht benützen, da auch sie für morgen ihren Gipfelsturm planen. Was ist aus unserem zweiten Zelt geworden, das Ekke und Marga in knapp 6500 Metern Höhe deponiert haben? Niemand hat es gesehen. Es wird noch viele Monate unauffindbar unter den Neuschneemassen des Muztagh Ata begraben bleiben. Wir sind zu dritt und wenig später sogar zu viert, da Hans-Peter heute mit einer Gewaltleistung von Lager I bis Lager III aufgestiegen ist. So zwängen wir uns alle in das enge Zweimannzelt. Mit unserer gesamten Ausrüstung einschließlich der Hartschalenschuhe schlüpfen wir in unsere Schlafsäcke und liegen mehr übereinander als

---

123 Während wir Alpenbergsteiger die Spur meist in flachen Serpentinen in den Hang setzen, legen die Russen ihre Spur vorwiegend in der Fallinie an, was sehr kräfteraubendes Steigen bedeutet. Seit wenigen Tagen operiert eine 25 Mann starke russisch-amerikanische Expedition am Berg. Sie haben sich im Tien Shan-Gebirge akklimatisiert und wollen den Muztagh Ata mit nur zwei Hochlagern in kurzer Zeit ersteigen. Sie erreichen relativ schnell 7000 Meter Höhe, wo sie ihr Lager II aufbauen. Ihr Anstieg erweist sich jedoch als zu schnell. Keiner von ihnen wird den Gipfel erreichen, alle müssen knapp über ihrem Lager II aufgeben.

124 Marga und Manfred steigen heute noch bis Lager II ab.

nebeneinander.[125] An Schlafen ist nicht zu denken, an Blutzuckermessen auch nicht. Das Spritzen meines Abendinsulins ist nur durch die Rücksichtnahme meiner drei Bergkameraden möglich. Sie dürfen sich nicht ein bißchen rühren, während ich mich mit meiner Stirnlampe im Schlafsack vergrabe und dort drinnen meine Prozedur vollziehe.

19. August, der 16. Tag am Berg:

Die ganze Nacht über sind wir wach gelegen und haben in der dünnen Luft nach Atem gerungen. Fast erleichtert nehmen wir das Grauen des Morgens auf. Es ist an der Zeit, mit dem ungeliebten Ritual zu beginnen und aus der Wärme der Daunenfedern in die eisige Wirklichkeit hinauszukrabbeln. In der Nacht waren unsere übelriechenden Ausdünstungen kondensiert und hängen nun in Form einer zarten Rauhreifschicht vom Zeltstoff herab. Im Gewühl des anbrechenden Tagwerks streifen wir an den niedrigen Nylonwänden und lösen damit jedesmal eine Art Schneesturm im Zelt aus, der alles mit Eiskristallen bedeckt.
Noch in der Kälte des anbrechenden Tages verlassen wir das Zelt. Schon gestern hatten wir eine kleine windgeschützte Fläche aus dem Eis gehackt. Hier kochen wir nun unser Müsli. Nahrung haben wir genug, aber keiner von uns kann etwas essen. Die Nahrungsaufnahme funktioniert in dieser Höhe nicht mehr so richtig. Wie gut, daß ich nicht vorher für das Frühstück Insulin gespritzt habe. Ich stapfe als erster in Richtung Gipfel los. Das Gelände hier ist leicht, das Gehen in dieser Höhe aber unheimlich schwer. Knapp drei Stunden kämpfe ich mich so bergan: Fünfzehn kleine Schritte, eine halbe Minute Pause. Dann habe ich laut Höhenmesser 7200 Meter erreicht.
Ich sehe, daß meine Kraft für die letzten 350 Meter nicht ausreichen wird. Meine Denkkraft und meine Wahrnehmung sind schon ziemlich getrübt durch die große Höhe, ein wirkliches Bewußtsein für die Gefahr habe ich nicht mehr. Ich tue etwas, was ich in tieferen Lagen wohl nie getan hätte. Ich lasse meinen Rucksack mitsamt meiner ganzen Rückversicherung - Biwaksack, Kleidung, Nahrung, Getränke - im Schnee liegen und steige ohne Gepäck weiter. Nur mein Insulin, das ich während der gesamten zwanzig Tage am Berg immer in der Brusttasche getragen habe, um es vor dem Einfrieren zu schützen, und meine Kamera habe ich bei mir. Mein Geist wird nun zunehmend trüber, die Dämonen des Berges haben nun vollends Besitz von mir ergriffen. Meine Freunde, die mich während meiner Rast überholt haben und nun etwa fünfzig Meter vor mir gehen, sehe ich beschwingt Ballett tanzen. Und auch sie haben, wie sie mir nachher erzählen, ähnliche Halluzinationen. Hans-Peter sieht sich in Gipfelnähe im Autoverkehr. Weitere drei Stunden sind vergangen. Mehrfach hat sich der Hang geneigt, ist flacher geworden. Nun neigt er sich ein letztes Mal, eine waagrechte Schneefläche ist erreicht, größer als ein Fußballplatz. An ihren Rändern ragen einige unbedeutende Felszacken heraus, dahinter bricht der Berg in die Tiefe ab. Nirgends geht es mehr höher hinauf - der Gipfel! Kein großer Jubel - bei keinem von uns! Der dichte Nebel, der gerade jetzt einziehen muß, verwehrt uns jede Aussicht. Die Dämonen des Berges haben unser Denken stumpf gemacht. Im Grunde weiß ich nicht einmal mehr, was ich hier oben mache. Gedankenlos setzen

[125] In den eiskalten Hochlagern ist es unbedingt notwendig, alles, was man am Körper trägt, mit in den warmen Schlafsack zu nehmen. Andernfalls sind Kleidung und Schuhe am nächsten Tag gefroren und nicht mehr benützbar. Damit wird es im Schlafsack ungemütlich eng.

Majestätisch thront der Muztagh Ata über dem Karakul-See. Erst siebzehn Tage später erreiche ich den höchsten Punkt des Berges, stehe endlich auf dem lang ersehnten Gipfel.

wir unsere Schritte, verlieren uns auf dieser kleinen Gipfelfläche im Nebel aus den Augen. Einige Fotos - eher ein Reflex! Nach einer Viertelstunde beginne ich mit dem Abstieg. Ich erreiche meinen Rucksack und wenig später kommen auch meine Freunde. Jetzt ist unser Kopf wieder freier und wir beginnen zu begreifen, was uns gelungen ist - jetzt erst umarmen wir uns. Ich bin zutiefst bewegt und stammle etwas von "Zehn Jahre habe ich auf diesen Tag gewartet!"[126]

Ich habe wohl meine ganze Kraft beim Aufstieg verbraucht. Die eineinhalb Tage des Abstiegs ins Basislager werden unendlich lang.[127] Mit jedem Meter, den ich tiefer steige, wird mein Denken klarer, die Dämonen des Berges geben mich wieder völlig frei. Und die Dämonen, die vorher zehn Jahre in meinem Kopf gewirkt hatten? Ja, diese Dämonen kommen nie wieder! Sie sind aus meinem Denken verschwunden. Ich kann mir gar nicht mehr vorstellen, daß sie je Einfluß auf mich gehabt hatten. Nach zehn Jahren - endlich vollkommen frei! Wie selbstverständlich lebe ich nun im Bewußtsein, daß alles, was auf dieser Welt für Menschen machbar ist, auch für mich mit Diabetes möglich ist. Es kann sein, daß mir für eine bestimmte Aktivität physische Kraft und Ausdauer fehlen, daß ich nicht das nötige technische Können besitze oder aber daß mir ganz einfach der Mut fehlt, aber Diabetes wird sicher nie mehr der Grund sein, mich von etwas abzuhalten. Endlich kann ich es begreifen: Ob uns nun ferne Länder und eine bestimmte Sportart besonders reizen, ob wir hohe Berge besteigen wollen, durch Wüsten und Regenwälder marschieren oder in Korallenriffen tauchen wollen, in nichts von all dem sind wir schlechter gestellt als die Nichtdiabetiker, in nichts von all dem sind wir behindert, außer wir lassen die Behinderung durch unseren Kopf in uns einfließen.

---

[126] Vor fast genau zehn Jahren, im Jahr 1984, wurde der Diabetes bei mir festgestellt.

[127] Einen Tag nach uns erreicht auch Karl, der seine Gipfelambitionen schon begraben hatte, gemeinsam mit einem Italiener den Gipfel. Am 22. August sind wir alle mitsamt unserer Ausrüstung im Basislager. Am nächsten Tag erreichen wir Kashgar. Insgesamt haben sieben der elf Teilnehmer unserer Gruppe den Gipfel erreicht. Im langjährigen Schnitt beträgt die Erfolgsquote am Muztagh Ata 25 Prozent.

Der siegreiche Berg

Hektisches Markttreiben in El Alto, dem hochgelegenen Vorort von Boliviens Metropole La Paz! Mit schwerem Gepäck steigen wir über die am Boden ausgelegten Waren, drängen uns durch die Massen schreiender und feilschender Indios. "Nein, heute gibt es keinen Bus mehr hinauf auf den Zongo-Paß." Lange Gesichter bei Thomas, Nicolas und mir, aber kein Grund, die Sache wirklich schwarz zu sehen! Solche Aussagen muß man hier immer relativ sehen, irgendwie öffnet sich in diesem Land immer eine Möglichkeit, das scheinbar Aussichtslose doch zu schaffen.
Wir erstehen einige der knusprigen Weckerln, die in Körben am Straßenrand liegen, eine alte Indianerin mit braunem, zerfurchtem Gesicht und weißgrauen Zöpfen schenkt uns Coca-Tee in Plastikbecher ein. Erstmal ein zweites Frühstück auf der Gehsteigkante und in Ruhe die Situation beobachten!
Auf der anderen Straßenseite diskutiert eine Gruppe von sieben oder acht Indios lautstark mit dem Fahrer eines der vielen hier am Markt bereitstehenden Toyota-Minibusse. Schnell springe ich zur aufgeregten Gruppe hinüber, will wissen, wohin die Fahrt denn gehen soll. "Al Paso Zongo, Señor!" Ja, da wollen wir auch hin. Ich menge mich in die Verhandlungen ein. Die anfangs so ablehnende Haltung des Fahrers weicht langsam auf - ein gängiges Spiel in einem Land, in dem alles öffentliche Leben vom Handeln bestimmt wird. Die immer größer werdende Zahl an Fahrgästen bewegt ihn schließlich zum gutbezahlten Einlenken.
Minuten später zwängen wir uns über verstaute Kisten und zusammengepferchte Menschen in die letzte Sitzreihe dieses bereits überfüllten Gefährts, verkeilen unser Riesengepäck zwischen den Oberschenkeln und dem Wagendach. Auf Serpentinen schaukelt der Toyota die Schotterstraße hinauf in Richtung Anden-Hauptkamm. Viel bekommen wir von der imposanten Bergkulisse nicht zu sehen, zu sehr kleben die Rucksäcke an unseren Gesichtern.

Gelassen verfolgt Thomas den Lauf der Dinge auf dem Busbahnhof. Werden wir noch heute eine Mitfahrgelegenheit zum Huayna Potosì finden?

Langes Warten beim Kontrollposten auf dem Zongo-Paß - raus aus dieser Sardinenbüchse! Neben der Straße sehen wir die schlichten Gräber der Bergleute von Milluni. Viel wissen die weißen Steine und Kreuze von den kurzlebigen Sehnsüchten der hier ruhenden Männer zu erzählen. Ihre Dörfer und ihre Familien haben sie auf der Suche nach einem besseren Leben verlassen, haben sich

Indio-Frauen beobachten das bunte Markttreiben

hier in viereinhalbtausend Metern Höhe angesiedelt, um am verborgenen Reichtum dieser kargen Landschaft mitnaschen zu können. Mit Hammer und Brecheisen haben sie die Schächte in den Berg getrieben, ihr halbes Leben unter Tag verbracht, ohne Maschinen, ohne Elektrizität, mit Kunststoffputten statt automatischer Grubenhunde. Hundertfünfzig Euro oder mehr können sie hier im Monat verdienen, weit mehr als die meisten ihrer Landsleute. Viel von diesem Geld haben sie an den spärlichen arbeitsfreien Tagen im süßen Leben von La Paz durchgebracht. Nur wenigen der Bergleute ist es vergönnt, später einmal reich in ihr Dorf zurückzukehren. Die meisten sterben im Alter von fünfunddreißig oder vierzig Jahren an Silikose[128] und bleiben hier am Straßenrand für immer mit ihrem Berg verbunden. Welch hoher Preis für ein kurzes, intensives Leben! War dies nicht auch viele Jahre lang die Leitlinie in meinem Leben mit Diabetes gewesen, um nicht mit dem dicken Katalog von Verboten und Einschränkungen alt werden zu müssen. "Gas geben, bis der Saft draußen ist!" Ich kann diese Männer hier unter der Erde sehr gut verstehen, und doch bedaure ich sie jetzt. Ich bin ja noch da, kann in die Zukunft blicken, kann das Leben noch in voller Intensität ausschöpfen.
Unser Blick schweift hinüber zum Huayna Potosì, ein Bild von einem Berg - "unserem Berg"! Wild zerrissene Gletscher, messerscharfe Firngrate, ein steil zum Himmel aufragender, eisüberwächteter Gipfel! Tief unter uns liegt malerisch am Fuß des Berges der Zongo-See, der eigentliche Ausgangspunkt unserer Besteigung.
Der Fahrer des Minibusses hat die notwendigen Stempel eingeholt und reißt uns aus unseren Betrachtungen. Es geht weiter.

---

128 Staublunge

Kirche von San Juan, einem Dorf im äußersten Südwesten Boliviens

Bald erreichen wir das Refugio am Zongo-See. Ein letztes Verweilen, bevor es ernst wird! Ausrüstungscheck, halbwegs gerechte Verteilung der Lasten, zwei Becher Coca-Tee - er erleichtert die Anpassung des Körpers an die große Höhe! Sechs Tage sind Thomas und ich nun im nördlichen Bolivien auf Höhen von drei- bis viertausend Metern gewesen, Nicolas, den wir erst in La Paz kennengelernt haben, nur einen Tag länger. Das ist eine verdammt kurze Zeit der Akklimatisation, wenn man sich an einem Sechstausender versuchen will. Wir wissen es und wollen trotzdem nicht länger warten.

Um elf Uhr reißen wir uns los - aus der Beschaulichkeit dieses idyllischen Platzes, aus der zögernden Trägheit, die mich immer befällt, wenn ich größere Anstrengungen zu erwarten habe. Sicherheitshalber verstaue ich bereits jetzt all mein Insulin in der Brusttasche. Noch ist es warm, aber je höher wir steigen werden, desto kälter wird es werden. Ab halb fünf, wenn die Sonne hinter den vereisten Südwänden[129] verschwinden wird, werden die Temperaturen weit unter null absinken. Fast alles hält Insulin aus, aber gefrieren darf es nicht. Auch einige schnell wirksame Kohlehydrate habe ich in die nun völlig angepackte Brusttasche gesteckt. Noch ist in mir die schlimme Erinnerung an meine Solobesteigung des Chachani[130] lebendig, als ich eine schwere Hypoglykämie bekam und feststellen mußte,

Blick auf den Huayna Potosì von der Laguna Zongo, dem Ausgangspunkt der Besteigung

---

[129] Wir befinden uns auf der Südhalbkugel. Dort sind die Südwände die kalten Wände, die von der Sonne nicht beschienen werden.

[130] Im Juli 1985, noch in der Remissionsphase, erstieg ich den 6075 m hohen Chachani in Südperu im Alleingang. Mehrere Unterzuckerungen während des Aufstieg konnte ich mit Traubenzucker abfangen. Danach hatte ich nur noch Brot und Früchte bei mir. Während des Abstiegs kam ich etwa vier Stunden oberhalb des Basecamps in eine weitere Unterzuckerung, die ich nun nicht mehr durch Kohlehydrate ausgleichen konnte, da diese gefroren waren. Eine wundersame Gegenregulation des Körpers, die ich bis heute nicht wirklich erklären kann, ermöglichte mir damals, gerade noch das Basecamp zu erreichen.

daß meine noch verbliebenen Kohlehydrate zu tiefgefrorenen Eisblöcken geworden waren - Verzehr ohne Mikrowelle unmöglich.
Der Weg führt über die Staumauer des Zongo-Sees und dann etwa eineinhalb Kilometer über die nur fünfzehn Zentimeter breite Einfassung eines Kanals. Zur Linken das reißende, eiskalte Wasser, zur Rechten der Abgrund! Nur jetzt keinen Fehltritt mit diesem schweren Rucksack! Die erste Gletscherzunge, die sich fast bis zum See hinunterzieht, umgehen wir auf festgetretenem Moränenschutt, der, je höher wir steigen, immer loser wird.
Rast auf 4800 Metern, der Gipfelhöhe des Mont Blanc! Kurzatmig dehnen wir die Zeit des Nichtsteigenmüssens in die Länge, genießen diese Verschnaufpause im windgeschützten Schnitt zweier Moränenwälle.
Auf den nördlichen dieser beiden Wälle müssen wir dann in steilem Gelände ansteigen. Die Steine unter unseren Füßen sind nun vollkommen lose, geben bei jedem unvorsichtigen Schritt unweigerlich nach, reißen uns ein kleines Stück mit nach unten. Die wie Glasur wirkende Eisschicht auf dem Untergrund tut ihr Übriges, keine wirkliche Sicherheit beim Steigen aufkommen zu lassen.
Der steile Moränenanstieg endet in einem flachen Felsrücken, der sich tief in den Gletscher hineinschiebt. 5150 Meter Höhe sind erreicht, knapp tausend Höhenmeter liegen noch vor uns.
Wir sind nicht allein am Berg. Eine größere US-amerikanische Gruppe ist mit einheimischen Bergführern in Richtung Gipfel unterwegs, zwei Seilschaften zu je fünf Mann. Sie brechen gerade auf, als wir den Felsrücken erreichen.
Unsere Blicke folgen den Amerikanern bei ihrem Anstieg, schweifen weiter entlang der von uns als möglich gedachten Route - eine steile, wild zerrissene Gletscherlandschaft. Weit und breit kein Lagerplatz in Sicht!
Unser Felsrücken würde sich hervorragend als Lagerplatz eignen - windgeschützt, der dunkle Untergrund speichert die Tageswärme. Meine innere Stimme rät mir, an diesem Ort zu verweilen. Unsere mangelnde Höhenanpassung spricht für ein möglichst tief gelegenes Nachtlager. Und da ist noch dieser Schmerz in der Magengegend, meine Gastritis, die ich aus Österreich mitgebracht habe. Durch den Husten, der hier jeden in dieser trockenen, eiskalten Luft ereilt, wird mein Magen über die Maßen gereizt.
Beim Blick auf die Uhr kann die Vernunft nicht siegen. Es ist erst halb zwei, wir sind erst seit zweieinhalb Stunden unterwegs. Morgen würde ein Monsteranstieg auf uns warten. Wir werden noch heute in den Gletscher einsteigen.
Drei bis vier Broteinheiten nehme ich zu mir - ohne zu spritzen. Trotz Reduktion des basalen Insulins auf zwei Drittel kann ich nun schon zum zweiten Mal während dieses Anstiegs größere Mengen in die Basis hineinessen.
Von nun an kommen wir nur noch mit Gletscherausrüstung weiter. Das Anlegen der Klettergurte, das Anseilen, das Einbinden der Prusikschlingen - alles dauert in dieser Höhe doppelt und dreifach so lang wie auf Meeresniveau.
Erst eine Stunde nach Erreichen des Felsrückens können wir unseren Anstieg fortsetzen. Vom Gefühl her beginnt erst jetzt die eigentliche Besteigung dieses Gletscherberges. Freudige, spannungsgeladene Erwartung! Wir tauchen ein in die faszinierenden Kunstgebilde aus Eis, deren Schönheit wir von unten aus der Ferne nur erahnen konnten.
Steil geht es im Zickzack-Kurs am Rande klaffender Spalten über einen schwach ausgeprägten Grat in eine Mulde. Langsam wäre es an der Zeit, einen Lagerplatz für die Nacht zu finden, das abschüssige Gelände zwingt uns aber zum Weitergehen, immer höher und höher.

Die Besteigung dieses Berges hat nichts Geradliniges an sich, eine spiralenförmige Annäherung an den Gipfel, fast eine Umrundung im Höhersteigen. Zwanzig, dreißig, vierzig Schritte - eine kleine Verschnaufpause! Langsam kommen wir vorwärts, fortwährend ändert sich das Aussehen dieses Berges, schafft stetig neue Faszination angesichts der bizarren Eiswelt. Wir sind nun hoch über den Gipfeln der kleineren Trabanten des Huayna Potosì, allein hoch über dem Altiplano[131]. Im Wechsel der Geländeunebenheiten werden laufend neue Tiefblicke frei. Für Minuten liegt der Lago Titicaca unter uns, dann wird in der Tiefe der Kessel mit der Millionenstadt La Paz frei, wenig später sehen wir hinab in den tropischen Regenwald östlich des Zongo-Passes - 5000 Meter unter uns.
Hinter einem unbedeutenden Vorgipfel verflacht die Mulde - ein idealer Lagerplatz tut sich vor uns auf. Wir haben die Amerikaner nun fast eingeholt, doch ihre Zelte sind schon aufgebaut. Zwei der viel besser angepaßten einheimischen Bergführer waren vorausgeeilt, haben das Camp errichtet und bereits heißen Tee gekocht. All diese Arbeiten liegen noch vor uns, und wir können erahnen, daß sie mühsam werden.
In wenigen Minuten wird die Sonne hinter dem Gipfelaufbau des Huayna Potosì verschwinden und dann wird es ganz schnell bitterkalt werden. Neidisch blicken wir hinüber zu unseren amerikanischen Bergkameraden, die, kaum angekommen, schnell in ihren Zelten verschwinden. Angenehm wäre eine solche Betreuung schon, aber das ist nicht unser Weg, einen Berg zu besteigen. Geht man alleine, ohne organisierte Hilfe, so gelangt man viel schneller an die Grenze, an der man dieses Wechselspiel von faszinierender Schönheit und erbarmungsloser Menschenfeindlichkeit zu fühlen beginnt - und wir wollen dieses Gefühl spüren.

Lago Titicaca,
im Hintergrund die Cordillera Real

Für den Aufbau des Camps müssen wir die Handschuhe ablegen. Einige koordinierte Handgriffe, dann drehen wir das Gesicht aus dem beißenden Wind, der nun auch schon die amerikanischen Zelte mächtig durchschüttelt, und stecken unsere Hände tief in die Hose, an die wärmste Stelle des Körpers. So verweilen wir ein, zwei Minuten, ehe wir unsere Arbeit fortsetzen. Erst mit Einbruch der Dunkelheit können wir in unsere Schlafsäcke schlüpfen, um uns dort für eine halbe Stunde aufzuwärmen, ehe wir mit der zweiten großen Aufgabe, dem Kochen, beginnen.
Thomas war noch nie auf einem Berg wie diesem gewesen, war noch nie den Widrigkeiten der Berggewalt so schutzlos ausgeliefert. Einige Viertausender in den Westalpen hat er schon bestiegen, aber dort ist die bergsteigerische Infrastruktur mit Schutzhütten und Biwakschachteln doch eine ganz andere. Er ist in

131 Der Altiplano ist eine drei- bis viertausend Meter über dem Meeresspiegel gelegene Hochebene, die sich westlich des Anden-Hauptkamms von Ecuador über Peru bis Bolivien erstreckt.

ausgezeichneter körperlicher Verfassung, ein guter Marathonläufer, und doch plagen ihn jetzt, eingehüllt in seinen Schlafsack, die Selbstzweifel. Er glaubt nicht, daß er diesen Berg schaffen kann, fürchtet, daß er morgen im Zelt bleiben muß. In dieser Beziehung habe ich Thomas einiges voraus. Schon mehrmals habe ich solche und weit schwierigere Bedingungen auf hohen Bergen in Asien oder Südamerika erlebt. Der Himmel war heute vollkommen klar gewesen und der Wind kommt aus dem wolkenlosen Altiplano. Heute kann uns nichts mehr gefährden - keine Lawine, kein Wettersturz, unsere Schlafsäcke bieten einen sicheren Rückzugsort. Ich weiß, daß nach dieser eiskalten, stürmischen Nacht eine neue Sonne aufgehen wird, die unsere weißgefrorenen Nasenspitzen anwärmen und die später so mächtig werden wird, daß wir Teile unserer Kleidung öffnen werden müssen, um die Hitze ertragen zu können.

Für die Besteigung eines Sechs- oder Siebentausenders braucht man gute Kondition und körperliche Rohkraft, aber sie bestimmen nur zu einem kleinen Teil die Erfolgschancen. Der Ausgang des Unternehmens entscheidet sich weitgehend im Kopf, und dabei ist Routine sicher kein Nachteil.

Meine Gastritis meldet sich kräftig zu Wort. Ich spüre die Übersäuerung des Magens, hoffe, daß sich das durch eine warme Mahlzeit bessern wird. Ran ans Kochen! Schnell hacke ich einige Eisbrocken aus dem Boden, zerkleinere sie für den Topf und kehre wieder in den Schlafsack zurück. Der erste Schock stellt sich bald ein. Der Kocher funktioniert in dieser Höhe nicht, alle Augenblicke erlischt die Flamme. Fast vorwurfsvoll frage ich Thomas, was das für ein Mist sei. Meinen Kocher habe ich erst gar nicht mitgenommen, er hätte auf 5500 Metern wohl auch nicht besser gearbeitet. In vier Stunden schaffen wir es gerade, knapp zwei Liter lauwarmes Wasser zu gewinnen. Das ist viel zu wenig. Schließlich benötigen wir die eingeschmolzene Flüssigkeit für den morgigen Anstieg. Jetzt müssen wir uns mit Keksen und Brot begnügen und dürfen ein bißchen am lauwarmen Tee nippen. In dieser Höhe müßte man trinken, trinken und wieder trinken - für unsere an sich schon schlechte Akklimatisation ein weiterer Rückschlag. Deprimiert ziehe ich den Schlafsack über das Gesicht, bin nun allein mit mir und dem sich steigernden Unwohlbefinden. Husten, Brechreiz! Nein, nur das nicht! Gerade noch habe ich Normalinsulin gespritzt für die trockenen Kekse und Weckerln. Einige Zeit kann ich es noch zurückhalten. Dann schnell raus aus dem Schlafsack und rein in die Plastikschalen meiner Bergschuhe. In Unterhose und Überschuhen springe ich hinaus in die eiskalte Nacht und werde einige Meter unterhalb des Zeltes mein karges Abendessen wieder los.

Genau das hätte nicht passieren dürfen! Wieviele der eingenommenen Broteinheiten haben den Weg ins Blut gefunden, wieviele sind ungenützt im Schnee gelandet? An Schlaf ist nun nicht mehr zu denken. Sicherheitshalber muß ich noch einige Kekse verzehren, mit einigen winzigen Schlucken Tee hinunterspülen und die Entwicklung des Blutzuckers abwarten. Die Kekse bleiben auch nicht lange in meinem Magen. Das kann ja nett werden! Nach einer Stunde des Hin- und Herwälzens krame ich das Blutzuckermeßgerät aus dem Rucksack, klemme es gut eine Viertelstunde zwischen die Oberschenkel, um es anzuwärmen, um letztendlich doch eine Error-Meldung statt einer Zahl vom Display ablesen zu müssen. Hier in dieser Höhe und Kälte funktioniert kein Blutzuckermeßgerät. In weiser Vorausahnung bin ich mit den Haemo-Glukotest-Streifen unterwegs, mit denen auch mittels visuellem Farbvergleich der Blutzuckerwert zumindest annähernd ermittelt werden kann. Der Wert muß um die dreihundert betragen, meine Krankheitssymptome lassen den Blutzucker offensichtlich schon

verrückt spielen. Korrigieren oder nicht, das ist hier die Frage. Das basale NPH-Insulin müßte bald wirken. Ein Kompromiß: ich korrigiere hinunter auf einen Wert um die zweihundert.
Schlaflos lasse ich die Nacht vorüberstreichen. Immer wieder muß ich hinaus in die Kälte, muß mich übergeben, obwohl mein Magen längst leer ist. Welch eine Ambivalenz! Da stürze ich immer wieder frustriert aus dem Zelt, hoffe, daß mein fast nackter Körper die zwei bis drei Minuten bei minus fünfundzwanzig Grad gut übersteht und harre doch für einige Zeit fasziniert im Schnee aus, um das Lichtermeer der Metropole La Paz, zweitausend Meter unter mir, bestaunen zu können. Der übermäßige Harndrang ließe darauf schließen, daß mein Blutzucker konstant hoch geblieben ist. Hier kann man sich aber mächtig täuschen. Die große Höhe saugt aus jedem Menschen die Körperflüssigkeit heraus, auch Thomas bleibt der mehrmalige Weg in die Kälte nicht erspart.
Aufstieg? Diese Hoffnung kann ich wohl abschreiben. Ich bin nun schon völlig entkräftet durch das dauernde Erbrechen, die fehlende Nahrungs- und Flüssigkeitsaufnahme, die Schlaflosigkeit und natürlich die große Höhe, die hier jedem mächtig zusetzt. Sechs bis sieben Stunden soll der Anstieg bis zum Gipfel dauern. Das hat uns gestern einer der indianischen Bergführer gesagt. Und wir sollen unbedingt zwischen zwei und drei Uhr früh losgehen, wenn das Eis noch härter und damit leichter begehbar ist, sonst könnten wir es unmöglich bis zur Dunkelheit bis hinunter schaffen. Zwei bis drei Uhr früh, daran konnten wir uns in keinem Fall halten. Wir sind ohne Bergführer unterwegs, kennen die Route nicht, sollten zumindest die schwierigeren Passagen, die nicht weit über unserem Lagerplatz beginnen sollen, bei Tageslicht begehen. Für halb sechs haben wir unseren Aufbruch geplant und damit bereits drei wertvolle Stunden verschenkt. Sechs bis sieben Stunden Aufstieg! Was heißt das für mich? Zehn Stunden? Zwölf Stunden? Oder viel wahrscheinlicher: Abbruch irgendwo unterhalb des steilen Gipfelaufbaus?
Auch für meine Freunde stellt mein Ausfall ein recht bedeutendes Problem dar. Im Gegensatz zum Felsklettern ist die Zweierseilschaft auf Gletschern ein äußerst gefährliches Unternehmen. Ein Spaltensturz kann nur in sehr günstigen Fällen vom zweiten Seilpartner gehalten werden. Und was dann? Das Anbringen einer Sicherung mit nur einer freien Hand auf diesem eisigen Terrain, das Anlegen der Seilrolle für die Bergung des Gestürzten in dieser großen Höhe - all das mag vielleicht in der Theorie funktionieren, nicht hier, wo auf fremde Hilfe nicht zu hoffen ist. Reißt der Gestürzte den Zweiten mit in die Spalte, was hier die wahrscheinlichste Variante ist, so ist dies unweigerlich das Ende.
Fast erleichtert höre ich knapp vor vier Uhr das Piepsen unserer Uhren, das uns zum Aufstehen mahnt. Endlich rührt sich etwas um mich herum. Die Amerikaner verlassen gerade das Camp und beginnen ihren Aufstieg. Auch sie haben Verspätung. Nicolas versucht, mit seiner letzten Gaskartusche doch noch etwas Tee zu gewinnen. Thomas, weit optimistischer als am Vortag, schlüpft aus dem Schlafsack und stellt sich dem Kampf mit der Kälte. Ich bleibe liegen, tue nichts dergleichen. Von dieser allgemeinen Aufforderung zum Morgensport fühle ich mich nicht mehr betroffen.
Die Unruhe um mich herum bewegt mich wenigstens dazu, meinen Blutzucker zu messen. Anwärmen der Teststreifen und, wie sinnlos es auch sein mag, des Blutzuckermeßgerätes! Der Wert beträgt um die 200 mg/dl, fast ein Idealwert, um einen anstrengenden Aufstieg zu beginnen. Ich brauche mich nur um die basale Insulinrate zu kümmern, essen kann ich sowieso nichts.

Was mache ich da? Fast gegen meinen Willen beginne ich mich anzuziehen, nehme einen Schluck aus der Trinkflasche, lege den Klettergurt an, binde mich als Dritter ins Seil ein. Die Eiseskälte hat mich hellwach gemacht. Jeder hat seine Schwierigkeiten in dieser menschenfeindlichen Umwelt, so schnell will ich mich nicht unterkriegen lassen. Aufgeben kann ich noch immer höher am Berg, es muß nicht gleich hier im Camp sein.
Um viertel vor sechs setzt sich unsere kleine Seilschaft bei dunkler Nacht in Bewegung. Kleine Schritte, konstant gehaltenes langsames Tempo! Die flache Mulde unseres Lagerplatzes läuft in einem immer steiler werdenden Hang aus. Krampfhaft versuche ich, das an sich langsame Tempo meiner Vorderleute mitzuhalten.
Nach etwa einer Stunde erreichen wir die Schlüsselstelle des Berges, das sanfte Anbrechen des Tages nehmen wir zufrieden zur Kenntnis. Nun müssen wir uns neu anseilen, in größeren Abständen, denn nun geht es ans Klettern. Zuerst durchklettert Nicolas die steile, nur knapp dreißig Meter hohe Eiswand, während wir ihn gewissenhaft sichern, dann Thomas, zuletzt ich. Nach Überwindung einer breiten Randspalte über eine filigran wirkende Schneebrücke finde ich mich in einer 55-gradig geneigten Eiswand wieder. Noch nie sind Thomas oder ich in derart steilem Eis geklettert.[132] Nur mit den Frontalzacken meiner Steigeisen finde ich Halt in dieser Wand, die Haue des Pickels habe ich rechts über meinem Kopf tief ins Eis hineingetrieben. Vorsichtig löse ich ein Bein aus der Wand, schlage zwanzig Zentimeter höher die Frontalzacken ins Eis, löse den Pickel und treibe die Haue eine Unterarmlänge höher ins Eis. So schiebe ich mich Dezimeter um Dezimeter höher in dieser glücklicherweise nicht sehr hohen Wand. Ziemlich ausgepumpt klettere ich über die obere Kante dieses Steilstücks ins flache Gelände. Minutenlang ringe ich um Luft, muß mich übergeben - jetzt, und in zehn Minuten, und wieder nach dreißig Minuten, und noch unzählige Male. Auch meinen Freunden sind die Anstrengungen dieser Steilwand anzumerken. 5700 Meter! Vierhundert Meter bis zum Gipfel!
Der Anstieg wird nun flacher. Die einzelnen Schritte sind nicht mehr so kräfteraubend, dafür dauert es endlos lang, bis wir zwanzig oder gar dreißig Höhenmeter überwinden. Die Geduld meiner Freunde ist bewundernswert. Sobald sich das Seil zwischen Thomas und mir spannt, halten sie inne, geben mir Zeit zum Verschnaufen. Auch wenn "körperliches Wohlbefinden" ein Wort ist, das ich bereits der Vergangenheit zuordne, kann mir doch nicht entgehen, daß dieser Berg, je höher wir steigen, immer schöner wird. Immer unwirklicher wirken die bläulich-weiß schillernden, klaffenden Abgründe dieser Gletscherlandschaft, immer faszinierender die Blicke in die Tiefe der hinter uns gelassenen Welt.
Gegen halb zehn erreichen wir den unteren Rand des mächtigen Gipfelaufbaus. Noch etwas mehr als zweihundert Höhenmeter! Ein Aufstieg in der Direttissima ist an diesem Berg unmöglich. Wir müssen den Hang der Gipfelwand weit, weit nach rechts queren, bis zu seinem östlichsten Punkt, wo ein schmaler, kletterbarer Grat zum Gipfel führt.
Auf einem kleinen Absatz unterhalb des Gipfels machen wir Rast - eine lange Ruhepause, die mir wieder ein wenig Kraft zurückgibt. Nun ist der Blick auf den Gipfel völlig frei. Welch ein Unterschied in den Empfindungen! Meine Freunde

---

[132] Zum Vergleich: Das steilste Stück der berühmten Pallavicini-Rinne am Großglockner weist eine Neigung von 48 Grad auf.

jubilieren schon, fast das Ende erreicht zu haben, für mich ist dieser höchste Punkt noch unendlich weit entfernt.
Aus der sanft anwärmenden Morgensonne ist nun ein heiß glühender Ballon geworden. Ich spüre den Schweiß unter den vielen Schichten meiner Bekleidung und wage sie doch nicht abzulegen, da die Luft und der Wind noch immer sehr kalt sind.
Über eine steile Eisstufe steigen wir in den schmalen Felsgrat ein. Zwei Seillängen leichter Blockkletterei! Danach setzt oberhalb des Felsgrates ein messerscharfer, leicht überwächteter Eisgrat an. Wir klettern weiter an dieser Grenze von Fels und Eis. Mit dem linken Fuß suchen wir im lockeren Gestein Halt zu finden, mit dem rechten rammen wir die Steigeisen in das sich steil aufbauende Eis. Das Ende des Felsgrates ist erreicht, gut zehn Meter über uns erspähen wir den höchsten Punkt. Einige Meter in steilem Eis nach oben - kurze Pause! Dann noch drei oder vier Meter - es geht nicht mehr weiter! Nichts ist mehr über uns, die Welt liegt unter uns. Der Gipfel - 6094 Meter über dem Meeresspiegel!

Nicolas – Nur wenige Meter trennen ihn vom Gipfel des Huayna Potosì

Für Minuten schwelgen wir in unseren Emotionen. Nirgends können wir hier frei stehen, so steil ist dieser eisige Aufsatz auf dem Felsgipfel. Ganz vorsichtig wagen wir, uns zu umarmen. Mit den Frontalzacken steige ich einen knappen Meter höher, recke den Kopf über die brüchig wirkende Gipfelwächte. Unter mir breitet sich der riesige Titicaca-See über dem Altiplano aus.
Mit der körperlichen Kraft bin ich ziemlich am Ende, aber das psychische Hoch überdeckt diesen Zustand, ignoriert ihn geradezu.
Nur langsam mengt sich in den Siegestaumel das Bewußtsein, daß erst Halbzeit am Berg ist. Ein beschwerlicher Abstieg von 1500 Höhenmetern liegt noch vor uns. Der Blick auf die Uhr erstaunt mich. Er ist erst wenige Minuten nach zwölf. Nicht einmal sechseinhalb Stunden! Wir sind in der Zeit, und das, obwohl ich den Aufstieg meiner Freunde derart gebremst habe.
Das Erreichen der Zelte sollte kein Problem sein, insgeheim spekulieren wir sogar mit dem Erreichen des Zongo-Sees. Abstiege von hohen Gletscherbergen sind physisch gesehen um vieles leichter als die Aufstiege, dennoch sind sie gefährlicher. Viele Bergsteiger sehen den Gipfel als Endpunkt und verbrauchen während des Aufsteigens ihre gesamten körperlichen Reserven. Die Müdigkeit beim Abstieg führt dann oft zu groben Konzentrationsschwächen, und Fehltritte darf man sich auf Gletschern in keinem Fall leisten.
Auch für mich gilt heute, daß ich den Gipfel zu sehr als Endpunkt betrachtet habe, ich bin mir aber zumindest dieses Problems voll bewußt. In keinem Fall will ich meinen Abstieg von der Tatsache beeinflußen lassen, daß es knapp nach sechs Uhr dunkel wird. Voll konzentriert klettere ich als Seilerster den Grat des Gipfelaufbaus ab. Die nun folgenden leichteren Gletscherpassagen trotte ich langsam nach unten, fast wie bei einem Spaziergang.

Mit Thomas auf dem Gipfel des Huayna Potosì

Wir erreichen den oberen Rand der Steilpassage. Noch ein letztes Mal muß ich meine physische Kraft und Konzentration sammeln. Ich lasse es mir nicht nehmen, diese Stelle abzuklettern, anstatt mich einfach abzuseilen. Nicht so bald wird sich die Möglichkeit wiederholen, eine derart anspruchsvolle Eiswand aus eigener Kraft abzuklettern. Wieder komme ich nur dezimeterweise voran, sicher erreiche ich die obere Kante der Randspalte. Stundenlang hat nun die Sonne auf die schmale Schneebrücke gebrannt, sie erscheint mir für eine Begehung zu weich, nicht mehr sicher. Ein großer Sprung über diese Randkluft ist die einzige Alternative. Ein kleiner Konzentrationsfehler! Beim Aufkommen im Steilhang unterhalb der Spalte stolpere ich, stürze vornüber, rase für Augenblicke auf die nächste Spalte zu. Ich spüre einen kräftigen Zug an meiner Brust, das Seil spannt sich, stoppt abrupt meinen weiteren Absturz, alles OK!
Um halb vier erreichen wir unsere Zelte. Trotz des Schlendertempos haben wir nur die Hälfte der Aufstiegszeit benötigt. Wir wollen hier nicht noch einmal übernachten, obwohl ein Blick auf die Uhr solches empfehlen würde. Keine Nahrungsmittel, keine Möglichkeit, Trinkbares zu gewinnen, und dann noch mein erbärmlich kraftloser Zustand, der sich hier in dieser Höhe wohl auch nicht bessern kann. Eine volle Stunde benötigen wir für den Abbau des Camps, um halb sechs, eine dreiviertel Stunde vor Einbruch der Dunkelheit, erreichen wir den Felsrücken, der das Ende unserer Gletscherbegehung markiert.
Der seit dem Abbau des Lagers wieder prall gefüllte Rucksack und das fortwährende Erbrechen haben mich nun in ein völliges Down gestürzt. Trotzdem: ich will weiter! Der Abstieg über die Moräne wird wieder mehr an Trittsicherheit erfordern, besonders später in der Dunkelheit.
Eine Gruppe von europäischen Bergsteigern hat auf dem Felsrücken ihr Nachtlager aufgeschlagen. Für ihre indianischen Bergführer ist bereits Feierabend,

gemütlich auf Matten ausgestreckt erwarten sie den Einbruch der Nacht. Es gelingt mir, einen dieser Bergführer zu überzeugen, für zehn Dollar meinen Rucksack zum Zongo-See hinunterzutragen. Fünf bolivianische Tageslöhne für vier Stunden Arbeit!
Es fällt mir nun selbst ohne Gepäck sehr schwer, die Schritte sicher zu setzen. Bald setzen wir unseren Weg im Schein der Stirnlampen fort. Unser indianischer Bergführer denkt glänzend mit. Er führt uns auf einem riesigen Umweg hinunter zum Zongo-See, erspart mir aber damit den eineinhalb Kilometer langen Balanceakt auf der Einfassung des Wasserkanals. Heute hätte ich das Gleichgewicht wohl nicht mehr halten können.
Große Erleichterung - um halb acht betreten wir das Refugio am See. Das Wort "refugio" heißt in seiner ursprünglichen Bedeutung "Zuflucht". Selten ist mir der Zusammenhang von Berghütte und Zufluchtsort derart deutlich geworden wie heute. Einen Tee nach dem anderen lasse ich die aufgerauhte Kehle hinunterlaufen, auch wenn ich all diese Flüssigkeit gleich wieder auf der Toilette loswerde. Die guten Ratschläge und Tabletten, die mir andere Bergsteiger zukommen lassen, sind gut gemeint, können aber am gemarterten Zustand meines Magens nichts ändern. Der Blutzuckerwert, endlich habe ich auch mein Meßgerät wieder in Gang gebracht, liegt über dreihundert. Tatsächlich muß der Blutzucker aber noch weit höher sein, da alle bei uns gängigen Teststreifen in über 4000 Metern Seehöhe viel zu niedrige Werte liefern. Das Korrekturinsulin zeigt jetzt und auch während der nächsten drei Tage kaum Wirkung.
Die Hütte ist voll. Rasch werden einige alte Matratzen herbeigeschafft und am Boden ausgelegt. Ich ziehe meine in die Nähe der Toilette, wohlwissend, wie die weitere Nacht verlaufen wird. Trotz meiner totalen Erschöpfung wartet neuerlich eine schlaflose Nacht auf mich. Zeit zum Denken! Dieser Huayna Potosì war nicht mein höchster Gipfel, zweifellos auch nicht mein schwerster, dennoch nimmt er einen wichtigen Platz in der Reihe meiner Bergerlebnisse ein. Erstmals ist mir bei einem Bergabenteuer in derart exponierter Umwelt mit meinem Dia-

Malerische Bergseen finden sich am Fuße der mächtigen Andengipfel.

betes, mittelbar durch eine andere Krankheit, alles schiefgelaufen, was schieflaufen kann. Und doch habe ich gelernt, auch solch eine Situation gut durchzustehen, unwohl und schwach, aber ohne jemals in ernsthafte Gefahr zu geraten. Zusammengekauert hocke ich am nächsten Morgen am Straßenrand über dem Zongo-See, das Gesicht tief in meine Hände eingegraben und hoffe und hoffe - ein Bus nach La Paz, nichts sehnlicher als das! Als wäre ich dem Berg böse, der mich so überhart in diesen jämmerlichen Zustand gebracht hat, will ich ihn gar nicht mehr ansehen. Thomas und Nicolas checken alles um mich herum, ich bekomme davon nicht allzu viel mit. Endlich hält ein Minibus neben uns - voll bis auf den letzten Platz. Das darf doch nicht wahr sein! Es kommt, wie es immer in diesem Land kommen muß. Auch in einem noch so überfüllten Bus finden immer noch drei Männer Platz – irgendwie.

Der „La Paz"-Express - Reisen auf bolivianisch

Viel später an diesem Tag stehe ich vor unserem Hotel, komme auch ohne Rucksack kaum mehr die Stiegen hinauf. Ein Bett! Von den nächsten eineinhalb Tagen fehlt mir jede Erinnerung – Delirium. Zwischendurch muß ich immer wieder erbrochen haben. Wie mein Magen in dieser Situation noch irgendetwas hergeben konnte, ist mir bis heute unklar.
Geduldig wacht Thomas über meinem Zustand. In regelmäßigen Abständen rüttelt er mich aus meinem Dämmerzustand, bewegt mich zum Blutzuckermessen und zum Insulinspritzen. Die Werte blieben konstant hoch, deutlich über dreihundert. Die basale Insulinrate habe ich gleich nach meiner Rückkunft wieder deutlich angehoben, das Korrekturinsulin wirkt, als wäre es bloßes Wasser. Wahrscheinlich würde aber der Blutzucker ohne dieses Korrekturinsulin noch weit höher ansteigen. Ohne guten Freund wären diese Tage wohl recht kritisch für mich.
Wir müssen ins Spital - Thomas läßt nicht locker. Mein OK - hinauszögernd, widerwillig! Der *lonely planet*[133] empfiehlt die Clinica Alemana. Die Ärzte bemühen sich volle zwei Stunden um mich, lassen sogar einen Diabetesspezialisten aus einem anderen Krankenhaus herbeiholen. Sie behandeln mich auf Ketoazidose, obwohl eine solche nicht nachgewiesen werden kann. Nun ja, es schadet mir nicht. Von wirklichem Wert ist das Medikament gegen Erbrechen, das mir verschrieben wird. Von da an geht es aufwärts. Am Abend des nächsten Tages kann ich mich schon an etwas Zwiebackähnlichem versuchen. Der übernächste Tag enthält schon Spuren von Normalkost.

---

133 Alternativer Reiseführer in englischer Sprache, speziell für Rucksacktouristen geschrieben

On the road again! Die Naturschönheiten Boliviens lassen mich die Tage der Krankheit schnell vergessen.

Arbol de Piedra ("Baum aus Stein") in der Wüste Siloli im Südwesten Boliviens

Blick vom Gipfel des Licancabur (5960 m) auf die Lagunen der Wüste Siloli im Südwesten Boliviens

Malerisch erhebt sich der Bilderbuch-Vulkan Licancabur über der Laguna Verde

Und der Tag danach? On the road again! In einem klapprigen Überlandbus fahren wir nach Cha'llapata, einem gottverlassenen Nest am Rande der großen Salzseen im Süden des Landes. Aus purer Laune ins touristische Abseits! Der Bus klettert die Kehren von La Paz hinauf auf den Altiplano, hält längere Zeit in El Alto, nimmt noch mehr und immer mehr Fahrgäste auf. Ein letztes Mal sehe ich den Huayna Potosì. Nun kann ich ihm wieder frei ins Angesicht sehen, diesem stolzen Sechstausender, der meinen Gipfelerfolg nicht abwehren konnte, und der dennoch als Sieger auf mich herabblickt.

NEUGUINEA
WEGE JENSEITS
DER ZEIT

Riskanter Aufbruch - Ein Papua auf dem Weg in unsere Welt

Die Stimmen unserer Papua-Freunde dringen ins Zelt, wecken mich auf. Ich öffne den Reißverschluß des Zeltes, halte den Kopf ins Freie, will ihn gleich wieder im Schlafsack verschwinden lassen. Die Dunkelheit ist vom anbrechenden Tag noch nicht verdrängt, feuchtkalter Nebel schlägt mir ins Gesicht.

Unser Weg von Nalca nach Wamena führt uns durch das entlegene Yale-Dorf Kwembarak, wo man als Fremder noch große Neugier weckt.

"Warum heute so früh?", frage ich Meky, der mich zum Aufstehen bewegen will. Meky ist sichtlich nervös, er kennt als einziger den Weg. Seit fünf Tagen sind Jutta und ich mit unseren Papua im Busch von Irian Jaya[134] unterwegs. Während diese stets locker durch die Schlammlöcher und das Lianengewirr ihren Weg finden und behende über furchterregende Brücken, bestehend aus einem glitschig bemoosten Baumstamm, tänzeln, rutschen, fallen, stolpern wir hinter ihnen her, zittern uns über die Baumstammbrücken und verlangen zu allem Überdruß noch hin und wieder nach einer Pause.

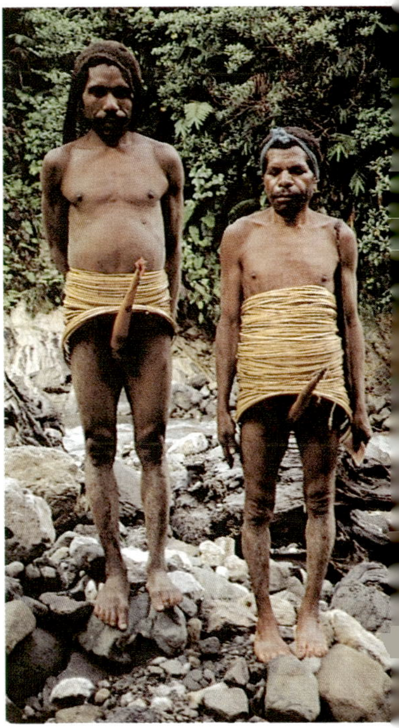

Sorgsam wollten wir unsere zerschlissenen, blauen Müllsäcke im Feuer verbrennen. Die Yale aus Kwembarak hinderten uns an der für sie unglaublichen Verschwendung. Nun besitzt einer von ihnen einen modischen Kopfschmuck, den er stolz zur Schau trägt.

Was müssen diese Papua über uns denken? Können sie uns in ihrer Welt ernstnehmen, uns, die nicht einmal normal gehen können? Und heute soll eine Etappe folgen, die selbst den Papua Respekt abfordert. Ein steiler Dschungelanstieg wartet auf uns, hinauf auf das Gipfelplateau des Gunung Elit, einem der wenigen vermessenen Gipfel des Landes – 3600 Meter. Meky hat Angst, daß wir den Anstieg nicht an einem Tag bewältigen können. Er weiß, daß ein Übernachten in der steilen Wand fast unmöglich ist. Ich steige auf Mekys Drängen ein und wecke Jutta. Wir schlüpfen aus den einzigen trockenen Kleidungs-

[134] Westlicher Teil Neuguineas, indonesische Provinz

Irian Jaya, der zu Indonesien gehörende Westteil der Insel Neuguinea, besitzt kein Straßennetz und kaum größere Ansiedlungen. Die von mir in diesem Buch beschriebenen Routen von Nalca nach Wamena und von Pogapa nach Tembagapura führen durch das zentrale Bergland.

stücken, die wir besitzen. Nur in der Nacht im Zelt können wir uns den Luxus trockener Kleidung leisten, dann werden diese Kleider feinsäuberlich in Plastiksäcken verpackt, damit sie im Rucksack nur ja nicht naß werden. Sobald wir die trockene und warme Atmosphäre des Zeltes verlassen, wieder in unsere ewig nassen, schlammigen Kleider und Schuhe schlüpfen, hat uns die Papua-Wirklichkeit wieder.

Die ganze Nacht hat es geschüttet, noch ist der Regen nicht völlig abgeklungen. Durch knöcheltiefen Schlamm springen wir in die Rundhütte, in der unsere Papua-Freunde übernachtet haben. Auf unserem Gaskocher entsteht unser Früh-

Rasthaus der Papua im ewig feuchten Regenwald – Noch vor Einbruch der Nacht muß das Blätterdach instand gesetzt werden.

stück: Babynahrung - Brei mit Bananengeschmack, Brei mit Heidelbeergeschmack, Brei mit Schokoladegeschmack, dazu ein Liter Tee mit Süßstoff. Das ist seit Wochen unser immergleiches Frühstück. Gibt es hin und wieder Bananen, so drücken wir sie in den Brei, was einem Festessen gleichkommt. Wir haben uns an vieles in der Papua-Welt gewöhnt, aber die landesübliche gebratene Süßkartoffel zum Frühstück hat uns nie wirklich begeistern können. So bleiben wir bei unserem Babybrei.

Vor sieben Uhr sind wir abmarschbereit und wie üblich triefend naß, obwohl wir noch nicht einmal dem Regen ausgesetzt waren. Der Höhenmesser auf meiner Armbanduhr zeigt 2500 Meter an. Es warten noch 1100 Meter Anstieg und dann etwa 2000 Meter Abstieg auf uns. Der schmale Pfad steigt sofort sehr steil an, schlammig, glitschig, von Lianen und Wurzeln überwachsen. Ich komme mit diesem Pfad besser zurecht als mit flacheren Dschungelpassagen. Im Steilen ist der Schlamm nie so tief und kräfteraubend wie in flachen Abschnitten, das sonst so störende Lianen- und Wurzelgewirr wird hier zur Steighilfe, wir können uns Stück für Stück nach oben ziehen. Immer wieder gibt der Urwald den Berg frei, und es folgen steile felsige Passagen. Ich traue meinen Augen nicht. Die Papua haben hier eine steinzeitliche Klettersteiganlage gebaut. Hanfseile hängen von den Felsen in den Abgrund, welche, wie mir Meky erzählt, erst vor kurzem die zuvor angebrachten Lianen ersetzt haben. Baumstämme mit Kerben sind an die Felsen gelehnt, leiterähnliche Holzgestelle wurden irgendwie mit den Felsen verbunden. Jutta und ich sind fasziniert und nutzen gerne, wenn auch mit etwas Skepsis, diese Steighilfen.

Dorfschönheiten aus dem Volk der Yale

Es gelingt uns heute so richtig, Tempo zu machen. Unsere Papua sind fassungslos. Tagelang sind wir hinter ihnen in mäßigem Tempo hinterhergestolpert. Heute, auf diesem von den Papua so gefürchteten Anstieg, schlagen wir ein Tempo an, das sie ernsthaft fordert. Sie können es nicht verstehen und auch nicht wissen: wir sind hier endlich in unserem Element, das ist Bergsteigen, das ist Klettern, darin kennen wir uns aus.

In den kurzen Rastpausen schweift unser Blick immer wieder in die Tiefe. Ein Land ohne Farben tut sich unter uns auf, ein mystisch wirkendes Schwarz-Weiß-Gemälde. Der Urwald unter uns und die fernen Bergkämme erscheinen in tiefem Schwarz, das Tal ist ausgefüllt mit einer schneeweißen Wolkendecke, die sich langsam den Berg hinaufschiebt und auch uns einzuhüllen droht.

Land ohne Farben –
ein Schwarz-Weiß-Gemälde der Natur

Nach etwa drei Stunden erreichen wir eine letzte Steilrinne, fünfzehn bis zwanzig Meter hoch, schlammig, aber gut mit Wurzeln abgesichert. Wir durchsteigen die Rinne und befinden uns auf einer riesigen Hochfläche, die an ihren Rändern von einigen unbedeutenden Felszacken eingesäumt wird. Wir sind oben, das Gipfelplataeu des Gunung Elit.

Unsere Papua hatten gehofft, daß wir diese Hochfläche noch vor dem Abend erreichen, und nun ist es erst zehn Uhr vormittags. Sie sind sichtlich erleichtert über den gelungenen und raschen Aufstieg. Vor uns liegt eine Ebene, wie man sie oft in äquatorialen Hochlagen vorfindet. Nebelfetzen hasten über dieses einsame Plateau, jeden Augenblick wird ein anderer Teil dieser Landschaft sichtbar. Überall das gleiche Bild! Eine riesige Schlammebene, durchwachsen von niedrigem Gras. Hier hat der Boden keinerlei Festigkeit mehr. Im Zickzack-Kurs gehen wir über diese Ebene, versuchen hüpfend mit unseren Füßen die Grasnarben zu treffen, die dann wie ein Schwamm unter uns nachgeben. Verfehlen wir diese hilfreichen Inselchen, versinken wir knietief im Schlamm. Nach etwa einer Stunde ist die erste Schlacht geschlagen, wir haben das Gipfelplateau überquert. Weitere tiefer gelegene Plateaus werden folgen, denn der Berg fällt stufenweise ins Gebiet des Dani-Volkes ab.

Wir machen Rast. Schnell entfachen unsere Papua ein kleines Feuer. Immer wieder muß ich staunen, wie sie das nasse Holz zum Brennen bringen. Einige Süßkartoffeln liegen im Feuer, wir bereichern die Mahlzeit noch mit einem Topf

Unser Weg von Nalca nach Wamena führt durch die Siedlungsgebiete der Kim Yal, der Yale und der Dani. Die Territorien sind durch schwer begehbare Bergurwälder voneinander getrennt.

Nudeln. Jede Rast empfinde ich als eine Art Kampfpause, beim Essen entwickelt sich sogar eine gemütliche Plauderatmosphäre.
Jutta und ich sind mit vier Trägern von der Nalca-Mission aus aufgebrochen, da neben unserem Gepäck auch noch andere Lasten von der Mission nach Wamena befördert werden mußten. Meky hat sich sehr bald als Führer unserer Gruppe herauskristallisiert. Er ist der einzige, der den Weg nach Wamena, der Hauptstadt des Hochlandes, unserem Ziel, kennt. Er ist auch der älteste der vier und beherrscht die indonesische Sprache am besten von allen.
In Kono hat sich Henok unserer Gruppe angeschlossen. Er geht in Wamena zur Schule und muß diesen einwöchigen Marsch zwei- bis viermal im Jahr machen. Auch er kennt den Weg gut, will aber nicht an der bestehenden Führungsrolle von Meky rütteln.
Meky, klein und drahtig von Gestalt, ist sich seiner Verantwortung voll bewußt. Er wirkt auch viel ernster als die anderen. Er ist es, der Rast- und Schlafplätze auswählt, er ist es, der zum Aufbruch drängt, wenn ein Verweilen am wärmenden Feuer doch noch so gemütlich wäre.
Wir haben unser eintöniges Mahl beendet, jeder raucht gemütlich eine Zigarette. Meky wird noch ernster als sonst. Er bittet mich, daß Jutta und ich im Gespräch mit Dani, in deren Stammesgebiet wir jetzt absteigen werden, behaupten sollen, daß wir nicht aus Nalca, sondern aus Aipomek[135] kommen. Ich habe natürlich nichts dagegen einzuwenden, frage aber doch nach dem Grund, warum wir unsere Herkunft aus Nalca verbergen sollen. Zögernd rückt Meky mit seiner Antwort heraus. Die Männer von Nalca leben derzeit mit den Dani aus dem oberen Mugui-Tal im Krieg. Ein Mann aus Nalca hat einen Mann aus dem Dorf Yuorima mit einem Pfeil erschossen.
Meky hätte nun nicht weitersprechen müssen. Die Konsequenzen sind klar, wenn man die Papua kennt. Wenn die Dani herausfinden, daß wir aus Nalca kommen, werden sie unsere Begleiter töten. Das Gesetz der Blutrache verlangt dies von ihnen. Es geht nicht darum, den wahren Täter zu bestrafen. Es reicht, Menschen aus seinem Volk zu töten, um den Mord zu sühnen.

Freiwillig würde ich keinen Augenblick auf dieser brüchigen Konstruktion aus wenig tragfähigen Baumstämmen verweilen. Meky scheint diese Bedenken nicht mit mir zu teilen.

Ich bin fassungslos, für einige Augenblicke steht mein Mund weit offen. Jutta, die unserem Gespräch kaum folgen konnte, bestürmt mich, ihr zu sagen, was los sei. Ich bringe keine vernünftige Antwort heraus. "Das darf doch nicht wahr sein! Es ist alles wie früher und niemand weiß etwas davon."

---

135 Aipomek ist ebenso wie Nalca ein Dorf der Kim Yal und verfügt über eine Missionsstation und einen Airstrip. Der Ort liegt etwa zwei Tage zu Fuß von Nalca entfernt. Nalca und Aipomek sprechen annähernd dieselbe Sprache.

Kim-Yal-Familie aus dem Dorf Wer in der Nähe von Nalca

Hatte uns nicht Herr Doriot, der Missionar von Nalca, erzählt, daß der letzte Stammeskrieg, in den die Leute von Nalca verwickelt waren, vor vierzehn Jahren, im Jahr 1978, stattgefunden hat? Seit vielen Jahren lebt er mit seiner Familie unter den Nalca-Leuten, hat dort ein Stück westlicher Zivilisation in das Leben der Bevölkerung gebracht, hat, so glaubt er zumindest, durch das Christentum die heidnischen Bräuche, die dauernden Stammesfehden und den Kannibalismus ausgerottet. Aber von diesem Krieg hat er keine Ahnung.

Eine Grundhaltung der Papua, die mir schon in den verschiedensten Teilen der Insel aufgefallen ist, tritt hier deutlich zu Tage. Die Papua lassen sich kaum auf Situationen ein, die ihnen persönliche Nachteile bringen würden. Sie meiden Konflikte mit der staatlichen Obrigkeit, das heißt mit den Indonesiern, denn das könnte Strafaktionen in Form von Bombardements aus der Luft zur Folge haben. Es wäre nicht das erste Mal.

Sie meiden auch Konflikte mit den weißen Missionaren, denn die Güter, die die Missionare ins Land bringen lassen,[136] die Schulbildung, die medizinische Hilfe, all das ist für die Papua attraktiv. Auch unsere vier Begleiter aus Nalca scheinen Musterknaben der Mission zu sein. Sie gehen sonntags zur Kirche, zwei von ihnen haben christliche Namen, sie tragen Shorts und T-Shirts statt der landesüblichen Penisköcher, sie haben die Missionsschule besucht und sprechen recht gut indonesisch. Aber wirklich teilhaben an ihrem Leben lassen sie die Weißen nicht. Letztlich ist der Einfluß der Missionare auf das Leben der Einheimischen äußerst gering. Kaum sind sie "außer Reichweite", leben sie i h r Leben, weiter nach uralten Traditionen, ohne dabei die für sie nützlichen Aspekte der westlichen Zivilisation zu verwerfen. Was ihr eigentliches Leben betrifft, baut ein ganzes Volk geschlossen eine Mauer des Schweigens gegenüber den Missionaren auf, ohne daß sich diese überhaupt der Existenz dieser Mauer bewußt wer-

[136] z.B.: Textilien, Stahläxte, Buschmesser, Taschenlampen

den. Auch wir hätten nie von diesem Krieg erfahren, wenn es die Situation nicht erforderlich gemacht hätte.
Was hat Meky, der wohl als einziger das feindliche Volk geographisch einordnen konnte, dazu bewogen, trotz der drohenden Gefahr den Weg mit uns in Angriff zu nehmen? War der Lohn für einen Träger derart attraktiv? Hat er bereits beim Abmarsch aus Nalca gewußt, wie prekär die Lage ist, oder hat er erst auf dem Weg genauere Informationen erhalten? War er sich so sicher, daß die Masche mit unserer Herkunft aus Aipomek klappt? Leider habe ich Meky nie danach gefragt.
Wir steigen den Gunung Elit ab. Zuerst erreichen wir zwei tiefer liegende kleinere Plateaus, dann tauchen wir in den Wald ein, wo es nun steil bergab geht. Über unzählige Äste hüpfen wir von Schlammloch zu Schlammloch, immer tiefer. Nicht immer sind meine Füße trittsicher, und so handle ich mir heute eine Menge von kleinen Rissen und Wunden an den Beinen ein. Manchmal neben uns, manchmal tief unter uns, ergießt sich der Mugui in unzähligen Kaskaden schäumend in die Tiefe.
Beim Abstieg versuche ich unsere neue Situation gedanklich zu verarbeiten. Es ist nicht der erste Stammeskrieg, in den ich auf dieser Insel hineingerate. Schon vor acht Jahren habe ich im unabhängigen Teil der Insel, in Papua Neuguinea, zwei solcher Fehden miterlebt. Daher weiß ich, daß Jutta und ich als Weiße so gut wie nichts zu befürchten haben. Ich weiß aber auch, daß die Dani unsere vier Träger töten werden, wenn sie ihre Herkunft aufdecken, und voraussichtlich käme Henok als Unbeteiligter ebenfalls zum Handkuß.
Die Papua kennen kein Heldentum und keinen Idealismus im Kampf. Kann man einen Gegner hinterrücks mit einem Pfeil erschießen oder aufgrund zahlenmäßiger Überlegenheit leicht gefangennehmen und erschlagen, so ziehen dies die Papua der offenen Mann-gegen-Mann-Auseinandersetzung bei weitem vor.
Wenn man den Kampf zweier verfeindeter Gruppen auf dem dafür auserkorenen Schlachtfeld beobachtet, so handelt es sich dabei um ein wenig gefährliches Scharmützel, bei dem mehr herumgeschrien als tatsächlich gekämpft wird und bei dem nur sehr selten Menschen getötet werden. Aber wehe, wenn ein einzelner im Umfeld des Krieges auf eine Gruppe bewaffneter Gegner trifft. Dann wird er gnadenlos hingemetzelt.

Frauen aus verschiedenen Menschheitsepochen – Jutta mit einer Yale-Frau im Tal des Ubahak

All das gibt meinen Begleitern nicht gerade die besten Karten, sofern sie erkannt werden. Doch, wie schon erwähnt, Idealismus bei der Kriegsführung ist nicht Sache der Papua. Blutrache ist ein Gesetz, ein Auftrag, aber keine Ehrensache wie bei anderen Völkern, wo der Rächer oft empfindliche Nachteile für seine Tat in Kauf nehmen würde. Bei den Papua kommt es nicht selten vor, daß man mit Kompensationszahlungen die drohende Hinrichtung zumindest für den Moment verhindern kann. Und da sind dann noch Jutta und ich, zwei Weiße, vor denen man in keinem Fall zugeben darf, daß man die fünf Begleiter töten möchte. Unsere Anwesenheit könnte zum Vorteil für unsere Freunde werden.

Nach einiger Zeit habe ich unsere neue Situation gedanklich verarbeitet und kann mich wieder voll auf den Abstieg konzentrieren. Zu meiner Rechten klafft ein riesiger Abgrund, in den sich der immer wilder anwachsende Mugui hinabstürzt. Gegen 16 Uhr erreichen wir eine winzige grasbedeckte Lichtung von etwa fünfzehn Metern Durchmesser. Dort steht eine unbewohnte Rundhütte, daneben rauscht der Fluß vorbei. Es ist wohl der lieblichste Platz zum Campieren, den wir während der fünf Wochen im Busch vorfinden. Auch der tägliche Regen, der stets am Nachmittag einsetzt und dann bis zum nächsten Morgen andauert, hat uns bislang verschont.

Es ist nur mehr eine gute Stunde bis ins erste Dorf der Dani, nach Gidoma. Sollen wir weitergehen? Obwohl unsere Führer sonst immer ein Dorf dem Übernachten im Busch vorziehen, wollen sie diesmal auf keinen Fall die Nacht im Dorf verbringen.

Meky erklärt uns, daß sein Dorf mit diesem Dorf Gidoma und mit den folgenden zwei Dörfern, Yohosim und Yuorima im Krieg sei. Sie wollen nicht das Risiko eingehen, etliche Stunden in Gidoma zu bleiben und dabei womöglich als Nalca-Leute entlarvt zu werden. Meky geht diesen Weg nach Wamena schon zum dritten Mal, die letzten beiden Male hat er in Gidoma übernachtet. Schließlich war damals noch nicht Krieg. Nun muß er natürlich fürchten, erkannt zu werden.

Während wir also an diesem idyllischen Platz unser Nachtlager einrichten, gesellen sich zwei alte Dani zu uns. Sie sind aus Gidoma aufgestiegen, wollen die Nacht in der Rundhütte verbringen und am nächsten Tag im Wald arbeiten.

Gute Stimmung in der Buschhütte – Der Dani aus Gidoma schöpft keinen Verdacht bezüglich der Herkunft unserer Träger.

Die beiden Männer zweifeln nicht an unserer behaupteten Herkunft aus Aipomek, und so verleben wir mit ihnen einen geselligen und angenehmen Abend am Feuer. Aufgrund der Anwesenheit von uns zwei Weißen erfolgt die Unterhaltung auf indonesisch, was auch unseren Begleitern angenehm ist, da sie sich so nicht durch ihre Sprache verraten können.
Ich staune immer wieder über das Traditionsbewußtsein der Dani. Sie sind jenes Volk in den Bergen Irian Jayas, das den engsten Kontakt zur westlichen Zivilisation hat. Ihr Hauptort Wamena ist zugleich Verwaltungszentrum für die Indonesier und die verschiedenen Missionsgesellschaften. Unsere Dani aus Gidoma müssen nur etwa eineinhalb Tage gehen, um Wamena zu erreichen. Dort sehen sie Straßen, Autos, Flugzeuge, Hotels, unzählige Touristen und einen täglichen Markt, wo man auch Güter der westlichen Zivilisation erwerben kann.
T-Shirts, Shorts und Stahläxte kann man heute selbst in Papua-Dörfern finden, die noch nie von einem Weißen oder einem Indonesier betreten worden sind. Diese Waren wurden, von einem zentralen Markt ausgehend, von Hand zu Hand immer weiter in den Busch "hineingehandelt". Unsere Träger aus Nalca tragen alle Shorts und T-Shirts.
Die Dani hingegen, die so engen Kontakt mit der westlichen Zivilisation haben, verbleiben weitgehend bei ihrer altbewährten Lebensweise und wirken äußerlich wie völlig unberührte Menschen aus der Steinzeit. Unsere beiden Dani tragen stolz lange, gerade Penisköcher, sind trotz der Alltagsarbeit mit Ketten aus Kaurischnecken geschmückt, ihr Gesicht und ihre Brust sind nach alter Tradition mit Ruß und Schweinefett beschmiert. Besonders überrascht mich, daß sie für ihre Arbeit im Wald immer noch Steinäxte verwenden.
Am nächsten Tag brechen wir schon vor sieben Uhr auf, um acht Uhr erreichen wir das Dorf Gidoma, das wir so unauffällig wie möglich durchqueren möchten. Meky bittet uns, keine Gespräche mit den Leuten zu beginnen, sie nur kurz und höflich zu grüßen und keinerlei Fotos zu machen oder Dinge, die Anlaß zu Gesprächen oder Diskussionen geben könnten.
Trotz der frühen Stunde herrscht bereits Leben in dem kleinen Ort. Die Männer und Frauen arbeiten schon auf den Feldern, die dicht neben dem Weg durch das Dorf liegen, oder hocken vor ihren Hütten. Jutta und ich gehen nun an der Spitze, gefolgt von unseren Begleitern. Immer wieder rufen Männer von den Feldern unseren Freunden etwas zu, das ich nicht verstehen kann. Es ist immer Meky, der antwortet. Er bleibt dabei nicht stehen, wie es normalerweise üblich ist.
Die Zurufe von den Feldern werden lauter und aggressiver. Ich spüre, daß hier etwas nicht stimmt, vermute, daß die Männer Meky erkannt haben. Unsere Herkunft aus Nalca scheint aufgedeckt zu sein. Trotzdem halte ich es für das beste, meinen Schritt beizubehalten, ohne mich viel umzublicken. Unsere Begleiter fallen dabei zehn bis fünfzehn Meter zurück. Meky ruft mich, ich drehe mich um. Nun sehe ich die angespannten, angsterfüllten Gesichter meiner Freunde. Meky bittet mich, keinen Abstand innerhalb der Gruppe entstehen zu lassen und daß Jutta und ich ganz nahe bei ihnen bleiben mögen.
Wir haben fast das Ende des Ortes erreicht. Dann geht alles ganz schnell. Einige Dani haben sich vor uns auf dem Weg versammelt, andere Männer laufen von den Feldern und Hütten auf uns zu. Innerhalb weniger Augenblicke sind unsere fünf Papua von Dani umringt, während Jutta und ich außerhalb dieses Menschenkreises bleiben und so von unseren Freunden abgetrennt werden. Einer der Dani sagt uns auf indonesisch, daß unsere fünf Begleiter im Dorf bleiben müssen, während wir beide weitergehen dürfen. Ist er der Wortführer der Gruppe?

Ich spüre, daß ich irgendetwas tun muß, und das schnell! Jutta hat als Frau in einer derartigen "Männerangelegenheit" keinerlei Möglichkeit der Einflußnahme. Es gelingt mir, einen freundlichen Gesichtsausdruck und eine gewisse Naivität zu bewahren oder zumindest zu spielen. Ich dränge mich in diesen Menschenkreis hinein und stehe nun als sechster neben meinen fünf Freunden. Ich spüre, daß dies den Dani alles andere als angenehm ist, aber sie wollen mir nicht unhöflich entgegentreten.

Festlich geschmückter Dani aus dem Großen Baliem-Tal – Durch die nach unten weisenden Schweinezähne im Nasenseptum zeigt er an, daß mit ihm nicht zu spaßen ist, daß er oder sein Clan sich in einer kriegerischen Auseinandersetzung befindet.

Ich habe einen entscheidenden Vorteil: die Dani wissen nicht, daß ich über den Krieg Bescheid weiß und wollen natürlich auch nicht den wahren Grund für das Festhalten unserer Begleiter zugeben. "Zeit gewinnen" heißt die Devise. Ich strecke jedem einzelnen Dani meine Hand entgegen und wünsche ein freundliches "Selamat pagi!" ("Guten Morgen!"). Keiner der Dani verweigert mir seine Hand, jeder antwortet mit dem gleichen Gruß, wenn auch ihre Blicke peinlich berührt gegen den Boden gerichtet sind. Die Reihe kommt an jenen Dani, der uns zuvor gesagt hat, daß unsere Freunde im Dorf bleiben müssen und den ich für den Wortführer der Gruppe halte. Auch er ergreift meine Hand und antwortet auf meinen Gruß mit einem verlegenen "Selamat pagi, bapak!" Ich spüre, daß ich die erste Runde gewonnen habe. "Bapak" heißt nämlich soviel wie "Vater" und ist eine besonders respektvolle Anrede.
Im Hinterkopf habe ich das Wissen, daß man Gefangene im Krieg loskaufen kann. Natürlich will ich die Sprache nicht auf ein Loskaufen von Gefangenen bringen. Schließlich will ich den Vorteil, daß ich scheinbar nichts vom Krieg weiß, nicht leichtfertig aus der Hand geben.
Ich wende mich an jenen Dani, der die Rolle des Wortführers übernommen hat und der offensichtlich auch am besten indonesisch spricht. Ich sage zu ihm und den anderen Dani, daß unsere Gruppe den Wald, der den Leuten von Gidoma gehört, durchquert hat, daß wir auch ihre Rundhütte im Wald benutzt haben und daß wir dafür auch bezahlen wollen.
Es ist nicht üblich, für das Durchqueren eines Waldes zu zahlen, bestenfalls eine Kleinigkeit für das Benützen der Hütte,

aber ich will den Dani die Chance geben, eine Kompensationszahlung für die fünf Gefangenen einzufordern, ohne den Krieg dabei anzusprechen. Die Dani gehen auch sofort darauf ein. Der Wortführer der Gruppe nennt einen Betrag von 10000 Rupien.[137]
Das ist für die Menschen im Busch eine riesige Summe. So kosten etwa fünfzig Bananen hundert Rupien.[138] Zudem haben die Papua keinen Begriff für höhere Zahlen. Zehntausend ist der höchste Betrag, den sie kennen dürften. Sie haben natürlich keine Idee, daß zehntausend Rupien "nur" das Hundertfache des Bananenpreises sind. Die Dani wissen nicht, wie wenig zehntausend Rupien wirklich sind und daß man dafür auch in Wamena nicht allzu viel kaufen kann.
Zehntausend Rupien sind ein ungeheuerlicher Preis für das Benutzen einer Buschhütte, sind aber ein lächerlicher Preis für das Leben von fünf Menschen. Ich handle nicht, keine weiteren Diskussionen! Feierlich zähle ich zehn Tausenderscheine in die Hand meines Gesprächspartners. Er zählt noch einmal nach. Der Betrag stimmt.
Ich verabschiede mich von den Dani, etwas schneller als bei der Begrüßung, und fordere meine Träger auf, ihr Gepäck zu schultern, was ich auch mit meinem Rucksack mache. Ich spüre, daß sich einige Dani etwas überrumpelt fühlen, aber sie öffnen ohne Widerspruch den Menschenkreis. Auf dem freigewordenen Weg verlassen wir schnellen Schrittes das Dorf.
Gleich hinter der letzten Hütte führt ein kurzer, steiler Anstieg auf eine Anhöhe. Oben angelangt verharre ich einige Augenblicke und schaue zurück in das Dorf Gidoma. Niemand folgt uns. Vor mir steht ein etwa ein Meter hoher Teil eines Baumstammes, unförmig, wie ihn die Natur gestaltet hat. Er ist mit bunten Symbolen bemalt und wirkt doch düster abschreckend. Ist es ein Kultgegenstand? Hat er mit dem Krieg zu tun? Meine Freunde drängen mich weiterzugehen. Der Weg ist frei. Er bleibt lange Zeit stets auf gleicher Höhe. Wir kommen in einen Wald, dessen schlammiger Boden mit Baumstämmen ausgelegt ist, die quer zur Gehrichtung in Abständen von etwa einem Meter liegen. So können wir, ohne einzusinken, von Balken zu Balken schreiten und springen und kommen recht schnell voran.

Papua-Dorf am Fuße des Gunung Elit

Das ganze Gebiet entlang des Mugui, von Gidoma bis hinunter zur Mündung in den Baliemfluß, ist bewohntes Kulturland, der Weg infolgedessen relativ einfach.

---

137 ca. 3 Euro

138 ca. 0,03 Euro

Unser Schritt wird nun immer schneller. Unsere Papua machen ungeheuren Druck. Bald ähnelt das Ganze einem Gehwettbewerb mit Zeitmessung.
Die Gefahr ist noch lange nicht vorbei. Das in den Krieg involvierte Gebiet umfaßt das gesamte obere Muguital. Der Tote, durch den diese Fehde ausgelöst worden ist, stammte aus dem Dorf Yuorima, das wir erst in einigen Stunden erreichen werden. Werden es sich die Leute von Gidoma noch überlegen und uns einen Trupp nachschicken? Oder werden sie einen Boten losschicken, der uns irgendwo unbemerkt überholt, um die anderen Dörfer von unserem Kommen zu unterrichten? Auf diese Weise hätten sie unser Geld kassiert und könnten unsere Träger noch einmal gefangennehmen. Nichts von all dem passiert.
Um zehn Uhr erreichen wir den Ort Yohosim. Er liegt auf einem Plateau, das steil zum Mugui abfällt. Die Hütten hier sind sehr weitläufig verstreut, man sieht nur wenige Menschen, was uns gewiß nicht unangenehm ist. Am Ausgang des Ortes schließt sich unserer Gruppe ein Dani an, um uns ein Stück des Weges zu begleiten. Unseren Freunden ist das sichtlich unangenehm, aber sie müssen ihn gewähren lassen, da dies die Höflichkeit gebietet. Zu unserer Erleichterung biegt er bald nach links in den Wald ab. Nur ganz selten machen wir irgendwo Halt. Dies sind aber keine Rastpausen am Wegrand, um zu relaxen. Unsere fünf Papua verharren stehend, führen eine kurze Lagebesprechung durch und hetzen dann im Wahnsinnstempo weiter.
Zu Mittag sehen wir tief unter uns das Dorf Yuorima. Es liegt unten im Tal, zu beiden Seiten des Mugui. Bald erreichen wir die ersten Hütten, vor uns überspannt eine malerische Hängebrücke den Fluß. Allzu gern hätte ich sie fotografiert. Die flehenden Blicke der Träger bedeuten mir, von diesem Vorhaben abzulassen. Die Hütten des Ortes reihen sich entlang des Hauptweges, auf welchem vorwiegend Frauen zu sehen sind. Da jetzt zur Mittagszeit die Männer in den Hütten oder irgendwo außerhalb des Ortes verweilen, entgehen wir den üblichen Fragen nach dem "Woher?" und dem "Wohin?" unserer Reise. Durch ein winziges Waldstück verlassen wir den Ort, dahinter breiten sich rechts und links des Pfades die Felder von Yuorima aus. Der Weg steigt nun stetig an, wir hetzen weiter. Gut eine Stunde nach Verlassen des Ortes wird der Weg von einigen größeren Felsen eingesäumt. Drei Dani-Frauen kommen uns entgegen. Meky spricht sie an, sie antworten. Schlagartig verändert sich sein verkrampfter, angsterfüllter Gesichtsausdruck. Er beginnt ganz frei zu lachen, alle fünf lassen sich glücklich auf die Felsen fallen und bleiben dort liegen.
Ich habe nichts von dem Gespräch verstanden, aber ich weiß sofort, was los ist. Wir sind nicht mehr im Gebiet von Yuorima, wir sind bereits im Stammesgebiet von Hitugi, das nicht in den Krieg involviert ist. Frei! Eine Riesenlast fällt von uns allen ab. Es ist Zeit, daß wir eine Rast machen, eine Zigarette rauchen, hier ein wenig verweilen. Auch die aufziehenden dicken Regenwolken können unserer guten Laune nichts anhaben. Im strömenden Regen erreichen wir eine halbe Stunde später das Dorf Hitugi, das mehrere hundert Meter über dem Tal liegt, eher thront.
Für die nächsten zwei Stunden flüchten wir uns unter ein Blätterdach, um uns vor dem Regen zu schützen, danach klart es deutlich auf. Ich starte einen Rundgang durch das Dorf, will auch endlich wieder einige Fotos machen. Hitugi ist ein wunderschönes Dorf. Es liegt nur sechs Fußstunden von Wamena entfernt, nur drei Stunden von der Straße nach Wamena, auf der bereits Autos verkehren. Trotz seiner Nähe zur Zivilisation wirkt Hitugi viel traditioneller als viele Dörfer, die weit entlegen im Busch liegen. Betrachtet man die Hütten, die Männerhäuser,

Dani aus dem Dorf Hitugi am Unterlauf des Mugui - wie die meisten Männer ihres Volkes sind sie auch im Alltag stets geschmückt.

die Bewohner des Ortes, die kleinen Süßkartoffelfelder im Dorf, so bietet sich dem Betrachter das harmonische Bild eines steinzeitlichen Dorfes. Nur eine kleine Bretterbude, in der ein Indonesier einen kleinen Laden unterhält und das etwas moderner wirkende Haus des Dorflehrers stören das Gesamtbild und verraten die Nähe zur Hauptstadt.

Am nächsten Morgen brechen wir schon zeitig auf. Wir alle freuen uns auf Wamena, Jutta und ich auf kulinarische Abwechslung und ein weiches Bett, unsere Papua auf die "große Welt". Eine Gruppe von etwa zehn jungen Männern aus Hitugi schließt sich unserer Gruppe an. Auch sie wollen nach Wamena. Nach etwa einer Stunde erreichen wir eine Anhöhe, von wo wir erstmals ins Baliemtal hinabblicken. Zwei Stunden später überqueren wir bei Sugokimo den Baliemfluß. Unsere Träger waschen sich und zaubern ein frisches T-Shirt aus ihrem Gepäck. Wir gehen die letzten Meter zur Straße hinauf. Zu unserem Glück sehen wir recht bald einen leeren Toyota-Minibus herankommen. Wir halten ihn an.

In diesem Moment kehrt sich alles um. Tagelang waren uns unsere Papua weit überlegen gewesen. Sie

Hängebrücke über den Baliem-Fluß

Triumphzug der westlichen Zivilisation – Leere Kugelschreiberhüllen ersetzen immer häufiger die traditionellen Schweinezähne als Nasenschmuck.

haben uns durch einen für uns menschenfeindlichen Urwald sicher hindurchgeführt, sie haben die Natur darin beherrscht, während wir ohne ihre Hilfe wohl nicht sehr weit gekommen wären.
Jutta und ich tauchen nun in eine uns vertraute Welt ein, unsere Freunde, sieht man von Meky und Henok ab, tauchen in eine für sie völlig fremdartige Umgebung ein. Wie kleine Kinder verstecken sie sich hinter mir und halten einen gehörigen Respektabstand zu dieser Höllenmaschine ein, die wir schlicht und einfach Minibus nennen. Ich handle einen Preis aus, öffne die Türen und bitte alle einzusteigen. In blindem Vertrauen tun sie dies und nach einigen Minuten beginnt ihnen das Autofahren richtig Spaß zu machen. In Wamena angekommen, zahlen wir unseren Trägern den Lohn aus. Sie sind ganz begierig, zum Markt zu kommen, um all die fremden Güter zu bestaunen und manches einzukaufen. Am Abend gehen wir zusammen essen - in ein Restaurant. Am nächsten Tag besucht uns Meky - allein. Wo sind die anderen? Sie haben die erste Möglichkeit genutzt, der Stadt zu entfliehen. So sehr haben sich alle auf die große Stadt, auf Wamena, gefreut. Aber dann hat sie dieses Wamena erdrückt. Sie haben sich hier überhaupt nicht zurecht gefunden, alles hat ihnen Angst gemacht. Und so haben sie die Stadt, auf die sie sich so sehr gefreut haben, schon nach weniger als 24 Stunden verlassen. Wie? Wollten sie

Dani-Familie aus dem Großen Baliem-Tal

Dani aus dem Großen Baliem-Tal – Das mit Rotan-Fasern umwickelte Behältnis dient als Handtasche, in der dieser Mann die für den Tag notwendigen Utensilien mit sich führt.

etwa wieder durch das für sie so gefährliche Muguital zurückkehren? Weit gefehlt! Sie reisten in ihr Dorf zurück, so wie es sich für Menschen aus einer steinzeitlichen Kultur geziemt: mit dem Flugzeug. Ein Missionar, der nur einige Güter zu transportieren hatte, nahm sie für einen minimalen Betrag in seiner Cessna nach Korupun mit, von wo sie nur einen Tag nach Nalca zu gehen haben. Und Meky? Warum ist er in Wamena geblieben? Während der ganzen Wanderung von Nalca nach Wamena hat er nie darüber geredet. Nun rückt er damit heraus. Für Meky war unsere Ankunft in Nalca und unsere Suche nach Trägern ein wahres Geschenk des Himmels. Als Kind hat er die Missionsschule in Nalca besucht. Seither sind viele Jahre vergangen. In dieser Zeit ist ein bisher vollkommen unrealistischer Traum in ihm gereift: der Besuch der Mittelschule in Wamena!

Für die Chance, mit Geld nach Wamena zu kommen, hat Meky unheimlich viel riskiert. Nun hat er 90000 Rupien in seinen Händen[139], eine Summe, die er in seinem Dorf wohl in seinem ganzen Leben nie hätte erwerben können, eine Summe, die selbst für Papua in Wamena ungeheuerlich ist. Einen kleinen Teil des Geldes gibt er für Kleidung aus. Dann geht er zur Schulbehörde und zahlt 60000 Rupien, das Schulgeld für die zwei Jahre dauernde Mittelschule, ein. Auch der Zeitpunkt unserer Ankunft in Wamena ist äußerst günstig für Meky, der Schulbeginn steht unmittelbar bevor. Schließlich ist auch Henok aus diesem Grund von Kono nach Wamena gewandert. Noch weiß Meky nicht, wie er seinen Lebensunterhalt in Wamena bestreiten soll. Ich wechsle Dollars auf der Bank in Wamena, gebe ihm das Geld, damit er in den ersten Monaten sorgenfrei leben kann.

Am nächsten Tag verlassen Jutta und ich mit dem Flugzeug das Hochland Irian Jayas. Meky kommt zum Flughafen, um uns zu verabschieden. Unser Kontakt wird abreißen. So bald werden wir nicht nach Irian Jaya zurückkommen, und zum Briefverkehr reichen Mekys Schreibkenntnisse und meine Indonesischkenntnisse nicht aus. Ich drücke ein letztes Mal seine Hand. Ich sage ihm, daß wir uns vielleicht in etlichen Jahren wiedersehen werden und daß wir uns dann vielleicht in Englisch unterhalten werden. Er macht einen tiefen Seufzer. Dann schüttelt er ungläubig lächelnd den Kopf. Die Perspektiven seiner eigenen Zukunft erscheinen noch zu unfaßbar für ihn.

139 ca. 30 Euro

BAKOPA UND DAS ENDE DIESER WELT

Trilogie aus drei Jahrtausenden

Teil 1

Ezat spürt, daß er alt geworden ist, spürt die Müdigkeit seines Körpers. Dort, wo er früher kraftvolle Muskeln betasten konnte: alles ausgemergelt, ein knöchernes Gerüst ist ihm geblieben.
Sein eigenes Gesicht hat Ezat nie gesehen. Er kann es nur fühlen, die faltigen Furchen, die struppigen Stoppeln seines Bartes. Sein Haarnetz, geknüpft aus den Fasern einer Orchidee, ist grob und spröde geworden, schmierig, wenn man es anfaßt. Immer öfter läßt Ezat Schweinefeste in seinem Tal aus, schon lange war er nicht mehr in den Wäldern jagen. Hin und wieder denkt er an die alten Tage, als er sich kraftvoll und munter in der Morgendämmerung in den Wald zur Jagd begeben hat. "Morgen will ich im Wald jagen, will meinen Frauen und Kindern Fleisch heimbringen", denkt er. Dann bespannt er seinen Bogen neu, schnitzt an seinen Pfeilspitzen herum, um schließlich beides am nächsten Tag ungebraucht in der Hütte zu lassen.
Ezat hockt schweigend am Wegrand vor seinen Hütten. Es ist der große Weg durch das Tal des Kemabu, der Weg, der die großen Orte Pogapa und Ugimba verbindet. Tagtäglich hockt er hier, blickt auf die Wälder, die sich über seinen Hütten die Berghänge hinaufziehen. Nur Vorbeiziehende bringen ihm ein wenig Abwechslung. Sie verharren eine Weile bei ihm, rasten, kauen an einem Stück Zuckerrohr und wandern wieder weiter.

Ezat aus dem Volk der Moni – seine stille Nachdenklichkeit in der Begegnung mit unserer Fremdheit wird mich nicht mehr loslassen.

Manchmal gesellen sich Ezats Kinder zu ihm an den Wegrand - ungewöhnlich kleine Kinder für diesen alten Mann. Der Knabe ist noch nicht der Mutterbrust entwöhnt, das Mädchen, nur wenig älter, trägt schon stolz ihr Rückennetz. Kein kindliches Lachen, kein Herumbalgen, ernst sind diese Kinder, still wie ihr Vater verharren sie am Wegrand, warten auf Veränderung.
Erst wenn der Nachmittagsregen einsetzt, erhebt sich Ezat und kehrt in seine Hütte zurück. Dann sind seine beiden Frauen von den Feldern zurückgekehrt, mit Süßkartoffeln und Feuerholz.

Wien, Juni 1992
ein Ort und eine Zeit, die es in der Welt Ezats nicht gibt

Etliche Stunden verbringe ich schon in der Nationalbibliothek. Heute abend gibt es das große Treffen mit meinen Freunden, bei dem wir die möglichen Trekkingrouten durch Irian Jaya besprechen wollen. Nun gilt es natürlich, in der verbleibenden Zeit noch möglichst viel Information in mich hineinzuschaufeln.
Meine Sitznachbarn haben schon längst die Flucht zu anderen Tischen angetreten. Überall habe ich die wenigen, recht großformatigen Karten, die über diese Region verfügbar sind, weit über meinen eng bemessenen Platz hinaus ausgebreitet.
Vor mir liegt Peter Boardmans[140] Buch "Auf den Zinnen der Götter". Darin beschreibt er seinen Weg von Bilogay[141] nach Süden ins Carstensz-Gebirge und seine Besteigung der Carstensz-Pyramide[142], des höchsten Gipfels Ozeaniens. Eigentlich wollte ich dieses Buch nur durchblättern. Schon lange haben wir unsere Hoffnung aufgegeben, als Individualreisende, als normale Rucksacktrekker in dieses Gebiet vorzudringen. Die Existenz einer riesigen Kupfermine im Süden des Carstensz-Gebirges hat die gesamte umliegende Region zum Sperrgebiet werden lassen, und zu einem der bestabgeschirmten dazu. Die wenigen bekannten Zustiegswege[143] sind hermetisch durch Polizeiposten abgeriegelt. Nur wenigen, sehr gut zahlenden Expeditionen wird die Genehmigung erteilt, auf einem einzigen kontrollierten Weg ins Carstensz-Gebirge zu gelangen.
Boardmans Bericht beginnt mich zu fesseln. Ihm und seiner Freundin Hilary war es 1979 erstmals als Individualreisende gelungen, ohne Expedition und ohne dahinterstehende Organisation die zentrale Bergkette zu überschreiten und ins Carstensz-Gebirge vorzudringen.[144]
Die beiden hatten damals einen völlig anderen Weg als alle bekannten Expeditionen genommen. Ihre Route lag fast hundert Kilometer westlich der Normalroute. Sie waren von Bilogay aufgebrochen und hatten das Carstensz-Gebirge letztlich von Nordwesten kommend erreicht.
Sie hatten unheimliches Glück gehabt, daß sie diesen Weg überhaupt gehen konnten. Aufgrund eines Stammeskrieges zweier rivalisierender Gruppen der dort ansässigen Moni hatten die indonesischen Polizisten das Weite gesucht, womit der Polizeiposten kurzfristig verwaist war.

---

140 Peter Boardman aus Großbritannien war in den Siebzigerjahren einer der weltbesten Höhenbergsteiger und gehörte zur Gruppe um Chris Bonington. 1975 gelang ihm über die für unbezwingbar gehaltene Everest-Südwestwand die Gipfelbesteigung. 1979 reiste er als einfacher Rucksacktourist mit seiner Freundin Hilary Collins nach Irian Jaya und gelangte über Bilogay und den Bakopa-Paß ins Carstensz-Gebirge. Beide erreichten den Gipfel der Carstensz-Pyramide auf einer neuen Route. Diese Besteigung sowie andere bergsteigerische Unternehmungen aus dem Jahr 1979 beschrieb er in seinem Buch "Auf den Zinnen der Götter". Beim Versuch, den Mount Everest über den Nordostgrat zu bezwingen, kam Peter Boardman 1982 ums Leben.

141 Dies ist die Schreibweise auf der MAF-Karte. Andere Schreibweisen: Bidogay, Bilorai

142 Heute heißt der Gipfel Puncak Jayawijaya (4884 m, nach früheren Angaben: 5030 m).

143 Drei Wege von Norden: von Bilogay, Beoga und Ilaga; einer von Süden durch die Kupfermine

144 Ein Jahr später war dieses Kunststück auch den Österreichern Bruno Baumann und Fritz Lasser gelungen, und zwar von Beoga aus. Sie waren die bisher letzten, die Sicherheitskontrollen wurden danach verschärft.

Eigentlich sollte ich nun schon zu lesen aufhören. Was bringt´s? Solch ein Glück gibt es kein zweites Mal. Aber Boardmans Zeilen sind faszinierend.
Zuerst habe ich diesen Absatz überlesen, aber auf der nächsten Seite bin ich dann ins Stocken geraten. Was war das? Wieder zurück zur Seite 37! Immer wieder lese ich diesen Absatz: "Unter uns trennte der turbulente Kemabu-Fluß an der Stelle, wo wir ihn überqueren mußten, zwei Siedlungen. Drüben auf der südlichen Seite lag Ugimba, ein ausgedehntes Moni-Dorf, das hauptsächlich aus rechteckigen Häusern bestand. Die Siedlung auf unserer Seite bestand aus enger zusammengedrängten, runden Dani-Hütten. Sie hieß Wanibugi. Dazwischen spannte sich eine großartige, ohne Nägel und moderne Werkzeuge zusammengefügte Hängebrücke aus Rattanrohren über das Wasser."[145]
Hektisch flog mein Blick über all die auf dem Tisch ausgebreiteten Karten, wieder zurück zum Text, wieder zu den Karten. Das gibt´s doch nicht!
Vom Kemabu habe ich schon in einigen Expeditionsberichten gelesen: ein kleines Bächlein, weit im Osten auf dem gleichnamigen Plateau, das sich irgendwo im Norden verliert. Und nun taucht dieser Kemabu hier plötzlich an ganz anderer Stelle wieder auf, als mächtiger Fluß, der von Osten nach Westen fließt, von Brücken überspannt wird und an dessen Ufern sich größere Ansiedlungen befinden.
All das gibt es auf den Karten nicht. Da gibt es keinen in dieser Region verlaufenden Kemabu, keine Dörfer Ugimba und Wanibugi, da gibt es nicht einmal ein entsprechendes Ost-West-Tal, das auf Besiedlung schließen ließe.
Für Peter Boardman mag die Überquerung des Kemabu bei Ugimba nicht weiter wichtig gewesen sein. Schließlich war der Ort nur eine kurze Station auf seinem Weg von Norden nach Süden gewesen. Aber ich, ich bleibe an diesen Zeilen hängen.
Gibt es da ein von den Kartographen vergessenes Tal? Ein Tal mit einem mächtigen Fluß, ein Tal, in dem es Siedlungen, aber keine Polizeipräsenz gibt? Und wo es Siedlungen gibt, das weiß ich nur zu gut, da gibt es auch Papua-Wege, die diese Siedlungen verbinden.
Ist da vielleicht ein Schlupfloch ins Carstensz-Gebirge, von dem niemand etwas weiß und das auch keiner bewacht? Ich weiß es nicht, aber allein die Vorstellung, die nun ein solches Tal in meinem Kopf entstehen läßt, macht mich richtig aufgeregt.
Für das abendliche Treffen mit meinen Reisekumpanen Jutta, Franz und Nobsch in einem Wiener Café bin ich jedenfalls bestens gerüstet.

Ezat hat seine Hütten wie einen Adlerhorst hoch über das Tal des Kemabu gebaut. Längst sind ihm diese Hütten und der sie umgebende Zaun zur Festung geworden, die auch die Grenzen seines eigenen Lebens darstellen.
Vor langer Zeit ist Ezat mit seiner ersten Frau aus Ugimba hierher an diesen einsamen Ort heraufgezogen. Sie, eine Frau aus dem Volk der Dani, groß und kräftig, er, ein Krieger aus dem Volk der Moni. Eine ungewöhnliche Ehe! Nur die Nachbarschaft der beiden Orte Wanibugi und Ugimba, von diesen beiden Völkern

---

145 Peter Boardman, Auf den Zinnen der Götter, Zürich 1984, Seite 37

bewohnt und nur durch den reißenden Kemabu voneinander getrennt, konnte eine solche Heirat möglich machen.
In der Abgeschiedenheit dieses Wohnplatzes ist ihm seine Frau zur Gefährtin geworden. Für sie hat Ezat die Hütten so gebaut, wie sie es von ihrem Volk kennt, rund und mit spitzen Dächern. Viel zu früh ist sie gestorben, Ezat hat sie sehr vermißt. Einen Sohn hat sie ihm geboren, Kenot hat er ihn genannt. Mit ihr ist er zum Knaben herangewachsen, mit Ezat ist er zum Mann gereift.

In den letzten Wochen haben wir alle unser Traumziel, die Insel Neuguinea in der Nähe des Carstensz-Gebirges zu überqueren, begraben müssen. Längst haben wir alternative Routen vorbereitet, für die wir wohl eher ein Permit bekommen werden.
Ich fühle meine Zeit gekommen. Genußvoll zelebriere ich es, meine Entdeckung vom Nachmittag in der Nationalbibliothek zu entrollen. Ich fühle mich, als hätte ich gerade einen Kontinent entdeckt. Und doch ist alles so vage, bauen meine Überlegungen nur auf wenigen untergeordneten Zeilen eines spannenden Bergsteigerberichts auf.
Es braucht kein neuer Kontinent zu sein. Die Entdeckung eines einzigen kleinen Tales würde uns hier schon bei weitem reichen. Und wieder schossen wir uns mit diesem winzigen Hoffnungsschimmer auf unser altes Traumziel ein.[146]
Irgendwie müssen wir ins Derewo-Tal gelangen, und in diesen riesigen Derewo muß dann irgendwo der Kemabu einmünden.[147] Aber wie sollten wir dorthin kommen? In dieser Region dürfte so gut wie alles Sperrgebiet sein, und die letzten News aus dieser Gegend sind dreizehn Jahre alt.
Was soll´s? Sobald wir Irian Jaya erreichen werden, wird unsere Reise einer Eigengesetzlichkeit folgen, die sich nicht an einem Wiener Kaffeehaustisch festlegen läßt.

Kenot war Ezats großer Stolz, und er war sein Partner. Jung und stark fühlte sich Ezat selbst, wenn er mit Kenot in die Wälder auf die Jagd ging, wenn er dem Wald einen neuen Acker abgewann und wenn er das Tal des Kemabu mit ihm durchstreifte, manchmal bis hinab nach Pogapa.
Eines Tages sagte Kenot: "Ezat, ich werde zum Bakopa gehen, wie es so viele junge Männer unseres Volkes tun." Kenot ist nie vom Bakopa zurückgekehrt. Ezat hat nie erfahren, was ihm dort geschehen ist.
Ezat hat ein junges Mädchen aus Degesiga zur Frau genommen. In seinem hohen Alter ist er noch einmal Vater eines Knaben geworden. Nach dem Verlust von Kenot hat er auch dessen Frau und ihre kleine Tochter zu sich genommen.
Sie alle können ihm Kenot nicht ersetzen. Ezats Lebensflamme flackert täglich ein wenig zaghafter.

---

146 Wenig später las ich den Bericht der Österreicher Rossi und Hansen, die 1976 gemeinsam mit dem Missionar von Bilogay als erste Weiße Ugimba und Wanibugi auf ihrem Weg vom Carstensz-Gebirge erreichten. Ihr Bericht dürfte Boardman zu seiner Routenwahl ermutigt haben, und er bestätigt die Existenz eines von Osten nach Westen verlaufenden Kemabu-Flusses.

147 Diese Überlegung erwies sich später als völlig falsch, da die Karten nicht nur das Kemabu-Tal vermissen ließen, sondern auch andere schwerwiegende Fehler enthielten.

8. Juli 1992

Flughafen von Ujung Pandang auf Sulawesi! Neun Stunden Verspätung bei unserer Ankunft in Jakarta, den Anschlußflug nach Irian Jaya haben wir verpaßt. Wir nehmen´s nicht schwer. Wir brechen auf in ein Land ohne Zeit. Was sollen da diese wenigen Stunden. So hüpfen wir mit Kurzflügen von Insel zu Insel, immer näher an unser Ziel heran. Wir warten auf unseren Weiterflug nach Biak und Jayapura.
Auch ich habe unendlich viel Zeit und kann die vielen einfachen, meist älteren Leute in ihrer traditionellen Kleidung beobachten. Die meisten stammen wohl von der Insel Sulawesi. Sie hocken lieber auf dem Boden als auf den Stühlen der Wartehalle, umgeben von ihrem, für Asien so typischen, überdimensionalen Handgepäck. Wie schnell haben sie es doch gelernt, mit der modernen Atmosphäre eines Flughafens umzugehen. Kein Anflug von Hektik, obwohl hier scheinbar nichts planmäßig verläuft. Die alten Leute haben hier alles im Griff, auch wenn sie die Beschilderungen und ihre eigenen Flugtickets möglicherweise gar nicht lesen können. Noch vor wenigen Jahren kannten sie kaum eines jener Zivilisationsgüter, die die westliche Welt nun so selbstlos und segenspendend über die Dritte Welt ergießt, und nun stellen sie ihre weißen "Lehrmeister" bereits in den Schatten. Mit großer Routine bewegen sie sich in diesen, dem normalen Leben entrückten Hallen des Flughafens, um wenige Stunden später wieder in einer Holzhütte zu entschwinden und am offenen Feuer ein einfaches Mahl zuzubereiten.

Nach Ugimba, dort, wo er aufgewachsen ist, will Ezat nicht mehr hinabgehen. Nur noch wenige Menschen aus seinem Volk leben dort. Die Dani sind über den Kemabu gekommen, sie haben sein Dorf besiedelt. Ohne Gewalt, ohne Krieg, es fand sich ganz einfach viel freier Raum zwischen den weit verstreuten Gehöften seines Volkes. Manchmal steigt Ezat nach Bilondoga oder gar nach Degesiga hinab. Dort leben Menschen, die er schon lange kennt, bei denen er gern einige Tage verweilt. Immer trägt er seinen Bogen und seine Pfeile mit sich, eine alte Gewohnheit, die ihre praktische Bedeutung verloren hat. Krieger aus dem Volk der Moni ist er, aber es gibt keinen Krieg, schon lange nicht mehr. Frieden herrscht im Tal des Kemabu. Und die Jagd, sie wird ihm immer fremder. Die kleinen Jungen treffen mit ihren Steinen schon genauer und schneller als er mit seinen Pfeilen.
Die Wälder, die sich die Berghänge über dem Kemabu hinaufziehen, sind rauh, kalt und abweisend. Sie werden nur von wenigen, oft schwer erkennbaren Jagdpfaden durchzogen. Ezat fehlt die Leichtigkeit und Geschmeidigkeit früherer Tage, um dort sein Jagdglück versuchen zu können.
So ist Ezats Welt klein geworden. Der Adlerhorst mit den drei Hütten, seine beiden Frauen, die Kinder, die wenigen Felder, die seine Frauen bestellen, die Menschen, die auf dem Weg an seinen Hütten vorbeiziehen und ihm Kunde von der Welt da draußen bringen.
Doch Ezat hat seine kleine Welt liebgewonnen. Die Unbeweglichkeit seines Lebens gibt ihm Sicherheit, gibt ihm die Ruhe, die sein altes Leben braucht. Ezats stille Zufriedenheit lebt vom immergleichen Rhythmus der Tage.

Unsere Maschine fliegt ab nach Biak und dann weiter nach Jayapura, der Hauptstadt von Irian Jaya. Mit uns fliegen gut zwanzig Weiße. Die meisten von ihnen sind Touristen, die nach Irian Jaya wollen. Sie werden drei oder vier Tage im Baliem-Tal verbringen, der einzigen Region des Berglands, die man mit regulären Flügen erreichen kann. Eine Art Schnupperkurs in Sachen Urzeit, der das Kulturerlebnis Indonesien abenteuerlich abrunden soll.
Unter uns tauchen winzige Atolle und Riffe auf, die wohl noch nie von einem Taucher bewundert werden konnten. Fernab jeder bewohnten Insel verlieren sie sich in den Weiten des Pazifik.
Endlich sehe ich unter mir die samtenen, hellgrünen Hügel, die den Sentani-See umrahmen. Wenig später setzt die Maschine auf der Rollbahn auf.
Vor acht Jahren war ich schon hier in Sentani gewesen, jenem Ort, in dem sich der Flughafen des vierzig Kilometer entfernten Jayapura befindet. Damals war ich noch darauf angewiesen gewesen, daß mich Mitarbeiter der Fluglinie Merpati ohne Wissen der Bosse in Jayapura in den Räumlichkeiten der Crew schlafen ließen. Ernährt habe ich mich damals von den Sandwiches und Kuchenstücken, die auf den Flügen übriggeblieben sind.
Was hat sich doch alles hier verändert! Es gibt Hotels, Losmen[148], Restaurants, Banken, ein Flugbüro und selbst den so wichtigen Surat Jalan[149] erhält man gleich neben dem Flughafen. Die Indonesier haben auf den Touristenboom reagiert.

Unruhe ist in Ezats Leben gekommen. Äußerlich wirkt er wie immer vollkommen gelassen. Tagtäglich hockt er schweigend neben dem Weg vor seinen Hütten, den Blick auf die vom Regenwald verdüsterten Berge gerichtet.
Stundenlang blickt er auf diese unbewegten Berghänge, sie haben sein Leben bewahrt, haben jede Änderung von ihm ferngehalten, waren für ihn und seine Familie ein Schutzwall, hinter dem sich eine völlig andere, unbekannte Welt verbirgt.
Nun scheint dieser Schutzwall zu brechen, scheint dieses Ende der Welt von jenseits der Berge in sein Tal einzudringen. Wird sein altes Leben noch einmal vollkommen unbekannte Herausforderungen meistern müssen?

Der Surat Jalan: einst für Reisende die erste große Hürde, um in Irian Jayas unberührte Welt vorzudringen, heute ein harmloser Formalakt, der von eigens dafür abgestellten Polizeibeamten gleich neben dem Flughafengebäude in einer knappen halben Stunde erledigt wird.
Es herrscht eine ungemein lockere Atmosphäre hier in der Polizeistation. Die Beamten sind sichtlich erfreut darüber, sich mit Weißen in der indonesischen Sprache unterhalten zu können. Wir plaudern über Gott und die Welt, ehe wir,

---

148 Kleinere Pensionen

149 Für alle Gebiete außerhalb der Region Jayapura benötigt man ein Permit (Surat Jalan, wörtlich "Geh-Brief"), das man für die beiden touristischen Regionen, das Baliem-Tal und Asmat, ohne Schwierigkeiten bekommt. Große Teile des Landes sind Sperrgebiet, so daß man für alternative Ziele oft gar keine Genehmigung erhält.

fast nebenbei, auf unser eigentliches Anliegen, den Surat Jalan zu sprechen kommen.
Der Beamte trägt uns überraschend freimütig die Genehmigungen für das gesamte Gebiet der Provinzen Jayawijaya mit dem Zentrum Wamena und Merauke mit den Zentren Merauke und Asmat ins Permit ein. "Und Paniai, bitte!", sage ich freundlich, aber bestimmt. Entgeistert blickt mich der Beamte an. "Was um alles in der Welt wollt ihr in Paniai? Da will niemand hin! Und da kann man auch nicht hin!" Mit unseren wahren Zielen darf ich hier wohl nicht herausrücken. Ich weiß, daß nicht alle Orte in Paniai Sperrgebiet sind und bekunde vage formuliertes Interesse an diesen.
Die Beamten benötigen offensichtlich eine Nachdenkpause. Kurze Beratung! "Gut, ich kann euch die Genehmigung für Nabire[150] geben. Dort müßt ihr zur Polizeistation gehen. Nur dort könnt ihr die Genehmigung für weitere Orte in Paniai bekommen." Und er trägt tatsächlich Paniai auf dem Surat Jalan ein, nicht Nabire, wirklich Paniai. Das sollte sich später als Trumpf in den Verhandlungen mit der Polizei in Nabire erweisen.
Total happy hasten wir hinüber zum Flugbüro und ergattern noch vier Plätze in der nächsten Maschine nach Nabire.

Viel hat Ezat schon von dieser Welt hinter dem Bakopa gehört, von dieser Welt, die viele Männer seines Volkes das Ende der Welt nennen.
Er hat gehört von den riesigen Tieren, die dort leben. Ihre Haut ist hart und undurchdringbar wie Stein, und ihr Brüllen soll schrecklich sein und Tag und Nacht ertönen. Kein Pfeil kann ihnen etwas anhaben. Diese Tiere haben so schrecklich funkelnde Augen, daß die Nacht zum Tag wird. Sie fressen nicht nur die Pflanzen des Waldes, sie fressen den ganzen Wald mitsamt seinen Bäumen, ja sie fressen sogar die Berge und lassen nur schlammige Erdhaufen zurück.
Die Menschen sind vor diesen Tieren sicher, sie leben in Frieden mit ihnen. Sonderbare Menschen leben dort. Sie müssen nicht essen, denn der kahlgefressene Boden trägt keine Früchte. Viele von ihnen haben eine Haut, die so hell ist wie die Gischt des Kemabu.
Vor langer Zeit hat auch Ezat einen Menschen mit solch heller Haut gesehen. Es war nicht hinter dem Bakopa, dort war er nie gewesen. Es war in Pogapa gewesen. Ezat hat nie mit diesem Menschen geredet, er hat nur aus der Entfernung seinem Treiben zugesehen. Dieser Mensch lebte in Frieden mit den Männern seines Volkes, und er hat den Leuten von Pogapa viel von Göttern und Ahnen erzählt, die Ezats Volk nicht kennt.
Woher mögen diese Menschen kommen? Als Knabe hat Ezat von den Ältesten seines Volkes gehört, daß die Menschen früher eine helle Hautfarbe hatten, ehe die Ahnen den Menschen seines Volkes eine dunkle Hautfarbe gegeben haben.[151]

---

[150] Nabire ist Hauptort und administratives Zentrum der Provinz Paniai. Die Stadt liegt an der Küste der Cenderawasih Bucht. Es leben dort viele Indonesier als Verwaltungsbeamte oder kleine Geschäftsleute. Nabire ist von den anderen wichtigen Orten der Provinz völlig abgeschnitten, Straßenverbindungen gibt es keine. Nur Enarotali, der Hauptort des Paniai-Hochlandes, wird von der staatlichen Fluglinie Merpati angeflogen. Andere Orte können nur mit kleinen Missionsflugzeugen erreicht werden.

[151] Traditionelle Vorstellung einzelner Papua-Völker

Nabire, der Hauptort der Provinz Paniai, präsentiert sich als trostloses Kaff an der Cenderawasih Bucht. Ein Verwaltungszentrum, das wohl nur sich selbst verwaltet, ohne wirkliche Verbindung zu den anderen Orten Paniais. Einige Kilometer Straße führen in mehrere Richtungen aus dem Ort heraus, um dann abrupt mitten im Busch zu enden. Man scheint hier so gut wie nichts über die anderen Teile dieser riesigen Provinz zu wissen - terra incognita.
Ziellos laufen wir durch den Ort in der Hoffnung, irgendwelche Informationen zu bekommen. Nabire ist nicht unser Ziel. Wir wollen in das Bergland von Paniai, ein Gebiet, von dem wir nur wissen, daß es praktisch zur Gänze Sperrgebiet ist. Wirklich zur Gänze? Das ist für uns die entscheidende Frage.
Eine skurrile Situation! Wir wollen hier in Nabire Informationen für unsere geplante Wanderung ins Hochland einholen, dürfen aber von dieser Wanderung nichts erwähnen, da sie in jedem Fall durch Sperrgebiet verlaufen würde.
Allgemein nutzbares Informationsmaterial wie etwa Bücher, Pläne oder Karten, bei deren Einsicht wir uns nicht verdächtig machen können, gibt es hier nicht. Mit viel Bier und der trostlosen Aussicht, Nabire bald ohne zählbaren Erfolg wieder in Richtung Sentani verlassen zu müssen, lassen wir den Tag ausklingen.

Ezat weiß, daß er die Welt hinter dem Bakopa nie sehen wird. Er ist zu alt für diesen langen Weg und die große Kälte in den Bergen. Viele junge Männer seines Volkes sind schon über den Bakopa gegangen. Sie haben die schrecklichen Tiere, die sie Toyota nennen, ganz aus der Nähe gesehen. Manche sind so hoch wie Bäume, aber sie haben den Männern kein Leid zugefügt. Doch die Menschen mit der hellen Haut haben die jungen Männer aus Ezats Volk wieder weggeschickt, zurück in ihr Land.
Die Welt hinter dem Bakopa ist sehr kalt. Die Menschen dort tragen viele Häute an ihrem Körper, Häute, die so bunt sind wie das Federkleid des Paradiesvogels. Oft schenken diese Menschen mit der hellen Haut den jungen Männern aus Ezats Volk solche Häute. Das ist auch der Grund, warum immer mehr junge Männer viele Tage in die schreckliche Welt hinter dem Bakopa aufbrechen, nur, um diese Häute zu bekommen.
Für die jungen Männer hat der Bakopa nichts Bedrohliches. Für sie hat es immer beide Welten gegeben. Hier das fruchtbare Tal des Kemabu mit seinen Wäldern, seinen Süßkartoffel- und Tarofeldern[152]*, mit seinen Dörfern und dem Volk der Moni, dort das kahlgefressene Land mit den fremdartigen Menschen und Tieren.*

Die nächste Maschine nach Sentani fliegt erst übermorgen ab. Zwei weitere Tage an diesem öden Ort! Beschäftigungstherapie ist angesagt.
Ich erinnere mich eines alten Berichts aus der Missionsgeschichte der Insel und suche nach den knappen Notizen, die ich mir dazu gemacht habe. In den Sechziger-Jahren gelang es einem Missionar, von der Küste kommend auf einem Papua-Pfad in etwa zwei Wochen den Paniai-See im Hochland zu erreichen. Der

[152] Taro ist eine Pflanze mit riesigen Blättern, die wie Ohren von Elefanten aussehen. Ihre stärkehaltige, etwas langweilig schmeckende Knolle ist neben der Süßkartoffel Hauptnahrungsmittel der Papua.

Beschreibung zufolge mußte er dabei anfangs dem Sungai[153] Musairo gefolgt sein und nach vier bis fünf Tagen die Orte Tatawa und Nehe erreicht haben.
Jutta und ich beschließen, den Wegbeginn, der sich etwa vierzig Kilometer östlich von Nabire befinden muß, zu suchen. Es dauert mehrere Stunden, bis wir das Gebiet des Sungai Musairo erreichen. Die erste Weghälfte können wir im Minibus zurücklegen, dann nimmt uns ein Jeep ein Stück des Weges mit, zuletzt bleibt uns noch der Fußmarsch in der feuchten Mittagshitze. Immer wieder erkundigen wir uns nach dem Weg nach Tatawa und Nehe. Niemand weiß etwas von solch einem Weg, niemand kennt die Namen der beiden Orte.
Wir stehen auf der Brücke über den Sungai Musairo. Nirgends ist etwas von einem nach Süden führenden Weg zu erkennen. Einige junge Papua aus dem nahen Dorf kommen zum Fluß. Wieder frage ich nach dem Weg. Auch sie haben noch nie von diesem Pfad gehört. Einer der Papua holt einen älteren Mann herbei. Ja, er hat schon von den Orten Tatawa und Nehe gehört, aber diese Dörfer existieren nicht mehr. Die Bewohner haben schon vor langer Zeit ihre Dörfer aufgegeben und sich an der Küste niedergelassen. Der alte Weg ist längst zugewachsen.
Viel Schweiß und um eine Hoffnung ärmer - das Ergebnis eines harten Tages!

Ezat weiß, daß es diese Tiere hinter dem Bakopa nicht immer gegeben hat. Früher waren auch dort Wälder und Tiere wie im Tal des Kemabu. Einige Männer aus Bilondoga waren vor sehr langer Zeit über den Bakopa gegangen und haben in den Wäldern gejagt. Sie haben es ihm erzählt.
Irgendwann danach mußten die riesigen Tiere aus den Abgründen der Welt aufgestiegen und zum Bakopa gezogen sein. Auch das ist schon sehr lange her, und Ezat hat sich an die Existenz dieser fremden Welt, die er nie gesehen hat, gewöhnt. Die Tiere sind nie über den Bakopa gekommen, sie haben nie die Welt seines Volkes im Tal des Kemabu gestört. So hat Ezat geglaubt, daß er immer sicher in seinem Tal wird leben können.
Doch dann, es war vor wenigen Tagen, da kam dieses riesige Tier in sein Tal. Nun weiß Ezat, daß der Bakopa sein Volk nicht länger wird schützen können.
Scheinbar gelassen hockt Ezat am Wegrand vor seinen Hütten, in seinem unendlich langsamen, weitausholenden Stil spricht er ganz ruhig mit den Menschen, die auf ihrem Weg kurz bei ihm verweilen. Und doch lebt ständig in ihm die ängstliche Erwartung, daß dieses riesige Tier wieder über ihm erscheint, daß es wieder und immer wieder in sein Tal eindringt.

Nobsch und Franz hatten einen wesentlich gemächlicheren Tag in Nabire verbracht - und waren doch um vieles erfolgreicher gewesen.
Mit unserem Surat Jalan und einer langen Liste von Ortsnamen im Hochland von Paniai haben sie die Polizeistation aufgesucht, um dort zu erfragen, welche Gegenden wir denn nun besuchen dürfen.
Der Reihe nach haben sie einen Ortsnamen nach dem anderen vorgetragen, um dann das stereotype "Tutup!"[154] des Beamten hören zu müssen. Moment! War da

153 Indonesisches Wort für "Fluß"

154 Indonesisches Wort für "geschlossen", hier: Sperrgebiet

nicht ein "Buka!"[155] zu hören? Tatsächlich! Pogapa ist buka - offen. Ebenso die in der Nähe befindlichen Orte Bilogay und Beoga.
Drei Orte im Hochland, auf einer Ost-West-Achse liegend, waren also wirklich für uns offen. Rundherum Sperrgebiet! Hat man bloß vergessen, diese drei Dörfer in die Liste der gesperrten Regionen aufzunehmen?

Es war vor wenigen Tagen, da hörte er das schreckliche Brüllen aus der Luft. Und dann sah er auch schon über den Baumwipfeln die riesige Libelle auf sich zukommen. Für Augenblicke war er vor Schreck wie versteinert gewesen. Kein Gedanke, irgendwo Schutz zu suchen oder gar zu seinem Bogen zu greifen. Und dann war sie auch schon über ihn hinweggeflogen und verschwand im Abgrund hinter seinen Hütten. Ezat fühlte nur noch den starken Wind, der durch den mächtigen Flügelschlag der Libelle entstanden war.
In der Ferne nahm das Brüllen der Libelle immer mehr ab und Augenblicke später war wieder völlige Ruhe im Tal, so als ob nichts geschehen wäre.
Ezat war unbewegt an seinem Platz geblieben. War das ein schrecklicher Traum, oder war das die Wirklichkeit gewesen?
Ezat will mit einem Menschen sprechen, will wissen, ob nur er die Riesenlibelle gesehen hat. Keine seiner beiden Frauen ist in der Nähe. Mit den Kindern sind sie weit draußen auf den Feldern. Nein, er kann sich seinen Frauen nicht öffnen. Wenn dies alles nur eine böse Einbildung gewesen ist?

Pogapa - offen! Im Einschlafen drehen sich all meine Gedanken um diese Aussage des Polizeibeamten. Pogapa - dieser Ort ist auf einer alten Missionskarte vermerkt, und er liegt dort, wo das von den Kartographen vergessene Tal des Kemabu, das bisher nur in meiner Vorstellung existiert, einmünden müßte.
Wie sollen wir nach Pogapa kommen? Alles rundherum ist Sperrgebiet. "Pogapa buka!" - eine gute Nachricht und doch kein Happy End?
Ziellos streunen wir am nächsten Tag durch Nabire, wollen ein bißchen am wenig einladenden Strand verweilen. Auf dem Weg dorthin kommen wir am Büro und Hangar der Mission Aviation Fellowship[156] vorbei, jener Fluglinie, die die protestantischen Missionsstationen in Irian Jaya versorgt.
Wir studieren den Aushang mit dem Flugplan und versuchen die drei Buchstaben langen Kürzel uns bekannten Orten zuzuordnen. Was ist das? In drei Tagen fliegt die MAF nach PGP, das muß Pogapa sein.
Wir sehen, wie sich ein Weißer im Hangar zu schaffen macht und bitten ihn zu uns. Wir fragen, ob wir am Mittwoch mit der MAF nach Pogapa fliegen können. Er verneint bedauernd, erklärt uns, daß nicht genug Platz in der Maschine sei. Er fügt aber hinzu, daß ihm für morgen der erste Flug ausgefallen sei und wir doch die Maschine chartern könnten.
Im Laufschritt zur Polizeistation: Eintragung der Orte Pogapa, Bilogay und Beoga in unser Surat Jalan. Mit unserem gesamten Gepäck hetzen wir zurück zum Hangar zur Abwaage - 389 Kilogramm dürfen wir nicht überschreiten. Wir kom-

[155] Indonesisches Wort für "offen", hier: kein Sperrgebiet

[156] Kurzbezeichnung: MAF

men mitsamt unserem Gepäck auf 415 Kilogramm. "Kein Problem, ich bringe euch euer Übergepäck mit der Mittwoch-Maschine nach Pogapa." 270 Dollar blättern wir auf den Tisch - fast ein Geschenk angesichts dieses Glücksgriffes.

Unsere Route vom Siedlungsgebiet der Moni in die Bergwelt nahe der Carstensz-Pyramide und weiter in den Süden der Insel nach Timika

Ezats Sorge, einer Einbildung erlegen zu sein, sich mit seiner Wahrnehmung vor jungen Männern und Frauen lächerlich zu machen, währt nicht lange.
Der Flug der Riesenlibelle und ihre Landung am Ufer des Kemabu waren alsbald Tagesgespräch im gesamten Tal. Jeder, der des Weges von Bilusiga kam und bei Ezats Hütten verweilte, wußte etwas Neues über das riesige Tier zu berichten.
Bei Bilusiga ist die Libelle zu Boden gegangen, direkt an den Wassern des Kemabu. Aus ihrem Bauch sind Menschen herausgekrochen, Menschen mit einer hellen Haut, wie sie jenseits des Bakopa leben. Eine Weile sind sie am Kemabu geblieben. Dann hat sie die Libelle wieder aufgenommen und ist mit ihnen hoch über die Berge aus dem Tal geflogen, in die Richtung, wo Bilogay liegt.
Aufgeregt und begeistert erzählen die Vorbeiziehenden von all diesen Ereignissen, ihre Stimmen überschlagen sich, unentwegt klopfen sie mit ihren Fingernägeln auf ihre Penisköcher.[157]
Schweigend hört Ezat den Männern zu. Auch er ist ganz und gar erstaunt, doch die Begeisterung der Jungen kann er nicht teilen. Für ihn hat all das etwas Bedrohliches. Die Wesen, die jenseits des Bakopa leben, sie sind in sein Tal gekommen.

Es ist stockdunkle Nacht, als unsere winzige Cessna über Nabire langsam, unendlich langsam, an Höhe gewinnt. Bald geben die ersten Schimmer des Morgenlichts die beeindruckende Kulisse mächtiger, scharfer Bergrücken frei, dazwischen die tiefen Einschnitte der Täler. Soweit unser Blick reicht, ist alles

---

[157] Ausdruck der Erstaunens und der Verwunderung bei den Papua

mit dem düsteren Grün des Regenwaldes bedeckt. Immer höhere Berge tauchen vor uns auf. Unsere Cessna überfliegt sie so knapp, daß wir meinen, an den Baumwipfeln anstreifen zu müssen.
Nicht die Spur menschlichen Lebens können wir erkennen. Dort unten kämpfen wohl nur Farne, Dornen und Gräser unter dem mächtigen Blätterdach riesiger Bäume, ewig nach dem spärlichen Sonnenlicht heischend, ums Überleben.
Die Maschine dreht in einer langgezogenen Linkskurve von Süd-Südost in Richtung Ost und folgt nun dem Lauf eines riesigen Tales. Rechts und links überragen uns die das Tal begrenzenden Bergkämme.
Es muß sich um jenes Tal handeln, das auf den Karten als das Derewo-Tal vermerkt ist und in dem auch Pogapa liegt. Wo sind die ersten Dörfer des Moni-Volkes? Wo sind von Menschenhand angelegte Pfade? Nichts von all dem ist zu erkennen, nur wilder, abweisender Dschungel.
Bald weist der Pilot mit der Hand nach vorne und meint, daß dort unten Pogapa liege. Eine dichte Wolkendecke füllt das Tal aus und versperrt uns den Blick nach unten.
Der Pilot kreist über Pogapa, sucht geduldig nach einem kleinen Loch in der Wolkendecke, wo er zu Tal gleiten könnte. Für wenige Augenblicke reißen einige Wolkenfetzen auseinander, wir können Pogapa unter uns sehen. Noch ehe der Pilot die Maschine eindrehen kann, hat sich dieses Loch auch schon wieder geschlossen.
Über der Talmitte gibt es keinen Weg nach unten. Gefährlich nah bringt der Pilot seine Cessna an die steilen Berghänge heran, um hier ein Wolkenloch aufzuspüren. Vergeblich!
Der Pilot dreht die Maschine nach Westen ab. Riesige Frustration steigt in mir hoch. So knapp waren wir am Ziel, so viele glückliche Umstände haben dabei zusammengespielt, nun müssen wir wieder zurück nach Nabire. Werden wir noch einmal die Chance bekommen, Pogapa zu erreichen?

Ezat versucht, die Wirrnisse dieser neuen Wirklichkeit in seinen Gedanken zu ordnen.
Die Libelle, ein riesiges Tier, geschaffen von den Göttern?[158] *Ezat ist sich dessen nicht mehr so sicher.*

---

[158] Der Begriff "Götter" erschien mir noch als die tauglichste Benennung jener Wesen, auf die die Papua ihre Entstehung und die Entstehung ihrer Welt zurückführen. Ich hätte diese Wesen auch "Dämonen aus der Urzeit" oder "Urahnen" nennen können. Keinesfalls darf man sie mit den mono- oder polytheistischen Gottesvorstellungen uns bekannter Großreligionen gleichsetzen.
Obwohl es keinerlei Einheitlichkeit in der Mythologie der Hochland-Völker gibt, kann man doch allgemein sagen, daß diese von mir "Götter" genannten Wesen keinesfalls unsterblich oder allmächtig sind.
Diese Götter haben zwar Namen, in den Vorstellungen der Papua fehlt ihnen und ihrer Welt aber meist eine konkrete Gestalt. Durch Selbstaufopferung und Verwandlung sind aus dem Tod dieser Götter die Früchte und Bäume, die Tiere und auch die Menschen entstanden.
Menschen der Vorzeit waren es dann, die durch symbolische Handlungen, bei denen sie meist selbst den Tod fanden, zu Urahnen der einzelnen Papua-Völker wurden. Jedes Volk der Papua weiß seine Herkunft von einem solchen Urahnen herzuleiten. Ihm gebührt meist größere Verehrung als den Göttern aus der mythischen Vorzeit.

Vor langer Zeit war er mit Kenot nach Pogapa gekommen. Dort gibt es einen großen freien Platz, nur mit niedrigem Gras bedeckt. Auf diesem Platz ist ein riesiger Vogel zu Boden gegangen, so riesig, daß er mit seinen Flügeln zwei Hütten hätte bedecken können. Aus seinem Bauch sind Menschen herausgeklettert. Der Vogel war so schwer, daß er sich am Boden nicht bewegen konnte, nur fliegen konnte er. Ein Mensch kletterte auf den Rücken des Vogels und gab ihm zu trinken, nicht in den Kopf schüttete er das Wasser, nein, in die Flügel.
Viel hatte Ezat schon von diesem Vogel gehört, nun hatte er ihn mit eigenen Augen sehen können.
Die Menschen von Pogapa erzählten Ezat, daß nicht die Götter diesen Vogel geschaffen hätten, daß er eigentlich gar kein Tier sei. Die Menschen mit der hellen Haut sollen diesen Vogel geschaffen haben und sie nennen ihn "Pesawat"[159]. Ezat konnte die Worte dieser Menschen nicht verstehen, aber er behielt sie in seinen Gedanken.

Der Pilot blättert eine Weile in einer Ringmappe. Dann hält er mir die aufgeschlagene Seite entgegen: Bugalaga - mit einer Skizze des Airstrips und einigen Zusatzinformationen. Ich habe das gesamte Kartenmaterial über diese Region genauestens studiert - der Ortsname "Bugalaga" ist mir dabei nie untergekommen. "Eine neue Mission", fügt der Pilot hinzu. "Wenn über Pogapa Wolken sind, dann ist Bugalaga meist frei." Wir sind alle ziemlich erleichtert. Schnell notiere ich die Koordinaten dieses Ortes und erkenne, daß er nur etwa dreißig Kilometer Luftlinie von Pogapa entfernt ist.
Wir fliegen direkt auf einen steil aufragenden Berghang zu. Der Pilot macht keine Anstalten, die Maschine hochzuziehen. Da sehen wir auch schon eine schmale Rodung im Hang und sehen uns entgeistert an. "Soll das etwa die - ja, das ist die Landebahn!" Augenblicke später erschüttern einige Schläge unsere Cessna, wir sind gelandet. Steil bergan rollt die Maschine aus, um schließlich eine kleine, ebene Plattform zu erreichen, wo sie wenden kann.
Die Moni aus Bugalaga laufen herbei und beobachten aus sicherer Entfernung unser Treiben. Gemächlichen Schrittes kommt nun auch der Missionar zu uns und heißt uns herzlich willkommen. Ich trete an den Rand der Plattform und schaue ins Tal. Langsam heben sich die Nebelfetzen. Ich staune, wie steil diese Landepiste ist. Hier könnte ich mit meinem Gleitschirm starten.
Eine knappe halbe Stunde warten wir hier auf bessere Sichtbedingungen, dann heben wir von diesem abenteuerlichen Airstrip in Richtung Pogapa ab, wo wir wenig später problemlos landen können.

Für die Papua gibt es keine Trennung von realer und übernatürlicher Welt. Der Mensch ist sich des Wirkens überirdischer Kräfte ständig bewußt, selbst die alltäglichsten Handlungen haben ihre Begründung im mythischen oder magischen Bereich.
Auch die Menschen der Gegenwart sind durch ihren Tod mit dem Reich der Ahnen verbunden, leben durch Verwandlung in Waffen von Kriegern oder in anderen Menschen weiter oder werden zu geisterartigen Wesen, die in den Wäldern herrschen.
Tief verwurzelt ist die Vorstellung, daß durch Sterben Neues geschaffen wird, daß der Tod für das Weiterbestehen der Gesellschaft notwendig ist. In diese Vorstellungswelt fügt sich auch die religiöse Bedeutung von Kopfjagd, Menschenopfer und Kannibalismus ein.

159 Eigentlich: pesawat terbang, indonesisches Wort für "Flugzeug"

Ist die Libelle ein Werk der Götter? Oder ist die Libelle wie der große Vogel von Pogapa ein "Pesawat", von Menschen gebaut, so wie Ezat seine Hütten und seine Waffen baut. Wer gibt den Menschen mit der hellen Haut die Macht, Dinge zu schaffen, die leben und doch nicht leben?[160]
Ezat hat die Zauberkraft eines dieser Menschen mit eigenen Augen gesehen. Als er mit Kenot in Pogapa war, sah er diesen Menschen mit der hellen Haut, den alle John[161] *nannten. Viele Menschen aus Ezats Volk sprachen mit ihm, und er verstand ihre Sprache. Sie schienen ihn gut zu kennen und auch zu lieben. Ezat hätte gerne mit John gesprochen, doch er konnte nie seine Scheu vor diesem Menschen ablegen. John tat nichts, was Ezat mißfallen hätte. Er sprach und lachte wie die Männer seines Volkes, er aß wie sie und er hatte jene Häute am Körper, die Ezat auch schon bei vielen Männern seines eigenen Volkes gesehen hatte.*
Doch eines Tages geschah etwas Unfaßbares! Dieser Mensch verwandelte sich in einen großen Vogel. Riesige Flügel hatte er an seinem Körper.[162] *Dort, wo sich das Pesawat in die Lüfte erhoben hatte, dort erhob sich auch dieser Mensch in die Lüfte und flog durch das Tal davon.*
Den Menschen aus Ezats Volk gefiel das alles. Sie standen auf der großen Wiese und hüpften und schrien und johlten. Ezat konnte nicht glauben, was er gerade gesehen hatte.

---

160 Die Begegnung mit weißen Menschen brachte große Wirrnisse in die Vorstellungswelt der Papua. Es fehlen adäquate mythologische Deutungen für diese existenzverändernde Begegnung. Die Weißen werden nicht einfach als anderes Volk mit anderen Lebensformen und Lebenstechniken begriffen. Zum Teil wurde ihre Existenz im Ahnenreich angesiedelt, zum Teil sah man in ihnen Mittler zwischen dem Ahnenreich und der realen Welt. Die letztgenannte Sichtweise ist auch heute noch weit verbreitet.
Großen Eindruck erweckte bei den Papua der große Reichtum der Weißen und ihre machtvollen Waffen und Werkzeuge. Viele Papua sahen einen Zusammenhang zwischen der Macht der Weißen und deren eigener mythischen Deutung der Welt durch das Christentum.
So integrierten viele Papua Elemente des christlichen Glaubens in ihre eigene mythische Vorstellungswelt. Auch wenn es die Missionare nicht wahrhaben wollen, nur die wenigsten Papua sind bekehrte Christen, die meisten Kirchenbesucher oder Schüler von Missionsschulen haben bloß das Christentum zu ihren eigenen Mythen hinzugenommen, um auch Anteil an der Güterwelt der Weißen zu bekommen.

161 John Cutts wurde in den Fünfzigerjahren als Sohn amerikanischer Missionare geboren. Aufgewachsen ist er im Ort Homeyo im sogenannten Derewo-Tal unter den Papua aus dem Volk der Moni. Als Mitte der Siebzigerjahre ein riesiger Erdrutsch den Ort Homeyo vernichtete, verlegten seine Eltern die Mission in das sechs Fußstunden entfernte, flußaufwärts gelegene Pogapa. Wenige Jahre später zogen sich die Missionare in den Ruhestand zurück, John führte die Missionsarbeit seiner Eltern allein in Pogapa weiter.
Kein Weißer ist je den Papua so ähnlich geworden wie John Cutts. Er kann fünf ihrer Sprachen sprechen, er kann leben wie sie und er kann im menschenfeindlichen Urwald überleben wie sie. Der Mythos eines modernen Tarzan mag hier anklingen. Und doch hat John eine westliche Ausbildung genossen.
Als die indonesischen Behörden viele Papua gewaltsam umsiedelten, um das Territorium der Kupfermine zu vergrößern, wurde heftige Kritik laut, was vor allem den amerikanischen Teilhabern der Mine unangenehm war. So startete man im Gegenzug eine Reihe von Sozialprogrammen für die Papua und bat John Cutts, die Leitung dieser Projekte zu übernehmen. John Cutts nahm dieses Angebot an und gab seine Missionsarbeit in Pogapa auf.

162 John Cutts besaß einen motorbetriebenen Hängegleiter, den man noch heute in einem winzigen Hangar am Ende der Landepiste von Pogapa bewundern kann.

Einige Zeit verging, da sah Ezat den Menschen, der nun ein Vogel war, über Pogapa kreisen. Er kam dort wieder zu Boden, wo er sich in die Lüfte erhoben hatte, ging zu einer Hütte mit einer riesigen Tür und verschwand darin.
Kurz darauf verließ er die Hütte wieder. Völlig verstört folgte ihm Ezat mit seinen Blicken. Der Mensch, der ein Vogel geworden war, war nun kein Vogel mehr. Er besaß keine Flügel mehr und sah so aus, wie Ezat ihn vorher gekannt hatte.
Seit diesem Tag hat sich Ezats Scheu vor diesem Menschen in Furcht gewandelt. Er kann seine Macht und Zauberkraft nicht begreifen.

Pogapa präsentiert sich als Zentrum westlicher Zivilisation inmitten der abgeschiedenen Welt des Moni-Volkes. An die riesige Wiese, die als Airstrip dient, schließen etliche Wellblechhäuser und -baracken an, erst dahinter findet man weit verstreut die traditionellen Hütten der Moni. Die mit Wellblech gedeckten Häuser beherbergen einen indonesischen Polizeibeamten, drei indonesische Soldaten, die Schule, die Kirche und ein winziges, fast immer geschlossenes Geschäft.
Und dann gibt es natürlich noch das von John Cutts aufgegebene Missionshaus. Dort lebt zur Zeit Lois Belsey, die Missionarin von Hitalipa[163]. Es ist ein glücklicher Zufall für uns, daß sie sich gerade in Pogapa aufhält.[164]
Lois heißt uns sehr herzlich willkommen und widerspricht damit dem herrschenden Vorurteil, daß protestantische Missionare Travellern unfreundlich begegnen oder sie ignorieren. Sie war uns während der gesamten Zeit, die wir in Pogapa zubrachten, eine große Hilfe, nicht zuletzt deshalb, weil sie die Moni-Sprache beherrscht und nur sehr wenige Menschen in Pogapa Indonesisch sprechen.
Man weist uns eine verfallende Hütte der Freeport Company[165] zu, die hier vor einigen Jahren die Gegend nach Bodenschätzen absuchte. Wir setzen uns vor unser neues Heim und schauen und schauen und können einfach nicht aufhören, all die fremdartigen Eindrücke in uns einzusaugen. Als seien uralte Höhlenmalereien zum Leben erwacht! Unsere Blicke schweifen unentwegt umher.
Und die Moni, sie kommen zu uns. Zuerst zögernd und in sicherer Entfernung verharrend, dann werden sie immer zahlreicher und wagen sich immer näher an uns heran. Sie tun nichts anderes als wir. Still sehen sie uns an und bestaunen die fremdartigen Güter, die um uns herumliegen.

---

163 Moni-Dorf zwischen Bilogay und Beoga

164 Lois ist Krankenschwester. Sie kommt viermal im Jahr nach Pogapa, um Männer und Frauen aus den umliegenden Dörfern darin zu schulen, häufig vorkommende Krankheiten zu vermeiden bzw. mit einigen wenigen Medikamenten zu heilen.
So entstehen in Dörfern, die zum Teil noch nie von einem Missionar erreicht wurden, kleine Gesundheitsposten. Einen für den Menschen gefährlichen Wurmbefall im Gehirn, hervorgerufen durch den Verzehr von verseuchtem und nicht ausreichend gegartem Schweinefleisch, konnte Lois in der gesamten Region völlig ausrotten.
Außerdem schult Lois die Moni, neben Süßkartoffeln, Taro und Zuckerrohr auch andere Früchte anzubauen. Wir selbst profitierten dadurch, da ausreichend Bananen in Pogapa vorhanden waren.

165 Die Freeport Indonesia Copper Mine ist die Betreibergesellschaft der Kupfermine bei Tembagapura, die sich südlich des Carstensz-Gebirges über ein riesiges Gebiet erstreckt.

Moni aus Pogapa auf dem Weg zur Jagd – In seinem Tragnetz ist eine Taschenlampe zu erkennen.

Wie Menschen aus der Steinzeit wirken sie auf uns mit ihren überdimensionalen Penisfutteralen, bewaffnet mit Pfeil und Bogen. Und doch können wir in manch einem ihrer urzeitlichen Tragnetze eine Taschenlampe oder Streichhölzer erkennen. Aus etwas größerer Entfernung starren uns Frauen in Grasröcken an.

Es ist Zeit, unseren Pflichtbesuch beim indonesischen Polizeibeamten anzutreten. Er wirkt wie ein Fremdkörper inmitten dieser Moni-Gesellschaft, dürfte aber durch die Einführung des Fußballspiels auf dem Airstrip einige Sympathien gewonnen haben. Der Beamte scheint sich über unsere Anwesenheit, die ein wenig Abwechslung ins eintönige Dorfleben bringt, zu freuen. Wir lassen ihn im Glauben, daß wir über Bilogay nach Beoga gehen wollen. Da diese beiden Orte auf unserem Permit eingetragen sind, hat er nichts dagegen einzuwenden und vermerkt unsere Ankunft in Pogapa auf dem Surat Jalan.

Die indonesischen Behörden scheinen Mitleid mit ihrem einsamen Polizisten am Ende der Welt gehabt zu haben. Sie haben ihm einen Satellitenempfänger zur Verfügung gestellt, das offensichtlich ständig laufende Fernsehgerät steht im Freien neben seinem Haus. Ein unwirkliches Bild bietet sich unseren Augen. Im Fernsehen gibt es gerade die CNN-News, die selbst vom indonesischen Polizisten nicht verstanden werden, davor stehen nackte Papua mit großen Augen und bestaunen die bewegten Bilder. Zwei Wirklichkeiten treffen hier aufeinander, nur drei Meter und doch zehntausend Jahre voneinander entfernt.[166]

166 Die Papua-Völker des Hochlandes haben vor etwa zehntausend Jahren die Insel besiedelt. Sie waren damals und sind auch heute der Jungsteinzeit zuzuordnen. Hier entstand eine der frühesten Ackerbaukulturen der Welt. Danach dürfte es aber kaum Veränderung oder Entwicklung im Leben der Papua gegeben haben. Erst die Begegnung mit den Weißen und den Indonesiern (bei den Moni ab 1970) brachte kleine Veränderungen in das Leben der Menschen. Diese neuen Einflüsse wirken aber erst seit kurzem auf die Moni und haben ihre Lebensweise noch kaum beeinflußt.

Die Libelle kam wieder und immer wieder in Ezats Tal. Nie wieder flog sie so knapp über seinen Kopf hinweg wie bei ihrem ersten Erscheinen, doch konnte Ezat ihr Brüllen oft von der Talmitte her vernehmen. Dann folgte er mit seinen Augen ihrem Flug und sah sie immer dort zum Talgrund hinabgleiten, wo Bilusiga liegen muß. Die Menschen, die, von Bilusiga kommend, an Ezats Hütten vorbeizogen, wußten stets Neues über das ständige Kommen der Libelle zu berichten. Immer neue Menschen bringt die Libelle mit sich ins Tal, manche von ihnen bleiben, andere fliegen mit ihr wieder aus dem Tal.
Zwei Hütten haben die Menschen mit der hellen Haut am Kemabu erbaut. Einige von diesen Menschen bleiben ständig bei den Hütten und schlafen darin.
Sonst nichts? Nein, sonst nichts! Diese Menschen bebauen keine Gärten, sie gehen nicht zur Jagd, sie fischen nicht im Kemabu, sie gehen nur auf und ab und schlafen in ihren Hütten.

Unser Weg nach Ugimba bereitet mir Kopfzerbrechen. Es scheint ihn gar nicht zu geben.
Pogapa liegt auf einem Plateau hoch über dem Tal. Einige Male trete ich an den Rand dieses Plateaus, betrachte genau das Tal unter mir. Nur ein einziger Fluß! Das muß der Derewo sein. Aber der Derewo hilft uns nicht weiter. Sofern ich der Karte glauben kann, führt er uns nicht in die Gegend, in der Ugimba liegen muß. Soweit das Auge reicht, kein Hinweis auf einen zweiten bedeutenden Fluß, den Kemabu, der doch hier irgendwo in den Derewo einmünden müßte.
Ich erkläre Lois anhand meiner Aufzeichnungen die Annahme der Existenz eines direkten Weges nach Ugimba. Sie ist seit sechzehn Jahren in der Region, aber sie weiß nichts von einem solchen Weg. Mit ihrer Kenntnis der Moni-Sprache setzt sie sich für unser Vorhaben ein. Viele Menschen im Dorf befragt sie nach dem von mir genannten Ziel.
Ja, von Ugimba haben schon viele Dorfbewohner etwas gehört, aber selbst dort scheint noch niemand von ihnen gewesen zu sein.[167] Man muß wohl zuerst nach Bilogay gehen, meinen

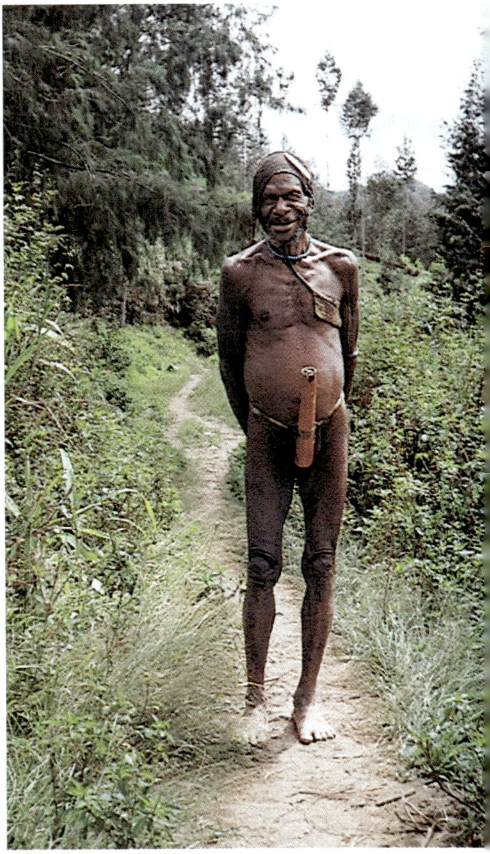
Alter Moni aus dem Gebiet um Pogapa

[167] Selten wagen sich die Papua mehr als einen Tagesmarsch von ihrem Wohngebiet weg. Die zahlreichen Stammesfehden der Vergangenheit bewirken eine große Verunsicherung bei den Menschen, sobald sie sich in fremde Gebiete vorwagen. Obwohl es derzeit in den Tälern der Moni überraschend friedlich zugeht, können alte Animositäten jederzeit aufflackern, und dann ist man als Einzelner in der Fremde den Feinden schutzlos ausgeliefert.

Ken leitet uns durch den Busch des Kemabu-Tales. Seine verdiente Rast versüßt er sich mit einem Stück Zuckerrohr.

sie, und von dort wird es sicher einen Weg nach Ugimba geben.[168]
Nein, in Bilogay dürfen wir uns nicht blicken lassen. Dort würde man unseren Plänen, ins Carstensz-Gebirge vorzudringen, ein jähes Ende setzen.
Gegen Abend kommen zwei Moni zu unserer Wohnbaracke, Nicho und Ken. Nicho, der ein wenig Indonesisch spricht, erzählt uns, daß er einen direkten Weg nach Ugimba entlang des Kemabu-Flusses kennt, einen Weg, der nicht über Bilogay führt.
"OK, dann laßt uns morgen losgehen!", ist meine euphorische Antwort. Nicho und Ken sind bereit, uns nach Ugimba zu führen. Schnell haben wir Lois zur Seite, um die weiteren Verhandlungen zu führen. Neben Nicho und Ken wählen wir weitere sechs Männer aus, die als Träger mit uns nach Ugimba kommen sollen. Der lange Marsch in ein für sie unbekanntes Gebiet läßt etliche vorerst zögern, der Anreiz durch die äußerst großzügige Bezahlung und das Wissen, daß Nicho und Ken den Weg kennen, läßt sie dann aber doch der neuen Aufgabe zustimmen.

Schweigend hört Ezat all die Neuigkeiten aus Bilusiga. Er ist verstummt, nachdenklich geworden. Nichts Böses kann er diesen Worten entnehmen.
Und das Land bei Bilusiga, ist es noch grün? Wird es nicht kahlgefressen? Nein, die Menschen mit der hellen Haut gehen nicht in unsere Wälder. Sogar das Holz für ihre Hütten haben sie mit der Libelle ins Tal gebracht.
Soviel hat Ezat als Junge von den alten Männern seines Volkes über die Dinge gehört, die am Anfang der Zeiten geschehen sind. Er weiß, wie die Wälder und die

168 Es gibt eine Art "Hochland-Highway", der von Enarotali am Paniai-See über Wandai, Pogapa, Bilogay und Beoga bis Ilaga führt (ca. 200 km). Dieser Fußweg verläuft größtenteils durch kultiviertes Land, die dazwischen liegenden Dschungelpassagen sind relativ kurz. Dadurch ist ein schnelles Fortkommen gewährleistet. Durch diesen Weg werden einige der wichtigsten Orte des Paniai-Hochlandes miteinander verbunden. Sie alle verfügen über einen kleinen Airstrip und eine Polizeistation. In Bilogay gibt es darüber hinaus noch ein Research Camp der Freeport Company, von wo aus die Gegend nördlich der zentralen Bergkette nach Bodenschätzen abgesucht wird.
Das Kartenmaterial vermittelt den Eindruck, daß dieser Weg immer entlang der Hauptflußtäler verläuft. Dies erwies sich allerdings als falsch.
Der von den Menschen in Pogapa angenommene Weg von Bilogay nach Ugimba existiert tatsächlich. Ihn haben bereits Rossi und Hansen (1976) sowie Boardman und Collins (1979) begangen.

Taroknollen entstanden sind, wie die Tiere und die Menschen aus der Tiefe der Erde auf die Welt gekommen sind, wie die Ahnen dem Menschen das Feuer gegeben haben.
Von den Menschen mit der hellen Haut, von ihrem Kommen in diese Welt, von den sonderbaren Dingen und Tieren, von denen diese Menschen umgeben sind, davon haben die Alten aus Ezats Dorf nichts gewußt.

Vor uns liegen hundertzwanzig Kilogramm Gepäck. Sicher haben wir da manches zuviel eingepackt, aber wir konnten vorher einfach nicht wissen, wie lange wir im Busch bleiben werden, wie oft wir Nahrungsmittel besorgen können und welche anderen Herausforderungen hier noch auf uns warten mögen.
Fein säuberlich verteilen wir die Lasten auf zwölf Gepäckstücke, wobei jene von Jutta, Franz, Nobsch und mir etwas leichter ausfallen. Aber auch den im Busch geübten Moni können wir nicht mehr als zwölf Kilogramm zumuten.
Die Buschpfade der Papua - das weiß ich von meinem letzten Aufenthalt auf dieser Insel - sind keine Pfade zum Dahinschreiten. Hier kann man sich nur im wahrsten Sinne des Wortes vorankämpfen. Man springt von Baumstamm zu Baumstamm, man gleitet aus, man rappelt sich klitschnaß wieder hoch, man watet im knöcheltiefen Schlamm, man bleibt mit seinem Rucksack an irgendeinem Ast hängen, wird von diesem ausgehoben. Mit schwerem Gepäck kann ein solcher Marsch zur Hölle werden. Nur dort, wo die Papua ein größeres Stück Land kultiviert haben, kann man so gehen, wie man es von den Wegen in unseren Bergen gewohnt ist.
Um acht Uhr setzt sich unsere kleine Kolonne in Bewegung. Gleich hinter der Landebahn geht es steil bergab, glitschig, vorbei an einigen Gehöften, die noch zu Pogapa gehören.
Der Pfad wird bald schwieriger, zeitweise gar nicht mehr erkennbar, wir tauchen nun wirklich in den Bergland-Dschungel ein, der Kampf ums Vorwärtskommen kann beginnen. Für mehr als fünf Stunden sehen wir keine einzige Hütte, nicht die Spur einer Ansiedlung. Nur vereinzelt begegnen wir einigen Moni, die wohl auf dem Weg ins große Pogapa sind.
Noch sind wir völlig ungeübt auf diesem Buschpfad. Wo in Österreich hätten wir uns auf eine solche Herausforderung vorbereiten sollen? Tolpatschig stolpern wir über Wurzeln, gleiten auf umgestürzten Baumstämmen aus, versuchen im Fallen an morschen Ästen vergeblich Halt zu finden.
Wir lechzen nach einer Ruhepause. Eine kleine Lichtung, wo uns auch einige Sonnenstrahlen erreichen, bietet sich zum Verweilen an. In Sekundenschnelle entfachen unsere Träger mit nassen Holzstücken ein Feuer, in das sie sofort einige Süßkartoffeln legen. Nach einer Weile nehmen wir sie heraus, essen die äußeren durchgebratenen Teile ab und legen sie wieder ins Feuer, um sie weiter anbraten zu lassen. Moni-Frauen mit kleinen Kindern und einigen Schweinen kommen aus dem Wald, gesellen sich zu uns ans gemütliche Feuer.
Nur selten räumen uns unsere Träger derartige Schonzeiten ein, meist drängen sie uns zum Weitergehen. Noch vor dem Einsetzen des großen Regens am Nachmittag wollen sie einen trockenen Schlafplatz finden. Sie haben wohl recht damit. Wir setzen unseren Weg fort, im graugrünen Licht, das von der Urwaldkuppel

Mühsal eines Winzlings inmitten einer alles beherrschenden Buschwelt

herabschimmert. Wie Seiltänzer bewegen wir uns über den Boden, der vollständig aus einem Gewirr von Baumstämmen und Ästen besteht. Eine Welt reinster Fäulnis. Sogar auf den seltenen Lichtungen erwarten uns Morast und Schlamm.

Hin und wieder bleibe ich stehen und zwinge mich, meine Umgebung genauer zu betrachten, versuche ein Foto zu machen, dort, wo ein wenig Licht durch das Blätterdach hindurchdringen kann. Der Marsch erfordert enorme Aufmerksamkeit. Würde ich nicht immer wieder bewußt innehalten und meine Umgebung betrachten, so würde ich diese Wälder am Ende der Welt durchqueren, ohne mehr von ihnen zu sehen als ihre allgegenwärtigen Fallen.

Am Nachmittag wird die Vegetation lichter, der Weg angenehmer, bald sehen wir die ersten Süßkartoffel- und Taropflanzungen. Wir erreichen den Ort Selemana und nun folgen in kurzen Abständen mehrere Moni-Dörfer. Die einzigen Hindernisse auf dem Weg sind die unzähligen Zäune, über die man klettern muß.

Wir befinden uns noch immer im Einflußbereich der Pogapa-Mission. Selemana besitzt eine Schule und eine Kirche, beide sind mit Wellblech gedeckt.[169]

Für die Menschen in diesen Dörfern sind wir sicher keine Wesen aus einer anderen Welt, dennoch ist ihr Interesse an uns enorm. Stets sind wir von Einheimischen umringt, unzähliges Händeschütteln. "Amákane", das Grußwort der Moni, öffnet die Herzen dieser kindlich wirkenden Menschen, auch wenn wir uns dann kaum weiter mit ihnen unterhalten können. Immer wieder schließen sich Moni unserer kleinen Karawane an, um uns ein Stück des Weges zu begleiten.

Im kleinen Ort Bagobay haben wir unser Tagesziel erreicht. Es gibt dort eine winzige mit Wellblech gedeckte Hütte. Es ist einer jener Gesundheitsposten, die Lois Belsey von Pogapa aus initiiert hat. Eine Frau des Dorfes, die von Lois ausgebildet

169 Die Missionare in Irian Jaya entfernen sich im allgemeinen nie weiter als einen Tagesmarsch von ihrer Missionsstation. In diesem Umkreis ist der Einfluß der Mission durch die Existenz von Schulen, Kirchen, Textilien und Buschmesser noch deutlich zu spüren. Außerhalb dieses Bereiches verliert sich der Einfluß der westlichen Zivilisation sehr rasch und verschwindet bald gänzlich.

worden ist, verwaltet die wenigen Medikamente, die in der Hütte herumliegen. Wir dürfen in diesem Gesundheitsposten übernachten, unsere Träger finden in den raucherfüllten Hütten der Einheimischen Unterschlupf.[170]
Trotz des Regens sind alle Menschen dieses kleinen Ortes vor unserer Behausung versammelt. Auch wenn wir ihnen nicht dauernd Beachtung schenken können, sie stehen oder sitzen still da, beobachten jeden unserer Handgriffe, bestaunen alles, was wir unseren Rucksäcken entnehmen.
Sie gehen erst weg, als wir offensichtlich bereits schlafen und sie sind wieder alle versammelt, wenn wir in der Früh unsere Augen öffnen. Nein, wir fühlen uns nicht belästigt, wir können es auch genießen, hier etwas Besonderes zu sein.

Mein Reflolux (Blutzucker-Meßgerät) findet allseits Bewunderung. Auch die Papua ritzen ihre Haut und entnehmen Blut, um damit ihre kultischen Gegenstände zu bestreichen und sie so zu beseelen. Über die rituelle Bedeutung meiner Blutzucker-Teststreifen konnten sie sich nicht klarwerden.

Ezat hat schon von den Ahnen der Menschen mit der hellen Haut gehört. Vor langer Zeit soll es einen Mann aus ihrem Volk gegeben haben, der große Wunder tun und kranke Menschen heilen konnte. Trotzdem haben die Menschen ihn getötet, mit einem Speer haben sie sein Herz durchbohrt. Doch die Zauberkraft dieses Menschen soll so groß gewesen sein, daß er vom Tod wieder ins Leben zurückgekehrt ist. So ist er zum Führer seines Volkes geworden.
Hat dieser Zauberer den Menschen mit der hellen Haut all die sonderbaren Güter geschenkt, die bunten Häute, die Pesawats, die Nahrung, die sie besitzen, ohne daß sie den Boden bebauen müssen? Manche Leute aus Pogapa glauben das, und sie folgen diesem Führer und hoffen, auch all diese Güter zu bekommen.
Ezat hat diese Lehren nicht von den Menschen mit der hellen Haut vernommen. Vor langer Zeit, als Ezats erster Sohn Kenot noch ein Knabe war, sind Männer aus dem Volk der Dani durch das Tal des Kemabu gezogen und haben allen Menschen diese Lehren erzählt.[171]

---

170 Die Hütten der Hochland-Papua werden in der Nacht völlig verschlossen, es brennt darin während der ganzen Nacht ein offenes Feuer, Rauchabzug gibt es keinen. Für Weiße ist es aufgrund der starken Rauchentwicklung fast unmöglich, in solch einer Hütte zu übernachten.

171 Mitte der Siebzigerjahre haben amerikanische Missionare, möglicherweise auch die Familie Cutts, christianisierte Dani in die schwer zugänglichen Täler des Moni-Volkes gesandt, um die christliche Lehre zu verbreiten. Von dieser ersten und bisher einzigen großen Missionswelle ist nicht viel übriggeblieben. Nur im näheren Umkreis von Pogapa gibt es einige Kirchen. Lois Belsey behauptet, daß sich in Pogapa selbst etwa ein Sechstel der Bevölkerung zum Christentum bekennt.

Diese Dani wollten, daß das Volk der Moni diesen Menschen, der vom Tod ins Leben zurückgekehrt ist, als großen Ahnen verehren soll. Einige haben dies dann eine Weile lang getan. Doch die großen Güter, die die Menschen mit der hellen Haut besitzen und von denen auch diese Dani einige besaßen, sind nie zu Ezats Volk gekommen. So wurden diese Lehren bald vergessen.

Am Morgen schlüpfen wir in unsere Kleidung, die in diesem Land wohl nie mehr trocken wird, und setzen unseren Weg nach Ugimba fort. Wir verlassen den Einflußbereich der Pogapa-Mission.

Gab es bisher in den Dörfern wenigstens vereinzelt Anknüpfungspunkte an die uns bekannte Welt, so verschwinden diese nun gänzlich. Die weit verstreuten Einzelgehöfte der Moni bieten ein völlig unserer Zeit entrücktes Bild.

Diese Menschen wissen von der Welt da draußen, die sich durch fremde Menschen und eine fremde Zivilisation langsam verändert, viele von ihnen waren bereits in der Pogapa-Mission oder gar in Bilogay gewesen. Sie selbst sind aber von diesen Veränderungen noch nicht berührt worden. Sie leben nach wie vor in der Jungsteinzeit, so wie ihre Väter und Urväter. Kein Stück Textil, kein Stück Metall! Die Hütten, die Waffen, die Werkzeuge, die knappe Bekleidung und ihr Schmuck, alles sieht so aus wie es vor fünftausend Jahren wohl auch ausgesehen hat. Nicht einmal die Einflüsse des benachbarten mächtigen Dani-Volkes sind bis hierher vorgedrungen. Nur dort, wo mehrere Gehöfte zu einer kleinen Ansiedlung zusammengewachsen sind, findet man vereinzelt T-Shirts oder Buschmesser.

Eigentlich haben wir ja gewußt, daß wir nun ein Gebiet erreichen, das noch nie von Weißen oder Indonesiern besucht worden ist, nun beginnen wir aber die Auswirkungen dieser Tatsache zu begreifen und dieses Eintauchen in eine menschliche Gesellschaft aus einer anderen Zeit zu spüren.

Langsam verschwimmt für uns die Grenze zwischen realer Welt und Traumwelt. Die Begegnungen mit den Menschen dieses Tales werden zu Eindrücken, die uns nie wieder loslassen werden, die wie kurze Filme immer wieder in unseren Köpfen ablaufen werden, bei denen wir uns immer wieder werden bewußt machen müssen, daß es tatsächlich noch unsere Welt war.

So fassungslos wir auch diese fremden Eindrücke in uns aufnehmen, die Papua scheinen noch fassungsloser zu sein. Die Männer umringen uns, schütteln unsere Hände. "Amákane, amakanye!" Der Mannesstolz gebietet ihnen, eine gewisse Zurückhaltung zu bewahren. Sie treten uns nicht zu nahe.

Die Frauen sind es, die ihrer Neugierde freien Lauf lassen dürfen. Immer wieder das gleiche Ritual: Die Frauen greifen mit ihren Händen an unser Kinn, fahren dann mit ihren Fingerspitzen, fast zärtlich, eine Wange hinauf und wieder hinunter, dann über die zweite Wange hinauf, über die Augenbrauen und zuletzt über die Nase. Aufgeregt reden sie dabei auf uns ein, wir können nichts verstehen. Kleine Kinder mit riesigen Bäuchen und rötlichen Haaren[172] verstecken sich hinter ihren Müttern, laufen davon, manche beginnen zu weinen. Die Männer sind es, die versuchen, die Kleinen zu beruhigen, die Frauen scheinen selbst zu aufgeregt zu sein, um auf ihre Kinder zu achten.

---

172 Riesige Bäuche und rötliche Haare sind bei Kindern Symptome des Vitaminmangels. Diese Symptome verschwinden dann meist in der Pubertät.

Moni-Frauen aus dem Kemabu-Tal –
Die bunten Tragnetze dienen nicht nur zum Verstauen von Nahrungsmitteln und Werkzeug, sie sind auch fester Bestandteil der Bekleidung jeder Frau.

Die Frauen und die Kinder sind es, die noch kaum die nähere Umgebung ihrer Gehöfte verlassen haben. Für sie sind wir die ersten Menschen mit weißer Haut, die sie zu Gesicht bekommen. Die Männer sind da um vieles mobiler. Es gehört zum Mannsein, immer wieder für mehrere Tage die Täler und Bergwälder zu durchwandern und dabei auf die Jagd zu gehen. Diese Märsche führen sie hin und wieder nach Pogapa oder gar nach Bilogay, wo sie die Einflüsse der Welt der Weißen bereits mit eigenen Augen wahrnehmen können.
Wir durchwandern ein Gebiet mit dünner Besiedlung, weit verstreute Gehöfte, einige wenige winzige Dörfer. Der Weg führt wieder vermehrt durch den tückischen Regenwald. Langsam können wir uns auf seine Fallen und Hindernisse besser einstellen, wir kommen schneller voran.
Wir erreichen erstmals das Ufer jenes großen Flusses, durch dessen Tal wir nun schon seit zwei Tagen wandern. Wie heißt dieser Fluß? "Kemabu", antwortet mir Arison, einer unserer Träger. Ich kann das nicht ganz begreifen. Wo ist dann der Derewo? Nirgends konnten wir ein zweites großes Tal wahrnehmen.
Der Pfad führt nun entlang des Ufers des Kemabu. Plötzlich versperrt uns ein großer Fluß, der hier in den Kemabu einmündet, den weiteren Weg. Hier können wir nicht hinüber, dieser Nebenfluß des Kemabu ist zu breit und zu reißend. Die Träger sagen uns, daß wir nun diesem Nebenfluß folgen müssen und daß es

flußaufwärts eine Brücke gibt. Wieder will ich wissen, wie dieser Fluß heißt. "Derabo", antwortet mir einer der Träger. "Derabo" - "Derewo", nun wird mir alles klar, das ist wohl ein und derselbe Fluß, Derabo in der Sprache der Moni, Derewo in der Sprache des westlich angrenzenden Volkes der Ekagi. Es gibt also gar keinen riesigen Derewo! Der Fluß, der durch das Tal von Pogapa fließt und später als riesiger Strom bei Asori in den Pazifik mündet, ist in Wahrheit der Kemabu und nicht der Derewo, wie auf allen Karten vermerkt ist. Der Derewo ist bloß ein kleiner Fluß, der im Jagdgebiet der Ekagi entspringt und hier in den Kemabu einmündet.[173] Die Ekagi dürften den Kemabu für die Fortsetzung des Derewo halten und dürften diese Fehlinformation den Kartographen weitergegeben haben. Das zeigt mir, wie abgegrenzt voneinander die einzelnen Völker bis heute leben.

Unsere Moni-Träger bei der Überquerung des Derabo – Ohne Angst laufen sie gleichzeitig über die schwankende Lianenkonstruktion.

"Na Mahlzeit!", höre ich Nobsch, der gerade vor mir geht, ausrufen. Ich blicke auf und sehe vor uns eine urzeitliche Hängebrücke. Drei starke Lianen, eine für die Füße, je eine für jede Hand, sollen uns ans andere Ufer des Derabo führen. Rattanstreifen verbinden die untere Liane mit den seitlichen Lianen. Sie haben keine Tragkraft, verhindern aber das übermäßige Auseinanderschaukeln der Lianen.
Skeptisch beäugen wir diese steinzeitliche Konstruktion. Klare Regeln sind hier gefragt. Es darf sich stets nur einer auf der Brücke befinden, die anderen müssen warten. Das gilt natürlich nur für uns vier. Die Moni sind zu dritt oder gar zu viert auf der Brücke und schaukeln sich halsbrecherisch über den reißenden Derabo. Es scheint ein Riesenspaß für sie zu sein.
Knapp hinter dem Fluß erreichen wir das Dorf Degesiga, wo wir unsere Mittagsrast halten. Auch hier werden wir gleich wieder von allen Dorfbewohnern umringt, doch sie wirken etwas traurig und sind vielleicht deshalb zurückhaltender.
Wir können in diese Menschen nicht hineinsehen, die Kommunikation gestaltet sich äußerst schwierig. Hier spricht niemand Indonesisch. Von unseren acht

---

[173] Die wahren geographischen Zusammenhänge innerhalb der Region dürften nur den Moni bekannt sein. Informationen über Orts- und Flußnamen haben die Kartographen aber vom benachbarten Volk der Ekagi eingeholt, das um Enarotali siedelt und schon länger Kontakt mit der westlichen und indonesischen Zivilisation hat. Die Ekagi kennen nur den Oberlauf des Derewo und haben fälschlicherweise gemeint, der Kemabu sei die Fortsetzung dieses Flusses. Im übrigen waren fast alle Benennungen auf den Karten, die das Gebiet der Moni betreffen, falsch.

Trägern können nur Arison und Nicho etwas Indonesisch, auf sie kommt so immer wieder eine Menge an Übersetzungsarbeit zu.
Der Pfad verschwindet bald im Dickicht des Regenwaldes, das Vorwärtskommen wird wieder zum Kampf, der uns vollste Konzentration abverlangt. Viele tiefe Einschnitte mit kleinen Bächen queren unseren Weg. Haarsträubende Brücken überwinden diese Einschnitte. Ein einziger Baumstamm, bemoost, naß, glitschig! Oft sind die beiden Seiten diesseits und jenseits des Einschnittes nicht einmal auf gleicher Höhe, sodaß man auf dem Baumstamm ansteigen oder absteigen muß. Je nach Tiefe des Abgrunds unter uns steigt oder fällt unser Angstpegel. Manche dieser Minischluchten überwinden wir, indem wir uns reitend auf dem Baumstamm vorwärtsbewegen. Nur Franz ist nervenstark und trittsicher, wie die Moni geht er aufrecht über all diese Brücken. Die Baumstämme erfordern von uns weit mehr Überwindung als die Lianenkonstruktion über den Derabo. Unsere Moni können das wohl alles nicht verstehen, sie können sich nur wundern, wie tolpatschig wir uns über die Abgründe zittern.
Starker Regen setzt ein. Wir nehmen ihn kaum wahr. Nasser können wir sowieso nicht mehr werden. Unsere Träger scheint der Regen mehr zu stören, denn es hat nun ziemlich abgekühlt und sie sind ja zum Teil völlig nackt. Sie drücken aufs Tempo, wir rutschen hinterdrein.
Am Ufer des Kemabu erreichen wir den Ort Bilusiga, wo wir über Nacht bleiben wollen. Wir können unseren Augen kaum trauen. Hier gibt es zwei riesige Holzbaracken, die sicher nicht von Moni erbaut worden sind. Es handelt sich um ein Research Camp der Freeport Company, das erst vor wenigen Tagen hier errichtet worden ist. Gerry, ein neuseeländischer Geologe, und einige indonesische Arbeiter sollen hier die Gegend nach Bodenschätzen absuchen.
Wir finden freundliche Aufnahme im Camp und sitzen bald bei Kaffee, Cola und Popcorn im Mannschaftsraum. Sogar heißes Wasser gibt es hier, unsere schlammverkrusteten Beine werden wieder für wenige Stunden sauber.
Beim Abendessen erzählt uns Gerry, daß die Kupfermine bei Tembagapura fast ausgeschöpft ist, daß man aber in ihrer Nähe Gold- und Kupfervorkommen für weitere fünfzig Jahre gefunden hat. Außerdem wird die ganze Gegend zwischen Enarotali und Beoga systematisch nach neuen Vorkommen abgesucht. Bilogay ist dabei das Research Centre für die Gegend nördlich der zentralen Bergkette.

Ezats Kinder sind herbeigekommen. Still und ernst stehen sie neben ihrem Vater und blicken auf zu den Menschen, die auf ihrem Marsch durch das Tal bei Ezat Halt machen.
Ezat schaut in die offenen, unwissend fragenden Augen seiner Kinder. Er wird etwas traurig dabei. Er weiß, daß er selbst bald in das Reich seiner Ahnen eingehen wird. Wird der Kemabu auch seine Kinder ernähren können, so wie er ihn selbst ein Leben lang ernährt hat? Wird das Tal des Kemabu seinen Kindern Heimat bleiben, oder wird das Land kahl und unfruchtbar werden, so wie es jenseits des Bakopa geschehen ist?
In Ezat reifen viele Fragen heran, es sind die besorgten Fragen eines alten Mannes. Die Vorbeiziehenden können ihm keine Antworten geben, oft wagt er nicht einmal, diese Fragen zu stellen. Mag seine bewahrende Sorge nicht lächerlich wirken auf all die jüngeren Männer, die ihm von Bilusiga erzählen und dabei jede Veränderung aufgeregt und euphorisch kommentieren?

Ezat will Antworten auf seine Fragen. Er beschließt, ins Tal nach Bilusiga hinabzusteigen, morgen oder an einem der folgenden Tage. Er will dort einige Tage bleiben, er will die Menschen mit der hellen Haut beobachten und herausfinden, warum sie in sein Tal gekommen sind.
Doch Ezat wird die Menschen mit der hellen Haut nicht aufsuchen müssen. Die Menschen mit der hellen Haut kommen zu ihm.

Am Morgen verlassen wir das gastliche Lager, noch heute Abend wollen wir Ugimba erreichen. Der Weg steigt bald steil an, verläuft dann die längste Zeit hoch über dem Talgrund, nur selten gibt die Vegetation den Blick auf den tief unten dahinfließenden Kemabu frei.
Wir werden bis Ugimba keine größere Siedlung mehr sehen, nur weit verstreute Einzelgehöfte und einige winzige Dörfer.
Es ist bald Mittagszeit, unsere Träger haben Hunger. Links vom Weg erblicken wir drei Rundhütten, ein Zeichen dafür, daß wir dem Gebiet des Dani-Volkes nun schon sehr nahegekommen sind.
Am Wegrand hockt ein alter Mann. Sein Körper wirkt ausgezehrt, er besteht nur mehr aus Haut und Knochen. Gräuliche Bartstoppeln fassen sein zerfurchtes Gesicht ein. Sein Haarnetz und sein Penisköcher wirken abgetragen.
Unbewegt verharrt er in seiner Stellung, während wir uns ihm annähern. Ruhig ergreift er unsere Hände, unserem "Amákane!" antwortet er mit einem freundlichen "Amakanye!".[174] Er bleibt ruhig und gelassen in allen seinen Handlungen und Worten. Er ist nicht aufgeregt wie all die Menschen, denen wir auf unserem Weg begegnet sind. Er scheint nicht einmal allzu überrascht über unser Erscheinen, und doch ist es das erste Mal, daß weiße Menschen zu seinen Hütten kommen.
Der alte Mann gibt uns und unseren Trägern Zuckerrohr. Ich gebe ihm einen Geldschein. Wortlos nimmt er ihn entgegen, hält ihn in seiner Hand fest. Wie lange wird es wohl dauern, bis er ihn ausgeben kann?
Wir verweilen lange Zeit bei diesem Mann. Wir reden mit ihm, er redet mit uns. Arison übersetzt seine und unsere Worte.
Der alte Mann beobachtet alles, was wir tun, doch er bedrängt uns nicht mit seiner Neugierde. Er starrt nicht in unsere Rucksäcke. Geduldig wartet er, bis wir ihm dies oder jenes zeigen.
Nach einer Weile kommen ein kleiner Bub mit rötlichen Haaren und ein etwas größeres Mädchen herbei. Ob es die Kinder dieses Mannes sind? Wir können es kaum glauben. Sie sind nicht verspielt und auch nicht verschreckt. Sie haben keine Angst vor unserer sonderbaren Hautfarbe. Ihre Gesichter wirken viel älter, als sie tatsächlich sind. Vertrauensvoll stehen sie neben ihrem Vater und lassen das ungewöhnliche Treiben über sich ergehen.

Ezat hat die Menschen mit der hellen Haut gesehen, er hat sie bei sich bewirtet, er hat gegessen mit ihnen und er hat geredet mit ihnen. Manche ihrer sonderbaren

---

174 Moni-Grußwort: "Amákane!" sagt man zu einer, "Amakanye!" zu mehreren Personen.

Werkzeuge hat er selbst in seinen Händen gehalten, doch er weiß nicht, was man mit diesen Werkzeugen tun kann.
Sonderbare Tragnetze haben diese Menschen, bunt wie die Farben des Paradiesvogels. Und viele, viele bunte Häute haben sie in ihren Tragnetzen, obwohl sie doch schon solche Häute an ihrem Körper tragen. Sie nehmen kleine bunte Häute aus ihren Tragnetzen, reißen sie auseinander und finden darin Früchte, die sie verzehren, Früchte, die Ezat noch nie gesehen hat.[175]
Einige Male halten diese Menschen ein Werkzeug mit greller Farbe in ihren Händen. Sie sehen mit ihren Augen immer wieder hinein.[176] *Sie geben dieses Werkzeug auch in Ezats Hände, und er schaut mit seinen Augen hinein. Er kann darin alles sehen, was ihn umgibt, die Bäume und Hütten, die anderen Menschen, nur alles viel kleiner. Ezat kann nicht verstehen, warum die Menschen mit der hellen Haut die Welt durch dieses Werkzeug betrachten, wo sie doch diese Welt ohne dieses Werkzeug viel klarer sehen können.*
Nun werden diese fremden Menschen Ezat verlassen. Sie werden nach Ugimba gehen und dann weiter über den Bakopa. Ob dort, jenseits des Bakopa, ihre Heimat ist? Ob dort ihre Familien leben? Ezat versteht nicht, warum sie den langen Weg über den Bakopa gehen, wo sie doch mit der Libelle so schnell durch die Lüfte fliegen können.

Ezat und seine Kinder – Kein verspieltes Herumbalgen, keine kindliche Neugier, die Kleinen sind ernst und zurückhaltend wie ihr Vater.

175 Müsli- und Schokoriegel

176 Aufgrund der hohen Luftfeuchtigkeit habe ich mit einer wasserdichten gelben Minolta Weathermatic fotografiert.

Ezat hat manches mit diesen fremden Menschen reden können, die Männer aus Pogapa haben ihm dabei geholfen. Und doch bleibt vieles offen. Er selbst hat nur wenige Fragen gestellt. Antworten auf die ihn bedrängenden Fragen hat er so nicht finden können.

Wir verlassen den alten Mann und seine Kinder. Wir danken ihm für seine Gastfreundschaft und drücken seine Hand. Die Begegnung mit diesem alten Mann, der noch in seiner steinzeitlichen Welt lebt und doch völlig ruhig und gelassen auf unser Fremdsein reagiert hat, hat für uns etwas Einmaliges an sich, etwas, das am Ende dieses Jahrtausends in unserer Welt nur noch sehr selten erfahrbar ist.

Ob er je erfahren wird, daß wir nicht zu den weißen Menschen gehören, die nun in Bilusiga wohnen? Kann er überhaupt begreifen, daß nach Jahrtausenden der Unberührtheit innerhalb weniger Tage zweimal weiße Menschen sein Tal besuchen, völlig unabhängig voneinander und mit ganz unterschiedlichen Absichten? Würde er es verstehen, daß wir sein Tal nur deshalb durchwandern, um eben dieses Tal und seine Menschen kennenzulernen?

Nur noch wenige Stunden trennen uns von Ugimba. Das erste große Ziel unserer Wanderung ins Carstensz-Gebirge ist bald erreicht, auf einem Weg, der bis vor wenigen Tagen scheinbar nur in unserer Vorstellung existiert hat und der dank der Hilfe unserer Träger aus dem Moni-Volk nun zur Wirklichkeit geworden ist.

BAKOPA UND DAS ENDE DIESER WELT

Trilogie aus drei Jahrtausenden

Teil 2

Laute Rufe durchbrechen die Stille des ausklingenden Nachmittags. Ayub hört sie von den Berghängen hoch über dem Tal des Kemabu. Das Prasseln der Regentropfen auf das Blätterdach der Hütte läßt den Inhalt der Botschaft unverstanden verhallen. Ayub weiß, was diese Rufe bedeuten, und er weiß, was er zu tun hat.[177] *Menschen aus dem Norden, von jenseits der hohen Berge, aus Bilogay oder Titigi werden ins Dorf kommen, ihr Rufen ist die Bitte um ein Nachtlager. Ayub entfaltet ein Pandanusblatt, hält es über seinem Kopf, um sich vor dem stärker werdenden Regen zu schützen, und schlendert ohne Eile, fast unwillig, zu jener Hütte hinüber, die für durchziehende Gäste als Schlafplatz bereitgehalten wird. Er entfacht darin ein Feuer, wie es die Gastfreundschaft verlangt, verschließt den winzigen Eingang und zieht sich ohne Neugier in seine trockene Bleibe zurück. Kann er ahnen, daß der Besuch der Fremden vieles in seinem Leben verändern wird?*

Die Vorhut der Gäste trifft im Dorf ein, ohne von den Bewohnern empfangen zu werden. Nur das wärmende Feuer im leeren Gästehaus läßt sie erkennen, daß sie hier willkommen sind.

Einige Frauen kehren mit ihren Kindern noch spät, knapp vor der Dämmerung, von der Feldarbeit ins Dorf zurück. Sie sind die ersten, die das Außergewöhnliche dieses Besuches erspähen. Große Lasten bringen die Männer aus Titigi ins Tal, nicht in ihren Tragnetzen, sondern in großen bunten Säcken, die sie auf dem Kopf oder auf den Rücken geschnallt tragen. Augenblicke später löst sich das Rätsel der ungewöhnlichen Gepäckstücke. Zwei Menschen mit weißer Haut, ein Mann und eine Frau, stapfen müde ihren Trägern hinterher und lassen sich erschöpft vor dem Eingang der Hütte nieder, wo sie durch das überhängende Blätterdach ein wenig vor dem Regen geschützt sind.

Der ungewöhnliche Besuch bringt Bewegung in das verschlafene Dorf. Frauen und Kinder eilen herbei und starren die Fremden wie Fabelwesen aus einer anderen Welt an, ohne es zu wagen, ihre feine weiße Haut zu berühren.

Auch Ayub ist von Neugierde erfaßt worden. Wer sind diese Fremden? Sind es Freunde von Pater Jan aus Bilogay? Werden sie in seinem Dorf wohnen bleiben mit all dem Gepäck, das sie hierher tragen ließen? Der Mannesstolz verbietet es ihm, sich mit Fragen aufzudrängen. Ruhig und zurückhaltend verfolgt er das weitere Geschehen.

Ayubs Ungewißheit währt nicht lange. Die Gäste werden morgen weiterziehen, nach Süden über die großen Berge, in das Land, in dem viele Menschen mit weißer Haut leben und in dem sie mit sonderbaren Werkzeugen in der Erde graben. Elf

---

177 Um ihre Ankunft in einem fremden Dorf anzukündigen, stoßen die Papua Rufe aus, die aus zwei oder drei hohen Tönen bestehen. Es ist ihr Code, mit dessen Hilfe sie Botschaften über größere Entfernungen aussenden können.

Papua-Frauen bei ihrem harten Tagwerk –
stets werden sie dabei von ihren kleinen Kindern begleitet.

Männer aus Titigi werden ihre Lasten dorthin tragen, aber nur einer von ihnen kennt den Weg in dieses so ferne und fremde Land.[178]
Ayub war nie in diesem Land gewesen, aber es lebt in seinen Vorstellungen und Sehnsüchten. Viel hat er davon gehört. Sein Freund Obed war über die kalten Berge in dieses Land gewandert. Er hat Dinge von dort mitgebracht, die jeder in seinem Dorf bewundert - eine gelbe Jacke, die alles Wasser abhält, Schuhe und eine Brille, wie sie auch der weiße Mann aus Bilogay besitzt.
Neidvoll blickt Ayub auf die Männer aus Titigi. Gerne wäre er nun einer der ihren und könnte mit den weißen Menschen in dieses geheimnisvolle Land gehen.
Im Morgengrauen ist bereits das halbe Dorf auf den Beinen, um den Aufbruch der weißen Menschen beobachten zu können. Die Fremden verharren in Untätigkeit. Kein Aufbruch! Ratlosigkeit! Zwei Männer aus Titigi fühlen sich sehr krank und kehren in ihr Dorf zurück. Einer von ihnen ist jener Mann, der als einziger den Weg über die hohen Berge in den Süden kennt.

---

178 Bei den beiden Weißen handelte es sich um den bekannten britischen Bergsteiger Peter Boardman und seine Freundin Hilary Collins, die um die Jahreswende 1978/79 von Bilogay kommend durch Wanibugi und Ugimba ins Carstensz-Gebirge wanderten. Da sie über den Bakopa-Paß nach Süden wollten, nahm jeder Papua, auch die Träger, an, sie wollten in die Kupfermine der Freeport Indonesia Copper Mine, wo viele Amerikaner leben. Daß sie dieser Mine später sogar auswichen und statt dessen in den Schneebergen kletterten, konnte keiner der Papua, wahrscheinlich bis zum heutigen Tag, verstehen.

Ayub wittert seine Chance. Er eilt zu seinem Freund Obed, und es bedarf keiner großen Überredungskünste, diesen davon zu überzeugen, daß er den weißen Menschen den Weg in das fremde Land weisen solle.
Um seine Kompetenz zu unterstreichen, legt Obed die Beutestücke an, die er bei seinem Besuch in diesem Land ergattert hat - die gelbe Bauarbeiterjacke, die Sonnenbrille und die Stiefel.[179] *Ein bizarres Paar, das vor der Hütte der Gäste erscheint: der bis auf sein Penisfutteral nackte Ayub und der wie für den Karneval gekleidete Obed! So tragen sie Peter und Hilary ihre Dienste an und befreien diese aus ihrer kaum übersehbaren Hilflosigkeit und Ungeduld.*
Wenig später verlassen die weißen Menschen, die Männer aus Titigi und mit ihnen Obed und Ayub das Dorf Wanibugi. Die große Hängebrücke führt sie über den reißenden Kemabu, sie eilen an den Hütten des Nachbardorfes Ugimba vorbei und befinden sich bald in dem dichten Wald, der in die Berge führt.[180]
Drei Tage lang folgt Ayub dem Pfad durch eine einsame Landschaft, der ihn und seine Begleiter in das Land der weißen Menschen führen soll. Schaurig-schön ist es auf diesen fremden Bergen. Der Himmel ist ganz nah, unendlich weit kann Ayub von hier in die steilen Einschnitte der Täler sehen. Kein Blätterdach über dem Kopf, das ihm den Blick einengen, aber auch keines, unter dem er Zuflucht suchen kann. Einige Male hält Ayub in seinem Schritt inne. Die Gruppe ist wieder auf einen toten Menschen gestoßen oder auf das, was von ihm übriggeblieben ist. Dieser Mensch hat wie viele andere den Weg seiner Sehnsüchte nicht zu Ende gehen können. Die große Kälte in diesen Bergen, ein unerwarteter Wettersturz hat ihn getötet. Wer über die Berge des Bakopa geht, aus welcher Richtung er auch kommen mag, er geht in eine andere, fremde Welt, beladen mit Träumen und Hoffnung auf Veränderung. Der Preis ist ein hoher geblieben – über Jahrtausende.
Je näher Ayub dem fremden Land der weißen Menschen kommt, desto größer wird seine Aufregung, so sehr er sie auch zu verbergen sucht. Er fühlt, daß es den anderen Männern ähnlich ergeht.
Groß ist das Staunen, aber auch die Enttäuschung, als sie endlich die Grenze dieses fremden Landes erreichen. Die beiden weißen Menschen wollen gar nicht in dieses Gebiet, wo Menschen aus ihrem Volk leben. Außerhalb seiner Grenzen verbringen sie die Nacht in einer kleinen Hütte. Am nächsten Tag wollen sie weiter in die hohen Berge ziehen, denen sie nun schon ganz nahe sind, und dort einige Tage bleiben.
Ayub kann Peter und Hilary in ihrer Entscheidung nicht verstehen, aber er tut, was sie von ihm verlangen. So steigen er und auch alle anderen am nächsten Morgen mit den Lasten hinauf in die Berge und sehen zu, wie die beiden Fremden dort ein Nachtlager errichten.
Und dann - dann sind die Männer endlich frei, können für mehrere Tage tun und lassen, was sie wollen, ehe sie mit Peter und Hilary wieder nach Bilogay zurückkehren sollen. Einem Wettlauf gleich hasten sie hinunter zur Carstensz-Wiese und

---

179 Im Abbaugebiet der Kupfermine gibt es riesige Müllhalden, auf denen in Mengen nicht mehr gebrauchte Kleidungsstücke der Minenarbeiter zu finden sind. Diese Müllhalden sind ein Anziehungspunkt für Papua aus der näheren und ferneren Umgebung, die sich dort "westlich einkleiden".

180 Die beiden Dörfer Wanibugi und Ugimba sind nur durch den reißenden Kemabu-Fluß voneinander getrennt, den man auf einer malerischen, steinzeitlichen Hängebrücke überqueren kann. In Wanibugi leben Menschen aus dem Volk der Dani, in Ugimba Menschen aus dem Volk der Moni. Anfang der Neunzigerjahre war aber diese strenge Trennung nicht mehr aufrecht, sodaß vor allem viele Dani bereits in Ugimba siedelten.

von dort weiter in das schlammig-kahle Land der Weißen. Einige Male werden sie von indonesischen Polizeibeamten[181] *angehalten. Es scheint, daß sie das Gelände verlassen müßten. Und doch öffnet sich immer wieder ein Weg, weiter in dieses unfruchtbare Gebiet vorzudringen. Die Männer erreichen ein Dorf mit vielen großen Häusern, so wie sie nur die weißen Menschen und die Indonesier zu bauen pflegen. Es ist ein Dorf ohne Äcker und auch ohne Frauen und Kinder. Weiße Männer aus einem fernen Land, das sie Amerika nennen, Indonesier und auch viele Papua leben hier, und alle suchen nach dem Metall, das Ayub nicht kennt.*[182]

Das Land, auf das sich Ayub so sehr gefreut hatte, ist häßlich, und doch wirkt es anziehend auf ihn. Er kann sich nicht sattsehen an all dem Neuen, das ihm ständig begegnet. Riesige Lichter erhellen die nebelverhangenen Berge. Er sieht kleine Kisten, aus denen bewegte Bilder und gesprochene Worte herauskommen. Er bekommt Dinge zu essen, die er nie zuvor gesehen hat - Reis, Brot, süße Früchte und sonderbares, aber gut schmeckendes Fleisch.

Die größte Faszination üben auf Ayub die riesigen Werkzeuge der weißen Menschen aus, die sie Maschinen nennen und von denen viele so groß wie Bäume sind. Tag und Nacht bewegen sie sich über den Boden, ohne daß jemand sie ziehen oder schieben muß, graben tief in die Erde hinein und machen einen Höllenlärm. Ayub kann stundenlang nur dasitzen und diesen Maschinen beim Umherfahren zusehen.

Gerne hätte Ayub auch die große Stadt[183] *gesehen, von der alle sprechen, und die tief unten im Busch liegt. Eine riesige, senkrechte Felswand verhindert, daß er dorthin gelangen kann. Die Maschine, die die Indonesier und die Menschen aus Amerika verwenden, um herauf und hinunter zu gelangen, darf er nicht benutzen.*

Ayub ist so sehr mit all dem Neuen beschäftigt, daß er fast vergessen hätte, die Kleidungsstücke der Fremden in sein Tal mitzubringen. Mit seinem Freund Obed sucht er schließlich das Gelände nach Kleidung ab, die keiner mehr haben will - und er findet mehr als er tragen kann.

Gekleidet wie ein weißer Mann kehrt Ayub in die Berge zu Peter und Hilary zurück. Er ist stolz auf seine Beutestücke, und er genießt die Bewunderung der Dorfbewohner, als er nach Wanibugi zurückkehrt.

Aus dem jungen Ayub ist ein Mann geworden, kräftiger als all die anderen Dorfbewohner. Ein Vollbart ziert nun sein Gesicht, der seinen wuchtigen Körper noch furchterregender erscheinen läßt, der aber seinem Antlitz etwas Gutmütig-Väterliches verleiht.

Ayub heiratet ein Mädchen aus seinem Dorf und wenig später hofft er, Vater zu werden. Das junge Glück währt nicht lange. Die Frau und das Kind sterben bei der Geburt.

---

[181] Ayub kannte bereits indonesische Polizei- und Verwaltungsbeamte, die in Bilogay und Beoga stationiert waren, ein bzw. zwei Tagesmärsche von seinem eigenen Dorf Wanibugi entfernt.

[182] Vorwiegend Kupfer

[183] Die Stadt Tembagapura ist das Verwaltungszentrum der Kupfermine und bietet westlichen Komfort. Sie befindet sich in 1800 Metern Höhe, während das eigentliche Abbaugebiet damals in Höhen zwischen 3300 und 3600 Metern Höhe lag, heute erstreckt es sich sogar bis hinauf auf 4200 Meter.

Innerlich stark getroffen wagt es Ayub nicht, neuerlich in eine Ehe einzutreten. In all den schönen und traurigen Zeiten, die er während und nach seiner Ehe verlebt hat, hat ihn die Welt der weißen Menschen nie mehr losgelassen. Sie zieht ihn magisch an, ohne daß er sich darüber klar werden kann, was ihn eigentlich so sehr fasziniert. Ein fremdes Universum?! Das Unglaubliche?! Eine andere Zeit?!
Oft geht Ayub den Weg nach Bilogay und bleibt dann in der Nähe von Pater Jan. Der freundliche Mann erzählt ihm viel aus seiner Welt und auch von Gott und seinem Sohn, den die weißen Menschen und nun auch viele Familien in Bilogay und Titigi verehren. Ayub versucht, die indonesische Sprache zu erlernen, um der Enge seiner kleinen Welt entfliehen zu können.[184]
Manchmal verläßt Ayub sein Dorf für einige Zeit mit der Begründung, in den Bergen jagen zu wollen. Die Jagd dient ihm selbst als Vorwand, wieder in die Nähe der Kupfermine zu gelangen, um dort eine Weile dem fremdartigen Treiben zusehen zu können. Wie froh und stolz ist er, als er die Möglichkeit bekommt, einige Monate in der Mine zu arbeiten. Lange bleibt er seiner Heimat fern, ohne daß jemand seinen Aufenthaltsort kennt. Viele halten Ayub schon für tot. Mit viel Geld kehrt er schließlich in sein Dorf heim, Geld, das er lange Zeit gar nicht ausgeben kann.

Eines Tages bricht für Ayub die Brücke zur Welt der weißen Menschen ab. Pater Jan gibt seine Missionsstation auf und verläßt Bilogay.[185] *Auch die Kupfermine bleibt für Ayub nicht länger zugänglich. Den Männern aus den Völkern der Dani und der Moni, die immer öfter in Gruppen das Gelände nach brauchbaren Utensilien absuchen, ist es nicht länger gestattet, das Gebiet der Kupfermine zu betreten. Ayubs eigene Welt ist wieder kleiner geworden, und er bedauert es.*

Ayub ist nicht mehr jung, hat seine Lebensmitte bereits überschritten. Das sehnsüchtige Warten auf erlebnisreiche Veränderungen ist abgeflaut, andere Ereignisse bestimmen nun sein Leben. Er wird Vater, ohne mit einer Frau gelebt zu haben. Ayubs Schwester ist in Erwartung ihres dritten Kindes verstorben und hinterläßt ein Mädchen und einen jüngeren Knaben als Waisen. Ayub nimmt die Kinder zu

---

184 In Irian Jaya, dem westlichen Teil Neuguineas, werden 700 verschiedene Sprachen gesprochen. Ein Fußmarsch von einigen Stunden kann bedeuten, daß man in ein Gebiet gelangt, dessen Sprache man nicht mehr verstehen kann. In den wenigen Grundschulen des Berglandes - die meisten werden von Missionaren betrieben - wird die indonesische Sprache gelehrt. Viele Erwachsene versuchen ebenfalls Teile dieser Sprache zu erlernen, um die sprachliche Distanz zu den Nachbarvölkern zu überwinden. Der Rückgang der Stammesfehden wurde nicht durch die staatliche Gewalt, von der man kaum etwas merkt, erreicht, sondern durch die Möglichkeit, daß Menschen verschiedener Völker nun miteinander sprechen können.

185 Der holländische Priester Jan van der Horst baute in den Sechszigerjahren eine Missionsstation in Bilogay auf. In mehrjähriger Arbeit entstand ein Airstrip, den dann auch die Indonesier nützten, um dort einen Verwaltungsposten zu errichten. Ende der Siebziger-Jahre übersiedelte Pater Jan nach Enarotali, verbrachte aber weiter viel Zeit in Bilogay. Anfang der Achtziger-Jahre zog sich Pater Jan endgültig aus Bilogay zurück, ohne daß ein Nachfolger seine Station übernommen hätte. Heute leben in Bilogay einige amerikanische, australische und indonesische Geologen, die im Auftrag der Freeport Indonesia Copper Mine das Gebiet nördlich der zentralen Bergkette nach brauchbaren Bodenschätzen absuchen.

Die Papua verbringen viel Zeit mit ihren Kindern. Die Erwachsenen spielen mit den Kleinen, sie verwöhnen sie, sie nehmen sie mit zur Arbeit, sie sind ihre Lehrer.

sich.[186] *Die Sorge um die beiden füllt seinen Lebensalltag aus, hält ihn nun auch stärker im Dorf. Es gibt keine Schule in Wanibugi und auch nicht im benachbarten Ugimba. Ayub selbst wird zum Lehrer dieser Kinder. Er nimmt sie mit auf die Jagd, lebt mit ihnen im Busch, bearbeitet mit ihnen seinen kleinen Acker und weist sie ein in das Handwerk seines Volkes.*

Die Welt der weißen Menschen ist für Ayub nun verschlossen, sein Geist aber bleibt offen für eine neue Begegnung. Mit dem Geld, das ihm von seiner Arbeit in der Kupfermine übriggeblieben ist, wird er den Jungen zur Schule nach Bilogay schicken. Wird die Welt dieses Kindes größer sein als seine eigene? Wird sie sich mit anderen Welten verbinden?
Als Peter und Hilary vor langer Zeit in das Dorf Wanibugi gekommen waren, hat Ayub gehofft, daß sich solche Begegnungen des öfteren wiederholen werden. Doch nie wieder sind weiße Menschen in sein Dorf gekommen.

Viele Jahre, fast ein halbes Leben später...

Wir haben in einer rechteckigen, mit Riedgras gedeckten Holzhütte Schutz vor dem einsetzenden Regen gefunden. Unsere Gastgeber sind sichtlich erfreut über die Abwechslung, die der Besuch fremder Menschen in ihre kleine Welt gebracht hat. Wir genießen diese kurze Rastpause und strecken uns entspannt auf dem trockenen Boden aus. Unserem ersten großen Ziel sind wir ganz nahe, der Weg dorthin wird uns vor keine großen Probleme stellen.
Der Boden im Innern der Hütte ist etwa einen halben Meter höher als der umgebende Grund. In seiner Mitte glost ein Feuer, das von den Moni, die hier leben, fast ständig am Leben erhalten wird. Der Rauch imprägniert das Dach mit Teer und macht es wasserdicht. Die Moni besitzen keine Küchengeräte, daher gibt es auch keine heißen Getränke bei ihnen. Ihr Hauptnahrungsmittel, die Süßkartoffel, werfen sie einfach ins Feuer, beißen dann die durchgebratenen Stücke ab, um den rohen Kern neuerlich ins Feuer zu werfen, bis auch dieser durch-

[186] Der wichtigste Mann im Leben eines Kindes ist nicht der leibliche Vater, sondern der älteste Bruder der Mutter. So entsprach es der Tradition seines Volkes, daß Ayub die Sorgepflicht für die beiden Kinder seiner Schwester übernahm.

Moni-Männer aus dem Kemabu-Tal, stundenlang können sie in dieser Stellung verharren und plaudern. Durch ständiges Ändern der Stimmlage und reiche Gestik vermitteln solche Gespräche dem Fremden stets den Eindruck, daß alles Gesagte unheimlich wichtig sein muß.

gebraten ist. Spinatähnliches Grünzeug garen sie auf heißen Steinen in einer kleinen Erdmulde, die sie mit Blättern abdecken.
Zu unserem Glück bleibt der Eingang der Hütte offen, wodurch der Rauch abziehen kann. In der Nacht, wenn die Bewohner die großen Bretter vor den Eingang schieben, wird die Rauchentwicklung im Innern für westliche Besucher unerträglich.
Wenig später sind wir wieder von der ewignassen Papua-Wirklichkeit umgeben. Wir folgen zügig dem breiten, flachen Pfad, der nun ausschließlich durch Siedlungsgebiet führt und die Nähe des Dorfes Ugimba erahnen läßt.
Wir treffen auf eine Gruppe junger Männer, die offensichtlich nicht dem Volk der Moni zugehören. Es sind die ersten Dani, die wir zu Gesicht bekommen, stolze Krieger mit Bogen und vielen Pfeilen. Sie tragen Wildschweinzähne und Kaurischnecken als Schmuck, ihre Stirn und Brust haben sie mit Ruß und Schweinefett eingerieben. Die Dani gehören einem der wildesten Völker Irian Jayas an, sie sind größer und kräftiger als die Menschen der benachbarten Völker und können sich ungehindert außerhalb ihrer eigenen Gebiete bewegen. Unser "amakanye" quittieren sie freundlich, wenn auch das Dani-Grußwort "nayak" eher angebracht gewesen wäre.

Der Weg führt an einen Zaun heran, den wir auf dünnen, behauenen Baumstämmen überklettern. Diese Stelle des Zaunes wird von einem winzigen, mit Riedgras gedeckten Dach überspannt, das einem Torbogen ähnelt - der Ortseingang von Ugimba.

Während wir an den ersten Hütten des Dorfes vorbeischlendern, spüre ich die Erleichterung unserer Träger, die wissen, daß sie ihre Aufgabe gut erfüllt haben. Ich empfinde das Eintreffen in Ugimba wie die Rückkehr in eine mir bekannte Welt. Äußerlich unterscheidet sich dieses Dorf kaum von den steinzeitlichen Dörfern, die wir in den letzten Tagen durchwandert haben. Auch Ugimba ist auf keiner Landkarte verzeichnet. Die bloße Tatsache, daß ich den Namen dieses Dorfes schon aus den Berichten von Rossi/Hansen und Boardman kenne, daß Ugimba das erste Dorf ist, von dessen Existenz ich schon vor meiner Abreise aus Europa gewußt habe, vermittelt mir nun das Gefühl des Heimkommens.

Die Bewohner des Dorfes laufen herbei und scharen sich um den ungewöhnlichen Besuch. Zu meiner Verwunderung befinden sich in der staunenden Menge mehr Dani als Moni. Als ich die Leute später darauf anspreche, antworten sie mir, daß Wanibugi und Ugimba nunmehr zu einem Dorf zusammengewachsen seien und daß sich viele Dani im weiten Siedlungsgebiet in und um Ugimba niedergelassen haben.

Die malerischen Hütten der Einheimischen liegen weit verstreut auf diesem kleinen Plateau über dem Kemabu. Aus allen Richtungen laufen die Menschen herbei und bilden eine Art Spalier für unseren Einzug in Ugimba.

Eine Frau tritt auf uns zu und fährt mit ihren Fingern Jutta durch ihr blondes Haar. Welch eine junge, hübsche Frau Jutta doch ist! Nur in solch entkrampften Momenten bemerke ich es. In der mühsamen Auseinandersetzung mit der beengenden tropischen Vegetation bin ich völlig blind für ihre Attraktivität, kann nur den topfiten Kumpel in ihr sehen.

Die Dorfbewohner begegnen uns nicht mit jener Fassungslosigkeit, an die wir uns in den letzten Tagen schon fast gewöhnt haben. Diese Menschen können unsere Existenz in ihr Weltbild einordnen. Ihr Dorf liegt an einer Nord-Süd-Achse westlicher Zivilisation. In Bilogay, nur einen Tagesmarsch nördlich von Ugimba, gibt es eine geologische Forschungsstation der Freeport Indonesia Copper Mine und einen indonesischen Verwaltungsposten mit angeschlossener Grundschule. Drei Tagesmärsche südlich des Dorfes befindet sich das hochtechnisierte Gebiet der Kupfermine. Auch wenn diesen Menschen kaum Zugang zur westlichen Zivilisation innerhalb ihres Landes gewährt wird, so sind sie doch vertraut mit der Welt der Weißen und Indonesier. Sie zeigen kaum Scheu in der Begeg-

Das Bild der Geschlechter im Wandel –
Immer öfter arbeiten auch Männer auf den Feldern und tragen die Feldfrüchte in ihr Dorf.

nung mit uns. Manche wagen sich vor, reichen uns die Hand und heißen uns willkommen. Ihre Gesten sind einladend, viele würden es gerne sehen, wenn wir die Nacht in ihrer Hütte zubringen würden.
Die Gastfreundschaft dieser teils furchterregend aussehenden und doch so liebenswerten Menschen bringt uns in leichte Verlegenheit. Ein Angebot anzunehmen hieße, alle anderen zurückzuweisen. Stellen wir unsere Zelte mitten im Dorf auf, so vermitteln wir die Botschaft, daß uns die Nachtlager der Einheimischen zu schlecht seien. Tatsächlich würden wir aber in ihren Hütten nicht eine Minute Schlaf finden. Den Rauch des offenen Feuers würden wir nicht lange aushalten. Wir hegen die Hoffnung, daß es in diesem Dorf zwei Hütten für durchziehende Gäste gibt, eine für unsere Moni-Träger, die das Feuer in der Nacht benötigen, und eine für uns. In unseren Schlafsäcken können wir die Kälte auch ohne Feuer leicht aushalten.
Ich fühle mich magisch angezogen von einer Hütte in der Mitte des Dorfes, die offensichtlich niemand will. Sie steht leer. Niemand wohnt darin, und es sind darin nicht einmal irgendwelche Gegenstände abgestellt. Diese Hütte ist nicht im Stil der Moni und auch nicht im Stil der Dani erbaut. Sie ähnelt einer Hütte, wie man sie in indonesischen Slumsiedlungen zu sehen bekommt. Wie ein Fremdkörper wirkt sie in diesem Dorf.
Bald erfahren wir, daß es die Hütte des Kepala Desa ist, nicht seine Wohnstätte, sondern sein Amtssitz. "Kepala Desa", was wörtlich übersetzt "Kopf des Dorfes" heißt, ist der Amtstitel eines Bürgermeisters in der indonesischen Verwaltungsstruktur. Bei den Dani und Moni gibt es keinen Bürgermeister. Entscheidungen, die die Dorfgemeinschaft betreffen, werden von einem Rat älterer, von allen geachteter Männer getroffen.
Ist die Dominanz der indonesischen Verwaltung in diesem Gebiet so stark, daß sie die traditionellen Dorfstrukturen überwinden konnte? Kaum vorstellbar! Noch nie war ein Indonesier in Ugimba gewesen. Die wenigen Polizisten und Soldaten in Bilogay vermeiden es, ihre gewohnte Sicherheit hinter sich zu lassen und sich mehr als ein oder zwei Stunden von ihrem Ort zu entfernen.
Die Dani und Moni aus Ugimba spielen ein geschicktes Spiel mit den Indonesiern. Sie widersetzen sich nicht der fremden Macht, die sich unweit ihres Dorfes angesiedelt hat, sie wollen von ihr profitieren. Sie haben sich den Bau dieses Amtssitzes bezahlen lassen. Sie haben einen jungen Mann, der leidlich Indonesisch spricht, aber keine entscheidungstragende Bedeutung im Dorf besitzt, zum Kepala Desa bestimmen lassen. Sie haben diese Scheinstruktur akzeptiert und hoffen, an der Geldwirtschaft, der Schulbildung und den Zivilisationsgütern der Indonesier Anteil gewinnen zu können. Vor einer wirklichen Einflußnahme durch den fremden Verwaltungsapparat sind sie durch einen langen, schwierigen Pfad über hohe Berge geschützt. Unbehindert verbleiben sie in den Gemeinschaftsstrukturen, die sie seit Jahrtausenden gewohnt sind. Es bleibt zu hoffen, daß sich dieses taktische Spiel nie zum Nachteil für die Menschen von Ugimba und ihre Kultur entwickeln wird.
Für uns ist die Existenz dieses funktionslosen Bürgermeisteramtes ein Glücksfall. Wir erhalten die Bewilligung, darin zu übernachten und überlassen dafür den Ältesten von Ugimba einige Rupien. So erfährt diese Hütte ihre erste Sinngebung für das Dorf, und wir haben uns eine Nacht ohne erstickenden Rauch gesichert.

Die neue Generation von Ugimba – ihr fehlt die Scheu vor dem 20. Jahrhundert.

In unserem neuen Wohnsitz sind wir vorerst von einer Kinderschar umgeben, bald finden sich aber die Männer des Dorfes ein und erkundigen sich nach dem Ziel unseres Marsches.

In die Kupfermine bei Tembagapura wollen wir. Ob es dorthin einen Weg gebe, wollen wir wissen. Die Tatsache, daß es einen solchen vor vierzehn Jahren gegeben hat, ist keine Gewähr, daß er noch immer existiert. Die äquatoriale, alles überwuchernde Vegetation läßt einen Pfad binnen Wochen verschwinden, wenn er in dieser Zeit nicht begangen wird.

Ja, es gibt einen solchen Weg, antworten uns die Männer. Einen kleinen Pfad gibt es, keinen solch breiten, wie er von Pogapa durch das Kemabu-Tal herauf nach Ugimba führt. Uns fällt das Herz in die Hose. Noch schwerer?! War der Pfad der letzten Tage nicht das Härteste gewesen, was wir je an Wegführung erlebt haben? Mußten wir im Kampf mit der alles dominierenden Buschwelt nicht an die Grenzen unserer Leistungsfähigkeit gehen?! Ich habe als einziger von uns vier die beiden existierenden Beschreibungen dieses Weges gelesen, jene von Rossi und Hansen und jene von Boardman. Noch habe ich die Klagen dieser Spitzensportler über die Beschwernisse des Marsches deutlich vor Augen. Ich will kein Öl ins Feuer gießen und behalte mein Wissen besser für mich.

Wir zahlen unsere Moni-Träger aus. Sie werden von hier ihren Heimweg antreten. Weit genug haben sie sich in eine für sie unbekannte Welt hineingewagt. Der Weg über die Berge nach Süden ist ihnen völlig fremd, für die große Kälte in den Höhenlagen sind sie ohne Kleidung kaum gerüstet.

Die Suche nach neuen Trägern gestaltet sich viel einfacher als in Pogapa. Ein würdig aussehender, älterer Dani mit dichtem Vollbart tritt auf mich zu und

erzählt mir in gebrochenem Indonesisch, daß er schon einige Male den Weg über die Berge in die Kupfermine gegangen sei. Ich fasse gleich Vertrauen zu diesem zurückhaltend ruhigen und doch felsenfest sicher wirkenden Mann, der sich Ayub nennt. Er wählt sieben Männer aus seinem Volk für das Trägerteam aus und läßt von einem Schreibkundigen alle acht Namen auf ein Blatt Papier kritzeln. Ayub und ich[187] werden schnell handelseinig und gleiten in eine lockere Unterhaltung hinein. Er schildert mir euphorisch von seinen Besuchen in der Mine. Begeistert wiederholt er sich, wenn er von Fremden in seinem Dorf erzählt. "Banyak turis, banyak turis datang di Ugimga!" Ungläubig und irritiert vernehme ich diese Botschaft. Habe ich recht verstanden, daß viele Touristen nach Ugimba kommen? Haben wir uns gestern noch wie Entdecker gefühlt, so scheinen wir nun auf einen Nebenpfad organisierter All Inclusive-Veranstalter geraten zu sein. Verdutzt frage ich Ayub nach den Ausmaßen dieses Touristenstroms. Er bekräftigt, daß viele Touristen in sein Dorf kommen. Vor vierzehn Jahren waren zwei weiße Menschen nach Ugimba gekommen. Ich muß mich bemühen, ernst zu bleiben. Das ist also der Touristenboom, der mich schon fast frustriert hätte. Alle vierzehn Jahre eine Handvoll Weißer – das läßt sich auch für Rucksacktouristen aushalten.
Erstaunt muß ich feststellen, daß Ayubs Zeitangabe ziemlich genau war. Tatsächlich waren Peter Boardman und Hilary Collins vor dreizehneinhalb Jahren nach Ugimba gekommen. Wie kann Ayub die Zeitspanne eines Jahres messen? Lachend zeigt Ayub auf einen spitzen Berg, der im Osten das Tal überragt und erklärt mir: "Eine Zeit lang ist die Sonne stets links von diesem Berg. Danach kommt eine Zeit, wo sie sich rechts dieses Berges befindet. Wenn diese beiden Perioden vorbei sind, ist ein Jahr vergangen." Ich muß erst ein bißchen nachdenken, um zu begreifen, daß Ayub recht hat. Wir befinden uns hier in Äquatornähe. Die Hälfte des Jahres steht die Sonne im Norden, die andere Hälfte im Süden.
Dieser einfache Mann ohne Schulbildung, aufgewachsen in der Steinzeit, kennt einen Umrechnungsalgorithmus, um unsere Zeitrechnung in die seine zu übertragen. Die Menschen hier sind unheimlich lernfähig, weil sie sich an Neuem begeistern können. Sie sind um nichts weniger intelligent als die Menschen unserer Kultur, aber sie gebrauchen ihre Intelligenz auf ihre Weise. Sie kennen die Namen sämtlicher Schweine; sie kennen ihr eigenes Alter und ihre Geschichte; sie wissen, welches Wasser gut ist und welches nicht. Wenn es einen örtlichen Krieg gibt, wissen sie genau, wer auf ihrer Seite steht und wer nicht. Sie kennen die Namen und Eigenschaften von hunderten Pflanzen und können über siebzig verschiedene Arten von Süßkartoffeln auseinanderhalten. Sie kennen die Lebensgewohnheiten der Tiere des Waldes, ihre Laute und Schreie können sie nachahmen. Nur dieses Wissen gibt ihnen eine Chance auf Jagderfolg. Erst spätabends trennen wir uns von diesem Mann, dessen Lebensweisheit uns in eine völlig fremde Welt hineinblicken läßt.
Mit dem ersten Tageslicht kommt Leben in unseren rauchfreien Bretterverschlag. Die üblichen Routinearbeiten vor dem Aufbruch! Unser Gepäck liegt über den ganzen Boden der Hütte verstreut. In zwölf handliche Gepäckstücke müssen wir es aufteilen, acht für die Träger, vier für uns. Die Menschen des Dorfes

[187] Meine Freunde überließen mir alle Verhandlungen in indonesischer Sprache, da ich von unserer Gruppe diese Sprache noch am besten beherrschte.

scheinen auf den Moment erster Bewegung in unserer Hütte gewartet zu haben. Sie nähern sich unserer Bleibe, pressen ihre Gesichter an die Holzwände und versuchen, durch die Ritzen unser Treiben beobachten zu können. Bald kommen die ersten in unsere Hütte herein, hocken sich am Rand des Raumes nieder und starren uns ohne Worte an. Die Privatsphäre erlischt hier mit den ersten Strahlen der Sonne. Wir haben uns an dieses morgendliche Begrüßungsritual der Papua bereits gewöhnt, empfinden es nicht mehr wirklich störend.
Die Zeit drängt! Wir wissen, daß ein langer Tag vor uns liegt. Auch in der ausklingenden Steinzeit haben wir die Rastlosigkeit unseres Jahrhunderts nicht loswerden können. Trotz unserer vorgegebenen Eile verzögert jeder von uns mit nebensächlichen Kleinigkeiten den Aufbruch. Innerlich sind wir nicht für den Start gerüstet. Ohne Euphorie gehen wir in den neuen Tag. Der Dschungel wird uns heute mehr zusetzen als je zuvor in unserem Leben. Wir reden nicht über unser mulmiges Gefühl. Jeder versucht still, mit seiner eigenen Unsicherheit fertig zu werden.
Es heißt Abschied zu nehmen von unseren Moni-Trägern aus Pogapa. Sie sind uns ans Herz gewachsen. Gern hätten wir sie als Träger behalten, doch hier in Ugimba ist ihre Welt zu Ende. Ihr Mangel an Kleidung, an Sprach- und Ortskenntnis wird sie wohl zeitlebens in diesem Tal des Kemabu und den angrenzenden Berghängen halten. In ihrer Begleitung haben wir einige der stärksten Eindrücke unseres Lebens gesammelt. Das verbindet! Wir werden sie nie wieder sehen.
Die zwölf Gepäckstücke liegen aufgereiht auf dem Grasflecken vor unserer Hütte. Wir wollen die Lasten an unsere Träger verteilen. An wen? Wir sind von gut dreißig Männern umringt, die alle solch eine bunte Last aufladen wollen. Ich kann unsere acht Träger in dieser Menge nicht wiedererkennen, vermute, daß es wohl jene sein müssen, die T-Shirts und Shorts tragen. Ohne Kleidung wagt sich heute kaum ein Papua in die eisigen Berge. In dem Wirrwarr schaue ich hilfesuchend zu Ayub und spüre, daß er die Situation voll im Griff hat.
Das Gerangel um die Lasten wird zum heiteren Spektakel, das uns die Scheu vor dem Aufbruch vergessen läßt. Die Papua kommen mit den Riemen und Gurten nicht zurecht. Einige wollen die Rucksäcke auf dem Kopf festbinden, andere strangulieren sich fast, da sie meinen, man könne die Lasten wie eine Halskette tragen. Wir haben alle unseren Spaß an der unangesagten Show, lassen den Burschen ihr Spiel und setzen uns langsam in Bewegung.
Mit gut zwanzig Trägern und etlichen Kindern verlassen wir Ugimba. Einige wenige tragen tatsächlich unsere Rucksäcke, die anderen begnügen sich mit guten Ratschlägen, was man nicht noch alles mit den lose baumelnden Riemen und Gurten anfangen könnte.
Déjà vu! Vertraut wirkt diese Situation auf mich, so als ob ich sie schon selbst erlebt hätte. In den Büchern von Harrer, Boardman und Baumann wurde mir dieses immergleiche Bild des Aufbruchs aus einem Papuadorf oftmals vor Augen geführt.
Die bekleideten Papua laufen verdächtig unbeladen neben ihren mit den Rucksäcken kämpfenden Kameraden her. Sie gehören zu den auserwählten Trägern, sind die Stars der Truppe. Ihr Part wird noch kommen, dann, wenn es ernst wird.
Gut zwanzig Minuten folgen wir dem ausgetretenen Pfad, den wir schon gestern, aus Pogapa kommend, begangen haben. Das Vergnügen eines gangbaren Weges währt nur allzu kurz. Die Gruppe hält an, alle legen ihre Gepäckstücke auf den

Boden. Einige versuchen, die Tragnetze mit den Süßkartoffeln an den Rucksäcken festzubinden. Das Spektakel ist zu Ende, es wird ernst, die Masse zerstreut sich in alle Richtungen. Wir schnallen unseren Dani-Trägern die Rucksäcke fachgerecht auf den Rücken.
Wir zweigen vom Hauptweg ab und steigen durch die terrassierten Süßkartoffel- und Tarofelder der Moni den Berghang hinauf. Nun sind wir nur noch von unseren acht Trägern umgeben, zwei Kinder mit bunten Tragnetzen voll mit Süßkartoffeln folgen uns.
Wir halten auf eine abweisende, grün-schwarze Wand zu, welche den abrupten Übergang vom offenen Gartental der Moni in die lebensfeindliche Welt des Dschungels markiert.
Binnen weniger Augenblicke sind wir von dieser Wand verschlungen – verschlungen von Dunkelheit und Nässe. Vom Blätterdach über uns tropft es herab, so als ob es regnen würde. Schlamm, Wurzeln und Ranken, tote Blätter und aufrechte und gefallene Bäume liegen miteinander im Kampf, ersticken einander. Fassungslos und hilfesuchend drehe ich mich in alle Richtungen. Nur wenige Meter hinter mir liegt das rettende Siedlungsgebiet der Moni. Ich will zurück! Hier komme ich nicht weiter. Nicht die Spur eines Weges kann ich in diesem Gewirr hölzerner Fäulnis erkennen.
Ein riesiger Baumstamm hat im Fallen die dornigen Ranken durchschlagen und liegt geneigt am Hang. Ayub erklettert ihn und dringt darauf einige Meter weiter ins Dickicht ein. Ich versuche, es ihm gleichzutun. Keine Chance, mich auf diesem glitschigen Holz zu halten! Ich rutsche ab und drohe, ein, zwei Meter in das dornige Unterholz abzustürzen. Mit eisernem Griff faßt mich Ayub am Arm. Seine Zehen krallen sich in den bemoosten Baumstamm. Felsenfest steht er darauf und hält so meinen Sturz. Schritt für Schritt leitet er mich so den Stamm hinauf.
Eine halbe Stunde kämpfen wir mit dieser weglosen Dschungelwirklichkeit und haben dabei vielleicht hundert Meter zurückgelegt. Ich könnte hier keinen Schritt ohne Führung tun, kann keine Richtung erkennen, verliere langsam die Hoffnung, je die Berghöhen des zentralen Massivs zu erreichen.
Waren wir zu überheblich gewesen, einen Weg, den Peter Boardman, einer der besten Bergsteiger der Welt, als extrem schwer beschrieben hat, nachgehen zu wollen? Umkehr? Der Gedanke daran frustriert mich. Ich kann ihn nicht wegschieben. Meine Freunde? Wortlos verstehen wir uns. Sie fühlen wie ich.
Zehn, fünfzehn Schritte bin ich gegangen – ohne Führung, ohne Stolpern. Was ist das? Ein dünner Faden verläuft vor mir durch den Wald, kaum breiter als eine Hand. Hier wurde das schwankende Durcheinander der Vegetation durch gewaltsam gesetzte Schritte durchbrochen – ein Weg.
Die schmale Spur wird nicht breiter, nicht leichter begehbar, aber sie bleibt erkennbar. Alles in mir entkrampft sich. Der Kampf mit der uns dominierenden Natur bleibt hart, aber wir können ihn nun selbst ausfechten.
Es ist ein totenstiller Geisterwald, der uns umgibt. Das durchsickernde Tageslicht erinnert uns, daß wir uns noch an der Erdoberfläche befinden. Der nasse Boden saugt das Geräusch unserer Schritte auf, kein Vogelschrei ist zu hören. Bestimmt sind wir von unzähligen Tieren – Vögeln, Insekten und Schlangen – umgeben, doch unsere Augen sind nicht darin geübt, sie zu entdecken.
Wir waten Bachläufe entlang, queren sie auf schwankenden, schmalen Baumstämmen, mühen uns über natürliche Brücken aus schaukelnder Vegetation. Nie

Der dicht verwachsene Pfad, der von Ugimba auf das Kemabu-Plateau hinaufführt – Entfernt man sich nur wenige Meter von seinen Begleitern, kann man sie in diesem Dickicht nicht mehr erkennen.

ist der Boden eben. Ein steiles, rutschiges Hindernis folgt dem anderen. Zweige schlagen nach uns, dornige Ranken ritzen unsere nackten Oberschenkel. Bücken, kriechen, klettern, springen, rutschen – halbvergessene Muskeln erinnern schmerzhaft an ihr Vorhandensein. Bald sehen unsere Beine aus, als würden wir schlammverkrustete, rote Netzstrümpfe tragen. Allem zum Trotz – wir sind keuchend glücklich. Wir kommen voran in diesem Dschungelchaos, das sich so erfolgreich jeder menschlichen Einflußnahme widersetzt.
Bald erkennen wir ein System im Wegebau der Papua. Geschickt wurde der Verlauf des Pfades über gefallene Baumstämme gelegt. Lange Zeit balancieren wir auf diesen zwölf bis fünfzehn Meter langen glitschigen Baumstämmen, überwinden die Wegstrecke zum nächsten Stamm mit einem Sprung oder einer kurzen Kletterei. So bewegen wir uns meist ein bis zwei Meter über dem modrig zerfallenden Waldgrund, der durch Ranken, Farne und gebrochene Äste für uns unsichtbar bleibt.
Die Dani laufen mit affenartiger Geschicklichkeit über die Baumstämme, plaudern miteinander, sehen sich ruhig um, so als wären sie auf einem entspannenden Spaziergang. Wenn sie gelegentlich anhalten, binnen Sekunden ein kleines Feuer entfachen, einige Süßkartoffeln zubereiten und uns um Zigaretten bitten, lassen wir uns dankbar neben sie in den Morast fallen. Bei einer dieser Rastpausen bemerke ich, daß die beiden Kinder noch immer bei uns sind. Wohin mögen sie nur wollen in diesem einsamen Wald?
Der Weg führt uns in ein tiefes, von Vegetation überwuchertes Tal. Ein tiefer Einschnitt mit mehreren hundert Meter hohen Wänden, der offenbar keinen Ausgang hat! Der schmale Pfad endet in einem glitschigen Bachbett, dem wir nun zwei Stunden lang folgen. Die Muskulatur unserer Arme ist nun weit mehr beansprucht als jene unserer Beine. Klettern, stützen, kriechen! Die Hände bieten weit besseren Halt als die ständig wegrutschenden Füße.
Das Blätterdach weist über dem Bachbett einen Einriß auf. Ich nütze das eindringende Tageslicht zum Fotografieren und reiße von meiner Gruppe ab. Unvermittelt falle ich in eine schwere Hypoglykämie, allein in diesem weglosen Wald,

allein in diesem glitschigen Bachbett, das mir die einzige Orientierungshilfe bietet. Fahrig suche ich in meinem Rucksack nach Traubenzucker und Müsli-Riegeln. Ich kann sie in meiner Verwirrtheit nicht mehr finden. Verzweifelt rufe ich nach meinen Feunden, doch sie sind schon zu weit voraus. Einer der Dani-Träger hört mein Rufen und kehrt zu mir zurück. Er kann mir nicht helfen. Wie soll ich ihm in meinem fahrigen Zustand in der uns beiden wenig geläufigen indonesischen Sprache mein Problem erklären?

Nur vor mir gibt es Hilfe. Ich muß den anderen nach. Der Willensakt drängt die Symptome der Unterzuckerung etwas zurück. Ich stolpere weiter durch das Bachbett. Der Dani-Träger fühlt, daß mit mir nicht alles in Ordnung ist, und läßt mich nicht mehr aus den Augen.

Wir erreichen den ausweglosen Talschluß. Vor mir stellt sich eine gewaltige, von dichter Vegetation überwucherte Wand auf, die mich den Atem anhalten läßt. Das Gelände ist zu steil, als daß sich hier modrig zerfallende Vegetation halten könnte. Starker, lebender Bewuchs, ein Geflecht aus Tausenden von freiliegenden Wurzeln, seicht schlammiger Untergrund! Ich bin in den aufregendsten Klettersteig meines Lebens geraten.

Mit den Händen ziehe ich mich an den Wurzeln Meter für Meter höher in dieser Wand, die Füße versuche ich, geschickt in die Wurzelschlingen zu plazieren. Jeden Griff und Tritt teste ich zweifach. Sie halten alle! Nur starke Pflanzen können in dieser Steilwand überleben.

Auf einem luftigen Absatz knapp unterhalb des Ausstiegs aus der Wand schließe ich auf Franz auf. Mit wenigen Handgriffen reicht er mir zwei Müsli-Riegel und Traubenzucker aus meinem Rucksack. Langsam legt sich die innere Unruhe, die mir die unbehandelte Hypoglykämie in der Wand bereitet hat. Die Symptome lassen nach.

Nachdenklich lasse ich die letzten eineinhalb Stunden Revue passieren. Es war eine ausweglose Situation, und doch ist das eingetreten, was nicht möglich schien. Im Talboden hatte ich eine schwere Unterzuckerung. Ich hätte dringend Kohlehydrate gebraucht. Statt dessen mußte ich mit extremer Anstrengung reagieren, bin mit höchster Konzentration durch diese Wand gestiegen, ein Fehltritt hätte den Tod bedeutet. All dies hätte den Blutzucker noch weiter absinken lassen müssen. Der Körper hat irgendeine Art von Gegenregulation eingeleitet, wobei der Blutzucker während der gesamten Zeit merkbar niedrig geblieben ist. Die Symptome der Unterzuckerung ließen in der Anstrengung etwas nach, verstärkten sich wieder in kurzen Ruhephasen. Es ist das zweite Mal, daß ich dieses Phänomen an meinem Körper feststelle.[188] Bis heute fehlt mir, fehlt allen, die ich kenne, eine schlüssige Erklärung.

Minuten später durchklettern Franz und ich die letzte Steilstufe dieser Wand. Erleichtert atmen wir auf, als wir wieder ebenen Boden unter den Füßen haben. Aus dem Dunkel des Waldes gekommen, müssen wir unseren Augen erst Zeit geben, sich auf die ungewohnte Helligkeit einzustellen. Nach der Enge des Dschungelgefängnisses ist das Gefühl der Weite erhebend.

Erstmals können wir dieses faszinierende Land von oben überblicken, die grünen Bergrücken, die steilen, von Vegetation überwucherten Kalksteinwände, die tiefen Einschnitte der Täler. Wir können Bäche, Flüsse und Dörfer erahnen. Dort

---

188 Besteigung des Chachani in Peru, vgl. Kapitel "Trugbild der Heilung"

unten hat ein Teil unserer menschlichen Vergangenheit überlebt, und wir waren für einige Tage eingebunden gewesen in eine Menschheitsepoche, die in unserer Heimat vor Tausenden von Jahren zu Ende gegangen ist.
Wir befinden uns nun in über dreitausend Metern Höhe. Es ist kalt geworden, der Wind bläst uns ins Gesicht. Die Träger haben ein Feuer entfacht und wärmen sich daran. Die Kälte kann unsere Euphorie nicht dämpfen. Nun kann ich mit meinem Wissen über den Routenverlauf herausrücken. Wir haben die schwersten und gefährlichsten Stellen des gesamten Weges hinter uns gebracht.
Lange Zeit habe ich sie nicht bemerkt, habe sie vergessen, nun sind sie wieder bei uns – die beiden Kinder. Vor Kälte zitternd hocken sie beim Feuer. Jetzt erst begreife ich, daß das Mädchen und der Junge zu uns gehören, daß sie mit uns den langen Weg über die Berge gehen werden. Wer sind diese Kinder? Wir erfahren, daß Ayub sie mit sich genommen hat. Es sind die Kinder seiner verstorbenen Schwester. Nun ist er ihr Vater geworden. Sie teilen in allem sein hartes Leben, können nur mit ihm überleben in dieser Gesellschaft zwischen den Zeiten.
Vor uns breitet sich ein weites Hochmoor aus. Kein Rutschen, kein Stolpern, nur der Morast bleibt tief! Die Landschaft erinnert mich in vielem an die unwirkliche Pflanzenwelt im Ruwenzori-Gebirge[189], das ich vor drei Jahren begangen habe.
Die Träger führen uns zu einer kleinen Hütte unweit einer Quelle. Solche Behelfsunterkünfte errichten die Papua überall dort, wo die Länge des Pfades sie zur Übernachtung in der Wildnis

Dieses "Rasthaus" der Papua wird für uns zur bescheidenen Bleibe während der ersten Nacht auf dem Kemabu-Plateau.

[189] Das Ruwenzori-Gebirge liegt an der Grenze von Uganda und Kongo (ehem. Zaire). Dieses Gebiet gilt als der schönste Bergurwald der Welt. Die oftmals auch in Europa bekannten Pflanzen erreichen dort gigantische Ausmaße und vermitteln das Gefühl, sich in der Welt der Riesen zu bewegen.

Jutta und Ayub - in der feuchten Hütte auf dem Kemabu-Plateau widmen sie sich der Kreation gastronomischer Feinheiten.

zwingt. Aufgrund der seltenen Nutzung verfallen diese Biwaks sehr schnell und müssen von den Einkehrenden immer wieder erneuert werden. Binnen Minuten reparieren unsere Dani das durchlässig gewordene Dach, legen den Boden der Hütte mit Moos und Blättern aus und entzünden ein Feuer.
Das Gelände rund um die Hütte ist derart tief und schlammig, daß wir nur ein einziges Zelt aufstellen können. Franz und ich entschließen uns, unseren Schlafplatz bei den Dani in der Hütte einzurichten. Der einsetzende Regen treibt uns bald in die enge Hütte ans wärmende Feuer. Auf modernen Gaskochern wärmen wir Gulaschsuppe, während die Dani in der steinzeitlichen Feuerstelle Süßkartoffeln braten. Die neugierigen Augen der Papua sind auf die brodelnde, braune Flüssigkeit in unseren Töpfen gerichtet. Was liegt näher als aus unseren gemeinsamen Beständen eine neue gastronomische Kreation zu schaffen? Das Süßkartoffelgulasch findet allgemeine Zustimmung. Unser gemeinsames Mahl führt uns ins Plaudern. Endlich haben wir Zeit, unsere Träger als Mitmenschen kennenzulernen. Sie sind allesamt jung, um die zwanzig Jahre alt, nur der alte, würdige Ayub fällt aus der Reihe. Die Konversation läßt sich leicht knüpfen, denn die Dani sind von allem begeistert, was wir haben und was wir tun. Der Gaskocher, das Zelt, der Fotoapparat, unsere Kleidung, alles unterziehen sie einer eingehenden Betrachtung. Sogar das Süßkartoffelgulasch schmeckt ihnen, wohl vor allem deshalb, weil es Nahrung aus unserer Welt ist.
Ayub war es gewesen, der seine sieben Kameraden für den Marsch in die Fremde jenseits der Berge ausgewählt hat. Seine Wahl dürfte auf die weltoffensten und modernsten Männer seines Dorfes gefallen sein. Ein enormer Kontrast zu den Papua der kleinen Dörfer im Kemabu-Tal! Hatten wir unter den Moni Schwierigkeiten, jemand zu finden, der einige Brocken Indonesisch sprach, so beherrschen unsere Dani diese Sprache recht gut. Einer von ihnen kann sogar schreiben. Etwas unbeholfen ritzt er seinen Namen in das aufgeweichte Holz der Hütte. Weltmännisch tragen diese Dani ihre T-Shirts mit den Logos von "Nike" oder "Yves Saint Laurent". Sie sind aufgewachsen mit dem Wissen um die nahe Existenz einer völlig anderen Welt, der Welt der Indonesier und Weißen. In ein, zwei, drei Tagen können sie diese Welt von ihrem Dorf aus erreichen,[190] sie ist ihnen vertraut, sie zieht sie an, wenn sie auch vieles darin nicht begreifen. Sie haben

190 Die Dörfer Bilogay und Beoga im Norden sowie die Kupfermine im Süden

keinen entwurzelnden Sprung durch die Jahrtausende erlebt, sie haben die jungsteinzeitliche Lebensform und die verlockenden Errungenschaften der westlichen Zivilisation stets nebeneinander als Teil derselben Epoche erfahren. Nur für den alten Ayub war die erste Begegnung mit der Welt der Weißen ein Eindringen in das Unvorstellbare gewesen. Vor vierzehn Jahren war er mit Peter und Hilary den Weg aus dem steinzeitlichen Wanibugi in die HiTech-Welt der Kupfermine gegangen – ein Flug durch die Jahrtausende in nur vier Tagen.
Ayub verliert den Faden der Konversation, zieht sich geistesabwesend in seine Gedankenwelt zurück. Schweigend starrt er ins Feuer. Seine Augen glänzen. Minutenlang! Er entflieht in seine verlorengegangene Vergangenheit. Bilder einer unwirklichen Welt tauchen vor Ayubs Augen auf, wecken in ihm die Erwartung des Wiedersehens und Heimkommens.
Männer laufen einen steilen, glitschigen Hang hinunter, getrieben von gespannter Neugier und Vorfreude. Sie laufen in ein Land, das in den Wolken liegt, in dem es nie wirklich Tag wird. Riesige Lichter durchbrechen diese Nacht und verleihen diesem Land ein gespenstisches Flair. Gelbe und schwarze Ungeheuer, so groß wie Bäume, verwandeln diese Welt in karges, finsteres Ödland.
Längst hat Ayub begriffen, was diese Maschinen, die wie außerirdische Ungeheuer den Boden abgraben, bewirken sollen. Wochen und Monate hat er neben und mit ihnen gearbeitet. Ayub will in seinen Gedanken nicht an sein Wissen und seine Erfahrungen anknüpfen. Er will hier am Feuer die erste Begegnung, die Spannung, die Scheu, die Fassungslosigkeit aufs Neue erleben.
Ein merkbarer Ruck geht durch Ayubs bewegungslosen Körper, läßt ihn wieder in unsere Gegenwart zurückkehren. Sein Gesicht wirkt noch immer verzückt, aber seine Augen suchen lebendig die unseren.
Die Stimme dieses würdevollen, alten Mannes wird kindlich, überschlägt sich, vor Aufregung bringt er kaum etwas Vernünftiges heraus. "Grappa, banyak toyota, banyak orang putih, grappa, banyak orang america, grappa, banyak toyota!" Ayub sucht keine Konversation, keine Reaktion der anderen, wiederholt sprudeln diese Worte aus seinem Mund.
Vieles habe ich verstanden und vieles überrascht mich nicht. Viele Toyotas! Ayub kennt wohl kein Wort für Fahrzeug. Da es in der Kupfermine viele Toyotas gibt, meint er wohl, daß dies das Wort für Fahrzeug sei. Viele weiße Menschen, viele Menschen aus Amerika! Nichts anderes erwarte ich mir in dieser Mine. Aber was bedeutet dieses "grappa", das er immer wieder einfließen läßt? Ich wage es nicht, Ayub in seiner Verzückung zu stören und warte, bis sich seine Aufregung legt. Ich frage ihn, was denn "grappa" zu bedeuten habe, er aber wiederholt dieses Wort ständig und erklärt mir, daß "grappa" sehr groß sei. Ist es ein Ort? Ayub nickt. Ich werfe einen Blick auf meine Karten und kann darauf kein "grappa" finden. "Grasberg" schießt es mir durch den Kopf. Meint er vielleicht den Grasberg, den Harrer vor dreißig Jahren bestiegen hat und der einige Kilometer außerhalb des Minengeländes liegen müßte? Ja, den Grasberg meint Ayub! Auf dem Grasberg wird abgebaut? Niemand weiß etwas davon. Alle Welt glaubt, daß der Ertsberg[191] das eigentliche Abbaugebiet sei. Warum all die Geheimnistuerei?

---

191 Die vertraut wirkenden Namen der Berge entstammen nicht der deutschen, sondern der holländischen Sprache, wie man auch an der Orthographie des Wortes "Ertsberg" erkennen kann. Irian Jaya war bis 1962 eine niederländische Kolonie gewesen.

Für uns bedeutet das, daß das Minengelände wesentlich größer ist, als wir unsprünglich angenommen haben. Es muß sich nun bis an die Wände der steil aufragenden Berge erstrecken. Wir werden nicht unbemerkt das Gelände umgehen können, um schneller zu den zentralen Verwaltungsgebäuden zu gelangen. Mehr Hindernisse und Kontrollen werden uns erwarten, ehe wir ins Zentrum des Abbaugebietes vordringen können. Keine gute Nachricht! Zum Glück sind wir nun darauf vorbereitet.

In der Morgendämmerung sehen wir eine ganz andere Welt. Der Sonnenschein verwandelt das Gras in Gold, auf den Büschen und moosverhangenen Ästen glitzern die Regentropfen der Nacht. Die weite Hochebene verengt sich zu einem Grat, auf dem wir über den Wolken dahinschreiten. Zu beiden Seiten blicken wir auf Hochebenen, die dazwischenliegenden tiefeingeschnittenen Abgründe sind mit dem flauschigen Weiß der Wolkendecke gefüllt. Im Westen sehen wir die steilen Kalkwände des Ekabu-Plateaus, dessen Pfeiler sich scharf im Morgenlicht abheben. Wir steigen von diesem Höhenrücken ab und durchqueren mehrere Grasmoore. Die Hänge lassen nun immer öfter den verkarsteten Untergrund unter dem Morast hervortreten. Wir balancieren auf messerscharfen Kalkrippen und bestaunen, wie die nackten Füße unserer Träger auf diesem Gestein unbeschadet bleiben.

Am frühen Nachmittag erreichen wir eine kleine Anhöhe, die uns zur Rast einlädt. Vor uns liegt ein langgestreckter dichtbewachsener Graben, der von weißen, kahlen Kalkwänden begrenzt wird. Als wir den tiefsten Punkt dieses Grabens erreichen, liegt zu unserer Rechten ein kleiner Tümpel. Sein braun-schwarzes Wasser wirkt nicht gerade einladend, und so vermeiden oder versäumen wir es, hier unsere leeren Wasserflaschen aufzufüllen. Es sollte die letzte Wasserstelle für die nächsten vierundzwanzig Stunden sein.

Mehr als eine Stunde steigen wir nun diesen Graben entlang nach oben, ohne daß wir sein Ende erspähen oder auch nur erahnen können. Der schütter werdende Bewuchs gibt die bizarren Formen der Karstlandschaft frei. Tiefe Spalten, weite Höhlen, scharfe Kalkrillen, glatte Wandstufen!

Gegen vier Uhr führt der Pfad an eine senkrechte Felswand heran, in der wir ein höhlenartiges Felsdach erkennen können. Ayub erklärt uns, daß dies der letzte geschützte Platz für viele Stunden sein soll und daß wir hier über Nacht bleiben müssen.

Wir befinden uns bereits auf 3600 Metern Höhe, die Temperatur ist nahe an den Gefrierpunkt gefallen. Die Träger schwärmen aus, um Farne zu sammeln, mit denen sie ein rauchiges Feuer entfachen.

Wir kommen zur bösen Erkenntnis, daß wir mächtig Durst haben, unsere Flaschen leer sind und die letzte Wasserstelle eineinviertel Stunden hinter uns liegt. Den Papua scheint Wassermangel kaum etwas anhaben zu können. Ich habe sie höchst selten trinken gesehen. Sie dürften den Großteil ihres Flüssigkeitsbedarfs aus den Unmengen von Süßkartoffeln beziehen, die sie verzehren.

Ich will keiner durstigen Nacht mit klebrig-trockenem Gaumen entgegensehen. Mit fünf leeren Wasserflaschen mache ich mich auf den langen Marsch zur Wasserstelle. Als Ayub mich so einsam davoneilen sieht, springt er mir nach und sagt, er wolle mich begleiten und mir helfen.

Während wir den Graben hinunterlaufen, hält Ayub immer wieder an, bückt sich und legt sein Ohr an den Boden an. Ich lasse ihn verständnislos gewähren, werde aber immer ungeduldiger, da der Einbruch der Nacht unmittelbar bevorsteht. Ich hatte mir Hilfe von Ayub erwartet, nicht die Demonstration gymnastischer Übungen.

Wir haben uns erst wenige Minuten von unserem Lagerplatz entfernt, als Ayub zum wiederholten Male sein Ohr an den Boden preßt. Plötzlich fängt er an, wie wild mit den bloßen Händen im weichen Untergrund zu graben. Binnen zwei Minuten hat er ein etwa achtzig Zentimeter tiefes Loch geschaffen und deutet mir, ich solle meine Hand in dieses hineinstrecken. Ich spüre einen Schwall kühlen Wassers über meine Handfläche rinnen. Welch eine Vielfalt von Überlebensstrategien haben doch diese Papua in dieser lebensfeindlichen Wildnis entwickelt!

Kurz darauf kehre ich mit gefüllten Wasserflaschen ins Lager zurück. Meine Freunde haben die Zelte bereits, so gut sie konnten, am stark geneigten Untergrund festgemacht. Unsere Dani drängen sich dicht ans Feuer. Es ist nun eiskalt. Am bedauernswertesten sind die beiden Kinder. Wir packen sie fest in unsere Reservekleidung ein. Eingehüllt in unsere warmen Schlafsäcke hören wir noch lange unsere Träger ihre eintönigen Lieder in die Nacht hinaus singen.

Als wir uns am nächsten Morgen auf den Weg machen, vermeinen wir, bereits das Ende dieses stetig ansteigenden Grabens erkennen zu können. Die Natur narrt uns. Immer wenn wir das vermeintliche Ende erklommen haben, müssen wir erkennen, daß ein neuerlicher Anstieg auf uns wartet. Die karge Vegetation ist nun fast völlig verschwunden, unser Pfad führt über glitschig-nasse Kalkplatten, auf denen wir nur in schmalen Kalkrillen Halt finden.

Nach drei Stunden des Aufstiegs erreichen wir einen sanften, felsigen Einschnitt, der uns einen Durchgang zwischen den Gipfeln der Bergkette ermöglicht. Wir sind auf dem Bakopa-Paß! 4250 Meter zeigt der Höhenmesser an, einer der höchsten Übergange des ozeanischen Kontinents. Die Natur zeigt uns deutlich, daß wir hier den Übergang in eine andere Welt gefunden haben. Der Himmel öffnet seine Schleusen, heute viel früher als an all den anderen Tagen. Kein Regen prasselt auf unsere Köpfe, wir sind eingehüllt in Schneeflocken, die sich auf unseren nackten Oberschenkeln sogleich in Wasser verwandeln.

Trotz der Unbill des Wetters verweilen wir auf diesem Paß. Wir wollen nicht einfach über diesen von Mythen und Legenden umwobenen Platz hinwegschreiten. Viele Menschen aus dem Tal des Kemabu glauben, daß man von hier zum Ende dieser Welt gelangt. Unweit dahinter hört alles auf, bricht das Land in unendliche Tiefen ab.[192]

Seit Tausenden von Jahren haben immer wieder Gruppen von Papua die Höhen der zentralen Bergkette überquert. Wer diesen gefährlichen Weg über die eisigen Gipfel auf sich genommen hat, hat dies getan, um in eine neue Heimat aufzubrechen. Beladen mit Sehnsüchten und Träumen von einem fruchtbaren Tal und einem besseren Leben! Viele von ihnen haben ihr Ziel nie erreicht, haben

---

192 Hinter dem Bakopa-Paß fällt das Hochplateau gleichförmig auf 3500 Meter ab, danach erreicht man senkrechte, weit über tausend Meter hohe Felsabstürze. Selten kann man vom Hochplateau das Land unterhalb der Felswand erkennen, da man sich hier fast immer im Nebel befindet. Die Papua mußten früher Pfade durch diese Felsabstürze oder an ihnen vorbei gekannt haben. Dieses überlieferte Wissen ist aber verloren gegangen, seit die Freeport Indonesia Copper Mine das ganze Gebiet in eine hochtechnisierte, kaum zugängliche Kupfermine umgewandelt hat.

sich verirrt, sind erfroren, blieben für immer hier oben in den frostigen Höhen als Mahnmal, das daran erinnert, daß dieser Weg in eine neue Welt von mannigfaltigen Gefahren begleitet wird.
Lange Zeit rätselte die weiße Welt, wo dieser geheimnisvolle Papua-Pfad über die höchsten Berge der zentralen Kette verlaufen könnte. Die beiden Wollaston-Expeditionen[193] am Anfang unseres Jahrhunderts konnten in vielen Monaten keinen Hinweis auf diesen Weg finden. Als Heinrich Harrer 1962 als erster Weißer die zentrale Bergkette überquerte, tat er dies über den fünfzehn Kilometer östlich gelegenen Neuseelandpaß. Aus Luftaufnahmen weiß man, daß dieser Übergang noch zwei Jahrzehnte zuvor vergletschert und unbegehbar gewesen war. Harrer war das Zauberwort "Bakopa" nicht unbekannt gewesen, er dürfte aber nie auf diesem Paß gewesen sein, da er ihn auf seiner Karte an falscher Stelle, unweit des Grasberg-Sattels, eingetragen hat. Als erste Fremde haben 1976 die Österreicher Wilhelm Rossi und Ludwig Hansen auf ihrem Weg vom Carstensz-Gebirge nach Bilogay diesen Paß überschritten. Ihnen dürfte aber die Bedeutung dieses so lange verborgen gebliebenen Übergangs nicht wirklich bewußt gewesen sein. Wir können von den Erfahrungen und späteren Reflexionen unserer Vorgänger profitieren und sind uns der Bedeutung dieses einsamen Ortes voll bewußt.
Eingehüllt in Nebel und Schnee saugen wir die Mystik dieses geheimnisvollen Ortes in uns auf. Berg der Hoffnung und des Grauens! Wir fühlen, daß uns dieser Übergang in eine neue Wirklichkeit führen wird. Langsam, zögernd und doch erwartungsvoll, lösen wir uns von diesem Platz und machen uns auf den Weg in ein Land, das vor uns im Nebel und in den Wolken verborgen liegt.

---

193 A. F. R. Wollaston nahm 1909 an einer britischen Expedition teil, deren Ziel es war, von der Südküste aus das Carstensz-Gebirge zu erschließen. Trotz ungeheuren Aufwands konnte die Expedition in fünfzehn Monaten nur vierzig Kilometer ins Inselinnere vordringen. 1912/1913 kehrte A. F. R. Wollaston in diese Gegend mit dem festen Vorsatz zurück, über das zentrale Bergmassiv die Nordseite der Insel zu erreichen. Mit seinem Begleiter C. B. Kloss und einigen Papua kam er an die Südwand der Carstensz-Pyramide heran und stieg bis in eine Höhe von über 4000 Metern auf. Die Gruppe erreichte aber weder den Gipfel, noch konnte sie einen Übergang nach Norden finden.

BAKOPA UND DAS ENDE DIESER WELT

Trilogie aus drei Jahrtausenden

Teil 3

"An vielen Stellen sahen wir sehr hohe, verschneite Berge, für eine Gegend so nahe am Äquator sicher ganz ungewöhnlich." Das schrieb 1623 der holländische Seefahrer Jan Carstensz, als er auf der Arafura-See zwischen Neuguinea und Australien segelte. Schneeberge in Neuguinea? Als er nach Holland zurückkehrte, wollte ihm niemand glauben.[194]

Wir haben die Höhen jener Berge erreicht, die Jan Carstensz vor Jahrhunderten als erster Weißer gesichtet hat, aus riesiger Entfernung vom Meer aus. Welch klaren und wunderbaren Tag mußte er gehabt haben! Ein Auserwählter! Nur selten gewährt diese wolkenverhangene Insel solche Fernblicke. Wir stehen im Schneetreiben und spüren die Flocken wie feine Nadelstiche auf unserer Haut. Bis heute sind nur wenige Fremde in diese Berge gekommen. Ihre Reiseberichte ähneln einander alle in einem Punkt: Kaum einer hat diese Bergwelt je in ihrer Größe überschauen können. Regen, Nebel, Wolken und Schnee sind ständige Begleiter gewesen. Wie unsere Vorgänger bewegen wir uns durch eine Landschaft, die wir nie wirklich zu Gesicht bekommen. Auch vier Jahrhunderte nach Carstensz haben diese Berge ihre Geheimnisse bewahrt, haben die wenigen Eindringlinge nicht an sich herangelassen, haben nur winzige Bruchstücke ihrer Schönheit preisgegeben.[195]

Wir lassen die Paßhöhe des Bakopa hinter uns und steigen hinab in den Südteil der Insel. Der Pfad ist einfach, hartgetreten, vegetationsarm. Kein Stolpern, kein Rutschen – wir schlendern dahin und kommen doch zügig voran.

Zuweilen ist unsere kleine Karawane über mehrere hundert Meter auseinandergezogen, dann sind wir wieder nur wenige Schritte voneinander getrennt. Wortlos! Keiner spricht mit dem anderen. Wir können unseren Gedanken endlich freien Lauf lassen, unser Kopf ist frei von der ängstlichen Sorge um das Setzen der nächsten Schritte.

Der Pfad ähnelt jenen Wegen, die von unseren Almen in die Täler führen. So sehr der Boden unter meinen Füßen vertraut auf mich wirkt, die Welt, die ich durch-

[194] Späte Ehre wurde dem vorerst belächelten holländischen Seefahrer zuteil, als man den höchsten Berg dieses Massivs nach ihm benannte. Mit ihren 4884 Metern ist die Carstensz-Pyramide zugleich der höchste Gipfel des ozeanischen Kontinents. Die Indonesier haben nach ihrer Machtübernahme den Berg in Puncak Jaya umbenannt, in der Welt der Bergsteiger wird diesem Gipfel wohl immer der alte Name "Carstensz-Pyramide" erhalten bleiben.

[195] Alle Bergsteiger, die bisher in das Gebiet um die Carstensz-Pyramide gelangt sind, haben einen einzigen Pfad benutzt, der ihnen nur einen sehr engen Ausschnitt dieser äquatorialen Bergwelt zugänglich gemacht hat. Nur Heinrich Harrer und Phil Temple haben sich 1962 länger, nämlich fast zwei Monate, in diesem Gebiet aufgehalten. Sie dürften einen Gesamteindruck von dieser Landschaft gewonnen haben. Die Österreicher Wilhelm Rossi und Ludwig Hansen haben 1976 zwei verschiedene Routen für Hin- und Rückweg gewählt. Sie waren wie all ihre Vorgänger über den Neuseeland-Paß zur Carstensz-Pyramide gelangt, ihr Rückweg führte über den Bakopa-Paß (Erstbegehung durch Fremde).

Morgenstimmung auf dem Kemabu-Plateau

wandere, bleibt gespenstisch fremd. Ich kann kein Bild von ihr gewinnen, könnte niemandem beschreiben, wie sie aussieht. Nebelfetzen hasten über dieses Hochland und geben alle Augenblicke ein anderes Bild der Landschaft frei. Es ist wie in einer Dia-Show mit Überblendtechnik. Kein Ausschnitt gleicht dem anderen, ein Puzzle aus tausend Teilen, die sich nicht zu einem Ganzen zusammenfügen lassen.

Wir befinden uns noch auf über viertausend Metern Höhe. Im Westen reißt der Nebel auf und gibt für Augenblicke die breite Szenerie der Bergwelt frei. Nobsch und ich erblicken einen Gipfel, der unseren Standort um vieles überragt. Wir wollen uns orientieren, wollen die Schönheit dieses Ausblicks genießen, da ist dieses Bild auch schon wieder verschwunden. Was mag das für ein Berg gewesen sein? Er muß knapp an die fünftausend Meter heranreichen. Wir können einen solchen Gipfel auf unseren Karten nicht finden. Oder sind wir schon um vieles weiter, als wir glauben? Ist es der 4800 Meter hohe Idenburg-Top gewesen, den Heinrich Harrer und Phil Temple im Februar 1962 als erste bestiegen haben und der dann für die folgenden dreißig Jahre allen Fremden verborgen geblieben ist? Nie wieder ist er bestiegen worden, nie wieder wurde er in einem Bericht erwähnt.

Ich habe nicht auf den Weg geachtet. In meiner Gedankenverlorenheit bin ich auf Nobsch aufgelaufen, der angehalten hat und entgeistert auf einen mächtigen Berg zeigt. Was wir sehen, ist die extremste kulturelle Konfrontation dieser Welt. Tage, Wochen sind wir in einer steinzeitlichen Welt unterwegs gewesen, haben uns durch unbezähmbaren Dschungel hindurchgekämpft. Nun blicken wir auf den Grasberg, von dem die Menschen mit Hilfe modernster Technik nur einen riesigen, 4200 Meter hohen Kegelstumpf übriggelassen haben. Das neue Abbaugebiet der Freeport Indonesia Copper Mine! Mächtige Scheinwerfer starren

Wen wundert´s, daß viele Papua daran glauben, daß hier das Ende der Welt beginnt? Keine Bäche, keine Vegetation - das Land ist karg, abweisend und stets in düsteren Nebel gehüllt.

durch den Nebeldunst auf uns wie fremde, spähende Augen. Im Schein der Lichtkegel können wir riesige Maschinen und Fahrzeuge erkennen, die dem mächtigen Berg unaufhörlich zusetzen. Die Nähe dieser hochmodernen Wunderwelt inmitten einer unberührten Dschungelwirklichkeit erfüllt uns mit Sorge. In Kürze werden wir ein Sperrgebiet betreten, das zu den unzugänglichsten und bestbewachten dieser Erde zählt. Wir wollen das riesige Gebiet der Kupfermine nach Süden hin durchqueren, wir besitzen keine Genehmigung der indonesischen Regierung, und wir wissen, daß wir eine solche Erlaubnis unter normalen Umständen nie bekommen können.
Unsere Befürchtungen sind zur Gewißheit geworden: Das Minengelände ist in den letzten Jahren derart ausgeweitet worden, daß es nun bis an die steilen Bergwände heranführt. Wir können das Gebiet nicht nördlich umgehen, wir können nicht unbemerkt einen Lagerplatz in der Legalität einrichten, der uns Zeitgewinn in den Verhandlungen mit den Behörden der Kupfermine bringen könnte.
Wir halten Ausschau nach einem geschützten Platz, wo wir die zu erwartenden Schwierigkeiten überdenken können. Der Schneefall ist in strömenden Regen übergegangen und wirkt wenig einladend, an Ort und Stelle eine Minikonferenz abzuhalten. Wir steigen hinab bis an den Fuß des Grasberges, wo einige übereinandergeschichtete Felsplatten ein natürliches Dach gebildet haben. Hier sprechen wir unsere weitere Vorgehensweise ab. Wir werden gute Argumente für unser Eindringen in diese verbotene Zone brauchen, wenn wir ernsthafte Probleme vermeiden wollen. Vor allem dürfen wir bei den zu erwartenden Befragungen und Verhören keine widersprüchlichen Aussagen liefern. Keine Heimlichtuerei, kein Fotografieren, nur ja keinen Verdacht erregen!
Eine letzte Hürde baut sich vor uns auf – der Grasbergsattel. Eine etwa dreihundert Meter hohe, steile, schlammige Rinne führt auf diese letzte Paßhöhe hinauf. Zu unserer Rechten ist eine Straße mit Baumaschinen zu sehen, zum Greifen nahe, wir aber müssen ein letztes Mal mit den Widrigkeiten des Weges kämpfen. So als wollte uns die Natur an unserer Rückkehr in die Zivilisation hindern, wirft sie uns noch einmal mit aller Wucht ihre ganze wilde Unbezähmbarkeit entgegen. Bei jedem Schritt müssen wir durch eine knietiefe, schlammige Masse hindurchtreten, um Festigkeit unter unseren Füßen spüren zu können. Der Pfad ist durch die andauernden Regenfälle zu einem reißenden Bach geworden, der uns in Hüfthöhe umspült. Der Weg ist so steil, daß wir die Hände benötigen. Tief in den Schlamm müssen wir hineinfassen, um Halt zu finden. Erstmals schaffen wir es, daß unser Körper bis zum Hals mit Schlamm beschmiert ist.

Alle fünfzig Meter ragt eine Tafel aus dem Morast, auf der in indonesischer Sprache geschrieben steht, daß ein weiteres Vordringen in dieses Gebiet bei Strafe verboten ist. Wir müssen diese Warnungen ignorieren. Umkehr ist kein Thema für uns.
Hinter der Paßhöhe, knapp unterhalb des Grasbergsattels, erklimmen wir eine wenige Meter hohe Aufschüttung. Wir stehen auf einer breiten Straße, die vom Gipfel des Grasberges herabführt, und vernehmen das Dröhnen der Bagger und Arbeitsmaschinen. Wenige Meter tiefer sehen wir den ersten Wachposten. Dort versieht ein Indonesier Dienst, der schwerbewaffnet in einem winzigen Wetterschutz aus Plexiglas den Zugang über den Grasbergsattel zu bewachen hat.
Freundlich lächelnd gehen wir auf ihn zu, erklären ihm, woher wir kommen, und bitten ihn um die Erlaubnis, das Minengelände über Tembagapura in Richtung Timika durchqueren zu dürfen. Natürlich wissen wir, daß dieser Wachebeamte nicht die Befugnis hat, solche Genehmigungen zu erteilen. Wir haben nun immerhin erreicht, daß wir uns mit Wissen der Exekutive auf dem Minengelände befinden, und können damit rechnen, an die richtigen Stellen weiterverwiesen zu werden.
In angenehmem Tonfall erklärt uns der Indonesier, daß er uns weiterhelfen werde. Keine Spur von Mißtrauen oder Unfreundlichkeit! Unsere innere Unruhe ist wie weggeblasen.
Ein Jeep nähert sich vom Grasberggipfel kommend dem Posten. Unser Wächter weist den Fahrer an, uns zum Polizeiposten zu bringen. Uns? Nur zwei Plätze sind in diesem Fahrzeug frei. Aufgrund meiner Indonesischkenntnisse fällt die Wahl auf mich. Und natürlich auf Jutta! Sie ist in ausgezeichneter körperlicher Verfassung und hat die Schwierigkeiten der Buschpfade besser gemeistert als wir Männer. Doch im Moment kann uns eine Powerfrau wenig weiterhelfen. Für die nächsten Tage brauchen wir eine schwache, hilfsbedürftige Frau, die das Mitgefühl der Obrigkeit erregt. Jutta wird ihre Rolle perfekt spielen.
Unser Fahrer führt uns durch das gesamte Abbaugebiet bis ans Ende des Hochplateaus, dort, wo die Standseilbahn in die Tiefe des Dschungels hinabführt. Die an dieser Stelle stationierten Polizeibeamten studieren lange unseren Surat Jalan und teilen uns dann freundlich mit, daß sie für die Erteilung der von uns gewünschten Genehmigung nicht zuständig seien. Wir müssen die halbe Strecke wieder zurück zum zentralen Verwaltungsposten auf dem Minengelände. Wer hätte ahnen können, daß es hier gleich mehrere Polizeistationen gibt?
Schnell findet sich ein Fahrzeug, das uns wieder über die schlammige Straße nach oben bringt und uns inmitten einer Ansammlung flacher, heller Gebäude absetzt. Auch Nobsch und Franz sind hier bereits mit unseren Trägern eingetroffen. Ein LKW hat sie auf der Ladefläche mitgenommen.
Unsere Papua-Freunde sind bester Laune. Man hat ihnen Reis, Gemüse, Fisch und Fleisch aufgetischt. Mit Gier und Heißhunger stürzen sie sich auf die für sie exotischen Köstlichkeiten.
Wir vier Weißen werden in den Polizeiposten beordert. Lange Zeit bewegt sich nichts. Freundschaftliches Geplauder, Scherze! Keine Rede davon, daß wir uns einer schweren Gesetzesübertretung schuldig gemacht haben!
Angestellte schaffen aus der Kantine Lunchpakete für uns heran. Brot! Echtes Brot! Fleisch, Reis, Gemüse! Uns rinnt das Wasser im Mund zusammen. Minuten später bleibt von all den Herrlichkeiten nur das Verpackungspapier auf den Tischen übrig. Höflich zuvorkommend hindert man uns daran, daß wir selbst Ordnung machen und die Reste unseres Gelages beseitigen.

Kann es uns noch besser gehen? Kaum denkbar und doch möglich! Ein kleiner Eimer mit vier Litern Mandarinenkompott wird vor uns auf den Tisch gestellt. Keine Frage, auch er ist schnell geleert.
Was kann einen Diabetiker wie mich bei der Durchquerung der Bergwälder Neuguineas in Schwierigkeiten bringen? Sind es die kräfteraubenden Dschungelpfade? Kaum! Ist es die kärgliche, einseitige Kost? Sicher nicht! Es sind solche lukullischen Zwischenspiele, wie sie mich eben jetzt völlig unvorbereitet treffen und die meinen Blutzucker gehörig durcheinanderwirbeln werden. Seit vielen Tagen lebe ich mit einer extrem reduzierten basalen Insulinrate. Das feuchte Klima, die dauernde körperliche Belastung und die geringe Nahrungsmenge haben diese Anpassung erforderlich gemacht. Und nun gerate ich völlig überraschend in eine derartige Kohlehydratorgie. Wer will mir einen Vorwurf machen, daß ich schwach werde, daß ich nach den vielen Tagen der Entbehrung zügellos der Fleischeslust fröhne und keinen Gedanken ans Aufpassen verschwende?
Irgendwann erinnern sich die Polizisten daran, daß unser Eindringen in das Minengelände ein höchst ungewöhnliches Problem darstellt, daß damit Gesetze verletzt worden sind und daß noch vor Einbruch der Nacht irgendeine Lösung gefunden werden sollte. Wir sind nicht unglücklich über diese Einsicht, denn auch wir wollen endlich eine offizielle Stellungnahme hören.
Wir werden befragt, woher wir kommen und wohin wir wollen. Offenherzig geben wir Auskunft, ohne dabei die unbekannte Route durch das Kemabu-Tal preiszugeben. Ob wir denn nicht gewußt hätten, daß wir auf unserem Weg gesperrtes Gebiet durchqueren müssen? Natürlich haben wir! Ein Leugnen würde uns unglaubwürdig und verdächtig machen.
Es ist an der Zeit, unseren vermeintlichen Trumpf auf den Tisch zu legen. Stolz präsentiere ich unseren Surat Jalan. Nur wenige Besucher Irian Jayas werden sich rühmen können, so viele Genehmigungen auf ihrem Surat Jalan gesammelt zu haben wie wir. Wir geben vor, daß wir der Überzeugung gewesen waren, diesen Weg gehen zu dürfen, da wir die Genehmigung für die Provinzen Jayawijaya, Paniai und Merauke besitzen. Ein Schlag ins Wasser! Freundlich klärt uns der Beamte darüber auf, daß wir uns hier in der Provinz Fakfak befinden. Wie ist das möglich? Der Ort Fakfak liegt sechshundert Kilometer weit im Westen. Obwohl Provinzgrenzen auf den Karten nicht wirklich nachvollziehbar sind, hatte alles so ausgesehen, als würde unser Weg von der Provinz Paniai in die Provinz Merauke führen. Nie hätten wir es für möglich gehalten, daß sich diese westliche Provinz Fakfak in einem schmalen Landstreifen bis ins Carstensz-Gebirge erstreckt. Wie dem auch sei! Für Fakfak haben wir keine Genehmigung anzubieten.
Schließlich greift einer der Polizeibeamten zum Telefonhörer und informiert die "big bananas" in Tembagapura von unserem Eintreffen in der Mine. Nun kommt Bewegung in diesen verschlafenen Posten. Die Telefone laufen heiß. Mehrfach

Jutta und Nobsch mit zwei indonesischen Beamten - selten kann Polizeigewahrsam derart Freude bereiten. Kälte und Nässe liegen hinter uns, die angebotenen kulinarischen Genüsse lassen uns die Ernsthaftigkeit unserer Lage für eine Weile vergessen.

drückt man auch uns den Hörer in die Hand. Einmal sind es Amerikaner, die wir an die Leitung bekommen, dann wieder hohe indonesische Offiziere. Endlich können wir uns wieder der englischen Sprache bedienen, die uns doch wesentlich geläufiger als die indonesische ist. Diese günstigen Kommunikationsbedingungen nützen uns allerdings wenig. Der indonesische Sicherheitschef teilt uns mit, daß wir nicht hinunter nach Tembagapura kommen dürfen. Die Minengesellschaft wird uns und unsere Träger mit Nahrungsmitteln versorgen, noch vor Einbruch der Nacht müssen wir alle das Minengelände verlassen haben. Ich versuche, wenigstens eine regengeschützte Nacht in einem der Gebäude herauszuschlagen. Auch das wird uns verweigert. Über die Begründung können wir nur bitter lächeln: Die Freeport Indonesia Copper Mine kann während der Nacht nicht für unsere Sicherheit garantieren.
Die Bosse aus Tembagapura lassen sich unser Verschwinden einiges kosten. Riesige Pakete an Nahrungsmitteln werden herangeschafft, die es uns ermöglichen sollen, die Täler nördlich der zentralen Bergkette zu erreichen.
Minuten später stehen wir mit unseren Habseligkeiten frierend im Regen. Zwei LKWs bringen uns zur Carstensz-Wiese, die den nördlichen Rand des Sperrgebietes bildet. Die Berichte von Harrer und Boardman preisen die natürliche Schönheit dieser Wiese am Fuße der steilaufragenden Kalkwände. Von dieser Idylle ist nichts übriggeblieben. Die Carstensz-Wiese dient als riesiges Endlager für totes Gestein, das am Grasberg abgetragen wurde. Fast die ganze Ebene ist mehrere Meter hoch mit diesem Gestein bedeckt. Am Ende dieser langgezogenen Aufschüttung befindet sich ein Wächterhäuschen, das jenem beim Grasbergsattel gleicht.
Der Wachebeamte, wie all seine Kollegen Indonesier, erklärt uns, daß hier das Minengelände endet und weist uns zum Ende der Carstensz-Wiese, wo sich am Fuße der Felswand eine kleine Höhle befinden soll, die uns Schutz vor dem anhaltenden Regen gewähren kann.
Frustriert steigen wir die Aufschüttung hinab zum Wiesenboden. Sogleich befinden wir uns wieder in knietiefem Schlamm, an manchen Stellen brechen wir gar bis zur Hüfte ein. Gut eine Viertelstunde kämpfen wir, um knapp hundert Meter Morast zu überwinden.
Der Anblick der Höhle läßt uns gänzlich den Mut verlieren. Nicht mehr als ein winziges, etwa achtzig Zentimeter hohes Felsdach bietet sich unseren Augen. Der Boden dieser Höhle ist mit Müll aus der Mine bedeckt – Dosen, Kleidungsstücke und Verpackungsmaterial. Die Decke der Höhle ist schmierig, rußgeschwärzt von den vielen Feuern, die hier von Einheimischen abgebrannt worden sind.
All diese wenig einladenden Begleitumstände hätten wir noch in Kauf genommen, aber die Höhle war bereits besetzt. Vierzehn Männer aus Sinak[196] kauern sich dichtgedrängt um ein wärmendes Feuer. Sie waren über den Neuseelandpaß hierher gekommen in der Hoffnung, Einlaß in das Minengelände zu finden, um hier einige nicht mehr gebrauchte Kleidungsstücke oder Werkzeuge ergattern zu können. Natürlich ist es ihnen nicht besser ergangen als all den anderen hartnäckigen, immer wiederkehrenden Papua-Gruppen. Beim Wachposten auf der Carstensz-Wiese ist Endstation gewesen, dort sind sie abgewiesen worden.

---

196 Das Dorf Sinak befindet sich nördlich der zentralen Bergkette. Es liegt etwa einen Tagesmarsch nordöstlich des bekannteren Ortes Ilaga. Das Gebiet wird vom Volk der Dani bewohnt.

Skeptisch sieht dieser Papua einer naßkalten Nacht in den Bergen entgegen. Ohne Bekleidung wird er Temperaturen um den Gefrierpunkt zu trotzen haben. Die Hoffnung, etwas von den Abfällen der Kupfermine zu ergattern, hat ihn diesen unwirtlichen Ort aufsuchen lassen.

Wir sehen, daß wir nicht alle unter diesem Felsdach übernachten können. Ein Königreich für einen Zeltplatz! Die ebene Carstensz-Wiese müssen wir für das Campieren vergessen. Unsere Zelte würden im Morast versinken. Unweit unserer kleinen Höhle zieht eine steile, schlammige Rinne den Hang hinauf. Von oben ergießt sich ein kleiner Bach in mehreren Stufen bis zum Talboden herunter. Wir steigen im Schein unserer Stirnlampen durch diesen Bach hinauf und finden zwei weniger geneigte Absätze. Dort bauen wir unsere Zelte auf – mitten im Bach.

Unsere acht Träger pferchen sich zu den Männern aus Sinak unter das Felsdach, die beiden Kinder verbringen die Nacht mit uns in den Zelten.

Das unaufhörliche Prasseln der Regentropfen auf das Zeltdach hält mich lange Zeit wach. Viele Gedanken gehen mir durch den Kopf. Diese Nacht im Zelt ist beklemmend, entbehrt jeder Gemütlichkeit. Ständig muß ich mich drehen und abstützen, um nicht mitsamt dem Zelt den Hang abzurutschen. Einen Steinwurf von der Zivilisation entfernt erlebe ich die pure Gewalt dieser Wildnis. Welcher Teufel hat mich geritten, in meinem Urlaub diesen Gewaltmarsch auf mich zu nehmen? Könnte ich jetzt nicht wochenlang an irgendeinem Strand herumhängen? Dieses Neuguinea weckt die widersprüchlichsten Gefühle in mir, Gefühle, die in ihrer Intensität ebenso extrem sind wie das Land selbst. Ich muß mir eingestehen, daß ich dieses Land auch heute trotz Ausweisung, Regen und Kälte liebe. Wäre ich nicht enttäuscht gewesen, wenn diese Berge und Wälder öde und reizlos wären, wenn die Papua, denen ich begegnet bin, banale Menschen wären?

Dieses Neuguinea hat mich gänzlich durchdrungen, und das wird sich auch nach meiner Rückkehr nach Europa nicht ändern. Es ist kein Land, dem ich zärtliche Gefühle entgegenbringen kann. Es ist ein Land, dem ich die Geheimnisse des Unbekannten abverlange und dessen Urgewalt ich akzeptiere.

In dieser Nacht grüble ich über dieses Gefühl nach, das mich täglich mehr erfaßt und mich nach und nach dem Zustand der Verwilderung näherbringt. Mein

Äußeres gleicht sich der mich umgebenden Wildnis an. Haare und Bart wachsen und starren vor Schmutz. Meine eigene Welt mit all ihren Problemen ist in weite Ferne gerückt. Meine Prioritäten gleichen sich jenen meiner Papua-Freunde an. Essen, schlafen, nicht frieren, nicht naß werden! Gibt es Wichtigeres? Mein Leben wird bestimmt vom nie endenwollenden Regen, von Lagerfeuern, die ein wenig Wärme spenden, vom Rauch, der in den Augen brennt, vom ewigfeuchten Untergrund. Mein Hab und Gut hat sich reduziert auf den Inhalt meines Rucksacks. Dinge sind mir ans Herz gewachsen, denen ich in meiner Welt kaum Beachtung schenken würde: mein Messer, meine Stirnlampe, meine sorgsam trocken gehaltene Hose. Könnte ich noch über die Qualität eines Modeartikels oder die Leistungsfähigkeit eines Sportcoupés diskutieren? Würde ich es aushalten, wenn mir jemand von seinem Urlaub in einem All Inclusive-Club oder seiner Karriere erzählt? Es ist alles so fern! Ist das die Rückkehr zum Urzustand meines eigenen Seins? Irgendwann holt mich der Schlaf ein und löst mich aus meiner Gedankenwelt.
Das Erwachen wird zur brutalen Rückkehr in diese erbarmungslose Wildnis. Morgenstund – ohne Gold im Mund! Beim Öffnen des Zeltes spüre ich den Regen in meinem Gesicht. Der dichte Nebel verdunkelt das Land und gewährt uns nur wenige Meter Sicht. Das ist kein Platz zum Verweilen. Wir bauen unsere Zelte ab, ohne Hoffnung zu haben, für die nächste Nacht eine bessere Bleibe zu finden. Bei unseren Freunden unter dem Felsdach suchen wir am Feuer ein wenig Wärme zu erhaschen.
Ratlosigkeit! Ohne Perspektiven gehen wir in diesen Tag. Über den Neuseelandpaß können wir nicht nach Norden zurückkehren, da sich unsere Träger in den für sie fremden Bergen nicht zurechtfinden würden. Einen Rückmarsch auf unserem Pfad über den Bakopa-Paß nach Ugimba wollen wir mit allen Mitteln vermeiden. Solch ein Abschluß wäre allzu frustrierend. Wir verteilen unsere Zigaretten in der Runde, um die allgemeine Stimmung ein wenig zu heben, und starren schweigend ins Feuer.
Gegen zehn Uhr hören wir lautes Rufen aus der Richtung des Wachpostens. Wild gestikulierend scheint uns der Sicherheitsbeamte zu sich zu rufen. Obwohl wir keine Ahnung haben, was er von uns will, sind wir doch freudig überrascht über die Tatsache, zum Posten hinüberbeordert zu werden. Dies gibt uns zumindest die Gelegenheit, auf legale Weise in das Minengelände zurückzukehren. Vielleicht tut sich eine Möglichkeit auf, über Funk neuerlich Kontakt mit der Minenverwaltung aufzunehmen.
Sicher will der Wachebeamte nur einen von uns sprechen, wir lassen uns aber diese Chance nicht entgehen und kehren alle ins Minengelände zurück. Mit Sack und Pack arbeiten wir uns durch den Morast hindurch zum Wächterhäuschen. Um den neuerlichen Kontakt mit den großen Bossen brauchen wir uns nicht zu sorgen. Er wird uns befohlen. Ich werde in das Verwaltungszentrum hinunterbeordert, wo mich der Sicherheitschef aus Tembagapura am Telefon sprechen will. Was mag jetzt nun kommen? Schlimmer kann es ja nicht mehr werden!
Ein Toyota-Pickup holt mich von der Carstensz-Wiese ab und führt mich zum Polizeiposten. Mich allein! Mehr als einen wollen sie nicht in der Mine haben. Wie groß doch dieses Gelände ist! Wir sind mehr als eine halbe Stunde unterwegs, und das ist nur der halbe Weg bis zur Standseilbahn.
Ich bekomme den "big boss" an den Hörer, den, der da unten in Tembagapura offensichtlich das Sagen hat. Seine Stimme ist nicht unfreundlich, aber hart und bestimmt. Er teilt mir mit, daß wir die Genehmigung haben, über den Neusee-

landpaß nach Ilaga[197] zu gehen. Nur höflich bleiben! Bei so viel Großmut könnte mir schlecht werden. Dafür bin ich hierher beordert worden? Das haben wir gestern auch schon gewußt, daß wir einen Weg gehen dürfen, den wir gar nicht gehen können. Er fügt hinzu, daß wir nicht das Recht besitzen, eine Besteigung der Carstensz-Pyramide zu versuchen. Nein, das hatten wir bei diesem Traumwetter ohnehin nicht in Erwägung gezogen.[198] Ich erzähle ihm Geschichten von körperlicher Schwäche, gesundheitlichen Problemen und ähnlichem. Bewußt unterlasse ich es, ihm mitzuteilen, daß wir den Weg nach Ilaga gar nicht gehen können, da er unseren Trägern unbekannt ist. Scheinbar ist den Granden in Tembagapura entgangen, daß wir einen gänzlich anderen Zugang in die Mine gefunden haben. Und vielleicht ist es besser, daß niemand unsere wahre Route kennt. Ich lasse nicht locker. Was geschieht, wenn wir hinunter nach Tembagapura kommen? Das hätte Folgen, die weder er noch wir wollen, gibt er mir lakonisch zur Antwort. Mir ist schon alles egal! Was heißt das? Heißt das Gefängnis? Ja, lautet seine wenig ermutigende Antwort! Runde eins muß ich verloren geben.
Was soll diese verdammte Geheimnistuerei rund um eine Kupfermine? Wozu dieses ausgeklügelte Sicherheitssystem? Was wird hier wirklich abgebaut? Diesbezügliche Fragen zu stellen, würde unsere triste Situation sicher nicht begünstigen. Ich werde ohne Antwort bleiben.[199]
Auf der Rückfahrt zur Carstensz-Wiese versuche ich, das Treiben auf dem Minengelände bewußter zu beobachten. Ich kann nichts erkennen, was hier zu verbergen wäre, aber von Bergbau verstehe ich so gut wie nichts. Obwohl ich aus dem zivilisierten Europa des zwanzigsten Jahrhunderts komme, beeindrucken mich diese hochmodernen, überdimensionalen Arbeitsmaschinen. Mit Rädern von fünf bis sechs Metern Höhe bewegen sie sich über den schwankenden Untergrund. Oft sieht es aus, als würde eines dieser riesigen Ungetüme jeden Moment kippen. Der Nebeldunst, die Scheinwerfer, das Surren von Generatoren und das Dröhnen der Maschinen verleihen dem ganzen Szenario etwas Gespenstisches. Eine Welt, wie wir sie aus Science Fiction-Filmen kennen, eingebettet in ein Land, das in der Vergangenheit unserer Menschheitsgeschichte schlummert! Wieviele Jahrtausende sind diese beiden Welten voneinander entfernt?
Als ich auf der Carstensz-Wiese eintreffe, sind alle beim Plexiglashäuschen versammelt. Meine drei Freunde, unsere Träger und auch die beiden Kinder! Abwechselnd drängen sich zwei oder drei in den winzigen Wetterschutz, während die anderen draußen im Regen vor Kälte schlottern. Der Wachebeamte läßt den ganzen Rummel freundlich über sich ergehen und scheint Mitgefühl mit der tristen Situation unserer Gruppe zu haben. Aber er kann nichts für uns tun, ohne dabei in Konflikt mit seiner Obrigkeit zu geraten.

---

197 Ilaga ist einer der größten Orte im Bergland Irian Jayas und liegt nördlich der zentralen Bergkette. Er wird vom Volk der Dani bewohnt und weist starke indonesische Präsenz auf. Ilaga ist der Ausgangspunkt aller Expeditionen ins Carstensz-Gebirge. Nur viermal wurde ein anderer Weg ins Carstensz-Gebirge gewählt, in allen Fällen ohne Wissen der Behörden.

198 Die Carstensz-Pyramide ist kein leicht zu bezwingender Gipfel. Die Besteigung erfordert eine lange Kletterei mit Stellen im IV. Schwierigkeitsgrad. Bei den schlechten Witterungsbedingungen, die wir hier vorfinden, und unserer minimalen Ausrüstung wäre dieser Gipfel für uns eine Nummer zu groß.

199 Viel später erfahren wir aus einigermaßen informierten Kreisen, daß auch Gold in der Nähe des Grasberges gefunden wird. Ob dies allerdings eine ausreichende Erklärung für das dichte Netz von Sicherheitsmaßnahmen ist, bleibt zu bezweifeln.

Wir kennen unsere Papua als naturverwachsene Menschen, denen die Härten der Wildnis nichts anhaben können. Unter der Kälte leiden sie aber ungemein. Ich sehe die Verzweiflung in ihren Augen, während sich ihre Körper vor Zittern gar nicht mehr beruhigen können. Sie sehnen sich nach ihrem warmen Tal. Besondere Sorgen machen uns die Kinder, die apathisch im Häuschen hocken, wo sie zwar vor Wind und Regen geschützt sind, wo die Temperaturen aber auch kaum den Nullpunkt übersteigen. Wieviel haben wir von Menschen dieses Landes gehört, die den Weg über das Hochplateau nicht überlebt haben, die hier irgendwo der Kälte keinen Widerstand mehr bieten konnten!
Wir müssen handeln. Wir dürfen nicht zulassen, daß einer unserer Papua-Freunde hier oben erfriert oder schwer krank wird, was in der Folge wohl auch den Tod bedeuten könnte. Kurze Lagebesprechung! Wir fassen einen gewagten Entschluß. Volles Risiko! Wir zahlen unseren Trägern ihren Lohn und entlassen sie nach Ugimba. Unglaubliche Erleichterung ist in ihren Augen zu lesen. Schnell verschwinden sie im Nebel, um noch vor Einbruch der Nacht das schützende Felsdach nördlich des Bakopa-Passes zu erreichen. Dort werden sie genügend Holz finden, um die Nacht sicher zu überstehen.
Uns ist nun jeder Weg abgeschnitten. In die Mine dürfen wir nicht, in die Berge können wir nicht ohne Kenntnis des Weges und mit all dem Gepäck. Haben wir Hoffnung, mit unserer Ausweglosigkeit eine für uns positive Entscheidung in Tembagapura zu erzwingen? Vorerst melden wir uns besser nicht bei den Bossen da unten. Wie sollten wir unsere Entscheidung rechtfertigen, daß wir unsere Träger einfach heimgeschickt haben? Wir hätten doch mit ihnen zurückkehren können.
So bleiben wir untätig bei unserem freundlichen Sicherheitsbeamten, haben durch den Abmarsch unserer Träger eine höhere Frequenz bei der Benutzung des Plexiglashäuschens und hoffen auf irgendein Wunder der Veränderung. Unser Wächter weiß, daß wir diesen Platz nie ohne fremde Hilfe verlassen können. Er will uns gerne weiterhelfen, aber er kann und darf es nicht. Er beginnt laut zu denken.
Wenn jemand von uns krank wäre, könnten wir den nahegelegenen Erste Hilfe-Posten aufsuchen. Einer seiner Freunde arbeitet dort als Sanitäter. Der Posten ist weit genug vom Verwaltungszentrum entfernt. Wenn wir dort knapp vor Einbruch der Nacht ankommen würden, würde man uns vielleicht nicht wieder in die Kälte hinausschicken und unsere Anwesenheit erst am nächsten Morgen melden.
Krankheit? Da war doch etwas! Ich erinnere mich an einen der vielen Berichte, die ich vor meiner Abreise über Neuguinea gelesen habe. Im Jahr 1980 wollten die beiden Österreicher Bruno Baumann und Fritz Lasser ins Carstensz-Gebirge.[200] Da sie dafür keine Genehmigung hatten, starteten sie ihren Anmarsch in Beoga[201], wo es damals noch keine indonesische Polizei gab. Über den Neuseelandpaß erreichten sie das Merental unter der Carstensz-Pyramide. Für diesen Hauptgipfel waren sie klettertechnisch nicht gerüstet. Daher erstiegen sie den etwas niedrigeren Ngga Pulu, einen einfachen Gletscherberg. Bruno

200 Bruno Baumann, Neuguinea. Vorstoß in die Vergangenheit, Wien 1985, S.145ff

201 Beoga ist einer der größeren Orte nördlich der zentralen Bergkette. Er liegt zwischen Bilogay und Ilaga und wird vom Volk der Damal bewohnt. Bilogay und Ilaga besaßen schon 1980 indonesische Polizeiposten, Beoga war, obwohl für Touristen offen, lange Zeit ohne indonesische Präsenz. Heute gibt es auch dort einen Polizeiposten.

Baumann wurde bei dieser Tour schneeblind und mußte bei der Minenverwaltung um medizinische Hilfe ansuchen. Er wurde nach Überwindung einiger Widerstände im Spital von Tembagapura behandelt und mußte mit seinem Partner das Sperrgebiet in Richtung Süden nach Timika verlassen. Es war das einzige Mal, daß Fremde ohne Genehmigung das Minengelände durchqueren durften. Krankheit? Natürlich! Unser letzter Trumpf! Genau so müssen wir es machen! Was kann es besseres geben, als Diabetiker zu sein?
Wir warten auf der Carstensz-Wiese, bis es so spät ist, daß in Tembagapura wohl alle Büros geschlossen sind. Unser Wächter hilft uns, wo er nur kann. Über Funk ordert er ein Fahrzeug, das uns zum Erste Hilfe-Posten führen soll. Ich nehme Kohlehydrate zu mir, um meinen Blutzucker in die Höhe zu treiben. Moderat! Um nur ja keine Überreaktion bei den Sanitätern zu erzeugen! Mit leidendem Blick gebe ich vor, daß ich als Diabetiker mit den ungewohnten Klimabedingungen und großen körperlichen Anstrengungen in diesem Gebiet nicht zurechtkomme und gefährlichen Blutzuckerschwankungen unterworfen bin. Die Sanitäter zeigen sich über die Gefahren des Diabetes gut informiert, messen Blutdruck, Puls und Körpertemperatur, um schließlich bedauernd festzustellen, daß sie kein Blutzuckermeßgerät in ihrem Posten besitzen. Ich helfe ihnen mit meinem Gerät aus. An die dreihundert! Gut so! Es war gar nicht leicht gewesen, bei dem geringen Insulinbedarf, den ich hier in der Wildnis habe, den Blutzucker auf diese Höhe hinaufzutreiben.
Die Sanitäter sind in Sorge und meinen, daß ich unbedingt im Krankenhaus von Tembagapura behandelt werden muß. Ich muß sie fast beruhigen. Ich spritze etwas Insulin, senke damit etwas meinen Blutzucker und meine, daß ich wohl die Nacht hier oben überstehen kann. Vorerst wollen wir in diesem warmen Raum nur ein bißchen schlafen, ohne großes Aufsehen zu erregen. Morgen werden wir dann eine andere Ausgangsbasis für die Verhandlungen mit den Bossen in Tembagapura haben.
Auf wenigen Quadratmetern versuchen wir, uns zwischen unseren Gepäckstücken auszustrecken und ein wenig zu dösen. Während der Nacht kommen immer wieder Minenarbeiter herein, die sich eine Wunde versorgen lassen. Einer der Sanitäter versucht mich zu beruhigen. Morgen werde mir sicher im Spital von Tembagapura geholfen, einer meiner Freunde dürfe mich auch begleiten. Wenn ich dann wiederhergestellt sei, können wir dann alle zurück über die Berge nach Norden ziehen.
Welch ein Jammer! So hatten wir uns das nicht vorgestellt. Ein Kranker, ein Begleiter! Das ist zu wenig. Wir brauchen zumindest einen zweiten Kranken. Zu unserem Bedauern sind wir nicht alle Diabetiker.
Jutta! Natürlich! Unsere "schwache" Frau! Aber Schwachsein ist noch nicht Kranksein. Wir sind hier auf fast viertausend Metern Höhe. Höhenkrankheit! Jutta muß bis morgen früh höhenkrank sein. Ich habe die Symptome der Höhenkrankheit während meiner Aufenthalte im Himalaya und Pamir eingehend studiert. Das läßt sich gut simulieren. Unten in Tembagapura sind diese Symptome naturgemäß nicht mehr nachweisbar. Jutta spielt ihre Rolle perfekt. Langsam wird sie krank und kränker.
Um fünf Uhr früh bekommen wir Kaffee von unseren Gastgebern, was auch der allgemeinen Aufforderung gleichkommt, den Tag beginnen zu lassen. Nochmals werden Jutta und ich eingehend untersucht. Unsere vorgegebenen Probleme bestätigen sich. Die Sanitäter sind nervös. Sie fürchten einen Notfall in ihrem Posten und wollen uns so schnell wie möglich in Tembagapura versorgt wissen.

Sie füllen eine Menge Formulare aus, die offensichtlich für die Einweisung ins Krankenhaus erforderlich sind.
Dann heißt es warten, bis die verantwortlichen Ärzte in Tembagapura ihren Dienst antreten. Wir haben die Möglichkeit, uns ein wenig vor dem Gebäude die Füße zu vertreten. Ist das ein Abschiedsgeschenk der Berge für uns? Erstmals seit wir an der Südseite dieser Insel sind, hat der Regen aufgehört. Es ist ein klarer, kalter Morgen. Vor uns liegt die Carstensz-Pyramide in all ihrer Schönheit. Jede Felszacke, jedes Schneefeld können wir erkennen. Meine Augen können nicht loslassen von diesem herrlichen Panorama. Dieser Berg zieht mich magisch an. Irgendwann will ich hierher zurückkommen, und dann will ich versuchen, diesen formschönen Gipfel zu besteigen.

Die Carstensz-Pyramide – mit 4884 Metern Höhe ist sie der höchste Gipfel Ozeaniens.

Nach sieben Uhr beginnen die Telefongespräche mit den zuständigen Ärzten. Die Sache läuft gut. Drastischer könnten wir unsere Symptome gar nicht schildern, als es unsere Sanitäter tun. Die Ärzte sind mit unserer Aufnahme ins Krankenhaus einverstanden, wagen es jedoch nicht, diese Entscheidung ohne Einverständnis der Minenleitung zu treffen. Es dauert eine weitere Stunde, bis auch die Bosse in Tembagapura von der neuen Situation informiert sind. Der Verdacht liegt nahe, daß wir ein böses Spiel mit ihnen treiben. Aber ganz sicher scheinen sie sich dessen doch nicht zu sein. Schließlich gibt es die beunruhigenden Diagnosen der Sanitäter. Die Gefahr einer schlechten Presse, falls einer von uns hier oben den Tod findet, scheint besonders die amerikanischen Verantwortlichen zu irritieren.
Die Diskussionen am Telefon wogen hin und her. Ich bin froh, daß unsere Sanitäter diese schwierigen Gespräche mit den Granden in Tembagapura für uns durchfechten und ich nicht neuerlich am Hörer verlangt werde. Um halb neun kommt das erlösende OK aus der Minenverwaltung.

Welch ein Bild der Betriebsamkeit! Wir warten startbereit vor der Tür des Erste Hilfe-Postens. Ein Rettungswagen rast mit blinkendem Rotlicht heran, so als ginge es um Minuten. Wir sollen alle einsteigen, mitsamt unserem Gepäck. Ich bedaure den Fahrer des Fahrzeuges, der dieses später wieder sauber bekommen muß. Ein letztes Mal fahren wir durch dieses riesige Abbaugebiet, erstmals haben wir freien Blick nach allen Seiten. Abschied von diesem Carstensz-Gebirge, das die Papua Dugundugu nennen! So lange haben uns diese Berge gefangengehalten, erst heute dürfen wir ihre Schönheit bewundern.
Wir müssen unseren Ambulanzwagen verlassen und in die Standseilbahn umsteigen. Schnell nehme ich noch einige Plättchen Traubenzucker zu mir, um den Blutzucker kräftig in die Höhe zu treiben. In wenigen Minuten überwinden wir diese tausend Meter hohe Wand, die für die Papua im Norden mit so vielen geheimnisvollen Mythen verbunden ist. Das Ende der Welt!
Am Fuß der Wand werden wir bereits von einem weiteren Rettungswagen erwartet, der selbst im Stehen sein Rotlicht rotieren läßt.
In kurzer Zeit sind wir von einem vegetationslosen, eisigen Hochplateau in tropischen Bergwald gelangt. Auch dieser Dschungel ist schon weitgehend zerstört. Von den Höhen stürzen Bäche herab, deren Farbe so unnatürlich ist, daß wohl alle Chemikalien der Welt in dieses Wasser gemischt sein müssen. Unzählige Bagger und Arbeitsmaschinen machen die Straße eng. Wir werden nicht schlüssig, ob auch hier unten abgebaut wird oder dies alles der Entsorgung der oben gewonnenen Bodenschätze dient.
Die Minenstadt Tembagapura! Ein supermoderner Ort, Wohnstatt für all die hochdotierten Techniker, Geologen und Verwaltungsbeamten aus den USA, Australien und Indonesien! Jeder Luxus wird hier geboten, um das Leben in dieser isolierten Welt erträglich zu machen.
Eilig werden Jutta und ich ins Krankenhaus gebracht. Nobsch und Franz werden in das Büro eines hochrangigen amerikanischen Beamten geladen. Der indonesische Sicherheitschef, der uns so lange abgewiesen hat, läßt sich vorerst nicht blicken. Und unser Gepäck? Es wird einfach an einer Straßenecke abgestellt. Ein Polizist wird eigens dafür an diese Stelle beordert, um es zu bewachen.
Unzählige Menschen warten in der Aufnahme auf ihre Behandlung, doch Jutta und ich werden vorgezogen. Ein Notfall! Blutabnahme! Der Laborbefund zeigt einen Blutzuckerwert von etwa 300 mg/dl an. Optimal! Ausreichend hoch, um meine Gefährdung zu bestätigen, aber nicht hoch genug, um eine Hospitalisation zu rechtfertigen!
Jutta und ich werden in das Zimmer des Chefarztes gebeten. Noch einmal schildern wir unsere Probleme und Symptome. Er hört uns geduldig zu, um uns dann aus dem Krankenhaus zu entlassen. Ist keine Hospitalisation notwendig? "You will manage it!"[202], antwortet er mir lächelnd, während er uns die Hände schüttelt und uns alles Gute wünscht. Er hat uns vollkommen durchschaut. Er weiß alles! Ich sehe es in seinen Augen. Aber er hält dicht.
Wir sind frei und dürfen uns im Speisesaal der leitenden Angestellten nach Belieben verköstigen. Dort sind auch schon Nobsch und Franz eingetroffen, die ein denkwürdiges Verhör hinter sich haben.
In ihren schlammverkrusteten Lumpen sind sie in das Büro des Amerikaners beordert worden und mußten oder durften dort auf sündteuren Ledersofas Platz nehmen. Während man locker über die historische Bedeutung Wiens und über

---

[202] Zu deutsch: Du wirst es schon schaffen! Du wirst das Problem schon selbst hinkriegen.

Mozart plauderte, wollte der Amerikaner einiges über unsere Motivation erfahren, die uns in dieses Sperrgebiet geführt hat. Nobsch und Franz konnten recht offenherzig antworten. Es gab nun nicht mehr viel zu verbergen. Meine Freunde erzählen, daß der Beamte über die Tatsache, daß wir das Abbaugebiet am Grasberg aus der Nähe gesehen haben, wenig erfreut schien, obwohl er seinen Ärger zu verbergen suchte. Über den Bakopa-Paß seien wir gekommen, von Pogapa aus? Auf die Idee, daß es da noch einen unbekannten Weg von Pogapa über Ugimba ins Gebirge geben könnte, scheint hier niemand zu kommen. Alle hier dürften glauben, daß wir von Pogapa nach Bilogay gegangen, dort irgendwie den Behörden entgangen und von Bilogay über Ugimba ins Gebirge aufgestiegen seien. Wir lassen die Bosse von Tembagapura in ihrem Glauben.
Mit offenem Mund bestaune ich die Rückkehr ins Paradies. Auf meterlangen Tischen türmen sich alle Köstlichkeiten dieser Welt, von Paris über Rom bis Tokio. Und wir dürfen hier ohne Bremse zulangen. Welch bizarre Gegensätze haben wir in der Behandlung von seiten der Minenführung erfahren! Da erlebten wir die beinharten Androhungen von Gefängnisstrafen und die fast unmenschliche Ausweisung in die Höhle an der Carstensz-Wiese. Und nun begegnen uns dieselben Menschen mit lockerer Jovialität und Gastfreundschaft.
Eigentlich dürfte ich mit meinem hohen Blutzucker jetzt nichts essen. Nein, das geht nicht! Dieser Versuchung kann ich einfach nicht widerstehen. Selbst wenn ich dann später als echter Notfall ins Krankenhaus zurückkehren müßte! Innerhalb von zwei Stunden verdrücke ich sagenhafte dreißig Broteinheiten. Mehr als je zuvor in meinem Leben!
Ich habe mich gerade durch verschiedene Fleisch- und Nudelgerichte hindurchgearbeitet, da fällt mein Blick auf einen riesigen Behälter mit Schokoladeeis. Ich nehme einen Becher zur Hand. Nein, eine Kompottschüssel! Nein, doch einen Suppenteller! Ich fülle ihn randvoll mit Schokoladeeis und lasse das Ganze unter einem riesigen Berg von Schlagobers verschwinden. In diesem Moment kommt ein Amerikaner bei der Tür herein und nennt mir seinen Namen. Er ist einer jener Bosse, mit denen ich einige Male in den vergangenen Tagen telefoniert habe. Er gibt mir die Hand, grinst mich an und sagt: "Finally, you did it! You came down!"[203] Ich entgegne ihm, daß wir ernsthafte medizinische Probleme hatten. Es ist nicht einfach, die Schwere des diabetischen Notfalls mit einem Suppenteller voll Schokoladeeis in der Hand glaubwürdig zu untermauern. Er lächelt. Jetzt scheint ihm das Ganze egal zu sein.
Zu guter Letzt kommt auch der indonesische Sicherheitschef zur Tür herein. Ihn hatte ich am meisten gefürchtet. Er war der härteste gewesen bei all den Telefonaten. Der Zeitpunkt seines Erscheinens könnte nicht günstiger sein. Als er auf uns zukommt, injiziere ich gerade Insulin. Er kann Spritzen nicht sehen. Mit Grausen wendet er sich ab, aber ich habe sein Mitleid erregt. "Es muß schlimm sein, mit solch einer Krankheit leben zu müssen", sagt er zu mir, während er mir die Hand schüttelt. Wir spüren, daß wir unser Spiel gewinnen können.
Nach diesem köstlichen Intermezzo wird es noch einmal ernst für uns. Wir werden in das Polizei-Hauptquartier befohlen, wo auch unsere Pässe und unser Surat Jalan aufliegen. Während man uns in den letzten Stunden eher locker beschäftigt hat, scheint hier rege Betriebsamkeit geherrscht zu haben. Offensichtlich wurde stundenlang mit Jakarta, mit unserer Botschaft und mit den Behörden in Jayapura und Nabire telefoniert. Sie wissen alles über uns, nämlich nichts! Der

[203] Zu deutsch: Schlußendlich hast du es geschafft! Du bist heruntergekommen!

Verdacht, daß wir Werksspionage treiben könnten oder gar Journalisten seien, die die Umweltverwüstung oder die Vertreibung der einheimischen Bevölkerung an die westliche Öffentlichkeit bringen werden, scheint nicht mehr aufrecht gehalten zu werden. Verrückte Abenteurer, die meinen, die vorgegebenen Pfade des Tourismus ignorieren zu müssen und sich dabei mehr oder weniger zufällig in dieses hochsensible Sperrgebiet verirrt haben! Wir wollen nicht widersprechen. Ganz so unrecht haben sie ja nicht.

Um die Toilette aufzusuchen, muß ich an den Gefängniszellen vorbei. Will man hier Menschen verwahren? Diese Zellen erinnern mich an jene engen Käfige, wie es sie früher im Zoo und im Zirkus gegeben hat und wie sie heute schon längst den Protesten der Tierschützer zum Opfer gefallen sind. Mir wird mulmig bei dem Gefühl, daß dieser Ort für längere Zeit unsere Bleibe hätte werden können.

Gegen drei Uhr wird uns unser vernichtendes Urteil verkündet. Wir haben uns einer schweren Gesetzesübertretung schuldig gemacht und dürfen uns deshalb weder in der Stadt Tembagapura noch auf dem zur Kupfermine gehörenden Gebiet frei bewegen. Wir werden nach Timika, dem ersten Ort jenseits des Sperrgebietes, ausgewiesen. Da man uns nicht vertraut, dürfen wir uns nicht eigenständig auf den Weg nach Süden machen, sondern müssen in Gewahrsam bleiben und werden im Polizeiwagen nach Timika eskortiert.

Ich muß mich zur Seite drehen, um mich mit meinem Grinsen und mit dem Strahlen meiner Augen nicht zu verraten. Das ist wie Ostern und Weihnachten zusammen! Wir werden nicht nur unser angestrebtes Ziel erreichen, wir ersparen uns auch einen 106 Kilometer langen Fußmarsch durch tropisch-heißen, moskitoverseuchten Regenwald.

Heuchelnd bekunden wir Einsicht für diese harten Maßnahmen und begeben uns zum Polizeiwagen, der uns schon bei unserem Gepäck erwartet. Dieses ist den ganzen Tag über unverrückt an jener Straßenecke liegengeblieben, an der es am Morgen ausgeladen wurde. Ständig ist es von einem Polizisten bewacht worden.

Während unserer Fahrt auf einer waghalsig in die Dschungelberge gebauten Schotterstraße sehen wir unzählige LKWs, die Erze aus der Mine zum Hafen an der Arafura-See befördern. Zwei Stunden später erreichen wir den kleinen Ort Timika, der unweit der Südküste im feuchtheißen Regenwald dahinschlummert. Eine trostlose Ansammlung häßlicher Hütten in indonesischer Bauweise, die davon zu leben scheint, daß es hier einen riesigen internationalen Flughafen gibt, auf dem sogar Jumbos landen können. Der Ort bietet nur den Wunsch, ihn so schnell wie möglich wieder zu verlassen.

Zwei Tage später überfliegen wir in wenigen Minuten die Berge und Täler, die wochenlang unsere Heimat gewesen sind. In Irian Jayas Hauptstadt Jayapura werden wir unser Besonderssein verlieren, den Argwohn der Behörden, die neugierige Anteilnahme der einheimischen Bevölkerung. Wir werden untertauchen in der Masse von Touristen, die auf einen Flug nach Wamena im Baliemtal warten.[204]

Im unendlichen Grün unter uns ragen Bergrücken auf, die gegen Norden zu immer niedriger werden. Wolkenfetzen sammeln sich zu wollenen Knäueln und kündigen den Nachmittagsregen an. Wir nähern uns der ausgedehnten Tief-

---

[204] Wamena, der Hauptort des Baliemtals im Hochland Irian Jayas wird jährlich von 30000 Touristen besucht. Dort kann man sich unter das Volk der Dani mischen, ohne auf touristische Infrastruktur verzichten zu müssen. Die Dani haben diesen Markt erkannt und treten dort besonders geschmückt für die vielen fotografierenden Touristen auf.

ebene der Meervlakte[205], in der sich hunderte von mäandernden Flüssen zum riesigen Mamberamo vereinigen, der beim Dorf Teba in den Pazifik mündet. Unter uns erstreckt sich ein dichter Dschungel von Sagosümpfen. Nie ist ein Fremder in diese grüne Unendlichkeit eingedrungen. Was es abseits der beiden großen Flüsse[206] an Lebensformen gibt, ist bis heute unbekannt. Auf der Karte erscheint dieses Gebiet unkoloriert mit dem Vermerk "Relief Data Incomplete"[207]. Einer der letzten weißen Flecken auf unserem Planeten!
Auch die Papua der umgebenden Berge und Küsten wissen von diesem unzugänglichen Land nichts zu berichten. Nur Mythen, Legenden und Gerüchte ranken sich um diese undurchdringbaren Sumpfwälder. Vieles deutet darauf hin, daß auch dieses Gebiet von Menschen bewohnt wird. Unbekannte wandernde Völker von Sago-Essern[208], die in den Wäldern jagen und Nahrung sammeln! Ackerbau scheint ihnen noch unbekannt zu sein. Solcher ließe sich in Luftaufnahmen entdecken. Ohne Kontakt mit Weißen und Indonesiern, ohne Kontakt mit benachbarten Papua-Völkern leben sie ihr urzeitliches Leben.
Geheimnisvolle Handelswege dürften die Küste seit alters her mit dem Bergland verbinden, und diese unbekannten Völker dürften als Glieder in dieser Handelskette fungieren. Papua wissen zu berichten, daß diese Menschen Steinäxte, Salz und Kaurischnecken auf bestimmten Lichtungen niederlegen oder von dort holen, ohne ihre Handelspartner jemals zu sehen. Wahrheit oder Legende? Die unendliche Weite dieser Sumpflandschaft wird ihre Geheimnisse bis ins nächste Jahrtausend bewahren können.

---

205 Eine riesige, von einem unbedeutenden Gebirge durchzogene sumpfige Tiefebene, die in ihrer Größe etwa die Ausmaße der Schweiz erreicht.

206 Rouffaer und Idenburg, die sich im Mamberamo vereinigen

207 Zu deutsch: Reliefdaten unvollständig, was hier auch mit "unbekannt" übersetzt werden könnte.

208 Das stärkehaltige Mark der Sago-Palme ist das Hauptnahrungsmittel aller Tieflandvölker Neuguineas.

ANHANG

Diabetes spezial

"Diabetes spezial" ist ein Abschnitt für all jene, die mehr darüber wissen wollen, wie ich auf meinen Reisen mit meinem Diabetes umgegangen bin, mit welchen speziellen Problemen ich konfrontiert war, welche Lösungen ich für mich selbst gefunden habe. Diese Ansammlung von Daten und Fakten hätte sich nicht in den Textfluß einfügen lassen, ohne ihn empfindlich zu stören.
Die Erfahrungen, die ich mit meinem Diabetes auf Reisen gemacht habe, müssen auf mich als Individuum beschränkt bleiben. Allgemeine Lehren und Therapiemöglichkeiten dürfen daraus nicht abgeleitet werden. Ich glaube aber, daß andere Diabetiker in gleichartigen Situationen des Reisens ähnlichen Problemen begegnen werden wie ich. Mögen die folgenden Beiträge dazu dienen, daß sie diese Konfrontation nicht so unvorbereitet trifft wie mich. Zu meinem Bedauern bietet die Diabetes-Literatur für den Bereich des Individualtourismus noch keine Hilfestellung.
Die zwölf Abschnitte dieses Buches behandeln neun Fernreisen in sehr verschiedenartige Teile der Welt. Zu acht dieser Fernreisen, die erste beschriebene Reise lag vor der Manifestation meiner Krankheit, habe ich im folgenden meine speziellen Erfahrungen mit meinem Diabetes festgehalten.

Chronologie:

Juni/Juli 1984:	Aufenthalt in Neuguinea – Kapitel "Abenddämmerung" Damals war ich noch nicht Diabetiker.
September 1984:	Manifestation meines Diabetes mellitus (Typ I)
Juli/August 1985:	Reise nach Peru und Ecuador Kapitel "Trugbild der Heilung"
Spätsommer 1985:	Ende der Remissionsphase
April 1987:	Erster Marathon-Lauf
Juli/August 1987:	Reise nach Côte d'Ivoire und Burkina Faso (Westafrika) Kapitel "Gehversuche in die Freiheit"
Juli/August 1988:	Reise nach Himachal Pradesh, Zanskar und Ladakh (Indien) Kapitel "Rückkehr in die Zukunft"
Frühjahr 1991:	Umstellung meiner Insulintherapie auf NIS (neuntägige Einschulung)
Juli/August 1991:	Reise nach Kirgisien und Tadschikistan, Höhenbergsteigen im Pamir Kapitel "Auf den Zinnen der Götter"
Juli/August 1992:	Fünfwöchiges Trekking im Busch von Irian Jaya (westlicher Teil von Neuguinea, Indonesien) Kapitel "Riskanter Aufbruch – Ein Papua auf dem Weg in unsere Welt" Kapitel "Bakopa und das Ende dieser Welt"

Juli/August 1994:	Muztagh Ata-Expedition, China Kapitel "Der Vater der Eisberge"
Juli/August 1995:	Südsee-Reise nach Vanuatu und auf die Salomon Inseln Kapitel "Wosats verlorene Welt" Kapitel "Das Losglück des Peter Wallit"
Juli/August 1998:	Südamerika-Reise, vorwiegend Bolivien Kapitel "Der siegreiche Berg"

Diabetes spezial zum Kapitel "Trugbild der Heilung", Seite 28-39

Reise nach Peru und Ecuador im Sommer 1985

Den größten Teil meiner Südamerika-Reise, sie fiel in die Remissionsphase, konnte ich wie ein Nichtdiabetiker bestreiten. Dennoch erhob ich täglich ein- bis zweimal den Blutzuckerwert. Es sei erwähnt, daß es sich fast ausschließlich um Nüchternwerte handelte. Die Bedeutung postprandialer Blutzucker-Messungen war mir damals noch nicht bewußt gewesen.
Meine Blutzuckerwerte entsprachen den Nüchternwerten eines Gesunden. Zumindest gab das mein Meßgerät an. Erst Jahre später habe ich erfahren, daß die bei uns gebräuchlichen Meßgeräte in Höhen von 3500-4000 Metern etwa 10-15% zu wenig anzeigen. Zudem steigt im Rahmen der Akklimatisation der Hämatokrit. Ist dieser Wert deutlich erhöht, so zeigen die Meßgeräte ebenfalls zu wenig an. Inwieweit dies bei mir einen zusätzlichen Meßfehler ergab, weiß ich nicht.
Neben den Blutzuckermessungen habe ich auch einmal täglich den Harnzucker bestimmt. Bis zur Besteigung des Chimborazo war er stets negativ gewesen. Die Harnzuckermessung ist etwas aus der Mode gekommen, ist aber in Gebieten und Situationen, in denen Blutzuckermessungen unzuverlässig oder schwer durchführbar sind, sehr zu empfehlen.
Es ist müßig zu erwähnen, daß man bei einer derartigen Individualreise, wie sie mein Aufenthalt in Südamerika darstellte, keine strenge Diabetes-Diät mit zeitlich geregelten Essenszeiten und normierten Kohlehydrat-Mengen einhalten kann. Die südamerikanische Kost bereitete mir aber in keiner Phase Schwierigkeiten. Sie ist der europäischen Küche nicht unähnlich, zumindest die verwendeten Nahrungsmittel sind bei uns bekannt und daher in ihrer Kohlehydrat-Menge leicht berechenbar.
Meine Hypoglykämien und die darauf folgenden Körperreaktionen lassen sich mit der gängigen Lehrmeinung kaum erklären. Hier beziehe ich mich vor allem auf meine Erlebnisse bei der Besteigung des Chachani. Eine Überdosierung von Insulin durch eine Injektion war nicht gegeben. Wie also konnte es zu einer derartigen Unterzuckerung kommen? Noch erstaunlicher ist aber, daß ich die nächsten vier Stunden größter Anstrengung ohne Kohlehydrate überstehen konnte. Welche Art von Gegenregulation der Körper eingeleitet hat, ist mir nicht bekannt. Bekannt sind mir Gegenregulationen, die sehr hohe Blutzuckerwerte zur Folge haben. Dies ist hier nicht der Fall gewesen. Mein Blutzucker blieb während der gesamten Zeit spürbar tief, dürfte aber nicht noch weiter abgefallen sein. Ruhephasen ließen die Symptome der Hypoglykämie stärker hervortreten, Anstrengung ließ sie eher etwas abklingen.
Die Rückkehr meines Diabetes nach der Besteigung des Chimborazo traf mich unerwartet und unvorbereitet. Ob der spontane Blutzuckeranstieg durch meine Zahnentzündung ausgelöst wurde, bleibt offen. In jedem Fall sind Zahnprobleme in großen Höhen ein sehr heikles Thema, für Diabetiker wie für Nichtdiabetiker.
Ich hatte keine wirkliche Strategie, um dem Ende meiner Remissionsphase zu begegnen. Meine Diabetes-Einschulung, die zu diesem Zeitpunkt immerhin

schon ein Jahr zurücklag, war nicht ausreichend gewesen, um auf dem Altiplano, am Rande der Zivilisation, eine Neueinstellung der Insulintherapie selbst vornehmen zu können. Ich reagierte also mit Fasten und Bewegung, was zumindest den Erfolg hatte, daß meine Blutzuckerwerte nicht in unmittelbar gefährliche Höhen kletterten. Ich konnte sie unter 350 mg/dl halten.
Daß ich nach meiner Rückkehr nach Österreich nicht sofort eine Neuanpassung der Insulintherapie vornehmen ließ, lag an meinem psychischen Problem der Verdrängung, am Wunsch, der neuen Lebenssituation davonzulaufen.

Diabetes spezial zum Kapitel "Gehversuche in die Freiheit", Seite 45-52

Reise nach Côte d´Ivoire und Burkina Faso (Westafrika) im Sommer 1987

Mein Aufenthalt in Westafrika im August 1987 war meine erste Fernreise nach der Remissionsphase, ein erster Versuch, wie ich als Diabetiker eine Individualreise in Entwicklungsländern mit zum Teil sehr einfachem Standard verkraften könne.
Ich folgte damals der Konventionellen Insulintherapie, d.h. ich spritzte genau zweimal pro Tag Insulin, begleitet von je einer Blutzuckermessung, die vor dem Frühstück bzw. vor dem Abendessen erfolgte und somit ausschließlich Nüchternwerte lieferte. Waren die gemessenen Werte im Normalbereich um die 100 mg/dl, so injizierte ich morgens, zwischen 7 Uhr und 9 Uhr, 18 IE Monotard und 8 IE Actrapid. Für Mahlzeiten während des Tages nahm ich kein zusätzliches Insulin. Abends, zwischen 19 Uhr und 21 Uhr, spritzte ich bei Normalwerten 11 IE Monotard und 7 IE Actrapid vor dem Abendessen. Frühstück und Abendessen variierten in der Kohlehydratmenge kaum.
Während der gesamten Reise hatte ich kaum Blutzuckerwerte über 200 mg/dl. Es waren aber stets Nüchternwerte zum gleichen Zeitpunkt. Werte unter 50 mg/dl spürte ich klar als Hypoglykämie. Solche Werte traten häufiger auf.
Am Anfang der Reise reagierte ich auf Werte über dem Normalbereich (etwa 140-230 mg/dl), indem ich das basale Insulin und das Normalinsulin um jeweils 1 IE anhob, bei niedrigen Werten agierte ich analog. Schon während der Reise erkannte ich, daß es besser sei, die basale Insulinrate unverändert zu lassen und das Normalinsulin um 2 IE anzuheben bzw. zu vermindern.

Daß ich mit dieser wenig flexiblen Insulintherapie dennoch recht gut zu Rande gekommen bin, mag an folgenden Faktoren gelegen haben:

1. Ich dürfte im dritten Jahr meines Diabetes doch noch einiges an Insulineigenproduktion mitgebracht haben, wodurch es vermutlich zu keinen extremen Spitzen während des Tages gekommen sein dürfte.
2. Diese Reise war kaum eine körperliche Herausforderung. Außer einigen Radtouren war ich stets motorisiert unterwegs gewesen. Nur dreimal während dieser Reise kam es zu einer stärkeren Störung des gewohnten Lebensrhythmus. In diesen drei Fällen mußte ich aufgrund langer Bus- bzw. Bahnfahrten die Nacht durchmachen und konnte auch nicht die gewohnten Essenszeiten einhalten. Diese Unregelmäßigkeiten hatten zur Folge, daß die Blutzuckerwerte in diesem Zeitraum um 60-80 mg/dl höher lagen als an den anderen Tagen, sich aber bei der Rückkehr zum gewohnten Rhythmus, z.B. nach einigen Stunden Schlaf, sofort wieder normalisierten.
3. Der französische Einfluß auf die Küche in den beiden bereisten Ländern ist so stark, daß ich bei der Berechnung der Kohlehydratmengen kaum Schwierigkeiten hatte. Nur Hirse, Maniok und Kochbananen konnte ich anfangs nicht leicht berechnen. Bald waren aber auch für diese Nahrungsmittel brauchbare Berechnungsalgorithmen gefunden.

4. Feuchtheißes Klima senkt den Insulinbedarf des Körpers. Die Tatsache, daß ich meine starre Dosis von Österreich in Westafrika beibehielt, führte dazu, daß meine Blutzuckerwerte durchschnittlich eher niedrig lagen und ich viel öfter auf Hypoglykämien zu reagieren hatte als auf überhöhte Blutzuckerwerte.

Mein Insulin mußte während der gesamten vier Wochen ständig Temperaturen zwischen zwanzig und fünfundvierzig Grad Celsius ertragen. Dies scheint ihm nicht geschadet zu haben. In der letzten Woche meiner Reise mußte ich meine basale Insulinrate um 1-2 IE pro Injektion anheben. Vorerst glaubte ich, daß durch die ständige Hitzeeinwirkung doch ein leichter Wirkungsverlust beim Monotard eingetreten war, der diese Erhöhung der Rate erforderlich gemacht hatte. Heute zweifle ich diese Schlußfolgerung an. Ich hatte in der letzten Woche einen grippalen Infekt mit Fieber. Ich setzte in dieser Zeit meine Reise uneingeschränkt fort, war aber doch körperlich beeinträchtigt. Möglich, daß der leicht erhöhte Insulinbedarf durch mein Fieber zu erklären war.

Meine ersten Gehversuche auf einer Fernreise waren zwar recht erfolgreich gewesen, dennoch wußte ich, daß ich auf zukünftigen Reisen in manchen Punkten gänzlich anders handeln müsse:

1. Es war kompletter Unsinn, Insulin in einer Kühlbox mitzunehmen. Das Ding war groß und sperrig, eignete sich nicht wirklich dazu, ständig mitgetragen zu werden und erfüllte seinen Zweck mangels Elektrizität und Tiefkühlschränken in keiner Weise.
2. Auf allen folgenden Reisen trug ich Hosen mit großen Seitentaschen. Diese sind im allgemeinen sehr praktisch, da man sich das ständige Mitführen einer kleinen Tasche oder eines Tagesrucksacks sparen kann. Außerdem kann ich in solch einer Seitentasche leicht Insulin für 8-14 Tage ständig an meinem Körper mitführen. Die Möglichkeit, daß ein Gepäckstück während der Reise verlorengeht oder gestohlen wird, ist stets gegeben. Die Wahrscheinlichkeit, daß man mir mein Insulin vom Körper raubt, ist sehr gering.
3. Wollte ich an die abenteuerliche Art des Reisens früherer Tage anschließen, würde ich meine Fixierung auf regelmäßige Eß- und Schlafzeiten aufgeben müssen, ebenso die relativ konstant gehaltenen Kohlehydratmengen bei den Mahlzeiten. Ich wußte, daß ich meine unflexible Insulintherapie ändern sollte, kannte damals aber noch keine Alternativen.

Diabetes spezial zum Kapitel "Rückkehr in die Zukunft", Seite 53-65

Reise nach Himachal Pradesh, Zanskar und Ladakh (Indien) im Sommer 1988

Im Winter 1987/88 hörte ich erstmals von Methoden der Insulintherapie, die durch häufige Injektionen die Insulinproduktion eines Gesunden nachahmen und damit dem Diabetiker größere Flexibilität in der Lebensführung und stabilere Blutzuckerwerte ermöglichen. Ich befaßte mich mit diesen Neuerungen, las mir einiges an, war aber nicht bereit, mich voll auf NIS (Normoglykämische Insulinsubstitution) einzulassen, weil das eine neuntägige Einschulung erforderlich gemacht hätte.

Ich meinte damals, daß die Lektüre einiger wissenschaftlicher Artikel ausreicht, um diese neue Methode nachzuahmen. Den Großteil der täglichen Insulinmenge injizierte ich weiter am Morgen und am Abend, doch fügte ich bei größeren Mahlzeiten zusätzliche drei bis vier Einheiten Normalinsulin hinzu. Ich wollte damit die Blutzuckerspitzen während des Tages abschwächen. Von Diabetologen wurde mein Weg später "selbstgestricktes NIS" genannt. An sich wäre dieser neue Weg ein Fortschritt gegenüber meiner bisherigen Konventionellen Insulintherapie gewesen und hätte zu einer Senkung des $HBA1_c$ führen müssen. Trotzdem blieb dieser Wert bei über neun Prozent, da ich gleichzeitig immer mehr meine Diät vernachlässigte, was ich nur dann hätte tun dürfen, wenn ich NIS fachgerecht angewendet hätte.

Körperlich fühlte ich mich in dieser Zeit sehr fit. So hatte ich keine Bedenken, die Überschreitung des Himalaya in Angriff zu nehmen.

Mein Insulinbedarf war während des letzten Jahres etwas angestiegen, was in den ersten Diabetesjahren normal ist. Ich spritzte täglich 31-33 Einheiten basales Insulin (morgens 19-20 IE, abends 12-13 IE), außerdem am Morgen neun Einheiten Normalinsulin, am Abend acht. Mahlzeiten mit mehr als fünf Broteinheiten unterstützte ich mit drei bis vier Einheiten Normalinsulin.

In den ersten drei Wochen in Indien hatte ich ideale Blutzuckerwerte. Während der Wanderung senkte ich mein Morgen- und Abendinsulin um 25-30 Prozent, basales Insulin und Normalinsulin zu gleichen Teilen. Auf zusätzliches Insulin während des Tages verzichtete ich, da die kargen Imbisse bestenfalls ausreichten, den durch die körperliche Anstrengung niedrigen Blutzucker abzudecken. In dieser Zeit ernährten wir uns größtenteils von Nahrungsmitteln, die wir aus Europa mitgebracht hatten und die, weil dehydriert, leicht zu transportieren waren. Diese Nahrungsmittel waren in ihrem Kohlehydratgehalt leicht zu berechnen. Dehydrierte Nahrungsmittel, wie etwa "Travellunch", machen grammgenaue Angaben über den Kohlehydratanteil.

Meine Blutzuckerwerte gerieten völlig durcheinander, als meine Magen-Darm-Infektion im Dorf Tetha begann. Ich nahm sie vorerst auf die leichte Schulter, obwohl ich täglich schwächer wurde. Werte über 200 mg/dl und Harnzucker gehörten nun zur Tagesordnung. Erst zehn Tage nach Ausbruch der Krankheit, viel zu spät, begann ich mich selbst mit einem Antibiotikum zu behandeln. Vier Tage später normalisierte sich mein Blutzucker, und ich gewann auch wieder meine körperliche Kraft zurück. Kaum fühlte ich mich etwas wohler, setzte ich das Antibiotikum ab, was ein neuerlicher Fehler war. Auf der zweitägigen Fahrt von Ladakh nach Kaschmir erlitt ich einen Rückfall, der wieder zwei Tage Bettruhe und erhöhten Blutzucker zur Folge hatte.

Diesmal erholte ich mich schneller und hatte in der Folge gute Blutzuckerwerte. Ich mußte allerdings meine Insulindosis geringfügig anheben. Nach sechs kargen Wochen in den Bergen des Himalaya konnte ich dem Heißhunger nach den süßen Köstlichkeiten Kaschmirs nicht widerstehen. Täglich Milk Shakes, Eis und Kuchen! Damit läßt sich wohl auch der gesteigerte Insulinbedarf erklären.

In der letzten Woche meiner Reise kam es zu einer weiteren leichten Steigerung des Insulinbedarfs, ohne daß ich dafür plausible Gründe anführen kann. Es war nunmehr die neunte Woche in Indien, nie war mein Insulin in dieser Zeit kühl gelagert gewesen, oft hatte es große Hitze zu ertragen. Es ist möglich, daß es bereits etwas an Wirkung verloren hatte.

Nach meiner Rückkehr nach Österreich blieben die Blutzuckerwerte noch eine Weile instabil. Ich hatte meine Reise mit 73 Kilogramm Körpergewicht begonnen, nach Hause kam ich mit 58 Kilogramm. Während der ersten Wochen in Österreich nahm ich wieder schnell zu. Diese Schwankungen des Körpergewichts machten auch den Blutzucker schwer kontrollierbar.

Die diabetischen Schwierigkeiten in der Folge meiner Magen-Darm-Erkrankung mögen wenig motivierend sein, es mir gleichzutun. Diese Berichte sollen aber niemanden abschrecken, sie sollen nur davor warnen, die gleichen Fehler zu begehen, die ich begangen habe. Ich hätte mir viele Probleme erspart, hätte ich nicht zu spät mit meiner Antibiotika-Behandlung begonnen und hätte ich diese nicht zu früh abgesetzt.

Die Kost im gebirgigen Nordteil Indiens unterscheidet sich etwas von der Küche des indischen Tieflands. Grundnahrungsmittel sind Kartoffeln, Reis und Gemüse, die allesamt leicht zu berechnen sind. Einzig die Chapati stellen ein kohlehydratreiches Nahrungsmittel dar, das bei uns weniger bekannt ist. Eine Chapati mit etwa dreizehn Zentimetern Durchmesser habe ich mit ca. 1,2 Broteinheiten berechnet, und dabei dürfte ich nicht allzu falsch gelegen sein.

Ein eigenes Problem stellt Tsampa, das Gerstenmehl der Tibeter, dar. Es wird in der Hand geknetet, in Butter- oder Salztee getaucht und so angefeuchtet verzehrt. Ich habe Tsampa so berechnet wie trockene Kekse des gleichen Volumens. Tsampa wird auch mit Wasser oder Milchprodukten angerührt und als Brei, meist zum Frühstück, genossen. In dieser Form könnte man es wie Müsli berechnen. Tsampa kommt dem europäischen Gaumen nicht gerade entgegen. Die meisten werden es nur dann zu sich nehmen, wenn es nichts anderes zu essen gibt. Das tibetische Gerstenbier Chang habe ich nicht wirklich in seinem Kohlehydratanteil berechnen können.

In tiefer gelegenen Regionen Indiens, aber auch in Leh, der Hauptstadt Ladakhs, findet man ausgezeichnete Milch- und Joghurt-Getränke (Milk Shakes, Lassi). Neben der üblichen Berechnung von Milchprodukten sollte man bedenken, daß diese Getränke sehr stark gezuckert sind. Auch die cremigen Mehlspeisen, die man hin und wieder findet, enthalten mehr Zucker als bei uns.

In jedem Fall wird man sich im Norden Indiens hauptsächlich von Kohlehydraten ernähren. Fleisch ist rar, auch für Touristen. Am ehesten erhält man Hühnerfleisch.

Viele Reisende lehnen es ab, Wasser in Indien zu trinken. Man muß dann auf Mineralwasser und die indischen Soft Drinks ausweichen. Dieser extrem süßen

Wässerchen wird man aber bald überdrüssig. Bier ist selten erhältlich, nicht gerade schmackhaft und sehr teuer. Eine gute Alternative stellt Tee dar, den man meist schon gezuckert erhält. Gegen Dehydrierung bei Magen-Darm-Infektionen und natürlich auch bei Hypoglykämien erwiesen sich Elektrolyt-Getränke als sehr wertvoll. Man muß sie allerdings in Pulverform aus Europa mitbringen. Ein sperriges Gepäckstück! Aus 500 Gramm Pulver kann man nicht mehr als fünf Liter Flüssigkeit gewinnen. Man muß also sehr sparsam damit umgehen und kann Elektrolyt-Getränke praktisch nur als "Medizin" einsetzen.

Diabetes spezial zum Kapitel "Auf den Zinnen der Götter", Seite 96-108

Reise nach Kirgisien und Tadschikistan im Sommer 1991

Im Frühjahr 1991 absolvierte ich im Allgemeinen Krankenhaus Wien eine neuntägige NIS-Einschulung[209]. Damit erhielt mein bisher praktiziertes "selbstgestricktes" NIS endlich eine wissenschaftliche Basis. Mein basaler Insulinbedarf wurde mit 27 IE ermittelt, 14 IE langwirkendes Zinkinsulin morgens und 13 IE NPH-Insulin abends. Für eine Broteinheit benötigte ich 1,5 IE Normalinsulin, darüber hinaus weitere 6 IE Normalinsulin zum Frühstück ("Morgengupf"[210]). Diese Neueinstellung hatte höchst positive Auswirkungen auf den Durchschnitt meiner Blutzuckerwerte, der $HBA1_c$ sank innerhalb kürzester Zeit von 10,2% auf 8,5 %.
Der endgültige Umstieg auf NIS erfolgte gerade zum richtigen Zeitpunkt. Entgegen meinen ursprünglichen Plänen wurde meine Kirgisien/Tadschikistan-Reise eine erste intensive Berührung mit dem Höhenbergsteigen. NIS bietet dem Diabetiker höchstmögliche Flexibilität in der Lebensführung. Diese Maxime wird in den Lehrbüchern zwar lautstark vertreten, in der Praxis dann aber doch immer wieder relativiert. Mag es Angst vor der eigenen Courage sein? Persönlich bin ich der Ansicht, daß mit NIS alle nur denkbaren Aktivitäten auch für Diabetiker lebbar sind, und ich kann daher für mich selbst keinerlei Einschränkung akzeptieren.
Höhenbergsteigen stellt vermutlich die komplexesten Langzeitanforderungen an den Körper, die nur denkbar sind. Vorrangig ist natürlich der geringe Sauerstoffpartialdruck in großen Höhen zu nennen, der zu kaum vorstellbarer Schwäche und Dehydration führt und stets die Gefahr der oft tödlich verlaufenden Höhenkrankheit in sich birgt. Weiters sind die große Kälte, höhere Windgeschwindigkeiten, spartanische Bedingungen in den Hochlagern und sehr lange Phasen körperlicher Anstrengung zu bedenken. Höhenbergsteigen scheint für mich nur auf der Basis von NIS relativ gefahrlos möglich zu sein.
Es ist müßig zu erwähnen, daß die im Krankenhaus gewonnenen Einstellungsalgorithmen am Berg nicht mehr gelten können. Die geistige Leistung des Diabetikers beim Höhenbergsteigen besteht nun darin, auf der Basis der Algorithmen, die in der sterilen und bewegungsarmen Atmosphäre des Krankenhauses gewonnen worden sind, eine Neueinstellung des Diabetes in den menschenfeindlichen, eisigen Regionen der Hochlager zu bewerkstelligen.

---

209 NIS: Abkürzung für Normoglykämische Insulinsubstitution. Eine andere Bezeichnung für diese Art der modernen Insulintherapie ist FIT (Funktionelle Insulintherapie).

210 Als Morgengupf bezeichnet man in Österreich jene Menge an Normalinsulin, die man, unabhängig von der Morgenmahlzeit, der Basalrate am Morgen hinzufügt, um der Blutzuckerspitze, die üblicherweise gegen neun Uhr eintritt, entgegenzuwirken.

Folgende Aspekte sind beim Höhenbergsteigen zu beachten:

- Höhe und Kälte an sich senken den Insulinbedarf nicht, bei Kälte benötigt man sogar etwas mehr Insulin.
- Jeder Marschtag beim Höhenbergsteigen bedeutet normalerweise eine Ganztagestour, was die Anstrengung anbelangt, sogar weit mehr. Ich senkte die basale Insulinrate auf 60 % ab. Manchmal ergibt sich das Problem, daß die Tagestour aufgrund schlechter Witterung schon nach kurzer Zeit abgebrochen werden muß, und dann der Körper nach einer höheren Basalrate verlangt. Man muß dann in etwa abschätzen, wieviel an basalem Insulin fehlt - wirklich berechnen kann man das nicht mehr - und dieses so bald wie möglich injizieren. Dabei ist noch zu überlegen, ob nun für dieses zeitverschobene basale Insulin das kürzer wirkende NPH-Insulin dem länger wirkenden Zinkinsulin vorzuziehen ist.
- Die Hauptmahlzeiten werden morgens und abends eingenommen, im bzw. in der Nähe des Zeltes. Es empfiehlt sich meist, für die zugeführte Kohlehydratmenge 10-20 % weniger Normalinsulin wie üblich zu spritzen. Ursache dafür ist die bald nach dem Frühstück einsetzende körperliche Belastung bzw. die Nachwirkung der Anstrengung über das Abendessen hinaus.
- Man sollte nie vor den Mahlzeiten Normalinsulin spritzen, sondern erst eine Weile danach. In großen Höhen verweigert der Körper oft die Nahrungsaufnahme, sei es, daß man gar nichts hinunterbringt, sei es, daß man es bald danach erbricht.
- In den Hochlagern wird meist dehydrierte Nahrung mit eingeschmolzenem Schnee genießbar gemacht. Auf einzelverpackten Mahlzeiten ist die Kohlehydratmenge genau vermerkt. Auf den von den Expeditionen bevorzugten - weil billigeren - Großpackungen ist dies nicht der Fall. Man muß nach dem Augenschein schätzen.
- Während des Tages beim Fortbewegen am Berg ist Insulinspritzen fast unmöglich. Man kann oft nicht einmal die Handschuhe ablegen, geschweige denn Stellen des Bauches oder Armes freimachen. Es ist aber meist auch gar nicht notwendig, da die geringen Kohlehydratmengen, die man während des Gehens zu sich nimmt, den meist durch die Anstrengung niedrigen Blutzucker ausgleichen. Während des Tages ißt man "in die Basis hinein".
- Eine Broteinheit hebt meinen Blutzucker um 40-50 mg/dl. Damit müßte eine Broteinheit zur Bekämpfung einer Hypoglykämie ausreichen. Daß dem nicht so ist, werden die meisten Diabetiker aus eigener Erfahrung wissen. Man benötigt mehr Kohlehydrate, da der Blutzucker bei Auftreten der Unterzuckerung in der Abwärtsbewegung ist. Beim Auftreten einer Hypoglykämie während des Bergsteigens in großen Höhen ist diese Abwärtsbewegung des Blutzuckers sehr rasant. Ich benötigte stets 3-4 Broteinheiten, um einer Hypoglykämie entgegenzuwirken. Es ist wichtig, daß die für Unterzuckerungen vorgesehenen Kohlehydrate sehr leicht bekömmlich sind. Es ist so gut wie unmöglich, in großen Höhen bei bzw. nach körperlicher Anstrengung ein Stück Brot oder einen Müsli-Riegel hinunterzuwürgen. Viel eher empfehlen sich Elektrolytgetränke, Schokolade mit Creme-Füllung und eventuell auch der altbewährte Traubenzucker.
- Bei der Aufbewahrung des Insulins dürfen keine Fehler passieren! Alle Regionen am Berg, einschließlich der Basislager, weisen zumindest während der Nacht Temperaturen unter dem Gefrierpunkt auf. Insulin darf nicht gefrieren! Ich habe während der gesamten Zeit am Berg mein Insulin am Körper getra-

gen, in der Brusttasche der Daunen- bzw. der Sympatex-Jacke. Erst nach Anwärmen des Schlafsackes konnte ich es für die Nacht in diesem deponieren. Der Streß besteht darin, daß man sein Insulin nie, sei es auch nur für einige Minuten, herumliegen lassen darf. Normalerweise empfehle ich, einem Reisepartner Reserveinsulin anzuvertrauen. Beim Höhenbergsteigen macht dies aber wenig Sinn, da man seinem Bergpartner kaum die belastende Obsorge für das Insulin, diese ständige Aufmerksamkeit, es über dem Gefrierpunkt zu lagern, zumuten kann. Ich habe zwar ein wenig Insulin in isolierten Behältern im Basislager aufbewahrt, hätte dieses aber nur im äußersten Notfall verwendet, da ich keine Gewähr gehabt hätte, daß nicht auch dieses zwischenzeitlich gefroren war.

- Alle luftdicht verpackten Lebensmittel blähen sich in großen Höhen auf wie kleine Luftballons. Dies liegt am geringen Außendruck der Luft. Dies gilt auch für den Gummiverschluß der Insulinfläschchen. Aufgrund der veränderten Druckverhältnisse im Insulinfläschchen habe ich beim Höhenbergsteigen wenig Vertrauen zum Pen. Ich möchte mit eigenen Augen sehen, was ich an Flüssigkeit aufziehe und injiziere. Deshalb ziehe ich dort die Verwendung der Einmalspritzen vor, auch wenn die Handhabung umständlicher ist.

Sorgen bereitet in großen Höhen die Blutzucker-Selbstkontrolle. Nach meiner Rückkehr aus dem Pamir wurde ein für mich enttäuschender $HBA1_c$-Wert von 8,7% (Referenz-Bereich: 4,2%-6,5%) gemessen. Dies würde bei Anwendung der vereinfachenden Formel

$$HBA1_c = \frac{\text{mittlerer Blutzuckerwert} + 86}{33}$$

einen mittleren Blutzuckerwert von fast 200 mg/dl ergeben. Die von mir gemessenen Werte lagen aber fast ausschließlich im Normalbereich. Obwohl ich meinen Blutzucker-Zielbereich bei 140-160 mg/dl statt bei 110-140 mg/dl ansetzte, um häufigen Hypoglykämien vorzubeugen, lag ich fast immer deutlich darunter. Auch meine behandelnde Ärztin hatte Zweifel am hohen $HBA1_c$-Wert und ließ den Fructosamin-Wert bestimmen, der allerdings nur Aufschluß über den mittleren Blutzucker-Wert der letzten 2-3 Wochen gibt. Dieser Wert lag im oberen Normalbereich, was im deutlichen Widerspruch zum hohen $HBA1_c$-Wert lag.
Ich kann mit Sicherheit sagen, daß mein Blutzucker nicht so hoch war wie ihn der $HBA1_c$ vermuten ließ. Ich weiß aber nun auch nach mehreren Aufenthalten in großen Höhen, daß mein Blutzucker stets etwas höher war als die gemessenen Werte.

Folgende Erklärungsansätze für diese Disharmonie können als gesichert gelten:

- In Europa gängige Blutzucker-Meßgeräte zeigen in größeren Höhen zu geringe Werte an. Dies macht etwa 10-15% auf 3500 – 4000 Metern Seehöhe aus, in größeren Höhen eventuell mehr.
- Bei längeren Aufenthalten in großen Höhen steigt der Hämatokrit deutlich an, was ebenfalls zur Folge hat, daß geringere Blutzuckerwerte angezeigt werden.

Vermutet wird, daß es bei körperlichen Langzeitbelastungen in großen Höhen, eventuell bei häufigen sportlichen Langzeitbelastungen im allgemeinen, zu einer längeren Lebensdauer der roten Blutkörperchen kommt, wodurch es zu einer

Steigerung des $HBA1_c$ kommen muß, ohne daß überhöhte Blutzuckerwerte dafür verantwortlich sind.
Daß die Forschung über diese relativ leicht untersuchbaren Themenbereiche so wenig aussagen kann, zeigt, daß die euphorische Behauptung, daß ein Diabetiker mit NIS keinerlei Einschränkungen hinnehmen müsse, derzeit noch ein Lippenbekenntnis ist. Von diesem Mangel an Information sind nicht nur die wenigen Höhenbergsteiger betroffen, sondern alle Reisenden im Himalaya und in den Anden.

Weiters sollte man bei der Blutzuckermessung in großen Höhen folgendes beachten:

- Blutzucker-Meßgeräte fallen in großen Höhen, möglicherweise durch die Kälte, aus. Man sollte unbedingt Teststreifen benützen, die auch ohne Meßgerät mittels visueller Kontrolle Ergebnisse liefern. Zudem sind Teststreifen leichter auf die erforderliche Normaltemperatur zu bringen als ein ausgekühltes Meßgerät.
- In jedem Fall sollte man wieder die etwas aus der Mode gekommenen Harnzucker-Streifen in Betracht ziehen. Man kann sie auch in Situationen verwenden, in denen eine Blutentnahme unmöglich ist. Zudem bieten sie eine gute Kontrolle der möglichen Fehlanzeigen der Blutzuckermessung.
- Trockener Mund, häufiges Urinieren und körperliches Schwächegefühl sind in großen Höhen kein Indiz für hohen Blutzucker. Sie alle sind Symptome, unter denen auch der Nicht-Diabetiker aufgrund der dünnen Luft am Berg zu leiden hat.

Diabetes spezial zum Kapitel "Der Vater der Eisberge", Seite 109-126

Muztagh Ata-Expedition im Sommer 1994

In den letzten Jahren habe ich mehrmals festgestellt, daß ein längerer Aufenthalt in größeren Höhen zu einer Steigerung des $HBA1_c$-Wertes führt, auch wenn die Blutzuckerwerte im Durchschnitt nicht ansteigen. Dies gilt auch für Höhen, in denen die Blutzucker-Meßgeräte noch völlig oder fast fehlerfrei anzeigen. In diesen Höhen zwischen 2000 und 4500 Metern ist natürlich die Diskrepanz zwischen Blutzuckerwerten und $HBA1_c$ nicht so eklatant wie im Pamir.
Nun kam der Muztagh Ata, mein höchster Berg. Zwanzig Tage verbrachte ich ohne Unterbrechung in Höhen zwischen 4400 Metern (Basislager) und 7500 Metern (Gipfel). So gut ich konnte, hielt ich meine Blutzuckerwerte schriftlich fest und achtete auf begleitende Symptome. Um es vorwegzunehmen: Mein $HBA1_c$-Wert, der vor der Abreise 6,9% betrug, lag nach der Rückkehr bei 9,7%, was laut Formel auf einen mittleren Blutzucker von 230 mg/dl schließen ließe.

Die 28 Expeditionstage lassen sich in zwei grundverschiedene Abschnitte einteilen:

Acht Tage vergingen mit der Reise von Almaty zum Berg und der Rückreise. Sechs dieser acht Tage habe ich mit drei Blutzucker-Messungen pro Tag dokumentiert. Der mittlere Blutzuckerwert lag in dieser Zeit bei 114 mg/dl. Durchschnittlich nahm ich in dieser Zeit 24 Broteinheiten pro Tag zu mir.

Zwanzig Tage verbrachte ich am Berg in Höhen zwischen 4400 und 7500 Metern. Davon habe ich neun Tage mit durchschnittlich drei Blutzucker-Messungen dokumentiert. Hinzu kamen einige Unterzuckerungen, die während der Nacht oder beim Anstieg auftraten und die ich nicht schriftlich dokumentiert habe. Mein mittlerer Blutzuckerwert lag in dieser Zeit bei 119 mg/dl, wahrscheinlich sogar etwas niedriger, wenn man die nicht dokumentierten Hypoglykämien berücksichtigen würde. Durchschnittlich nahm ich in dieser Zeit 21 Broteinheiten pro Tag zu mir.

Der eigentliche, sechs Tage dauernde Gipfelgang wurde mit Ausnahme des ersten Tages nicht dokumentiert. Mein Allgemeinzustand war in dieser Zeit zu schlecht, als daß ich meinem Diabetes ausreichend Aufmerksamkeit hätte schenken können. In dieser extrem anstrengenden Zeit habe ich meinen gesamten basalen Insulinbedarf mit Ultratard (langwirkendes Zinkinsulin) abgedeckt. Die große Anstrengung, verbunden mit der geringen Nahrungsaufnahme während des Gipfelganges, hielt den Blutzucker immer recht gleichförmig, was mich veranlaßte, fast meinen gesamten Insulinbedarf mit einem langwirkenden Insulin ohne Wirkungsspitzen abzudecken. Morgens spritzte ich 8 IE Ultratard statt der üblichen 14 IE Ultratard, abends spritzte ich 8 IE Ultratard statt 13 IE Insulatard (NPH-Insulin). Nur am 17. August, dem Schlechtwettertag in Lager II, spritzte ich insgesamt 24 IE Ultratard. Durch den Verzicht auf NPH-Insulin vermied ich die Wirkungsspitzen vier Stunden nach der Injektion, die nicht selten Ursache nächtlicher Hypoglykämien waren. Normalinsulin spritzte ich nur morgens, und zwar 7 IE für 3-4 Broteinheiten (inclusive stark vermindertem "Morgengupf"). Während des Tages und am Abend nahm ich kein weiteres Normalinsulin zu mir. Ich aß 6-8 Broteinheiten "in die Basis hinein". Die geringe Nahrungsmenge von täglich 9-12 Broteinheiten läßt sich durch die immer größere Höhe erklären, in der jeder Bergsteiger Schwierigkeiten mit der Nahrungsaufnahme hat. Am 19. August, dem Gipfeltag, und am folgenden Abstiegstag nahm ich überhaupt keine feste Nahrung zu mir, außer Elektrolytgetränken konsumierte ich in dieser Zeit also keine Kohlehydrate.

Mein Blutzucker-Meßgerät fiel bereits kurz nach dem Eintreffen im Basislager aus und begnügte sich fortan mit der "ERROR"-Anzeige. Meine Blutzuckerwerte ermittelte ich in der Folge mittels visueller Kontrolle.
Wie oben erwähnt, ließe mein $HBA1_c$-Wert auf einen mittleren Blutzuckerwert von 230 mg/dl am Berg schließen. Von 45 dokumentierten Messungen habe ich diesen Wert nur viermal erreicht (220-240 mg/dl), nur einmal deutlich überschritten (360 mg/dl). Die restlichen vierzig Messungen lagen deutlich darunter. Selbst ein schwerer Fehler ließ den Blutzucker nicht ins Unermeßliche steigen. Am 6. August vergaß ich morgens meine beiden Insulinspritzen, stieg dann zu Lager I auf und kehrte am Nachmittag wieder ins Basislager zurück. Mein Wert lag bei 200 mg/dl. Dies zeigt, daß die Blutzuckerwerte am Berg mit Ausnahme der Hypoglykämien recht gleichförmig blieben und sich sehr träge nach oben bewegten.

Alle weiteren das Höhenbergsteigen betreffenden Überlegungen habe ich bereits im letzten Abschnitt über den Pamir ("Auf den Zinnen der Götter") angesprochen. Sie hatten auch für die Muztagh Ata-Expedition volle Gültigkeit.

Diabetes spezial zum Kapitel "Der siegreiche Berg", Seite 127-139

Südamerika-Reise im Sommer 1998

Während meines Südamerika-Aufenthaltes im Jahr 1998 hielt ich mich 24 Tage in Höhen zwischen 3500 Metern und 4100 Metern auf. Dies war kein spartanischer Aufenthalt in eisigen Hochlagern, sondern eher gemütliches Leben ohne Mangel in Dörfern und Städten. Das fast 4000 Meter hoch gelegene La Paz ist eine Millionenstadt, die jeden Luxus bietet. Die verschiedenen Gipfelbesteigungen führten mich dann hinauf in Höhen bis zu 6100 Metern. Sicher wäre es interessant gewesen, gleich nach der Reise eine $HBA1_c$-Bestimmung durchzuführen, um die mögliche Diskrepanz zwischen Blutzuckerwerten und $HBA1_c$ zahlenmäßig zu erfassen. Normalerweise erhob ich in solchen Höhen bisher nur wenige Blutzuckerwerte wegen der unwirtlichen Rahmenbedingungen. Diesmal hatte ich im angenehmen Umfeld eine große Zahl von Blutzucker-Messungen durchführen können und diese auch schriftlich dokumentiert. Größtenteils lagen die Werte im Normalbereich. Leider wurde der $HBA1_c$-Wert erst zehn Wochen nach der Reise erhoben, womit er keinen Aufschluß über die genannte Problematik geben konnte.

Erstmals funktionierte mein Blutzucker-Meßgerät zumindest teilweise in diesen Höhen, und zwar dann, wenn ich es 5-10 Minuten am Körper angewärmt hatte. Dies war z.B. in einem Hotelzimmer kein Problem. Wenn ich die Geduld für das Anwärmen nicht aufbrachte, begnügte ich mich mit der visuellen Bestimmung der Werte. Es ist zu erwähnen, daß ich zeitweise Werte um 30-35 mg/dl gemessen hatte, ohne eine Hypoglykämie wahrzunehmen. Erst bei Werten unter 30 mg/dl spürte ich dann auch die Unterzuckerung, die ich normalerweise schon unter 40 mg/dl verspüre. Die Nüchtern-Blutzuckerwerte meines nichtdiabetischen Reisepartners Thomas lagen meist bei 50-60 mg/dl, was mir auch sehr gering erscheint. All dies sind Hinweise dafür, daß unsere Teststreifen in diesen Höhen zu geringe Werte anzeigen, sowohl mit dem Meßgerät, als auch mit der visuellen Methode. In einem Gespräch mit dem bolivianischen Diabetes-Spezialisten Dr. Cordova-Lopez erfuhr ich, daß die bei uns gängigen Blutzucker-Meßgeräte auch bei Bolivianern, die sich zeitlebens in dieser Höhe befinden, Blutzuckerwerte ausgeben, die etwa 10 % zu gering sind. In Bolivien verwendete Blutzucker-Meßgeräte werden für den Altiplano (3000-4000 Meter) entsprechend adaptiert.

Während der zwei Tage am Huayna Potosì und in den darauf folgenden drei Tagen war mein Blutzucker aufgrund meiner Magenerkrankung unbeherrschbar. Er lag stets bei gemessenen 300 mg/dl, d.h. vermutlich noch höher, Korrekturen mit Normalinsulin griffen nicht. In dieser Zeit nahm ich keinerlei feste Nahrung zu mir, auch Flüssigkeit konnte ich nicht behalten. Ich war in einem dauernden Dämmerzustand. Mein Reisepartner Thomas rüttelte mich stets wach, damit ich meinen Zucker kontrollieren und die Insulinspritze setzen konnte. Schließlich "schleppte" er mich ins Krankenhaus. Mein dauerndes Erbrechen wurde medikamentös gestoppt, und schon am nächsten Tag waren meine Blutzuckerwerte wieder normal.

Achtung: Hotelzimmer sind in Bolivien bzw. in den Anden kein sicherer Ort, um sein Insulin aufzubewahren. Wir haben Temperaturen bis minus 3 Grad im Zimmer gemessen, womit Gefahr besteht, daß das Insulin selbst dort gefriert.

Diabetes spezial zu den Kapiteln "Riskanter Aufbruch – Ein Papua auf dem Weg in unsere Welt", Seite 141-156 und "Bakopa und das Ende dieser Welt", Seite 157-221

Reise nach Irian Jaya (Neuguinea) im Sommer 1992

Sicher haben schon viele Diabetiker tropischen Urwald bereist, und sie werden bemerkt haben, daß sich ihr Insulinbedarf nur wenig geändert hat, d.h. er wird im allgemeinen um wenige Prozente gesunken sein.
Der Busch von Neuguinea ist anders. Er ist voller Geheimnisse. Hier findet man Anschluß an die Vergangenheit unserer Menschheit, hier wirken rituelle Führer mit erstaunlichen magischen Kräften, jährlich werden dort neue Tierarten entdeckt, von deren Existenz bisher kein Forscher gewußt hat. Auch für den Diabetiker ist dieser Busch voller Geheimnisse. Vieles, was ich dort erlebt habe, kann ich nur berichten. Erklären kann ich es nicht! Ebensowenig weiß ich, ob andere Diabetiker in gleichen Situationen ähnliche Erfahrungen gemacht hätten.

Insgesamt habe ich 35 Tage in Irian Jaya, dem westlichen Teil der Insel Neuguinea, verbracht. Diese Zeit läßt sich in drei grundverschiedene, zeitlich nicht unbedingt zusammenhängende Phasen unterteilen:

1. Dreizehn Tage habe ich an Orten in Irian Jaya zugebracht, die Anschluß an die westliche Zivilisation besitzen und die außer dem gänzlich anderen Klima kaum Umstellungen des gewohnten Lebensstils erforderlich gemacht haben. Zehn dieser dreizehn Tage habe ich gut dokumentiert.
   Durchschnittlich ergaben sich folgende Werte:
   2,5 Blutzuckermessungen pro Tag
   Mittlerer Blutzuckerwert: 137 mg/dl
   Dieser Wert wäre wesentlich geringer gewesen, wären nicht die ersten vier Tage meines Aufenthaltes in Neuguinea in diese Phase gefallen. In dieser Zeit lag der mittlere Blutzuckerwert über 180 mg/dl, was ich mit klimatischen und zeitlichen Umstellungsschwierigkeiten erklären kann. Hohe Blutzuckerwerte an den ersten Reisetagen erlebe ich in allen Weltteilen.
   Basaler Insulinbedarf: 29 IE pro Tag
   Durchschnittlich nahm ich 17,5 BE pro Tag zu mir.
   Mein Insulinbedarf verhielt sich in jener Phase ebenso wie in Österreich.

2. Sechs Tage verbrachte ich relativ statisch in entlegenen Buschdörfern. Diese Tage waren geprägt von kleinen, wenig anstrengenden Wanderungen in der näheren Umgebung. Im Unterschied zur obengenannten Phase waren die Lebensbedingungen wesentlich spartanischer, die Kost, dem Buschleben angepaßt, sehr eintönig. Fünf dieser Tage habe ich gut dokumentiert.
   Durchschnittlich ergaben sich folgende Werte:
   3,4 Blutzuckermessungen pro Tag
   Mittlerer Blutzuckerwert: 85 mg/dl
   Basaler Insulinbedarf: 27 IE pro Tag
   Durchschnittlich nahm ich 16 BE pro Tag zu mir.

Der Blutzucker war in dieser Zeit also mehr als ideal. Meinen basalen Insulinbedarf habe ich nur geringfügig herabgesetzt, 2-3 IE weniger als in Österreich bzw. den zivilisierten Teilen von Irian Jaya. Ich vermute allerdings, daß ich mein basales Insulin durchaus noch weiter hätte herabsetzen können, da ich pro BE bis zu 40 Prozent weniger Normalinsulin benötigte als in Österreich.

3. Sechzehn Tage brachte ich mit anstrengenden Ganztagesmärschen im Busch von Neuguinea zu. In dieser Zeit sank mein Gesamtinsulinbedarf bis unter ein Fünftel meiner normalen Menge. Für dieses extreme Absinken des Insulinbedarfs habe ich keine Erklärung. Sicher ist der Busch von Neuguinea im Vergleich zu anderen Dschungelregionen dieser Welt sehr schwierig zu begehen, ist dort das Wandern kein Gehen, sondern ein stetes Klettern, Springen, Stolpern und Rutschen. Dennoch hat mich die Fortbewegung in diesem Busch nie so stark gefordert wie das Höhenbergsteigen. Im Hochgebirge ist aber mein Insulinbedarf wesentlich weniger gesunken als im Busch von Irian Jaya.
Vierzehn der sechzehn Tage habe ich gut dokumentiert.
Durchschnittlich ergaben sich folgende Werte:
3,8 Blutzuckermessungen pro Tag
Mittlerer Blutzuckerwert: 116 mg/dl
Basaler Insulinbedarf: 14 IE pro Tag
Durchschnittlich nahm ich 20 BE pro Tag zu mir.
Es muß erwähnt werden, daß ich in diesen Tagen pro Broteinheit nur 0,0! bis 0,8 IE Normalinsulin statt der üblichen 1,5 IE benötigte, daß ich also teilweise trotz stark gesenkter Basis noch den ganzen Tag in diese Basis "hineinessen" konnte.
Wenn ich die sechzehn Tage harter Buschwanderung in eine frühe und eine späte Phase unterteile, lassen sich auch einige Unterschiede herausarbeiten. Der Insulinbedarf lag in der späten Phase höher als in der frühen. Trotz erhöhter Insulindosis lag der mittlere Blutzucker in der späten Phase bei 133 mg/dl, während er in der frühen Phase bei nur 99 mg/dl lag. Ich versuche diesen Unterschied mit der Gewöhnung des Körpers an die kräfteraubende, unrhythmische Fortbewegung im Busch zu erklären. Ich merkte auch in der späten Phase des Buschwanderns, daß ich wesentlich besser mit den Widrigkeiten der Pfade zurechtkam und daß ich auch wesentlich schneller vorankam.[211]
Die ersten Tage des Buschwanderns verdienen eine genauere Beschreibung: Vorerst verbrachten wir einige Tage in Pogapa, wo ich mit 30 IE an basalem Insulin die gleiche Menge spritzte wie in Österreich. Am ersten Tag der Wanderung durch das Kemabu-Tal wagte ich die Basalrate nicht allzu sehr abzusenken, gerade einmal von 30 IE auf 24 IE. Die Folge war, daß ich während des Tages von einer Hypoglykämie in die nächste fiel. Am nächsten Tag senkte

---

211 Tatsächlich waren Jutta und ich besonders auf der zweiten großen Wanderung in Irian Jaya, jener von Nalca nach Wamena, sehr schnell unterwegs, ohne je auf Geschwindigkeit Wert zu legen. Daß wir uns im Busch wesentlich schneller fortbewegen konnten als unsere großen Vorbilder (Heinrich Harrer, Reinhold Messner, u.a.), war aber nur zu einem kleinen Teil durch die Gewöhnung an das Buschleben zu erklären. Der Hauptgrund lag sicher in der Möglichkeit, mit den Einheimischen kommunizieren zu können. Seit wenigen Jahren gibt es auch in entlegenen Buschdörfern immer wieder einige Papua, die Indonesisch sprechen. Auf der Basis der sprachlichen Kommunikation kamen wir überall ungehindert voran.

ich meine Basalrate bereits auf 13 IE ab, für 26 Broteinheiten spritzte ich nur 16 IE Normalinsulin, in Österreich wären es 39 IE Normalinsulin gewesen. Dennoch vermerkte ich an diesem Tag fünf stark spürbare Hypoglykämien, der mittlere Blutzucker lag bei 40 mg/dl. Zwei weitere Tage später hatte ich meine Basalrate bereits auf 10 IE pro Tag abgesenkt, für 18 Broteinheiten spritzte ich nur fünf IE an Normalinsulin. Der mittlere Blutzucker lag an diesem Tag bei 72 mg/dl. Erst am folgenden Tag, dem fünften meiner Buschwanderung, fand ich meine optimale Einstellung mit acht IE an basalem Insulin plus zwei IE Normalinsulin als "Morgengupf". Für zwölf Broteinheiten brauchte ich keine einzige IE Normalinsulin! Erst an diesem Tag erreichte ich wieder einen mittleren Blutzucker um 100 mg/dl und hatte keine spürbaren Unterzuckerungen.
Wer nun glaubt, daß ich nach diesen fünf Tagen eine immergültige Einstellung für den Dschungel gefunden hatte, irrt gewaltig. Diese scheint es nicht zu geben. Zum einen gewöhnte ich mich langsam an die Widernisse der Buschpfade, wodurch mein Insulinbedarf wieder leicht anstieg, zum anderen kam es einige Male zu völlig überraschenden "Freßorgien", die die gesamte Insulin-Neueinstellung wieder über den Haufen warfen. Dazu später mehr.

Unsere Ernährung im Busch:
Die Kost der Papua ist sehr eintönig. Im wesentlichen gibt es nur Süßkartoffeln, in der Früh, zu Mittag und am Abend. Daneben gibt es noch Taro, Zuckerrohr und spinatähnliche Blätter. Fleisch gibt es nur bei Festen.
Wir erwarben regelmäßig Süßkartoffeln von den Einheimischen. In seltenen Fällen gab es auch Bananen und Bua Bua, eine im Rest der Welt nicht bekannte Frucht, die der Passionsfrucht ähnelt.
Aus Österreich bzw. von der Küste brachten wir folgende Lebensmittel mit: Milupa-Babybrei für das Frühstück, Tee, Nudeln, Margarine, Knoblauch, Fertigsuppen und einige Müsli-Riegel.
In der Früh verzehrten wir unseren Babybrei. Gerade am Morgen waren uns Süßkartoffeln zuwider. Gab es Früchte, so mischten wir sie in den Brei. Am Abend kochten wir Suppe und fügten Unmengen an Nudeln und Süßkartoffeln hinzu, wodurch ein zähflüssiger, kohlehydratreicher Eintopf entstand. Während der Wanderung aßen wir Süßkartoffeln und Müsli-Riegel.
Dieser Speiseplan war derart eintönig, daß wir in exzessive "Freßorgien" verfielen, sobald es auch andere Nahrungsmittel gab. Diese lukullischen Genüsse trafen uns stets unvorbereitet, sodaß ich mich mit meiner Insulindosierung nicht schon vorher darauf einstellen konnte.
Eines Tages kamen wir in ein Dorf, wo es Bananen gab. Für wenig Geld erwarb ich zweihundert Bananen, die wir in nur vier Stunden verzehrten – fünfzig Bananen pro Person![212] Diese riesige Kohlehydratmenge konnte ich nicht allein mit Normalinsulin neutralisieren. Ich konnte zwar zusätzlich das basale Abendinsulin anheben, hatte aber ein basales Defizit vom Morgen her mitzuführen, das ich nicht mehr gänzlich ausgleichen konnte.
Die Minenstadt Tembagapura erreichte ich mit stark überhöhten Blutzuckerwerten. Schließlich war mein bewußt provozierter "medizinischer Notfall" der Schlüssel für unsere Freiheit. Eigentlich hätte ich nach meinem kurzen Aufent-

---

[212] Es muß allerdings erwähnt werden, daß Bananen in Neuguinea wesentlich kleiner sind als die bei uns im Handel üblichen Exemplare.

halt im Krankenhaus mehrere Stunden nichts essen dürfen und meinen Blutzucker mit Normalinsulin auf Normalwerte korrigieren müssen. Ich wurde aber in den Speiseraum der Minenbosse geladen und sah vor mir alle kulinarischen Genüsse dieser Erde. Nie in meinem Leben habe ich in einer einzigen Mahlzeit mehr Kohlehydrate verdrückt: dreißig Broteinheiten in eineinhalb Stunden! Mehr Disziplin? Wer mag es mir nach den entbehrungsreichen Tagen im Busch verübeln? Mit Unmengen an Normalinsulin versuchte ich diese diabetische Sünde zu neutralisieren, nicht ganz ohne Erfolg.

Die Anteilnahme der Papua an meinem Diabetes war rührend und belustigend zugleich. Blutentnahme ist ihnen nichts Unbekanntes. Mit Kasuarknochen und neuerdings auch schon mit Messern ritzen sie ihre Haut und beschmieren mit ihrem Blut rituelle Gegenstände, um diese zu beseelen. Die rituelle Bedeutung meiner Teststreifen blieb ihnen ein unlösbares Rätsel. Blutentnahme, das Piepsen des Blutzucker-Meßgerätes, die Insulininjektionen – all das waren sehenswerte Spektakel für die Papua. Dicht gedrängt umringten sie mich voll Neugier bei diesen Prozeduren, sodaß ich mich kaum mehr bewegen konnte. Unaufhörlich schnalzten sie dabei mit ihren Zungen oder klopften mit ihren Fingernägeln auf ihre Penisfutterale – beides Zeichen des Erstaunens und der Verwunderung.

Bei dieser wie auch bei anderen Reisen in tropische Gebiete habe ich mehrfach etwa drei bis vier Stunden nach der Einnahme der Malaria-Prophylaxe Lariam einen ungewöhnlich starken Blutzuckeranstieg auf Werte um 300 mg/dl feststellen müssen, ohne daß es dafür nachvollziehbare Gründe gab. Dies geschah allerdings nicht nach jeder Einnahme von Lariam. Inwieweit ein Zusammenhang zwischen diesen Blutzucker-Anstiegen und der Einnahme von Lariam bestand, kann ich nicht sagen.

Diabetes spezial zu den Kapiteln "Wosats verlorene Welt", Seite 68-75 und "Das Losglück des Peter Wallit", Seite 76-94

Reise nach Vanuatu und auf die Salomon Inseln (Südpazifik) im Sommer 1995

Mein Aufenthalt in den südpazifischen Staaten Vanuatu und den Salomon Inseln ging nicht wirklich an die körperliche Substanz. Von den 38 Tagen in der Südsee verbrachte ich zwar etwa die Hälfte der Zeit im Busch und in Buschdörfern, aber nur an sechs Tagen hatte ich wirklich harte Dschungelwanderungen zu bewältigen. Die andere Hälfte meines Urlaubs verbrachte ich mit streßfreiem Herumreisen, erholsamen Strandtagen und etlichen Tauchgängen. Immer, wenn ich während meiner Reise an einen Ort mit einer Tauchbasis kam, nützte ich die großartigen Möglichkeiten, die die Südsee in dieser Hinsicht zu bieten hat.

Von den 38 Tagen im Südpazifik habe ich 34 Tage mit 121 Blutzuckermessungen, das sind durchschnittlich 3,5 Messungen pro Tag, recht gut dokumentiert. Mein mittlerer Blutzuckerwert lag in dieser Zeit bei 160 mg/dl. Das ist der schlechteste Durchschnittswert, den ich je auf einer Reise erreichte. Zumindest kann ich davon ausgehen, daß meine gemessenen Werte nicht, wie etwa in der Höhe, verfälscht waren.
Mein basaler Insulinbedarf lag auf dieser Reise bei 30-33 IE. Obwohl der Dschungel von Vanuatu nicht einfach zu begehen ist, mußte ich meine Basalrate bei Ganztagesmärschen nur auf 27-29 IE absenken, um der körperlichen Belastung gerecht zu werden. Daran mag man ermessen, welch eine Ausnahmestellung der Busch von Neuguinea unter den tropischen Urwäldern einnimmt, in welchem ich mein Gesamtinsulin bis auf ein Fünftel der normalen Menge reduzieren mußte.

Ein Viertel der Tage in der Südsee verbrachte ich mit dem Tauchen. In dieser Zeit hatte ich recht hohe Blutzuckerwerte, die ich bewußt produzierte. Um einer Hypoglykämie unter Wasser vorzubeugen, begann ich jeden Tauchgang mit einem Blutzuckerwert von 180-210 mg/dl. Dies wäre nicht so schlimm gewesen, hätten sich die hohen Blutzuckerwerte nur auf die Dauer der Tauchgänge beschränkt.
Daß sich diese hohen Werte, und wahrscheinlich noch höhere, meist den ganzen Tag über hielten, lag an der Problematik, die im Jahr 1995 noch Gültigkeit hatte: Tauchen war für Diabetiker verboten!
Meinen Grundkurs im Tauchen (Open Water-Brevet) absolvierte ich im Jahr 1992 in Bali unter strenger Verleugnung und Geheimhaltung meines Diabetes. Allerdings machte ich den Lehrgang gemeinsam mit meinem Reisepartner Nobsch, der als mein Tauchpartner um meine Krankheit Bescheid wußte.
In die Südsee reiste ich alleine, und ich blieb auch nicht bei einer Tauchbasis. Ich "hüpfte" von Insel zu Insel. Sobald ich auf eine Tauchbasis stieß, blieb ich dort ein, zwei, drei Tage, dann reiste ich wieder weiter. Ein Tauchtag bestand meist aus zwei Tauchgängen, die vom Boot aus unternommen wurden. Wir

starteten meist um 8 Uhr in der Früh, hielten Mittagsrast auf einem winzigen Inselchen und kehrten erst um 16-17 Uhr zurück. Da ich es vorzog, meinen Diabetes geheimzuhalten, mußte ich während dieser Zeit ohne Insulinspritze und ohne Blutzuckermessung auskommen und meinen Blutzucker nach Gefühl künstlich hochhalten. Für die herrliche Unterwasserwelt der Südsee nahm ich diese ungünstigen Umstände in Kauf.

Mir ist bewußt, daß die Geheimhaltung meines Diabetes moralisch nicht unbedenklich war. Die Rahmenbedingungen haben sich zum Glück geändert. Diabetiker dürfen tauchen! Die Frage, ob mein wenig verantwortungsvolles Verhalten zu rechtfertigen sei, stellt sich somit nicht mehr. Meine weitere Fortbildung als Taucher habe ich ganz offiziell als Diabetiker absolviert. Nun kann ich vor den Augen der Tauchgruppe meinen Blutzucker messen, kann die Werte vor dem Tauchgang auf die gewünschte Höhe bringen, um sie während der Tauchpausen wieder abzusenken. Somit ist mein mittlerer Blutzucker während eines Tauchtages nun wesentlich besser als in der Zeit der Geheimhaltung.

Gedanken, Vorschläge, Tips für das Reise- und Outdoor-Leben

Aufbewahrung von Insulin während der Reise

Auch wenn die Fluglinien immer wieder beteuern, daß die Temperaturen im Gepäckraum nicht unter den Gefrierpunkt fallen, so behalte ich doch all mein Insulin, auch die Blutzuckermeßstreifen und das Meßgerät, im Handgepäck. Schließlich kann ich nachträglich nicht kontrollieren, wie kalt es tatsächlich im Gepäckraum war. Zudem kommen Gepäckstücke oft gar nicht am Zielort an. Meist erhält man sie dann ein, zwei oder drei Tage später, doch diesem Streß will ich mich auf keinen Fall aussetzen. Für mich bleibt es bei der Regel, daß ich alles Lebensnotwendige (Insulin, Blutzuckermeßstreifen und Meßgerät, Traubenzucker) und auch alle Wertsachen (Dokumente, Geld, Kamera, Filme) ins Handgepäck nehme.

Unter Individualreisenden setzen sich immer mehr Hosen mit großen Seitentaschen durch. Es gibt sie für die verschiedensten Ansprüche (kaltes/warmes Klima, wasserdicht oder schnell trocknend). Im allgemeinen sind sie aus sehr leichtem Material hergestellt. Teilweise lassen sich die Hosenbeine abzippen, sodaß man ganz schnell eine halblange Hose daraus machen kann, ohne die Seitentaschen zu verlieren. In einer dieser Seitentaschen trage ich Insulin und Spritzen bei mir, die für etwa 8-12 Tage ausreichen müssen. Geht mein Gepäck und auch mein Handgepäck verloren, so komme ich doch noch einige Tage gut durch, und in dieser Zeit sollte sich wohl eine Lösung meines Problems finden.

Insulin muß nicht gekühlt gelagert werden. Selbst die Temperaturen in warmen Ländern hält Insulin für mehrere Monate aus. Ich habe Insulin bis zu zwei Monate lang in warmen Ländern ungekühlt mit mir geführt, ohne auf Probleme zu stoßen. Wo die tatsächliche zeitliche Obergrenze für solche Reisen liegt, konnten mir auch die Insulinhersteller nicht sagen. In jedem Fall wird Insulin nicht von einem Tag auf den anderen durch die Wärme unbrauchbar, sondern verliert langsam an Aktivität, was bedeutet, daß man dann für die gleiche Wirksamkeit die Insulindosis etwas erhöhen muß. Extrem heißen Temperaturen, wie sie etwa unter der Windschutzscheibe eines Autos bei starker Sonneneinstrahlung entstehen können, sollte man Insulin allerdings nicht aussetzen. Es ist aber völlig unnötig, Kühltaschen oder Kühlelemente mitzuführen. Man würde sie mangels Strom und Kühlschränken nur selten verwenden können. Sie sind groß und sperrig und belasten in unnötiger Weise das Handgepäck. Zudem kann man sie nicht am Körper (z.B.: Seitentasche) tragen, was ein kleines Sicherheitsrisiko darstellt (z.B.: Diebstahl). Ergibt sich während einer Reise zwischenzeitlich die Möglichkeit, sein Insulin in einem Kühlschrank zu lagern, so soll man dies laut Auskunft der Herstellerfirmen tun. Ein mehrmaliger Wechsel von kühler und warmer Lagerung schadet dem Insulin in keiner Weise. Die kühle Lagerung verlängert den Zeitraum, in dem das Insulin voll wirksam bleibt. Man sollte sich aber speziell in Entwicklungsländern selbst davon überzeugen, daß ein Kühlschrank nicht versehentlich zum Gefrierschrank wird.

Wirkliche Probleme für das Insulin treten nur bei Temperaturen unter dem Gefrierpunkt auf. INSULIN DARF NICHT GEFRIEREN! Durch Einfrieren wird es unbrauchbar. In den Bergen, wo ich stets der Kälte ausgesetzt bin, trage ich mein Insulin stets am Körper – in der Seitentasche meiner Hose oder noch besser in der Brusttasche meiner Jacke, und zwar all mein Insulin. In der Nacht lege ich es in meinen Schlafsack. Es reicht nicht aus, das Insulin bloß im Zelt oder im Rucksack zu verstauen. Man muß auch darauf achten, daß das Insulin beim Wechsel von Brusttasche in den Schlafsack bzw. umgekehrt nicht zu lange frei herumliegt. Selbst in manchen einfachen, hochgelegenen Hotelzimmern (Anden, Himalaya) fallen die Temperaturen während der Nacht unter den Gefrierpunkt. Man sollte auch bedenken, daß in vielen Wüstengebieten dieser Erde, in denen es während des Tages durchaus sehr heiß werden kann, in der Nacht Minusgrade zu messen sind.

Nach Beendigung der Reise wird das übriggebliebene Insulin wahrscheinlich von schlechterer Qualität sein als jenes, das zu Hause im Kühlschrank aufbewahrt war. Ob man das auf der Reise nicht verbrauchte Insulin dann im Heimatland weiterverwenden will, möge jeder für sich entscheiden.

Reist man nicht alleine, so empfiehlt es sich, einem seiner Reisepartner ein Notfallpaket anzuvertrauen, das in etwa den gleichen Inhalt besitzt wie das Paket, das ich stets in der Seitentasche meiner Hose mitführe, also Insulin und Spritzen für etwa 8-12 Tage. Zudem sollte dieses Notfallpaket noch Blutzucker-Meßstreifen für dieselbe Zeitdauer enthalten. Man darf aber von seinem Reisepartner nicht erwarten, daß er bei der Aufbewahrung des Insulins dieselbe Sorgfalt aufbringt wie man selbst. Schließlich ist die dauernde Achtsamkeit in bezug auf das eigene Insulin über Jahre unbewußt antrainiert. Dies sollte man besonders in kalten Regionen bedenken.

Hat man auf seiner Reise einen Ort als Basis, dessen Umgebung man erkundet und an den man wieder zurückkehrt, so kann man dort ein Insulindepot anlegen, sofern gesichert ist, daß das Insulin nicht gefrieren kann. Hotels und Pensionen, in denen man gewohnt hat, übernehmen im allgemeinen gern die Aufbewahrung von Insulin, ebenso Missionsstationen, das Personal von Kirchen oder kleine Krankenhäuser und Kliniken. In großen Krankenhäusern, in denen oft eine Hand nicht weiß, was die andere tut, könnte solch ein Insulindepot leicht verlorengehen. Sollten all diese Möglichkeiten fehlen, kann man auch an einem markanten Geländepunkt in der freien Natur ein derartiges Insulindepot anlegen, gut versteckt vor dem Zugriff anderer. Basislager an hohen Bergen, zu denen man naturgemäß auch immer wieder zurückkehrt, eignen sich im allgemeinen nicht für ein derartiges Depot, da dort die Temperaturen häufig unter den Gefrierpunkt fallen.

Aus all dem, was über Insulinaufbewahrung gesagt wurde, ergibt sich fast zwangsläufig, daß man auf eine Individualreise weit mehr Insulin mitnehmen sollte, als man tatsächlich benötigen wird, wohl mindestens die doppelte Menge des geplanten Verbrauchs. So hat man Spielraum, seinem Reisepartner ein Notfallpaket anzuvertrauen, etwaige Insulindepots anzulegen und die Zerstörung einzelner Insulinfläschchen, z.B. durch Gefrieren, zu verkraften.

BE-Austauschtabellen

In der westlichen Welt existieren umfangreiche BE-Austauschtabellen, die nicht nur alle bei uns üblichen Lebensmittel, sondern auch viele Fertigprodukte enthalten. Leider bleiben in diesen Listen die Grundnahrungsmittel vieler Reiseländer der Dritten Welt unberücksichtigt. Bestenfalls werden noch einige exotische Früchte aufgelistet. Somit stellt sich für den reisenden Diabetiker jedesmal neu die Frage, wie er Lap-Lap, Matoke oder Oka berechnen soll. Die "Pi mal Daumen"-Methode, das grobe Abschätzen und Vergleichen mit ähnlichen Früchten und Knollen, funktioniert meist gar nicht so schlecht. Dennoch wäre es gerade auf diesem Gebiet seitens der Diabetes- und Diätforschung leicht, fundierte Informationen zur Verfügung zu stellen.

Blutzuckermessung

Die bei uns gängigen Blutzucker-Meßgeräte funktionieren nur in einem sehr engen Temperaturbereich, im allgemeinen zwischen 15°C und 35°C. Zudem setzen sie bei sehr hoher Luftfeuchtigkeit, wie man sie im Dschungel vorfindet, aus. Dies führt dazu, daß man in kalten oder sehr feuchten Regionen, seltener in sehr heißen Regionen, über Tage oft nichts anderes als eine Error-Meldung auf seinem Display vorfindet. Damit wird Blutzuckermessung über längere Zeit unmöglich, und dies ist recht problematisch für ein Leben im Rahmen der Funktionellen Insulintherapie.
Der einzige Ausweg aus dem Dilemma sind Blutzucker-Meßstreifen, die auch ohne Meßgerät durch Verfärbung und optischen Vergleich mit einer Farbskala brauchbare Blutzuckerwerte liefern. Das einzige wirklich brauchbare Produkt dieser Art, das ich kenne, ist der Haemo-Glukotest 20-800 R von der Firma Roche Diagnostics (früher: Boehringer Mannheim). Das zugehörige Meßgerät ist der Reflolux S von derselben Firma. Fällt dieses Gerät aus, und dies ist im Outdoor-Leben wie bei allen anderen Geräten häufig der Fall, so hat man immerhin noch einen ungefähren Blutzuckerwert durch optischen Vergleich des verfärbten Meßstreifens mit der Farbskala auf dem Behältnis der Blutzucker-Meßstreifen. Leider wird dieses Produkt selbst von der Herstellerfirma nicht mehr gefördert, da man einen relativ großen Blutstropfen benötigt und die Wartezeit bis zum Meßergebnis mit 120 Sekunden recht lang ist. Optisch lesbare Blutzucker-Meßstreifen sind aber der *einzige* Weg für Diabetiker, ein flexibles Outdoor-Leben zu führen.[213]
Blutzucker-Meßstreifen lassen sich wesentlich leichter auf Betriebstemperatur bringen als die zugehörigen Meßgeräte. Die gute Verpackung der Meßstreifen schützt diese vor hoher Luftfeuchtigkeit. Ein Meßgerät läßt sich nicht so leicht schützen.
Die lange Wartezeit von 120 Sekunden ist im Outdoor-Bereich eher ein Vorteil. Zwei bis drei Sekunden zuviel oder zuwenig verändern das Meßergebnis kaum. Extreme Außentemperaturen können das Meßergebnis verfälschen. Bei großer Kälte empfiehlt es sich, einige Sekunden länger als die geforderten 120 Sekun-

[213] Nach Auskunft der Firma Roche Diagnostics wird die Produktion des Blutzucker-Meßgerätes Reflolux 1999/2000 eingestellt. Danach ist dieses Gerät noch etwa zwei Jahre lang erhältlich. Die Teststreifen Haemo-Glukotest 20-800 R werden aber weiterhin hergestellt, womit eine visuelle Blutzuckermessung auch in Zukunft möglich sein wird.

den zuzuwarten, bei großer Hitze einige Sekunden weniger. So läßt sich die temperaturbedingte Verfälschung minimieren.
Sollten alle Stricke bezüglich der Blutzuckermessung reißen, kann man sich auf die früher innerhalb der Konventionellen Insulintherapie propagierte Harnzuckermessung zurückbesinnen. Damit erfährt man zumindest, ob man seit dem letzten Harnlassen die Nierenschwelle (individuell verschieden, ca. 180-220 mg/dl) überschritten hat.
Auch bei sehr geringer Umgebungstemperatur lassen sich Blutzucker-Meßgeräte aktivieren, indem man sie samt Meßstreifen etwa eine Viertelstunde lang zwischen die nackten Oberschenkel im Schlafsack klemmt. Sie funktionieren dann allerdings nur hin und wieder, womit die Meßmöglichkeit durch optischen Vergleich unentbehrlich bleibt. Einmal gelang es mir auf diese Weise sogar im Hochlager des Huascaran in Peru auf 5900 Metern und bei einer Zeltinnentemperatur von minus 12 Grad, einen digitalen Wert auf der Anzeige zu erhalten. Aber eben nur einmal!
Weiter offen bleibt die Frage, inwieweit die Blutzucker-Meßergebnisse beim Höhenbergsteigen durch die große Höhe, den damit verbundenen geringen Sauerstoffpartialdruck und den erhöhten Hämatokrit, den der Körper im Rahmen der Akklimatisation produziert, verfälscht werden. Es wäre notwendig, Algorithmen für die Rückrechnung möglicher bzw. wahrscheinlicher Meßfehler zu ermitteln.

Drogen

Auf die bei uns weit verbreitete und akzeptierte Droge Alkohol werde ich in diesem Abschnitt nicht eingehen. Die Diabetes-Literatur hat die möglichen Probleme des Diabetikers im Kontakt mit dem Alkohol ausreichend behandelt.
Ich werde mich hier ausschließlich mit solchen Drogen befassen, die in anderen Weltteilen etwa den gleichen Stellenwert besitzen wie bei uns der Alkohol, mit denen der Reisende folglich leicht in Kontakt kommt, zu denen er nicht immer "Nein" sagen kann oder soll, will er seine einheimischen Gastgeber nicht unnötig vor den Kopf stoßen.

Am häufigsten wird man wohl mit Haschisch und Marihuana konfrontiert werden. Diese in vielen Teilen Europas illegale Droge ist weltweit verbreitet, gehört aber in den Bergländern von der Türkei bis zum Himalaya und in Teilen Nordafrikas zum geselligen Beisammensein dazu und ist dort nicht auf bestimmte Gesellschaftsschichten beschränkt. Die Droge hat eine dämpfend-berauschende Wirkung. Diese Wirkung ist verhältnismäßig schwach für all jene, die Haschisch oder Marihuana zum erstenmal probieren oder erst wenige Male konsumiert haben. Haschisch und Marihuana werden meist geraucht (Joint, Shilom – eine Art Pfeife, Wasserpfeife). Man kann sie aber auch in Form von Tee, Keksen oder Kuchen zu sich nehmen. Bei Marihuana konnte ich eine deutlich blutzuckersenkende Wirkung feststellen, bei Haschisch habe ich keinen Einfluß auf meinen Blutzucker bemerkt. Wie auch bei starkem Genuß von Alkohol sollte man bedenken, daß man sein "Diabetesgeschäft" (Blutzuckermessen, Spritzen) vor dem Einsetzen des Rauschzustandes zu Ende bringt, ehe man "in der Welle" dann vielleicht nicht mehr dazu in der Lage ist.

Auf vielen von Melanesiern bewohnten Inseln der Südsee wird das euphorisierende Getränk Kava genossen, und zwar fast täglich, vorwiegend von Männern.

Es wird aus einer Wurzel hergestellt, die zerstampft und oftmals durch Wasser durchgeschwemmt wird. Die so entstehende braune Brühe wird getrunken. Sie erzeugt ein leichtes Brennen auf Lippen und Zunge und bewirkt für etwa eineinhalb Stunden eine merkbare Hochstimmung. Es gibt keine Hinweise, daß Kava gesundheitsschädlich ist. Das Getränk beeinträchtigt auch nicht den Diabetes. Die Hochstimmung ist kein wirklicher Rauschzustand. Man bleibt geistig voll aktiv. Es ist allerdings zu bedenken, daß die Herstellung von Kava in traditionellen Dörfern sehr unhygienisch ist (Wasser; schmutzige Hände, die die Wurzeln im Wasser schwemmen), sodaß Magen-Darm-Probleme die Folge sein könnten. In den größeren Orten gibt es Kava als Instant-Pulver zu kaufen. In dieser Form gibt es keine Probleme mit der Hygiene. In manchen Dörfern gehört das Kavatrinken mit den Ältesten und Zauberern zu den Ritualen, durch welche der Fremde in die Dorfgemeinschaft aufgenommen wird. Kava ist in Europa nicht verboten.

Das Rauschmittel der südamerikanischen Anden-Indianer sind die Coca-Blätter, die gemeinsam mit einer süßlichen Paste gekaut werden. Da Coca-Blätter die Basis für die Kokain-Herstellung bilden, ist ihre Einfuhr nach Europa verboten. Die Wirkung von Coca ist für vom Alkohol verwöhnte "Westler" ziemlich schwach und enttäuschend. Ich konnte lediglich an der Kaustelle ein taubes Gefühl, ähnlich wie nach einer Spritze beim Zahnarzt, verspüren. Coca-Blätter sind im allgemeinen kein begehrtes Rauschmittel für westliche Südamerika-Urlauber. Nur wenige gehen über ein Probieren hinaus. Daß Coca auch den Hunger stillt, ist für Urlauber, im Gegensatz zur oft bitterarmen Bevölkerung, meist nicht wesentlich.
Ein anderes Coca-Produkt hat allerdings für den Urlauber, besonders für den Trekker und Bergsteiger, große Bedeutung. Aus Coca-Blättern wird auch Tee, Mate de Coca genannt, erzeugt. Dieser ist sehr gesund und besonders bei der Anpassung des Körpers an die großen Höhen hilfreich. Er gehört zu den Standardgetränken jeder Bergsteigergruppe. Der Genuß von Coca oder Mate de Coca ist für Diabetiker nicht schädlich.
In Coca Cola ist übrigens kein Coca enthalten!

Auf Fernreisen wird man ferner oft Bethelnüsse (tropischer Gürtel), Cola-Nüsse (Westafrika) oder Chat (Äthiopien, Eritrea) angeboten bekommen, besonders in öffentlichen Bussen und bei gemeinsamen Mahlzeiten mit Einheimischen. Bei all diesen Rauschmitteln wird man wenig an Wirkung verspüren, sie haben auch keinerlei negative Auswirkung auf den Diabetes.

"Ein-Hand"-Hypoglykämie-Behandlung

Bei einigen Sportarten werden die Hände sehr stark beansprucht, sodaß man während der Ausübung maximal eine Hand freibekommt. Manche dieser Sportarten, wie etwa Klettern oder Gleitschirmfliegen, lassen sich auch nicht zu beliebigen Zeitpunkten unterbrechen. Was für Geübte in diesen Sportarten selbstverständlich erscheinen mag, könnten Neulinge in ihrer Vorbereitung durchaus übersehen: Man muß die Kohlehydrate für eine mögliche Hypoglykämie so herrichten, daß man sie mit einer Hand leicht erreichen und auch verzehren kann.

Gesellschaftliche und behördliche Akzeptanz im Umgang mit dem Diabetes

Durch den Besitz von Spritzen und Ampullen besteht im Umgang mit Zollbeamten und Polizisten stets Erklärungsbedarf. Dennoch habe ich in fast hundert verschiedenen Ländern, die ich als Diabetiker bereist habe, nie Schwierigkeiten mit den Behörden gehabt. Eine kurze Erklärung reicht stets aus. Ist man mündlich dazu nicht in der Lage, sollte man zumindest ein kurzes, vorbereitetes Schreiben in der Landes- oder einer gängigen Verkehrssprache mit sich führen, das die Situation erklärt. Für Zollbeamte auf internationalen Flughäfen ist Diabetes nichts Unbekanntes. Passiert man Grenzen auf dem Landweg oder wird man im Zuge einer Kontrolle durchsucht, so ist es nicht selbstverständlich, daß die Beamten etwas mit dem Begriff "Diabetes" anfangen können. Sie lassen sich aber stets von der Erklärung beeindrucken, da sie zumindest verstehen, daß man eine Krankheit hat und die mitgeführten Fläschchen und Spritzen offensichtlich lebenswichtig sind.
Oft wurde ich eingehend von Zollbeamten durchsucht. Jedes Täschchen wurde geöffnet, jede Unterhose aufgerollt. Sobald der Beamte dann auf mein Insulin und meine Spritzen stieß und erfuhr, daß ich Diabetiker war, ließ er von mir ab. Ohne es zu wollen, wurde ich bevorzugt behandelt. Der Beamte wollte offensichtlich dem "armen, kranken Behinderten" nicht länger lästig fallen. Die Versuchung ist groß, Insulin und Spritzen im Gepäck zuoberst zu lagern. Man kommt möglicherweise viel schneller durch den Zoll.

Der einfachen Bevölkerung in Drittwelt-Ländern ist Diabetes meist völlig unbekannt. Dennoch habe ich nie unangenehme Reaktionen auf Insulininjektionen und Blutzuckermessen in der Öffentlichkeit erlebt. Zum Teil erstarrten die Zuschauer vor Ehrfurcht ("Das muß wohl ein Arzt sein!"), zum Teil reagierten sie überbesorgt ("Wie krank muß wohl dieser Mensch sein!"). In einzelnen Fällen baten sie sogar, selbst etwas von dieser vermeintlichen Wundermedizin abbekommen zu dürfen. Man darf aber nicht erwarten, daß man bei Insulininjektionen nicht beachtet wird. Während man in unseren Breiten oft betreten wegschaut, verstecken die Menschen in der Dritten Welt ihre Neugierde in keiner Weise. Man gewöhnt sich daran. Dem Verdacht des Drogenmißbrauchs sah ich mich nie ausgesetzt.

Leben ohne Diabetes-Facilities

Drei bis vier verschieden wirksame Insuline, mehrmals täglich Bluzucker messen, ständiges Mitführen schnell wirksamer Kohlehydrate – dies sind die Eckpfeiler der Funktionellen Insulintherapie. In den entsprechenden Kursen wird man hervorragend in der Anwendung dieser Hilfsmittel und Tätigkeiten geschult.
Doch was passiert, wenn nicht alle dieser Hilfsmittel vorhanden sind bzw. funktionieren? In den Schulungen wird dieses mögliche Problem weitgehend ignoriert.
Sofern nicht alle Eckpfeiler der Insulintherapie fehlen, besteht kein Grund zur Panik. Jedes Insulin kann man notdürftig durch ein anders wirksames Insulin ersetzen. Der Ausfall eines Blutzucker-Meßgerätes ist bei Mitnahme optisch

lesbarer Meßstreifen fast unerheblich. Bei gut antrainiertem Körpergefühl kann man notfalls auch mehrere Tage ohne Blutzuckermessung auskommen. Man sollte in dieser Zeit allerdings leicht erhöhte Blutzuckerwerte durch eine geringfügig veränderte Insulindosierung anstreben, um eine Reserve gegenüber Hypoglykämien zu haben.

Paradoxerweise konnte ich einige Male entstehende Hypoglykämien bei Mangel an Kohlehydraten gerade durch Bewegung hintanhalten. Aus dieser meiner persönlichen Erfahrung kann ich aber keine Allgemeingültigkeit ableiten. Es wäre an der Zeit, daß die medizinische Forschung dieses so wichtige Problem systematisch untersucht.

Diabetes ist zwar eine Krankheit, die vorwiegend in den Industrieländern beheimatet ist, sie kommt aber in allen Weltteilen vor und ist seit alters her bekannt. Ärzte, Zauberer und Medizinmänner haben in verschiedenen Teilen der Welt Naturheilmittel gefunden und Rezepte entwickelt, die den Diabetes zwar nicht heilen können, die aber den schlechten Allgemeinzustand eines Diabetikers lindern können. Inwieweit diese Heilmittel Typ I-Diabetikern helfen können, weiß ich nicht. Für Typ II-Diabetiker läßt sich hier durchaus Positives erwarten, da die Heilmittel offensichtlich blutzuckersenkend wirken.[214] Solche Heilmittel wären für den Typ II-Diabetiker besonders bei Verlust seines Insulins oder seiner Tabletten wichtig. Leider schweigt die medizinische Forschung auch zu diesem Thema, d.h. Diabetiker können kaum erfahren, welche alternativen Hilfsmittel im Reiseland zur Verfügung stehen.

Ganz allgemein sollte die Diabetes-Forschung die Insulintherapie jenseits des Idealzustandes, d.h. mit reduzierten Hilfsmitteln, untersuchen und die Ergebnisse in die Diabetikerschulungen einbringen.

Medikamentation während der Reise

Die Einnahme von Medikamenten wird von immer mehr Menschen unserer westlichen Zivilisation kritisch hinterfragt. Viele, die gesund leben wollen, vermeiden die Einnahme von Medikamenten so weit wie nur möglich. Auch ich gehöre zu diesen "Medikamenten-Muffeln".

Auf Reisen gelten aber etwas andere Gesetze. Mehrere Jahre hindurch habe ich immer wieder mit der Einnahme von Medikamenten lange, zu lange zugewartet und dabei fast immer Schiffbruch erlitten. Krankheiten auf Reisen sind oft schwerer durchschaubar, die Rahmenbedingungen sind belastender, der Diabetes wird in stärkerem Maße negativ beeinflußt als bei einer Standardkrankheit im warmen Krankenbett der Heimat. Während ich zu Hause weiterhin mit der Einnahme von Medikamenten so lange wie nur möglich zuwarte, habe ich dieses Prinzip auf Reisen weitgehend aufgegeben. Ich kämpfe nun sofort gegen eine auftretende Krankheit an, um nicht mögliche Schwierigkeiten, die die Reise in bezug auf meinen Diabetes bringen könnte, noch zu vergrößern.

Normalwertigkeit des Blutzuckers

Grundsätzlich sollte man auf Reisen normale Blutzuckerwerte anstreben, d.h. solche Werte, die man auch in seinem Heimatland erreichen will.

---

[214] Auf die mehrfach bezeugte blutzuckersenkende Wirkung von Marihuana wird im Abschnitt "Drogen" hingewiesen.

Bei Langzeitbelastungen mit unregelmäßiger oder unzureichender Möglichkeit der Kohlehydratzufuhr kann man von diesem Ideal abweichen. Gemeint sind Aktivitäten wie anstrengendes Trekking oder Radtouren in Gebieten mit unzureichender Versorgung und das Höhenbergsteigen. Hier kann man für die Dauer der Aktivitäten die eigenen Blutzucker-Zielwerte um 30-50 mg/dl anheben und so plötzliche Abstürze in die Unterzuckerung deutlich vermindern. Den Nachteil schlechterer Blutzuckerwerte muß man dann eben für diesen Zeitraum in Kauf nehmen.[215]

Nicht für alle Anforderungen reicht diese leichte Steigerung der Blutzucker-Zielwerte aus. Große Kälte, erst drei Uhr morgens, finstere Nacht! Unheimlich anstrengend werden die nächsten Stunden, der nächste Tag. Der klägliche Versuch, ein Frühstück hinunterzuwürgen! Zwei, drei Bissen, mehr geht nicht. Dies ist die immer wiederkehrende Situation an den hohen Bergen. Die nächsten fünfzehn Stunden wird man kein Insulin spritzen und keinen Blutzucker messen können. Werden die angefrorenen Kohlehydrate im Falle einer aufkommenden Unterzuckerung im Hals steckenbleiben? Wird ein Blutzucker-Startwert von 150-160 mg/dl genügend Reserve bieten, um Hypoglykämien über Stunden hinweg zu verhindern? Wohl kaum! Aber man kann den Startwert nicht beliebig steigern. Bei Blutzuckerwerten ab 230-250 mg/dl wird der Körper merklich schwächer. Zudem besteht die Gefahr, daß es bei solchen Startwerten und gleichzeitiger körperlicher Anstrengung noch zu einer weiteren Blutzuckersteigerung kommt. Untragbare Voraussetzungen für einen Gang an die Grenze physischer Belastbarkeit!

Ein Trick, ganz gegen die Regeln der Funktionellen Insulintherapie, kann hier zum Ausweg aus dem Dilemma werden: das "Leben aus der Basis"! Man verzichtet bis zur Beendigung des anstrengenden Tagwerks so weit wie möglich auf die Einnahme von Normalinsulin oder eines schnell wirksamen Insulin-Analogons[216]. Liegt der Blutzuckerwert vor dem Aufstehen unter 80 mg/dl, so kann man völlig auf Normalinsulin/Insulin-Analogon verzichten. Andernfalls muß man mit Normalinsulin/Insulin-Analogon auf diesen Wert hinunterkorrigieren. Danach spritzt man die entsprechend der zu erwartenden körperlichen Anstrengung reduzierte Basis. Sodann nimmt man das Frühstück ein. Zwei bis drei Broteinheiten, mehr wird man wohl kaum schaffen. Dadurch wird der Blutzucker auf einen Wert um 200 mg/dl ansteigen. Dieser Wert wird während der körperlichen Belastung mangels Normalinsulin/Insulin-Analogon nur sehr langsam fallen. Man ist für mehrere Stunden vor einer Hypoglykämie relativ sicher. Sie wird frühestens dann eintreten, wenn die Tageserwärmung bereits spürbar ist, was die Aufnahme von Kohlehydraten wesentlich erleichtert. Auf diese Weise kann man 14-15 extrem harte Stunden mit 2-3 zusätzlichen Broteinheiten durchbringen, ohne ernsthafte Schwierigkeiten mit Hypoglykämien zu bekommen.[217]

---

[215] Das Tauchen mit erhöhten Blutzuckerwerten wird im Abschnitt "Tauchen" behandelt.

[216] Derzeit ist nur Humalog von der Firma Lilly und NovoRapid von der Firma Novo Nordisk erhältlich.

[217] Die mögliche Beschränkung auf basales Insulin beim Tauchen wird im Abschnitt "Tauchen" behandelt.

Spritz-Eß-Abstand

Den Spritz-Eß-Abstand muß man, sofern man ihn in der Heimat beachtet, auf Individualreisen gänzlich vergessen. Man weiß so gut wie nie vorher, was man auf den Teller bekommt. Somit kann man erst bei Eintreffen der Mahlzeit oder nach deren Einnahme spritzen. Entweder man verwendet ein sehr schnell wirkendes Insulin-Analogon oder man nimmt mit Normalinsulin in Kauf, daß man für einige Zeit nach der Mahlzeit deutlich erhöhte Blutzuckerwerte hat.

Beim Höhenbergsteigen wäre ein Spritz-Eß-Abstand sogar gefährlich. In größeren Höhen sollte man in jedem Fall erst nach Einnahme der Mahlzeit sein Insulin spritzen. Essen in großen Höhen ist für jedermann sehr schwierig. Oftmals hat man eine bestimmte Kohlehydratmenge eingeplant, doch der Körper sträubt sich gegen sie, verweigert deren Aufnahme. Einer sich daran anschließenden Hypoglykämie zu begegnen, ist auch nicht einfach, da dies mit der Einnahme von Kohlehydraten verbunden sein muß, die der Körper dann vielleicht wieder nicht annehmen will. Soweit wie möglich sollte man in großen Höhen vorwiegend von basalem Insulin leben und nur wenig Normalinsulin/Insulin-Analogon spritzen. Bei geschicktem Timing kann man dann "in die Basis hineinessen" und so Hypoglykämien für längere Zeit hintanhalten (siehe Abschnitt "Normalwertigkeit des Blutzuckers").

Tauchen (mit Sauerstoff-Flaschen)

Tauchen war bis vor wenigen Jahren ein absolutes Tabuthema für Diabetiker. Der Hauptgrund lag wohl in der Angst, eine mögliche Hypoglykämie unter Wasser nicht behandeln zu können. Und schnelles Auftauchen ist oft mit Lebensgefahr verbunden.
Wer der Unterwasserwelt trotz Diabetes nicht entsagen wollte, mußte ein fortwährendes Versteckspiel in bezug auf Insulininjektionen und Blutzuckermessungen vollführen, zudem mußte er falsche Angaben zu seinem Gesundheitszustand machen. Im Grundkurs wurde ausdrücklich nach Diabetes gefragt, diese Krankheit machte den Erwerb der Lizenz unmöglich.
Diese Zeiten sind glücklicherweise vorbei. Heute benötigt man bloß ein ärztliches Attest für den Erwerb der Grundkurs-Lizenz (meist: Open Water-Brevet), für weiterführende Kurse braucht man oft nicht einmal dieses. Damit kann man auch auf dem Tauchboot, unmittelbar vor und nach den Tauchgängen, vor aller Augen Insulin spritzen und den Blutzucker messen, was die Sicherheit des Tauchganges deutlich erhöht und, über den Tag verteilt, wohl auch einen besseren mittleren Blutzuckerwert mit sich bringt.

Grundsätzlich gibt es zwei methodische Ansätze für das Tauchen als Diabetiker:

a) Im allgemeinen wird empfohlen, mit erhöhten Blutzuckerwerten, ca. 180-200 mg/dl, den Tauchgang zu beginnen. Da Tauchen nur in seltenen Fällen, z.B. beim Strömungstauchen, körperlich anstrengend ist, und ein Tauchgang selten länger als eine Stunde dauert, sollte diese Blutzucker-Reserve ausreichen, um eine Hypoglykämie unter Wasser zu vermeiden. Ob ein Tauchgang körperlich anstrengend wird, weiß man in vielen Fällen schon vorher. Der

Taucher nimmt also für das Vergnügen unter Wasser in Kauf, einige Zeit des Tages mit erhöhten Blutzuckerwerten zu leben.
Tauchen wirkt dehydrierend auf den Körper jedes Menschen. Erhöhte Blutzuckerwerte tun dasselbe und verstärken somit diesen Effekt. Diese "doppelte" Dehydrierung ist allerdings nicht so schlimm, daß man sich dadurch abschrecken lassen sollte. Ich selbst bevorzuge als Gelegenheitstaucher den hier beschriebenen methodischen Ansatz.

b) Einen völlig anderen Weg hat die Mödlinger[218] Krankenschwester Gerda Lenhardt gefunden, die selbst Diabetikerin und Tauchlehrerin ist. Sie empfiehlt, morgens vor den Tauchgängen nur basales Insulin zu spritzen und bis zur Beendigung des letzten Tauchganges weder Kohlehydrate zu sich zu nehmen noch Normalinsulin/Insulin-Analogon zu spritzen. Damit wird erreicht, daß man, sofern die Basis gut eingestellt ist, mit normalen Blutzuckerwerten tauchen kann und trotzdem nicht Gefahr läuft, unter Wasser in eine Hypoglykämie zu fallen, da der Körper ja kein Normalinsulin/Insulin-Analogon zugeführt bekommen hat. Dieser Ansatz ist für längere Urlaube, bei denen täglich getaucht wird, sicher von Vorteil. Es wird damit vermieden, daß man über viele Tage, zumindest mehrere Stunden des Tages, mit erhöhten Blutzuckerwerten leben muß. Allerdings muß man erst diese Fastenkur bis zur Beendigung des letzten Tauchganges durchhalten.

Diabetiker sind weder hinsichtlich der Tiefe noch hinsichtlich der Dauer des Tauchganges irgendwelchen Einschränkungen unterworfen.
Es ist möglich, dem Körper auch unter Wasser im Falle einer Unterzuckerung Kohlehydrate zuzuführen, und zwar in Form von Flüssigkeit. Es sollte sich um eine sehr konzentriert gesüßte Flüssigkeit handeln, da man unter Wasser nur kleine Mengen aufnehmen kann. Als Behältnis eignen sich Radfahrerflaschen. Beim Zusammendrücken spritzt die Flüssigkeit in den Mund, beim Loslassen verschließt sich die Flasche, sodaß kein (Salz)Wasser in die Flasche fließen kann. Ich hatte beim Tauchen noch nie eine Unterzuckerung und weiß also nicht, ob man diese unter Wasser ebenso wahrnimmt wie über dem Wasser. Ich verzichte bei meinen Tauchgängen auf die Mitnahme gesüßter Getränke, da mir der Start mit erhöhten Blutzuckerwerten genügend Sicherheit bietet.
Von medizinischer Seite wird manchmal der Einwand erhoben, daß Tauchen die Gefahr einer Retinopathie erhöht. Ich kann zu diesem Problem nichts sagen. Allerdings hat keiner der (wenigen) mir bekannten tauchenden Diabetiker Schwierigkeiten mit den Augen bekommen, ich selbst auch nicht.

Verlust von Insulin und Diabetes-Utensilien

Sicher bildet der Verlust des gesamten Insulins während einer Fernreise eine höchst stressige Situation für jeden Diabetiker. Ein wirklicher Grund zur Panik besteht aber nicht, solange man nicht gänzlich den Kontakt zur Zivilisation verloren hat.
In praktisch allen Ländern dieser Welt ist Insulin erhältlich, und zwar von jenen Herstellern, die auch bei uns marktführend sind. Zudem bieten die Herstellerfirmen noch Hilfen an, daß man die Art und Wirkungsweise des Insulins auch dann

[218] Mödling: Kleinstadt bei Wien

erkennen kann, wenn man die Etikettenaufschrift des Fläschchens nicht lesen kann (z.B. in China). Jede dieser Firmen ist gerne bereit, Auskunft über die Erhältlichkeit und Identifikationsmöglichkeit des Insulins im Reiseland zu geben. Für das Überleben reicht es aus, an "irgendein" Insulin heranzukommen und die Wirkungsweise (Lente-, NPH-, Normalinsulin) und die Konzentration (40 IE/ml oder 100 IE/ml) in Erfahrung zu bringen.
Wesentlich unangenehmer wird es sein, wenn man neben seinem Insulin auch die Blutzucker-Meßstreifen verliert. Hier wird man nur schwer in Ländern der Dritten Welt Ersatz finden.
Traubenzucker wird man nur selten in Asien, Afrika oder Lateinamerika bekommen. Schnell wirksame Kohlehydrate sind aber praktisch überall erhältlich (Kekse, Früchte, Coca Cola und andere süße Limonaden).
Wird die Beschaffung von Insulin länger als einen Tag dauern, sollte man natürlich in dieser Zeit keine oder kaum Kohlehydrate zu sich nehmen.
Wirklich eng wird die Situation nur dann, wenn man sein gesamtes Insulin verliert und etliche Tage von der Zivilisation entfernt ist. Ich will an einen solchen Fall gar nicht denken. Entfernt man sich weit von menschlichen Ansiedlungen, und das weiß man im allgemeinen schon vorher, so kann nur eines gelten: Man muß gewissenhaft alle möglichen Sicherheitsvorkehrungen treffen, damit ein Verlust des gesamten Insulins praktisch unmöglich wird (siehe Abschnitt "Aufbewahrung von Insulin während der Reise").

Zeitverschiebung

Theoretisch gesehen sollte der Flug in andere Zeitzonen für Diabetiker keine Probleme darstellen. Fliegt man sechs Zeitzonen nach Osten, so verkürzt sich der Tag von 24 Stunden auf 18 Stunden. Man müßte also 18/24 = 3/4 des basalen Insulins spritzen, Normalinsulin/Insulin-Analogon bleibt von der Zeitverschiebung unberührt.
Fliegt man sechs Zeitzonen nach Westen, so verlängert sich der Tag von 24 Stunden auf 30 Stunden. Der basale Insulinbedarf beträgt dann 30/24 = 5/4 des üblichen Bedarfs. Die Reduktion bzw. Steigerung der Basalrate ist ausgewogener, wenn man sie auf zwei aufeinanderfolgende Spritzen (Morgen-Abend bzw. Abend-Morgen) verteilt. Soweit die Theorie!
Ich muß zugeben, daß ich am Tag meiner Ankunft im Zielgebiet, und meist auch am Tag danach, stets Schwierigkeiten mit dem Blutzucker habe. Große Blutzuckerschwankungen mit mehrheitlich überhöhten Werten sind die Regel. Diese Schwierigkeiten sind sowohl auf die klimatische Umstellung als auch auf die Zeitverschiebung zurückzuführen. Der Klimawechsel dürfte dabei die größere Rolle spielen, da ich mit diesen Problemen auch bei Reisen nach Afrika zu kämpfen habe, bei denen es keine oder nur eine geringe Zeitverschiebung gibt. Bis jetzt sehe ich keinen Weg, mir diese ein bis zwei Tage mit schlechten Blutzuckerwerten zu ersparen. Oft ist gerade am Beginn der Reise, zu der auch meist ein langer Flug gehört, das häufige Blutzuckermessen und das daran anschließende Korrigieren mit Normalinsulin/Insulin-Analogon schwer möglich.